불평등 한국, 복지국가를 꿈꾸다

불평등 한국, 복지국가를 꿈꾸다

1판 1쇄 | 2015년 6월 25일
1판 3쇄 | 2017년 4월 17일

지은이 | 이정우, 이창곤 외

펴낸이 | 정민용
편집장 | 안중철
편집 | 최미정, 이진실, 윤상훈, 강소영

펴낸 곳 | 후마니타스(주)
등록 | 2002년 2월 19일 제300-2003-108호
주소 | 서울 마포구 양화로 6길 19(서교동) 3층
전화 | 편집_02.739.9929, 9930 영업_02.722.9960 팩스_0505.333.9960

페이스북 | facebook.com/humanitasbook
블로그 | humabook.blog.me
트위터 | @humanitasbook
이메일 | humanitasbooks@gmail.com

인쇄 | 천일_031.955.8083 제본 | 일진_031.908.1407

값 25,000원

ISBN 978-89-6437-230-2 03300

이 도서의 국립중앙도서관 출판시도서목록(CIP)은 e-CIP 홈페이지(http://www.nl.go.kr/ecip)에서
이용하실 수 있습니다(CIP제어번호: CIP2015016450).

不

불평등 한국,
복지국가를
꿈꾸다

이정우 · 이창곤 외 지음

후마니타스

제1부 진단

제2부 대안

이 책은 필자가 책임을 맡은 불평등 프로젝트의 일환이다. 30명 가까운 학자들이 이번 프로젝트에 동참했다. 그 면면도 화려하다. 정치, 경제, 사회, 복지 등 각 분야를 대표하는 학자들이 대거 동참했다. 아마 이분들이 다시 이렇게 뭉치기는 쉽지 않을 듯하다. 더욱이 기획에서부터 출판, 세미나 등에 이르기까지 모든 일이 불과 3개월도 안 되는 짧은 시간 안에 이루어졌다. 어떻게 석 달 만에 이런 공동 저작물이 가능했을까? 이 모든 것은 이 책의 공동 저자인 이정우 경북대 교수에 기대었기에 가능했다.

다름 아니라 이 책은 평생 불평등 문제를 천착한 이정우 교수의 오는 8월 정년퇴임을 기려 각계 인사들이 상재한 헌정 문집인 것이다. 그러기에 그 많은 학자들이 기꺼이 이번 프로젝트에 동참해 수고를 아끼지 않았다. 단순히 학자의 길만으로는 이런 예우를 받을 수는 없을 터. 자못 궁금하지 않을 수가 없지만 평소 그가 주변 사람들을 대하는 태도 하나만 보더라도 충분히 짐작은 가고도 남는다.

이번 프로젝트는 앞서 말한 대로 한두 사람이 세부 주제를 잡고 그것을 파고들어 연구 결과를 내는 일반적 경로와 달리, 거의 30명의 각계 전문가들이 각자 자신의 렌즈로 불평등 문제를 탐색하고 분석한 결과를 한 권의 책으로 묶는 식으로 진행됐다. 집단지성의 방식이었다. 『리얼 유토

피아』의 저자, 에릭 올린 라이트 교수는 지난해 필자와의 인터뷰에서 이런 방식을 자본주의의 대안 방식의 하나로 꼽았다. 그는 집단지성의 방식과 관련해 "2014년, 오늘에도 (대안적) 방식들이 있다. 우리는 어떤 면에서 1980년대와 다른, 새 사회에서 이미 살고 있다고 말할 수 있다"면서 위키피디아를 사례로 제시했다. "14년 전 세계에서 가장 큰 사전을 만들기 위해 2천~3천 명이 하나가 됐다. 사전을 만드는 데 누구도 돈을 내지 않았다. 정말 멋지지 않나?"

이번 작업이 여러모로 의미 있는 바는, 한 지성의 치열한 학문적 탐구에 대한 헌정의 뜻에서 출발한 데다, 그 방식도 그가 평생 화두로 삼았던 우리 사회의 핵심 의제를 집단지성 형태로 탐구하고 모아 낸 것이 아닐까라고 생각해 본다.

이 프로젝트의 연구 책임자이자 책의 총괄 편집자로서 많은 분들에게 감사 말씀을 드리지 않을 수가 없다. 먼저 선뜻 옥고를 보내 준 공동 저자 분들에게 이정우 교수를 대신해서 머리 숙여 감사를 드린다. 몇몇 분들은 도저히 불가능해 보이는 일정에도 밤새워 긴 원고를 보내 주었고, 몇 분은 개인적 일정을 바꾸어서 이 연구 발표 세미나에 참여하는 열의를 보여 주었다. 이정우 교수와 필자의 대담에 함께 참여해 녹취를 도와 준 최원형 한겨레신문 기자에게도 고마움을 표한다. 끝으로 어려운 출판 상황에도 불구하고, 이 책의 출간을 맡아 편집 등의 수고를 아끼지 않은 후마니타스 편집진에도 감사 말씀을 드린다. 모쪼록 이 책이 우리나라가 승자독식의 불평등 사회를 벗어나 더 자유롭고, 더 정의롭고, 더 평등한 보편적 복지 국가로 나아가는 데 작은 디딤돌이 되기를 바란다.

2015년 6월 10일
저자들을 대신해 이창곤 씀

한국 사회의
불평등을 말하다

이창곤

1. 불평등, 화두인가?

요즘 불평등이 화두라고 한다. 정말 그런가?

제목에 불평등이란 단어가 포함된 책들이 연달아 출간되고, 언론보도와 학술 대회도 잇따른다. "불평등이 문제야"라는 외침도 줄을 이었다. 불평등에 대한 사회적 관심이 늘었으니 겉모양으로만 보면 "그렇다"고 답할 수 있겠다.

하지만 어쩐 "요란한 빈 깡통 소리 같다"는 느낌이다. 왜일까? 한마디로 따라 부르기란 느낌을 지울 수가 없기 때문이다. 토마 피케티, 폴 크루그먼, 조지프 스티글리츠, 앤서니 앳킨슨 등 유명 학자들이 태평양 건너에서 합창하고, 경제협력개발기구OECD의 주류 시장주의자들까지 그 심각성을 경고하는 마당이다. 하지만 이는 이른바 서구발 불평등 바람일 뿐이다.

음악에서야 복창이 무슨 문제이겠는가? 때로는 번안곡이 원곡 이상으로 대중적 호소력을 지닐 때도 있다. 그러나 학문과 현실 분석에서는 따라 외칠 수는 있으되, 그것에 그쳐선 곤란하다. 왜냐하면 그 진단에 따라 설익은 방책이 세워지거나 소모적인 논쟁을 낳을 수도 있기 때문이다. 그래서 우리의 불평등 화두 잡기는 궁극엔 다음의 질문과 답에 맞닿아 있어야 한다.

우리(사회)가 과연 '우리 안의 불평등'에 대해 얼마나 제대로 알고 있는가? 그리고 우리는 정확히 얼마나 어떻게 불평등한가? 무엇보다 불평등을 완화하거나 줄이는 실천적 행동이 뒤따르고 있는가?

이런 질문에 대한 답을 놓고 논쟁이 벌어질 때 비로소 '불평등'이 우리 안의 화두라고 말할 수 있을 것이다. 기실, 그 수는 적었더라도 불평등에 대한 국내 학자들의 노력은 꾸준히 있었다. 이들에겐 불평등은 갑작스런 서구발 화두가 아니다. 일찍이 이미 우리의 화두였다.

이들 가운데 꽤 활발하게 이 문제에 천착해 온 쪽은 역학과 예방의학 등 보건학자들이었다. 이들은 사회경제적 지위에 따른 건강 격차, 이른바 건강 불평등 연구를 일찍부터 벌였고, 한국건강형평성학회[1]를 만들어 비교적 지속적인 연구를 진행해 왔다. 필자는 이들과 함께 지난 2006년 『한겨레』 지면을 통해 이 의제를 대중적으로 제기한 바 있다.[2]

1_2003년 10월 7일 창립된 이 학회는 당시 "건강 형평성 관련 연구 단체인 건강과평등연구회, 사회역학연구회, 건강이론정책연구실 등에서 활동 중이었던 10여 명의 연구자들이 중심이 되어 2003년 5월 서울대 보건대학원에서 준비위원회를 발족해" 오늘에 이르고 있다.

한국비판사회학회 소속 불평등연구회도 이 문제를 놓고 오랫동안 고민해 왔다. 이 연구회의 신광영 중앙대 교수는 특히 "구조적인 사회 실체로서 계급 불평등 체제"에 대한 연구에서 근년에는 "개인소득과 가구소득의 불평등 구조를 밝히고 불평등 구조가 시간적으로 어떻게 변화를 했는지"를 분석해 보이기도 했다.[3]

사실 이 문제를 가장 적극적이고 깊숙이 다뤄야 할 쪽은 오히려 경제학 분야라고 할 수 있다. 그러나 실망스럽다는 말로도 부족할 정도로 경제학계의 관련 연구는 미진하다. 소득분배에 관한 논문이나 책이 숫제 없었던 바 아니었지만, 이 문제를 사회 의제화하려는 노력을 도무지 찾아보기가 힘들다.

국내 유명 인터넷 서점의 책 찾아보기 란에서 불평등이란 이름으로 검색을 해보라. 외국 책은 쏟아져 나오겠지만, 정작 우리 사회의 경제적 불평등 문제를 제기한 단행본은 이정우 경북대 교수의 『불평등의 경제학』(2010) 외에는 찾아보기가 어렵다.

그런데 경제학계의 이런 모습은 우리만은 아니었던가 보다. 불평등 연구의 세계적 대가인 영국의 경제학자 앤서니 앳킨슨도 최근 출간된 역저 『불평등을 넘어』(2015)에서 '경제학에서 왜 불평등을 다루지 않는가'

2_그 결실은 『추적, 한국 건강불평등: 사회의제화를 위한 국민보고서』(도서출판 밈)라는 책으로 묶어졌다. 한국건강형평성학회와 『한겨레』 취재진의 공동 노력의 결과였다.

3_불평등연구회는 2007년 10월 한국비판사회학회 산하에 만들어진 연구 모임이다. 사회학, 보건 및 복지 등의 분야 교수, 연구자와 대학원생 등이 다달이 정례 발표회를 열어 불평등의 다양한 실상과 양태를 놓고 토론을 벌여 왔다. 초기에 필자도 참여한 바 있는데, 이 모임을 주도한 이가 신광영 교수이며, 그의 지속적인 연구 성과는 『한국의 계급과 불평등』(2004), 『한국 사회 불평등 연구』(2013)라는 책으로 묶어졌다.

라는 질문을 던지며, "20세기 대부분의 기간에서 이 주제는 무시됐다"고 개탄했다.

2. 왜 불평등이 문제인가?

"빈부 격차는 공중the public에게 가장 오래되고 가장 치명적인 질병이다." 로마 시대의 그리스인 철학자이자 『영웅전』의 저자인 플루타르크의 말이다. 불평등은 이처럼 인류 사회의 오랜 질병이었다. 하지만 21세기인 오늘에도 이 질병은 퇴치되기는커녕 더 위험수위로 치닫고 있다.

하지만 그 체감도는 의외로 높지 않다. 여러 이유가 있겠지만, 위험수위에 대한 기준이 사람마다 다른 것도 하나의 요인이겠다. 불평등이 아예 문제라고 느끼지 못하는 이들도 그래서 있다. 무엇보다 이런 낯선 체감도는 불평등이 이미 우리 삶에 침투돼 몸의 일부가 되어 버린 까닭은 아닐까? 한마디로 가치가 전도된 상황이다. "유전무죄, 무전유죄"가 당연한 것으로 받아들여지고, 평등이라는 가치가 시대착오적 또는 퇴행적으로 치부되는 것도 이런 토양에서 가능하다.

불평등이라는 질병은 방치할 경우, 언젠가 우리의 몸 전체로 퍼져 우리 사회의 심장을 멈추게 할 수도 있는 사회적 질병이다. 이 질병이 만연한 사회의 가장 큰 문제는 긴 말이 필요치 않다. 우리 자신이 존엄한 인격체로 대우받지 못한다. 존중되어야 할 인격체는 지배와 피지배, 갑과 을의 권력관계로 분열된다. 삶은 경쟁과 효율의 수레바퀴 속에서 일상적으로 인간성을 모독당하고 자아는 상처로 얼룩진다.

그래서 스웨덴 출신의 사회학자, 예란 테르보른 케임브리지 대학 명예교수는 불평등 양태를 "킬링필드"라고 절규하듯 표현한다. 그는 "불평등은 인간 존엄성에 대한 모독"이라며 "굴욕, 굴종, 소외, 빈곤, 무기력, 스트레스, 불안, 근심, 자신감이나 자존감의 결여, 기회 박탈 등 다양한 결과를 낳는다"라고 진단한다(테르보른 2014).

미국 사회학자 리처드 세넷의 질문도 가볍지 않다. "왜 사람들은 자신과 동등한 힘을 지닌 사람이나 힘센 사람들은 존중하고 그렇지 않은 사람들은 존중하지 않는 일이 벌어질까?"라는 의문을 던진다(세넷 2004). 불평등은 사회정의와 통합을 해치고 궁극에는 인간이 인간을 위해 만든 정치사회 제도의 건강성을 손상시킨다는 것이다.

영국의 기독교 사회주의자 리처드 토니는 『평등』*Equality*이라는 책에서 이렇게 목청을 높인 바 있다.

1926~28년에 인구의 1%가 개인 전체 부의 57%를 차지하고 있는 극도의 불평등이 존재하는 한, 그리고 그것을 이용하는 계급이 정치, 경제 분야에서 권력과 제도를 장악하고 불평등을 확대하는 한, 영국 사회에는 사회정의도 인간다운 삶도 있을 수 없다(Tawney 1931).

토니는 그래서 당시 영국 사회를 '경제적 이기주의와 부의 숭배로 가치관이 전도된 사회', 곧 '획득 사회'라고 규정했으며, 이런 불평등을 구조화하는 두 기둥을 세습적인 부와 교육제도라고 인식했다.

불평등 문제의 심각성에 대한 객관적 증거로는, 사회경제적 지위에 따른 사망률 격차가 단적인 사례다. 계급, 성, 주거, 정규직과 비정규직, 복지 수급자와 비수급자 등에 따라 사망률에 뚜렷한 차이가 생긴다는 것이다. 불평등은 삶은 물론 죽음마저 가르는 것이다.

3. 어떻게 해결할 것인가?

불평등과 관련한 가장 중요한 질문은 어떻게 해결할 것인가다. 앳킨슨은 그것이 가능한가라는 회의나 어쩔 수 없는 일이란 생각부터 버려야 함을 강조한다. 구체적으로 그는 윤리적 임금 정책, 자본 공유, 누진과세, 모두를 위한 사회보장 등 열다섯 가지 조처와 다섯 가지 가능성을 제시하고 있으나 가장 강조하는 메시지는 어쩌면 '해법은 우리 손 안에 있다'는 낙관이 아닐까 싶다.

> 인간은 누구나 동등한 존재로 세상에 태어났으며, 사회를 이뤄 살아가는 사회 구성원은 모두 예외 없이 평등하다(Tawney 1931).

이 같은 기독교 명제에서 자본주의사회의 불평등 문제를 일찍이 제기한 토니의 처방은 무엇이었을까? 그는 탐욕의 자본주의사회를 평등 사회로 향하게 하는 해결책은 인간성 강화라고 주장했다. 인간성을 강화하는 정치, 경제, 사회, 문화, 교육 등 공동체 전반의 제도 개선이 그가 제시했던 방책이었다. 구체적으로는 재산과 소득의 재분배, 공동체적 공급의 확산, 공익사업 확대 등과 함께 민주주의에 의한 경제 권력 통제 등이 그가 강조한 해법이었다.

그에 앞서 마르크스는, 자본주의사회는 '구조적으로 비인간적인 불평등 사회'라고 진단하며, 사회적 약자들은 불평등한 삶을 살아가도록 강제돼 있다고 인식했다. 따라서 그는 '상호 대등하고 독립적인 자유로운 인간관계'를 위해선 전면적이고 급진적인 사회의 재구성, 곧 계급 혁명이 필요하다고 역설했다. 그러나 계급 혁명에 따라 건설된 사회는 대등하고 독립적인 인간관계는커녕 또 다른 권력과 불평등을 낳았고, 결국 체제 자체가 붕괴됐을 뿐이다.

복지국가는 불평등 사회의 대안이 될 수 있는가? 복지국가는 그 기원을 따져 보면 불평등 퇴치가 아닌 빈곤 퇴치를 목표로 출발했다. 그럼에도 복지국가가 자본주의사회의 부작용을 완화하고 더 나은 사회로 가는 노정이라면 사회경제적 평등을 지향하며, 그 증대에 기여해야 한다. 그렇다면 복지국가는 지난 세기에 사회경제적 불평등을 줄였는가? 그래서 평등을 높여 왔는가? 만약 그러질 못했다면 '사회의 안정과 평등을 지향하는 정책 조합이 복지국가'란 정의는 성립되기 어려우며, 대안이 될 수는 더더욱 어렵지 않을까?

복지국가는 형성 이래 사회정책을 통한 재분배를 통해 불평등을 교정하는 기능을 지속적으로 늘여 왔다. 그럼에도 불구하고 많은 복지국가에서는 불평등을 해소하는 데 어려움을 겪고 있다. 왜 이런 일이 벌어지는가? '시장소득의 불평등'이 복지 지출로 교정되기에는 너무나 빠른 속도로 증가하기 때문인가? 복지국가의 원천적인 한계인가? 아니면 복지국가의 성격과 형태가 문제인가?

불평등은 복지국가와 관련해서도 많은 질문을 던지고 있다. 그래도 분명한 것은 잔여적 복지국가에 가까운 나라일수록 불평등이 크고, 보편적 복지국가의 성격을 띨수록 시장소득의 불평등이 재분배를 통해 크게 개선된 것으로 나타나고 있다는 사실이다. '왜 복지국가'가 아니라 '어떤 복지국가'에 주목해야 할 이유가 바로 이 점에 있는 것은 아닐까?

4. 이 책의 구성

불평등을 개선하려는 실천적 행동은 본질적으로 '좋은 정치'의 영역이다. 그러나 불평등의 실상과 구조를 밝히는 것이 우선적으로 중요하다. 그것은 시작이며 동시에 가장 중요한 수단이다(신광영 2013).

이 책은 이런 의미에서 불평등을 줄이려는 실천적 행동의 하나다. 불평등을 척결하고자 하는 각계 인사의 시선이자 다짐이다. 다양한 렌즈로 구석구석 살펴보고자 했다. 거의 30명에 이르는 각 분야의 학자들이 이 대열에 동참했다. 이 책을 쓴 이들과 이 책을 읽는 독자들이 궁극에는 같은 길에서 함께 외치길 희망한다. "불평등, 정말 문제야."

이 책은 크게 세 부로 구성됐다. 제1부는 불평등의 실상을 진단하는 15편의 글, 제2부는 대안을 제시하는 글 13편이다. 제3부는『불평등의 경제학』의 저자 이정우 교수와의 대담이다. 이 교수는 한국 경제학계에서 특이한 존재다. 일찍이 그 누구도 관심을 두지 않았던 비주류 테마인 소득 분배로 박사 학위를 딴 이래, 평생 분배와 불평등을 연구하고 참여정부 시절 청와대 정책실장으로서 이를 정책화하는 데도 힘썼다.

이 책은 2015년 8월 정년퇴임하는 그에게 국내 학자들이 드리는 헌정 문집이라고 할 수 있다. 무려 30명의 학자들이 짧은 시간에 원고를 집필해 한 권의 책을 상재할 수 있었던 것은 이 교수에 대한 학계 인사들의 신뢰와 우정이 바탕에 있었기 때문에 가능했으리라고 본다. 그리하여 이 책은 이 교수의 평생 화두를 각계 인사들이 함께 부여잡고 논한 불평등 담론집이 됐다.

독자의 이해를 돕기 위해 이 책의 내용을 간단히 요약한다. 먼저 제1부 "진단"을 보자.

이정우 경북대 교수는 "한국은 왜 살기 어려운 나라인가?"라는 글에서 우리가 살기 어려운 세 가지 이유를 설명한다. 첫째, 토지 가격이 세계 최고로 비싸서 주택도 비싸고 임대료도 비싸다. 땅과 집을 가진 사람들과 갖지 못한 사람들 사이에 부익부 빈익빈 현상이 일어난다. 서민, 자영업자들은 하루 종일 뼈 빠지게 일해도 임대료 내고 나면 남는 게 별로 없다. 둘째, 한국에서는 역사적으로 노동이 천대·억압받아 왔는데 특히 1997년 외환 위기 이후 대량 실업, 구조조정, 정리해고의 칼바람 속에서 노동의 지위는 더욱 열악해졌다. 비정규직이 급증해서 노동 내부의 불평등이 커졌고 이들이 받는 차별은 도를 넘고 있다. 과거 상승하던 노동분배율은 상승을 멈추었고, 노동자의 상대적 처우는 후퇴하고 있다. 셋째, 경제적 약자들을 살릴 최후의 보루인 복지가 지극히 취약한데, 이는 성장만능주의의 그늘이지만 1997년 외환 위기 이후 수입된 시장만능주의가 상황을 더욱 어렵게 만들고 있다. 지금 한국에서는 저세금-저복지-저성장-저세금의 악순환이 일어나고 있고, 특히 선별 복지 때문에 복지 기피증이 더욱 심하다고 이 교수는 진단한다.

신광영 중앙대 교수는 "중산층 위기"란 글에서 한국 중산층의 위기를 진단한다. 중산층의 위기는 단지 규모의 축소만을 뜻하지 않고, 이들이 겪는 삶의 불안도 높아졌다. 어느 정도의 소득수준, 높은 학력, 안정된 직업과 가족생활을 특징으로 하는 이 집단은 우리 사회의 허리에 해당한다. 하지만 이 집단은 비정규직 증가와 조기 퇴직 강요 등으로 50대에 이르면 10명 가운데 겨우 2.7명만이 자신의 지위를 유지한다. 즉 네 명 중 한 명만 중산층에 머물며 나머지는 빈곤층으로 추락한다. 고용주, 정규직 중산층, 정규직 노동자들이 자영업자, 비정규직 중산층, 비정규직 노동자 등에 비해 상대적으로 안정적인 것으로 나타나, 중산층이라고 해서 모두 노동자보다 안정적인 것도 아니다. 신 교수는 중산층 위기와 세대 문제와의 관련성에 주목한다. 일본 사회에서 이미 나타난 현상이긴 하나, 중산층이었던 50~60대가 자녀 세대의 미취업과 저소득으로 인해 어려움이 중첩되는 사례가 빈번해지고 있다. 한마디로 말해 안정된 중산층이 자식 세대까지 이어질 가능성은 상당히 제한적이다. 이런 중산층의 위기는 곧바로 한국 사회의 위기로 이어지고 있다는 게 신 교수의 진단이다.

김윤태 고려대 교수는 "한국 사회의 불평등 담론"이란 글에서 과거 상대적으로 평등했던 한국 사회가 최근 들어 불평등 사회로 변화했음을 진단하고 있다. 불평등 사회의 성격은 국민 여론조사에서 여실히 드러난다. 1990년대에는 한국인의 70%가 중산층이라고 생각하고 있었지만 오늘날은 자신을 '중산층'이라도 생각하는 사람이 40%대에 불과하다. 1990년대에는 한국 사회의 가장 큰 갈등을 '지역 갈등'으로 꼽았지만, 이제는 많은 사람들이 '빈부 갈등'을 지적한다. "빈부 간 계층 갈등이 심하다"는 응답의 비율이 82%가 넘고, 심하지 않다는 응답은 2%에 불과하다. 국민들이 가장 큰 갈등으로 생각하고 있는 사항은 진보-보수 갈등, 노사 갈등, 빈부 갈등, 정규직-비정규직 갈등이 비슷하게 나타났다. 불평등을 해결하기 위한 정부 책임에 대해 국민의 60%가 동의하고 있는데, 이는 정부가 불평등을 해결하기 위해 적극적 역할을 수행해야 한다는 의미다. 그러나 한국의 보수 집단은 불평등 문제에 둔감하며, 불평등 축소 정책에 기를 쓰고 반대한다. 이것이 한국을 더욱 불평등 사회로 만들고 있다.

고세훈 고려대 교수는 "평등, 반복지의 정치, 민주주의"라는 글에서 한국은 불평등 정도가 심각한 단계에 이르고 있다면서, 2020년 무렵엔 미국을 제치고 한국이 OECD에서 최고의 불평등 국가가 될 것이란 최근 연구를 인용한다. 그럼에도 우리 사회의 조세를 통한 빈곤 감소 효과와 소득 재분배 효과는 OECD 평균의 4분의 1에 불과하다. 공공 부문, 특히 보건과 사회복지에 종사하는 공공 부문 인력은 다른 나라와 비교가 되지 않을 정도로 적다. 민간 기부도 인색하기 짝이 없다. 그 결과 한국이 이혼율, 자살률, 빈곤율, 비정규직 비율 등에서 세계 최고 수준이라는 사실은 놀라운 일이 아니다. 한국은 국민총생산이 일정 수준(2만5천 달러)을 넘어서면 불평등이 여러 사회문제에 영향을 미치는 가장 강력한 요인이 된다는 윌킨슨과 피킷의 가설을 가장 극명하게 확인시키는 사례일 것이다. "상쇄력의 제도화"를 통한 기업 권력의 견제를 주창했던 갤브레이스는 "기업의 통제 없이 자본주의의 미래는 없다"는 말을 남겼다. 민주주의의 궁극적 내용이 정치적 수준에서 사회경제적 영역으로 확대되어야 하며, 이제 복지국가의 재창출은 민주화라는 관점에서 시작돼야 한다고 고 교수는 주장한다.

이태수 꽃동네대 교수는 "복지는 왜 불평등 완화에 기여하지 못했나?"에서 한국의 소득 불평등 지표가 국제적으로 낮은 수준인 것처럼 나타나지만 실제로는 심각한 문제로 봐야 하는 세 가지 이유를 지적하는 것으로 글을 시작한다. 첫째, 한국의 소득 불평등에 대한 국민들의 인식 조사를 보면 압도적 다수가 한국의 소득 격차가 크다고 인식하고 있다는 사실, 둘째, 최근 김낙년 교수가 소득세 자료를 갖고 추계한 결과를 보면 종래보다 훨씬 높은 불평등이 발견된다는 사실, 셋째, 1997년 외환 위기 이후 한국의 불평등이 현저히 높아졌다는 사실이다. 한국의 복지 제도는 불평등과 빈곤을 완화하는 효과가 다른 OECD 국가들보다 훨씬 적은데, 그 이유는 우리의 사회 지출 수준이 낮고, 비정규직의 경우 사회보험 밖에서 보호를 못 받고 있기 때문이다. 이 교수가 제시하는 개선책은 세 가지인데, 첫째, 일차적 분배를 개선하는 것. 둘째, 현재 GDP 10% 수준으로서 OECD 평균의 절반에도 미치지 못하는 사회 지출 수준을 높이는 것. 셋째, 비정규직의 사회보험 적용률이 30%대에 머물고 있어서 실질적인 보호 기능을 못하고 있는데, 이를 대폭 높여야 한다고 주장한다.

정운찬 동반성장연구소장이 쓴 "경제민주화와 동반성장"은 자신이 총리로 일할 때의 경험에서 글을 시작한다. 중소기업 대표가 자신을 찾아와 대기업의 횡포 때문에 얼마나 기업하기 어려운가를 털어 놓았고, 그런 절박한 문제를 해결하기 위해 이명박 대통령에게 건의해 동반성장위원회를 출범시켰다고 한다. 인간이 생존을 위해서 자신의 자유로운 의사에 반해 부득이 불리한 거래를 할 수밖에 없을 때 경제민주주의가 위배되고 있다고 정의한 저자는 헌법 제119조 2항의 경제민주화 조항이 실현되기 위해서는 동반성장이 필수적이며, 특히 동반성장위원회의 첫 작품이라 할 수 있는 초과이익공유제의 도입이 필요함을 역설한다. 그러나 현실에서 초과이익공유제는 정부·정계·재계로부터 환영받지 못했고, 역점 사업으로 추진되지 못했다. 그럼에도 불구하고 저자는 이런 아이디어가 전보다는 널리 수용되는 단계에 왔다고 믿고 있으며, 날로 부익부 빈익빈으로 치닫는 한국 자본주의가 궤도를 이탈하지 않기 위해서는 반드시 채택되어야 하고, 언젠가 채택될 날이 오리라는 희망을 갖고 있다.

김상조 한성대 교수는 "재벌 개혁이 경제민주화의 출발점"이란 글에서 재벌은 개발독재 시대의 낙수효과 모델을 고수하기 위해 경제력을 남용했으며, 총수 일가의 사익만을 추구하는 후진적 지배구조가 그 폐해를 심화시켰다고 진단한다. 이래서는 성장도 분배도 불가능하다. 재벌 개혁이 경제민주화의 출발점이 되는 이유가 바로 이것이다. 한편 최근 재벌 체제에도 중대한 변화가 나타나고 있다. 최상위 4대 재벌로의 경제력 집중은 가속화되는 동시에 나머지 군소 재벌들은 심각한 부실 징후를 보이고 있다. 즉 재벌도 양극화된 것이다. 또한 상당수 재벌들에서 3세 승계 작업이 진행되고 있는데, 이들 3세들은 기업가정신은 물론 사회와의 공감 능력마저 상실했다. 3세 승계가 해당 그룹과 한국 경제의 미래를 위협하는 최대 위험 요소가 된 것이다. 재벌 개혁은 오랜 기간 동안의 일관된 노력을 요하며, 따라서 다양한 정책 수단의 체계적 합리성을 높여야 한다. 요컨대 선명한 진보가 아니라 합리적 진보가 필요하다고 김 교수는 주장한다.

김낙년 동국대 교수는 소득세 자료를 갖고 한국의 소득 불평등을 추계한다. 그 결과는 피케티 교수가 주도하는 세계 상위 소득 데이터베이스World Top Incomes Database; WTID에 실리고 있다. 이 책에 기고한 "한국의 소득불평등"이란 글에서 김 교수는 최고 소득 계층의 소득몫 추계치를 보여주고 있다. 김 교수는 종래 한국의 소득분배 추계 때 사용했던 가계조사가최고 소득 계층이 누락되는 문제가 있어서 신빙성이 떨어지고, 불평등 추계가 과소평가되는 문제가 있음을 지적한다. 그는 소득세 자료를 갖고 소득 불평등을 새로 추계했는데, 소득세 자료는 멀리 1930년대까지 거슬러갈 수 있는 장점이 있다. 김 교수는 최고 소득 계층의 몫을 미국, 프랑스,일본 등의 나라와 비교하고 있는데, 한국의 불평등 수준은 미국보다는 낮고, 다른 나라보다는 높은 것으로 나타나고 있다. 특히 1997년 외환 위기이후 한국의 불평등은 급속히 상승하는 양상을 보여 주고 있는데, 그 주요원인으로는 중국 등장으로 인한 노동집약적 산업의 쇠퇴와 고용 증대의둔화, 영미식 성과주의 모델의 확산, 소득세율의 인하를 들고 있다.

김유선 한국노동사회연구소 선임연구위원은 "한국의 임금 불평등"이란 글에서 현 한국 사회의 임금 불평등 양태를 추적한다. 1998년 이후 우리 사회는 생산성은 증가해도 임금은 인상되지 않는 이른바 '임금 없는 성장' 국면에 있다는 게 그의 진단이다. 한국의 임금 불평등은 OECD 국가중 미국, 이스라엘에 이어 세 번째로 높고 또 다른 자료에 의하면 멕시코다음으로 두 번째로 높은 것으로 나온다. 노동자들 내부에 불평등이 심화되면 그만큼 저임금 계층이 늘어날 수밖에 없다. 한국은 OECD 국가 중미국과 함께 저임금 노동자가 가장 많은 나라다. 그 반면 10대 재벌 사내유보금은 2009년 288조 원에서 2013년 522조 원으로 4년 만에 234조 원

(81.2%) 증가했다. 전체적으로 한국의 불평등은 급상승하고 있다. 상위 10% 소득 집중도를 미국, 영국, 프랑스, 일본, 스웨덴 5개국과 비교하면, 1995년에는 한국이 스웨덴 다음으로 낮았으나 2012년에는 한국이 미국 다음으로 높다. 외환 위기 이후 소득 집중도가 빠른 속도로 증가하면서, 한국은 상대적 평등 국가에서 불평등 국가로 탈바꿈했다고 김 연구위원은 진단한다.

정치학자 **최장집** 교수는 "청년 취업과 청년들의 대응"이라는 글에서 세대는 오늘날 계급·계층·직능에 못지않게 중요한 범주가 됐다고 말한다. 그것은 일시적 현상이 아니라 저성장이라는 자본주의 생산 체제의 구조적 문제에서 온다는 것이다. 최 교수는 청년 문제를 우리 사회의 경제·교육·산업·고용 구조가 해결할 수 있을지 회의한다. 즉 대기업 중심의 생산 체제, 중소기업의 하청화와 성장의 제약, 대학 서열 구조 및 산업 체계와 이중적 노동시장 구조는 한국의 대다수 청년들에게 불행을 안겨 주는 요소다. 게다가 한국의 청년들을 불행케 하는 또 다른 요인은 너무나 어릴 적부터 결정되는 '불평등하고 공정하지 못한 차별적 출발선'이다. 최 교수는 이 문제에 대한 일본과 한국 청년들의 대응을 비교하는데, 민주화 운동과 촛불 저항의 역사적 저항 경험이 있는 한국의 청년들이 오히려 일본 청년들에 견주어 기존 질서와 현실에 훨씬 더 수용적인 보수적 태도를 보이고 있다고 분석한다. 그러므로 청년 문제는 청년 문제로만 풀 수가 없고, 노동시장의 유연화는 더더욱 해결책이 아니며, 개인의 힘이나 촛불시위도 답이 아니며, 결국 민주주의적 제도의 힘으로 풀 수밖에 없다고 진단한다.

이병훈 중앙대 교수는 "노동시장 개혁 없이 불평등 해결 없다"는 제목의 글에서 우리가 겪고 있는 심각한 불평등 문제의 핵심으로 노동시장의 이중구조 또는 노동 양극화를 꼽고 있다. 그는 노동 양극화의 증거로 대기업-중소기업 간, 정규직-비정규직 간 임금격차가 확대되고 있음을 보인다. 사정이 이런데도 역대 정부는 시장만능주의적 원리에 따라 기업하기 좋은 나라 만들기 차원의 노동 개혁에 주력해 노동의 양극화 현상을 악화시켜 왔을 뿐이다. 대책으로는 취약 노동자 집단의 근로소득 및 고용조건을 개선하기 위한 최저임금 인상 혹은 생활임금제 도입, 1~2차 노동시장의 격차를 악화시키는 기업별 교섭 대신 산별 교섭 도입 혹은 단체협약 적용률의 제고, 미취업자나 취약 노동자들이 좋은 일자리로 진입할 기회를 확대하기 위해서 대기업과 공공 부문에서 근로시간 단축과 임금피크제 도입을 제안하고 있다. 이와 같은 노동시장 구조 개혁이 성공하려면 정부의 정책 기조가 종래의 '친기업적' 성장 패러다임에서 벗어나 노동 친화성과 유연 안정성을 지향해야 하며, 노조도 대기업 정규직 중심의 폐쇄성을 탈피해서 사회적 약자들을 포용하는 자세를 가져야 한다고 역설한다.

장지연 한국노동연구원 선임연구위원은 "젠더 불평등과 진보적 가치"라는 글에서 여성의 눈으로 본 불평등 문제를 탐색한다. 장 박사는 먼저 남녀 노동자의 임금을 비교하는데, 여성은 남성의 60% 수준의 임금을 받으며, 남녀 간의 임금격차는 우리의 경우 OECD 국가 가운데 가장 크다는 점도 밝힌다. 저임금 노동자의 비중이 남성 16%에 비해 여성은 40%에 이르고, 법정 최저임금 노동자도 여성은 남성 7.4%에 비해 두 배나 넘는 18.2%에 이른다는 상황을 제시한다. 영국 경제 주간지 『이코노미스트』 Economist가 해마다 발표하는 유리천장지수glass ceiling index(고등교육을 받은 남녀 비율, 여성 경제활동 참여도, 남녀 임금격차 등 9개 항목을 기준으로 작성)에서 이 지수가 발표된 이래 매년 한국이 최하위를 기록하고 있는 상황은 우리 사회의 여성의 지위를 잘 드러내 보인다. "충분히 높은 수준의 교육을 받고 있음에도 불구하고, 정치적 대표성을 획득하지 못하고 있으며, 노동시장에서도 평등한 기회를 누리지 못할 뿐만 아니라, 남성보다 낮은 보상을 받고 있다는 사실이 여실히 반영된 지표"라는 것이다.

신명호 사회적경제연구센터 소장은 "교육이 불평등을 치유할 수 있는 가?"라는 글에서 한국의 교육 불평등을 탐색한다. 그는 우리 사회에 굳건히 자리 잡아 온 신화, 즉 누구나 공부만 열심히 하면 가난에서 벗어날 수 있다는 믿음이 타당한지 묻는다. 흔히 우리는 교육이 모두 동일한 출발선에서 뛰는 공정한 경쟁의 장이고 오직 학생의 지능과 노력만으로 결과가 만들어지는 평평한 경기장이라고 믿는다. 하지만 실은 교육이야말로 사회경제적 구조라는 복잡한 조건이 떠받치고 있는 기울어진 운동장이다. 부모의 사회경제적 지위와 자녀의 학업 성취 간에는 강한 상관관계가 있다. 그래서 사람들은 '요새는 개천에서 용 나기가 힘들어졌다'고 말한다. 노동시장에서의 일자리 경쟁은 격화되고 빈부 격차는 커지고 있으며, 교육제도 역시 경쟁과 서열화를 부추기고 있다. 이러한 구조 속에서 공부를 잘 해 빈곤에서 벗어나라고 내모는 것은 시대착오적이다. 이제까지 전 세계의 교육 불평등 연구에서 확인된 사실이 한 가지가 있는데, 그것은 교육을 통해서 사회경제적 불평등이 해소되는 게 아니라, 사회경제적으로 평등해져야 교육 기회의 평등도 이루어진다는 것이다.

김창엽 서울대 교수는 "건강 불평등의 현상과 의미"라는 글에서 우리의 건강은 생물학적 요인 이외에 사회적 결정 요인의 영향도 크게 받는다는 전제에서 출발한다. 건강 불평등은 '사회적 유불리가 다른 집단 사이에 체계적으로 나타나는 공정하지 못한 건강의 차이'를 뜻한다. 불필요하고, 피할 수 있으며, 공정하지 못한 건강 차이가 존재한다는 것이다. 그 구체적 양상은 다양하다. 치료가 필요한 이들이 진료비와 생계비 부담으로 인해 치료를 포기하는 이른바 미충족 필요의 경험이 한국인 네 명 중 한 명이다. 교육, 소득 등 사회경제적 계층에 따라 노인의 의료 이용에도 뚜렷한 차이가 있다. 왜 그런가? 응당 소득과 부의 차이가 결정적이다. 교육도 원인 중 하나다. 주거 조건 등 물리적 환경 이외에 스트레스 등 사회심리적 요인에도 주의를 기울여야 한다고 김 교수는 강조한다. 중졸 이하 집단은 대졸 이상의 집단보다 사망률이 8.4배나 높다는 것은 결코 정의로운 게 아니다. 그러나 건강 불평등은 공론화·의제화하기가 매우 어렵다. 김 교수는 이 문제에 대한 인식을 넓히고 사회적 결정 요인과 건강과의 인과관계를 이해하고, 이를 사회적 의제로 만들 것을 주문한다.

조명래 단국대 교수는 "만들어진 불평등, 지역격차"라는 글에서 한국의 지역격차 문제를 파고든다. 그는 지역격차를 두고 "불평등의 공간적 표현 혹은 양식"이라고 정의한다. 지역격차는 사회적 기회·자원·권력이 지역 간에 골고루 분포하지 못해 현격한 차이가 발생하는 상태를 지칭한다. 지역격차가 문제가 되는 것은 기회·자원·권력의 지역 간 불균등 분포로 인해 그 구성원이 "불필요하고 부당하게" 삶의 기회를 박탈당하기 때문이다. 또한 심각한 지역격차는 지역 갈등을 유발해 사회적 자원의 적정 활용을 방해하고, 사회통합을 가로막아, 사회의 안정적 발전을 저해한다. 실제 우리나라에서는 그 동안 영남-호남, 수도권-비수도권, 강남-강북 사이에 이런 현상이 뚜렷이 존재해 왔다. 조 교수는 이런 지역 간 격차는 근대화 과정에서 사회적으로 생산된 것이며, 그래서 "만들어진 불평등"이라고 규정한다. 조 교수는 지역격차를 해소하기 위해 지역이 진정한 자율권과 자치권을 가질 것, 지역의 개성적 차별화와 역량 형성, 전국적·지역적 최저 기준 설정, 대자본의 사업 방식에 대한 지방자치단체의 규율, 사회적 혼합을 도모하는 도시계획사업 실시를 제안한다.

제2부는 "대안"이다.

김형기 경북대 교수의 글 "불평등 해소를 위한 경제 모델"은 불평등 해소를 위한 대안적 자본주의 모델을 분석하고 있다. 불평등을 해소하는 평등 지향적 경제 모델을 정립하려면 자유시장경제로부터 조정시장경제로, 주주자본주의로부터 이해관계자 자본주의로, '작은 정부'로부터 '큰 정부'로 나아가야 한다고 김 교수는 주장한다. 특히 자본통제를 강화해 지나친 자본자유화가 초래할 제2의 외환 위기의 위험을 피하고 소득 불평등 증대를 막아야 한다고 그는 주장한다. 아울러 최고 한계세율을 높이는 조세 정책, 즉 부자 증세를 추진해야 한다. 여기에 더해, 한국적 특수성을 가지며 계층 간 및 지역 간 불평등을 심화시키는 요인인 재벌 지배 체제, 수도권 집중 체제, 수도권 일극 발전 체제를 개혁하는 정책이 필요하다는 것이 김 교수의 관점이다. 기업 의사결정에 주주 대표만이 아니라 노동자 대표도 참가하는 이해관계자 자본주의로의 기업지배구조 개혁, 대기업과 중소기업 간 공생적 관계 수립, 수도권 집중 완화 정책, 수도권 일극 발전 체제를 지역 다극 발전 체제로 전환시키는 정책을 수립해야 한다는 것이 김 교수의 주장이다.

김윤상 경북대 석좌교수의 "불평등과 특권"에 따르면 소득의 발생 원인에는 노력, 능력, 운이 있고 그 밖에 특권도 있다. 운의 정당성에 관해서는 다양한 입장이 있으나 노력은 정당하고 특권은 부당하다는 점에는 의견이 일치한다. 특권은 노력, 능력, 운이 같더라도 남보다 더 많은 이익을 얻거나 더 적은 불이익을 받을 수 있는 권한 또는 지위이다. 당사자의 노력에 비례하지 않는 결과를 낳는다는 점에서 운과 특권은 닮은꼴이지만, 인간의 통제 바깥에 존재하는 운과는 달리 특권은 사회가 만들어 내는 원인이며 타인에 대한 차별을 동반한다는 점에서 다르다. 그러나 토지 사유제와 같은 특권적인 제도에 사회가 합의한다면 그로 인한 불평등을 막기 위해 세 가지 조건이 필요하다. 첫째로, 꼭 필요한 최소한도의 특권만 인정한다. 둘째로, 특권 취득의 기회를 균등하게 보장한다. 셋째로, 특권 이익을 환수해 공평하게 처리한다. 토지 사유제의 경우 특권 이익은 지대와 같다. 지대 등 특권 이익에 대해 모든 국민에게 균등한 지분을 보장하면 불평등이 대폭 완화될 뿐만 아니라 누구나 자기 돈으로 자신의 삶을 보장할 수 있어 재분배 없는 복지도 가능하다는 것이 김 교수의 분석이다.

전강수 대구가톨릭대 교수의 "헨리 조지와 토마 피케티, 그리고 종합부동산세"는 19세기 최고의 불평등 분석가 헨리 조지와 최근 『21세기 자본』으로 신드롬을 일으킨 토마 피케티를 비교해 불평등 분석의 올바른 방향을 제시하고, 참여정부가 도입한 종합부동산세가 불평등 해소의 한국판 대안이라고 주장한다. 조지와 피케티는 자본주의 시장경제 인정, 공정한 자본주의 추구, 불평등 분석, 조세를 통한 문제 해결 도모에서 유사하다. 하지만 노력 소득과 불로소득의 구분, 토지의 중요성과 특수성에 대한 인식 등에서는 큰 차이를 보인다. 피케티가 자신이 수행한 놀라운 통계 분석의 결과를 제대로 해석하지 못하고 엉뚱한 논거를 제시하고 만 것은 토지와 자본을 융합하는 신고전학파의 잘못된 관행을 무비판적으로 수용한 데 기인한다고 전 교수는 진단한다. 만일 피케티가 조지의 관점을 받아들인다면, 『21세기 자본』의 몇 가지 허점 보완이 가능하며, 글로벌 자본세라는 비현실적 방안보다 우수하며 실현 가능성이 높은 불평등 해소 대안을 제시할 수 있을 것이다. 한국은 이미 그 대안을 정책으로 추진한 바 있는데, 그것은 참여정부의 종합부동산세라고 전 교수는 주장한다.

변창흠 서울시 SH공사 사장은 "기로에 선 주거 불평등 문제와 개선 과제"라는 글에서 한국의 주거 불평등을 분석한다. 최근 한국의 주택보급률이 100%를 넘으면서 종래의 공급 위주 주택 정책보다는 계층별·세대별 수요에 부응하는 새로운 주택 정책이 필요해지고 있다. 주택 가격이 비싸서 한국의 계층별 자산 격차는 매우 큰데, 최고 5분위의 순자산은 최저 5분위의 100배가 넘는다. 자가 가구는 전체의 54%인데, 이들은 수십 년의 개발 연대 시기에 자산 가치를 증대시킬 수 있었다. 이 중에는 노년층이 많은데, 이것이 이들의 정치적 보수성의 배경이라고 변 사장은 분석한다. 그 반면 자기 주택을 갖지 못한 46%의 가구, 특히 청장년들은 자산 게임에서 소외되었을 뿐만 아니라, 높은 주거비 부담을 안고 살아간다. 최근에는 전세를 월세로 전환하는 추세 속에서 시중 금리보다 훨씬 높은 월세 전환율 때문에 무주택 가구의 주거비 부담은 더욱 커지고 있다. 과도한 주거비 부담은 교육비 등 다른 지출을 억제하므로 현재의 불평등을 고착시킬 위험이 크다. 변 사장은 주택 임대자의 권익 보장을 중심으로 하는 현행 법률을 주택 임차자의 주거권 보호 쪽으로 개정해야 한다고 주장한다.

윤영진 계명대 교수는 "재정의 시선으로 본 한국의 불평등"에서 재정은 국민의 삶의 질을 높이고 행복을 추구하는 고차원의 방법론이라고 정의한다. 재정은 불평등이라는 국민 행복의 걸림돌을 제거해야 할 책무를 갖고 있다. 재정 총량과 조세 및 이전지출의 구조를 어떻게 설계하느냐에 따라 재정의 재분배 효과, 즉 불평등 개선 효과는 달라진다. 우리나라 재정의 불평등 개선 기여도는 OECD 국가 중 최하위권으로 거의 작동되지 않고 있다고 해도 지나친 말이 아니다. 조세 및 사회보장기여금의 누진도가 매우 낮고 총 조세부담률과 복지 지출로서의 현금 이전지출 규모가 매우 작기 때문에 재정의 소득재분배 효과는 극히 미미한 것이다. 따라서 앞으로 불평등을 완화하기 위한 조세 및 재정 정책의 방향은, 총 조세부담률을 높여 재정 규모를 확대하고, 재정지출 및 조세의 누진성을 높이는 방향의 제도 개혁이 될 수밖에 없다. "넓은 세원과 적정 세율" 원칙하에 "선先부자 증세, 후後보편 증세"의 단계적 조세 전략을 구사하고, 재정 규모 및 복지 지출을 늘리며, 사회서비스 분야를 강화하는 방향으로 보편 복지를 설계할 필요가 있다는 것이 윤 교수의 결론이다.

강병구 인하대 교수는 "불평등 해소를 위한 세제 개혁"이란 글에서 우리 사회에서 소득과 부의 불평등이 심화됨에도 불구하고 재정의 재분배 기능은 매우 미약하다는 점을 지적한다. 조세부담률이 낮을 뿐만 아니라 조세 공평성이 취약하기 때문이다. 세수 규모가 작아 적극적인 재분배 정책을 취할 수 있는 여력이 부족하고, 세수 구조에 있어서도 소득세, 법인세, 재산세 등 누진적인 조세보다는 역진성을 갖는 소비세와 사회보장기여금의 비중이 높다. 낙수효과가 작동하지 않는 불평등 시대에 세제 개편의 방향은 능력에 따른 공평과세와 조세 정의를 실현하는 것이어야 한다. 조세 공평성이 취약한 현실에서 소비세 인상을 통한 복지 확대는 바람직하지 않고 국민적 동의를 얻기도 힘들다. 반면에 법인세 인하의 투자 및 고용 효과가 매우 미약하고, 사내 유보금이 쌓여만 가는 상황에서 법인세 감세 정책을 지속할 이유도 없다. 소비세 인상 이전에 재벌 대기업, 고소득자 및 고액 자산가, 자본소득 및 자본이득에 대한 과세를 강화해야 한다는 것이 강 교수의 견해다. 그래야만 조세 저항을 최소화하면서 복지국가 시대에 필요한 세수를 확충할 수 있다고 강 교수는 주장한다.

정태인 칼폴라니사회경제연구소장은 "한국의 불평등과 사회적 경제"라는 글에서 사회적 경제는 그 자체로 고용과 복지를 동시에 창출할 수 있으며 사회적 경제에 고유한 연대의 원리로 인해 노동소득 내의 임금격차를 줄이고, 공동의 자산 소유로 인해 자본과 노동 간의 소득 격차도 줄일 수 있다고 주장한다. 그뿐만 아니라 사회적 경제는 '사회적 자본'을 창출함으로써 계약 작성과 이행에 관련된 거래비용을 축소하고 사회 안의 다양성을 촉진해서 혁신에도 이바지할 수 있다. 무엇보다도 사회적 경제는 민주주의를 경제 영역에서 실천한다는 의미를 갖는다. 민주주의야말로 자본주의가 야기하는 불평등을 해소하는, 가장 확실한 길이라는 것이 정소장의 견해다. 결론적으로 "제도 설계를 잘하면 공동체, 시장, 그리고 국가는 서로 대체적인 관계가 아니라 보완적인 관계를 형성할 수 있다." 불평등을 줄이기 위해서는 국가의 공공정책, 시장의 인센티브, 그리고 사회적 경제의 확대가 조화를 이뤄야 한다고 정 소장은 주장한다.

임현진 서울대 사회학과 명예교수는 "한국 복지국가의 미래: 중조세-중복지를 위한 제언"에서 OECD 국가를 네 가지 유형으로 나눈다. '저조세-저복지'(영미형), '저조세-중복지'(남유럽형), '중조세-중복지'(대륙형), '고조세-고복지'(북구형)의 네 유형이 바로 그것이다. 한국은 영미형의 '저조세-저복지' 형태와 유사하지만 그 수준에도 미달하므로 '극단적인 저조세-저복지' 유형이라고 할 수 있다. 임 교수는 한국이 지향해야 할 복지 모델은 독일로 대표되는 '중조세-중복지' 유형이라고 생각한다. 다만 현재 한국에서는 세금 기피, 복지 기피 현상이 만연해 있으므로 이를 극복하고 중간 정도 수준의 조세를 거두려면 한 가지 전제가 필요한데, 그것은 중산층이 보다 높은 세금을 부담할 만한 여력이 있어야 한다는 것이다. 이 조건을 충족시키려면 지금까지의 성장 전략을 바꾸어야 하는데, 과거의 수출 주도-이윤 주도 성장 전략을 지양하고, 내수 주도-임금 주도의 성장 전략으로 전환이 불가피하다고 본다. 이와 같은 성장 전략의 수정을 전제로 중조세-중복지의 독일형 복지국가로 나아가는 것이 한국이 취해야 할 방향이라고 임 교수는 주장한다.

이혜경 연세대 명예교수의 "사회투자 복지국가로의 새로운 항로"는 지금까지 시장경제의 역사는 상품화와 탈상품화의 이중 운동의 역사라고 하는 칼 폴라니의 관점에서 출발한다. 전후의 케인지언 복지국가는 비교적 자율적인 국민경제를 전제로, 국가의 수요관리를 통해 완전고용을 유지하고 탈상품화를 통해 사회권을 보장함으로써 시장경제를 유지하는 수단이었다. 그러나 1970년대 중반 케인스 경제학은 위기에 빠졌고, 대처·레이건의 신자유주의가 등장했다. 신자유주의 패러다임은 작은 정부, 친기업, 반노동, 통화주의를 강조하고 복지국가 해체를 추진했다. 유럽 각국에서 복지국가의 부활은 1990년대 후반부터 '제3의 길' 혹은 사회투자 복지국가의 형태를 띠고 나타났다. 사회투자 접근은 세계화와 탈공업화

시대에 종래의 케인지언 복지국가와 신자유주의의 대안적 패러다임으로 확산되고 있다. 한국이 이를 전격적으로 도입한 것은 2000년대 초 참여정부에 의해서였다. 한국의 경우 박정희식 발전 국가 이후 '선성장 후분배'의 틀을 탈피한 것은 김대중 정부의 생산적 복지와 참여정부의 사회투자 국가 개념이 시초다. 이 교수는 이 방향에서 이탈하지 않고, 이를 발전시키는 것이 대단히 중요하다고 역설한다.

김연명 중앙대 교수는 "복지국가, 불평등 해소의 대안인가?"라는 글에서 복지국가가 반드시 불평등을 축소시켜 주는 것이 아니고, 남유럽의 경우에 보듯이 오히려 불평등을 확대시킬 수도 있다는 점을 지적한다. 그는 한국의 사회보험에도 광범위한 사각지대가 존재하며, 내부자-외부자 문제가 심각하다는 현실에 주목한다. 그리하여 김 교수는 정규직으로 대표되는 노동시장 내부자는 보험료 인상을 통한 급여 수준 확대, 그리고 비정규직으로 상징되는 노동시장 외부자와 주변자에게는 낮은 수준의 '최저보장'을 제도화하는 쪽으로 '이중 전략'을 쓸 필요가 있다고 주장한다. 김 교수는 최근 공무원연금 개혁 문제에 전문가로서 깊이 관여했는데, 국민연금의 경우 명목소득 대체율 50% 인상과 이에 따른 보험료율 조정, 사각지대 인구에 대한 보험료 지원 사업과 연금 크레딧 확대, 그리고 기초연금의 내실화를 동시에 추진할 경우 유럽식 복지국가의 전망을 실현하는 것이 불가능하지 않다고 본다. 건강보험과 고용보험에도 동일한 이중 전략을 적용할 수 있다. 결론적으로 우리가 어떤 복지 전략을 쓰느냐에 따라 한국의 복지국가는 불평등을 해소하는 기제로 작동할 수도 있고 반대로 남유럽처럼 오히려 복지국가가 불평등을 확대하는 기제로 작동할 수도 있다는 것이 김 교수의 진단이다.

성경륭 한림대 교수는 "불평등에 대한 도전: 참여정부의 복지·국가균형발전 정책"이란 글에서 참여정부의 비전을 '소득 보장형 사회투자 복지국가'로 개념화한다. 여기에는 국민기초생활보장제도 보완, 긴급복지지원제도, 근로장려세제EITC 및 기초노령연금 도입, 그리고 사회보험 적용 대상 확대 및 급여 수준 인상이 포함된다. 그리고 참여정부는 세계화·양극화·탈공업화에 능동적으로 대응하기 위해 국민의 인적자본과 직업 능력을 향상시키는 사회투자 확대 정책을 추진했다. 또한 참여정부는 지역간 불평등을 축소하기 위해 균형발전 정책을 추진했다. 지역 사이의 경제력 격차를 줄이기 위한 교정적 균형 정책으로서 행정수도 이전과 공공기관의 지방 이전을 추진했고, 균형발전특별회계로 낙후 지역을 지원했다. 균형발전 정책에는 지역혁신체계 구축, 혁신클러스터 육성, 지방대학 혁신 역량 강화 등도 포함된다. 참여정부의 복지 정책과 균형발전 정책은 큰 성과를 거두었으나 한계도 분명히 있다. 앞으로 저출산·고령화의 파고를 넘기 위해서는 진보의 재집권이 반드시 필요한데, 참여정부는 나침반이자 반면교사의 역할을 할 것이라고 성 교수는 예상한다.

이종오 경제사회포럼 이사장의 글 "사회권과 민주주의"는 현재 진행되고 있는 사회경제적 불평등 상태의 악화 현상은 민주주의에 대한 심각한 위협을 이룬다고 파악한다. 이를 방치할 경우 한국 사회의 보수화 현상은 심화되고 결과적으로 민주주의의 후퇴가 불가피할 것이다. 따라서 현 단계 한국 민주주의의 과제는 무엇보다 자유권과 아울러 사회권의 획기적 신장으로 복지국가적 발전을 기하는 것이라는 게 이 교수의 분석이다. 이를 위해서는 현행 헌법의 사회권 중심의 개정과 아울러 특히 획기적으로 개혁적인 선거법을 통해 사회적 대표성을 갖는 정당을 출현시켜야 하고 정치에 대한 시민 통제가 이루어져야 한다고 본다. 마지막으로 이 교수는 복지국가를 지향하는 사회적 민주주의의 발전은 실용주의적 개혁을 통한 행정 시스템의 합리화·효율화가 전제되어야 가능하다는 짐을 지적한다. '사회적 이상주의와 방법적 실용주의의 결합으로 최선의 민주주의를 이록하자'는 것이 이 교수의 결론이다.

박상훈 정치발전소 학교장은 "한국 사회의 불평등과 정치의 역할"이란 글에서 아리스토텔레스의 민주주의 정의를 소개한다. 민주주의에 대한 수많은 정의가 있지만, 그 가운데 2500년 전 아리스토텔레스가 내린 정의는 여전히 흥미롭다. 그는 민주주의를 '빈자貧者의 지배'라고 정의했다. 박 학교장은 한국에서 빈자, 약자, 서민을 대변해 줄 정당이 없고, 진보 정당마저 중산층 중심의 사고를 보이는 현상을 지적한다. 한국의 민주주의는 어느새 주인인 시민이 뒷전으로 물러나 관전만 하는 청중 민주주의audience democracy가 됐다. 야당이 없는 정치체제는 민주주의가 아니다. 민주주의에 대한 가장 단순하면서도 확실한 정의는 "오늘의 야당이 내일의 여당이 될 수 있는 정치 혹은 오늘의 여당이 내일의 야당이 될 수 있는 정치"라고 할 수 있다. 그런 의미에서 야당은 민주주의라고 하는 정치과정을 뒷받침하는 일종의 공공재라고 박 학교장은 주장한다. 박 학교장은 지금 한국 사회의 약자 계층의 불평등 문제를 개선하려면 무엇보다 강한 야당을 만드는 데에서 변화가 시작되어야 하며, 야당은 제대로 된 정당 조직이 되어야 한다고 역설한다.

이상이 이 책, 각 글의 내용 요약이다. 한국을 대표하는 사회과학자들이 불평등 문제를 놓고 치열한 논리를 전개하고 있어서 앞으로 불평등 연구에 크게 기여할 것으로 확신한다. 또한 이 책의 발간을 계기로 불평등에 대한 우리 사회의 관심이 한층 높아지길 기대한다. 불평등이라는 치명적인 질병은 이미 우리에게 값비싼 대가를 치르게 했고 앞으로 더 큰 대가를 요구할 것이다. 우리는 이 문제를 회피해서는 안 되며, 반드시 정면으로 직시하고 행동에 나서야 한다. 앳킨슨이 말한 대로 미래는 우리 손에 달려 있다.

제1부

진단

1

한국은 왜 살기 어려운 나라인가?

이정우

1. 머리말

한국은 지난 반세기 동안 상당한 고도성장을 이루었다. 식민지와 전쟁이
라는 쓰라린 역사를 거치며 한때 지구에서 손꼽히는 빈국이었던 나라가
이제는 1인당 소득 3만 달러에 접근해 있고, 빈국에 원조를 해줄 정도로
괄목상대할 변화가 있었다. 그런 점에서 세계에서도 몇 안 되는 성공 사례
로 간주되고 있음에도 불구하고 막상 우리의 생활을 돌아보면 그것과는
거리가 먼 각박한 현실이 기다리고 있다. 무엇보다 다수 국민이 너무 고생
이 심하고, 세계 최장의 노동에 시달리며, 일상적으로 각종 차별을 겪고
있다. 내일에 대한 전망이 불확실해서 안심하고 살아가기 어렵다. 스스로
행복하다고 느끼는 국민이 별로 많지 않다. 가끔 발표되는 행복지수에서

한국인들은 스스로 불행하다고 여기는 것으로 나타난다.

왜 그런가? 한국인들이 너무 눈이 높아서 그런가? 아닌 것 같다. 나는 이것이 한국 특유의 몇 가지 구조적 요인 때문이라고 생각한다. 한국인은 다른 나라에서 보기 힘든 불평등 구조 속에서 살아가고 있으며, 이 구조를 개혁하지 않는 한 우리의 삶은 불행을 벗어나기 어렵다고 본다. 우리를 불행하게 만드는 가장 중요한 구조적 요인으로 토지 문제, 노동 문제, 복지 문제를 이야기하지 않을 수 없다. 물론 우리나라에는 재벌의 경제력 집중, 학력 차별, 지방 차별, 여성 차별 등 중요한 불평등 문제가 산적해 있지만 가장 중요해 보이는 세 가지 문제 — 토지, 노동, 복지 — 에 논의를 집중하고자 한다.

2. 토지의 중압

한국은 땅값이 세계에서 제일 비싼 나라다. 한때 한국 땅을 팔면 미국의 절반을 살 수 있고, 캐나다를 여섯 번, 프랑스는 여덟 번 살 수 있다는 놀라운 자료가 있었다. 최근에는 그런 국제 비교를 볼 수 없으나 아마 그 값은 크게 달라지지 않았을 것 같다. 과거 일본 땅값이 세계 최고였으나 1990년대 초 폭락해 이제는 우리보다 낮은 수준이다. 홍콩, 싱가포르 같은 도시 국가를 제외하고 한국보다 비싼 땅을 가진 나라는 없다. 이것은 역대 독재 정권, 특히 박정희 정권이 토지문제의 중요성을 생각하지 않고, 무분별한 개발 정책을 밀어붙인 결과인데, 부동산 투기 반세기가 할퀴고 지나간 지금 한국의 땅값은 어느새 세계 최고가 되어 버렸다.

작년 세계적으로 선풍을 일으킨 토마 피케티의 책 『21세기 자본』에서 한 나라의 순자산을 그 나라의 국민소득으로 나눈 β값(그 뒤 피케티 계수로 불린다)이 중요한 변수인데, 통계가 나와 있는 대부분의 나라에서 이 값은 6을 넘지 않는다. 선진국 중에서 피케티 계수가 가장 높은 나라는 일본과 이탈리아인데, 이 두 나라는 과거 부동산 투기가 심했다는 공통점이 있다. 한국에 대해 몇몇 경제학자가 피케티 계수를 계산해 본 결과 놀랍게도 7이 넘는 숫자가 나왔다. 7이 넘는 피케티 계수는 소위 '아름다운 시대'La belle époque로 불리는 19세기 말 프랑스에서만 발견된다. 마네, 모네, 세잔느 등 인상파 화가들과 비제, 라벨, 드뷔시 등의 작곡가, 빅토르 위고, 모파상, 에밀 졸라 등 소설가들이 백화제방한 이른바 '아름다운 시대'에 피케티 계수가 가장 높았고, 불평등이 사상 최고였다는 점은 지극히 역설적이고 음미해 볼 만하다. 불평등한 세상일수록 문화와 예술이 찬란하게 꽃피는 것인가.

피케티 계수가 높은 것은 주로 부동산 가격이 높기 때문이다. 한국의 피케티 계수가 7이 넘는 것도 마찬가지 이유다. 최근 나온 한국의 국부 조사에서도 부동산이 전체 부의 90% 가까이 차지해서 압도적 비중을 보이고 있다. 결국 비싼 땅값은 높은 피케티 계수를 낳고, 높은 피케티 계수는 높은 자본소득분배율, 그리고 높은 불평등을 낳는다.

비싼 부동산 가격의 해악은 크고도 넓고도 오래 간다. 땅값이 세계 최고이니 주택도 비싸고, 공장 부지도 비싸다. 땅과 집을 가진 사람들은 가만히 있어도 재산이 불어나는데 그 행렬에 끼지 못한 사람들은 살아가기 어렵고, 공장을 경영하기도 어려우며, 장사하기도 어렵다. 조그마한 가게를 운영하는 자영업자들은 새벽부터 밤중까지, 주말에도 쉬지 못하고 일에 매달려도 비싼 임대료 내고 나면 별로 남는 게 없다. 서민들은 집세 내느라 허리가 휠 지경이고, 집세 때문에 직장에서 멀고 먼 집에 살면서 통근에 고생이 여간 아니다. 최근에는 사상 유례없는 전세 대란으로 집 없는 서민의 고통은 더 커지고 있다.

그러므로 비싼 땅값은 우리 국민에게 눈물의 씨앗이라 해도 결코 지나친 말이 아니다. 소수의 땅부자를 제외한 국민 모두는 독재 정권의 무분별한 개발 정책의 피해자라고 해도 좋다. 그럼에도 불구하고 가장 큰 피해자들인 집 없고 땅 없는 서민들이 오히려 독재 정권에 대해 향수를 갖고 있음은 역설 중의 역설이 아닐 수 없는데, 소위 스톡홀름 신드롬[1]을 연상시킨다.

한국의 비싼 땅값을 낮추는 것은 한국 경제의 수출 경쟁력 회복, 기업과 구멍가게의 수익성 회복, 영세 서민의 고통 경감 등 엄청나게 큰 플러스 효과를 가질 것이다. 다만 비싼 땅값을 갑자기 떨어뜨리는 것은 일본처럼 경착륙 충격이 너무 커서 위험하므로 땅값을 서서히 낮추어 가는 소위 연착륙이 바람직하다. 땅값 인하를 위해 가장 중요한 것은 토지보유세 강화다. 한국은 전통적으로 토지보유세가 과소하고, 토지거래세가 과다했기 때문에 많은 학자들이 이구동성으로 요구하던 것이 보유세 강화였다. 역대 정부는 말로는 보유세를 강화하겠다고 약속했지만, 기득권 집단의 반발이 두려워 어느 정부도 그것을 실천하지 않았다.

참여정부의 종합부동산세는 보유세 강화라는 취지에서 최초로 도입된 것이므로 그 자체 큰 진전이었다. 그러나 보수 쪽에서는 이런저런 시비를 걸었다. 어떤 경제학자는 종합부동산세를 폄하하여 '세금으로 부동산 문제를 해결할 수 없다'고 말해 여러 신문에 실렸으나 세금 말고 부동산

1_인질극이 벌어졌을 때, 인질들이 자신들을 풀어 주려는 군이나 경찰보다 인질범에게 동조하는 심리 상태를 말한다. 말하자면, 약자가 강자의 논리에 동화되어, 자신을 돕는 이들이 아닌 강자의 편을 들거나 강자를 지지하는 현상을 일컫는다.

문제를 해결할 수 있는 좋은 수단이 과연 무엇인지 궁금하다. 부동산 보유세는 부동산 투기를 해결하는 충분조건은 아니지만 필요조건이고, 가장 중요한 필요조건이다. 다른 몇 가지 보완적 정책이 필요하겠지만 보유세 강화는 가장 중요한 투기 근절 대책이다. 그러기에 세금을 누구보다 싫어하는 시카고 대학의 경제학자 밀턴 프리드먼은 이렇게 말하지 않았던가. "오래 전에 헨리 조지가 주장했던 토지가치세는 이 세상에서 가장 덜 나쁜 세금the least bad tax이다." 바꾸어 말하면 토지보유세가 가장 좋은 세금이라는 찬사가 아니냐.

한국처럼 토지 투기로 휘청거리는 나라일수록 토지보유세는 반드시 필요한 정책이다. 그런데도 보수 언론과 보수 야당은 '세금 폭탄' 운운하며 반대했고, 헌법재판소는 야당이 제기한 모든 시비에 대해 문제없다고 하나하나 변호하면서도 딱 한 가지 '가족 합산'에 대해서만 위헌이라고 판시했는데, 이유가 하나든 여럿이든 위헌이 되기는 마찬가지다. 생각해 보자. 주택이란 시계나 칫솔처럼 개인이 사용하는 물건이 아니라 가족 단위로 구입하는 물건이므로 가족 합산이 옳지 않은가. 그리고 부동산 투기꾼은 원래 전국에 여기저기 가족 명의로 땅을 사서 투기를 하므로 이걸 막으려면 전국에 산재한 부동산을 가족 합산해서 무겁게 누진과세함이 옳지 않은가. 그런데도 부동산의 가족 합산을 위헌이라고 하는 헌법재판소의 판결은 설득력이 전혀 없고, 투기꾼에게 면죄부를 주는 것과 다를 바 없다. 보수 언론, 보수정당, 헌법재판소는 종합부동산세를 무력화시켜 고질적 망국병인 부동산 투기를 뿌리 뽑을 강력한 무기를 발로 차버렸다는 비난을 면할 수 없다.

3. 노동의 열위

링컨은 이렇게 말한 바 있다. "노동은 자본에 선행하며 독립적이다. 자본은 노동의 아들이며, 노동 없이는 애당초 존재조차 않을 것이다. 노동은 자본보다 우위이며, 더 우대받을 자격이 있다"라고 말이다. 그러나 한국에서는 자본이 항상 노동보다 우위에 있었다. 특히 1997년 외환 위기가 오면서 노동과 자본 사이의 세력 불균형은 더 커졌다. 불황, 구조조정, 정리해고의 칼바람 속에서 노동은 자본 앞에 위축될 수밖에 없었다. 노동과 자본 사이의 상대적 분배율을 보면 1998년 이후 세상이 바뀌었음을 한눈에 알 수 있다. 원래 불황이 닥치면 노동의 발언권이 제한되고 자본이 우위에 서기 때문에 노동분배율이 하락한다는 가설이 있지만 한국도 예외가 아니다. 1998년 이후 자본은 노동에 대해 압도적 우위를 차지하고 있다.

그 증거는 여러 가지가 있는데, 임금의 정체 현상, 비정규직의 대폭 증가, 노동조합의 세력 약화, 자본수익률과 이윤의 고공 행진 등이다. 〈표 1〉에서 보듯이 노동분배율(생산된 소득 가운데 노동에 분배된 몫)은 장기적으로 상승 추세에 있었으나 1998년 이후 상승은 멈추었다. 선진국에서 노동분배율은 장기적으로 상승 경향을 보이며 대체로 그 상한선이 80% 정도인데, 한국의 노동분배율은 60%에서 20년 동안 고정되어 있다는 점은 매우 특이하며 그 자체 노동의 열세를 암시해 준다.

더구나 이 기간 동안 취업자 중 노동자의 비율은 계속 상승해 왔다는 점을 생각하면 노동의 상대적 지위는 실질적으로 후퇴했다는 결론에 도달하게 된다. 그것은 〈표 1〉에 나와 있는 임금 패리티(국민경제에서 차지하는 노동자의 상대적 처우를 나타내는 지표)에서 명백히 드러난다. 임금 패리티는 1970~80년대에 100을 능가한 시절이 있었고, 그보다 낮았을 때도

표 1 | 노동분배율과 임금 패리티

	노동분배율 (1)	노동자 수/취업자 수 (2)	임금 패리티 (3)
1970	39.5	38.9	101.5
1975	39.6	40.6	97.5
1980	50.1	47.3	105.9
1985	50.3	54.2	93.0
1990	57.8	58.8	98.3
1995	61.0	62.6	97.6
1997	62.0	62.7	99.0
2000	55.2	63.1	87.5
2005	60.6	66.4	91.3
2010	59.1	71.2	83.0
2013	61.5	73.7	83.5

자료: 한국은행, 국민계정; 통계청, 고용노동부, 고용노동통계

있었지만 대체로 100 부근을 오르내리고 있었다. 이를 해석하자면, 국민 경제 전체 취업자 중에서 노동자는 대체로 평균 정도의 대우를 받고 있었 다는 뜻이다. 그러나 이 값은 1998년을 고비로 급격한 하강 추세를 보여 최근에는 83까지 떨어져 버렸다. 이는 통계 작성 이후 최저치로서 과거 100을 기준으로 한다면 노동자의 상대적 처지가 17% 후퇴했다는 뜻이 다.

노동의 열위는 또한 노동자 내부의 양극화 현상에서도 발견된다. 개 략적으로 말해서 한국 노동자의 절반이 정규직이고, 나머지 절반이 비정 규직이다. 그리고 비정규직 노동자는 정규직의 60% 정도의 보수를 받고 있다. 하는 일은 비슷한데도 이런 보수를 받고 있음은 심한 차별이다. 비 정규직 차별은 보수에 그치지 않고 심지어 구내식당이나 통근 버스에서 도 배제하는 경우도 있다. 과거 미국에서 흑인들의 식당, 공원 출입을 금 지하던 야만적 시대를 연상시킨다. 사회보험에서도 정규직은 사회보험의 가입 비율이 80~90% 정도인 반면 비정규직은 그 비율이 3할 정도에 지나 지 않는다. 승진·승격의 가능성도 희박하다. 금년은 이 회사, 내년은 저

회사로 전전해야 하므로 한 회사의 기술을 습득할 유인을 느끼지 못한다. 이는 현장 실습을 통한 생산성 향상에 결정적 걸림돌이 되고 있다. 싼 게 비지떡이란 말은 이럴 때 쓰는 말이 아닌가. 물론 세계화 시대에 노동시장의 유연화가 유행처럼 되어 있어서 세계적으로 비정규직 노동자가 증가하고 있는 것은 사실이지만, 한국만큼 비정규직이 많은 나라는 없으며, 한국만큼 심한 차별을 받는 비정규직도 세계적으로 드물다는 점을 지적하지 않을 수 없다.

저임금에 시달리는 비정규직이 증가한 결과 임금 불평등이 상승하는 것은 필연적이다. 노동자 내부의 임금 불평등은 꾸준히 하락하다가 외환위기 이후에는 다시 상승하고 있다. 그 결과 한국의 임금 불평등은 국제적으로 비교할 때 상당히 높은 편에 속한다. 상위 9분위 대 하위 1분위의 임금격차 배수는 OECD 평균이 3.3배 정도인데, 한국은 4배가 넘고 최근에는 4.9배나 된다. 중위임금의 3분의 2 이하의 임금을 받는 노동자를 저임금 노동자라고 정의할 때, 한국에는 OECD 평균(약 16%)에 비해 상당히 높은 비율(약 25%)의 저임금 노동자가 존재한다.

저임금을 줄이고 노동자의 처우를 개선하는 대표적 정책이 최저임금제다. 한국에서 최저임금제는 아주 늦게 1987년에 와서야 비로소 도입됐다. 도입 후 10년간은 유명무실한 존재로 머물렀으나 1998년 김대중 정부 이후 매년 빠른 속도로 상승하기 시작해서 원래의 취지대로 저임금 노동자 보호 기능을 조금씩 수행하고 있다. 그런데 흥미 있는 것은 최저임금의 인상 정도는 정권에 따라 크게 차이가 난다는 사실이다. 보수 정권이라 할 수 있는 김영삼(연평균 실질 최저임금 상승률 3.1%), 이명박 정부(1.4%)에서 최저임금 상승률은 아주 낮다. 그 반면 진보 정권이라 할 수 있는 김대중(5.5%), 노무현 정부(7.7%)에서는 상당히 빠른 속도로 상승해 왔다.

정권의 성격에 따라 최저임금 정책이 달라진다는 것은 다른 나라에서도 나타나는 현상이다. 브라질의 룰라가 대통령이 되면 최저임금의 실질 수준을 두 배로 올리겠다고 공약했고, 당선 뒤 공약을 지켰다. 룰라 집권 시기 브라질 경제는 연평균 3%로 성장해 신기록을 세웠고, 빈곤 축소, 불평등 축소라는 좋은 성과를 가져왔다. 피케티(2014)에 의하면 미국의 최저임금 수준은 과거에는 프랑스보다 높았으나 오랫동안 별로 상승하지 않아서 양국 사이에 대역전이 일어났고, 지금은 미국 최저임금이 프랑스보다 훨씬 낮은 수준이다.

　그리고 최저임금은 정권의 성격에 민감하게 반응하는 성격이 있다. 미국의 최저임금은 공화당 대통령 때는 정체하는 반면 민주당 대통령 때는 상승 경향을 보인다고 한다(Massey 2007). 이를 뒷받침하듯 최근 미국에서 최저임금을 대폭 인상한 대통령을 꼽자면 단연 클린턴과 오바마다. 오바마 집권 이후 최저임금이 거듭 인상되었음에도 불구하고 여전히 실질 수준으로 따질 때 1960년대 수준에도 못 미친다고 하니 역대 정권이 얼마나 최저임금을 소홀히 해왔는가를 알 수 있다(Bartels 2008).

4. 복지의 빈약

한국은 저부담-저복지의 국가다. 국민들이 세금을 적게 내고, 복지 혜택도 적게 받는다. 평균 조세부담률은 20%에 머물고 있어 이 비율이 30% 근처인 영미형 국가보다 낮을 뿐 아니라 40% 부근의 유럽대륙형 국가, 그리고 50% 내외의 북유럽형 국가와는 아예 비교가 되지 않는다. 당연한 귀결로서 정부의 소득재분배 효과도 미약하다. 한국의 경우 정부는 시장소득분배의 불평등을 8% 정도 축소시키는 데 그치고 있어서 그 효과가 30~

40%가 넘는 선진국과는 비교가 되지 않는다. 선진국 중에는 시장소득이 꽤 불평등한 나라가 있으나 정부가 세금 및 정부 지출이라는 무기를 들고 적극 개입하여 불평등을 눈에 띄게 축소시키는 반면 한국에서는 시장소득의 분배나 정부가 개입한 이후의 가처분소득의 분배나 별로 차이가 없다. 이럴 바에야 무엇 때문에 정부가 존재하느냐 하는 근본적 의문을 던지지 않을 수 없다.

한국은 1997년 외환 위기를 맞아 IMF에 구제금융을 신청하면서 IMF(미국)가 하라는 대로 할 수밖에 없는 초라한 신세가 됐고, 그들의 강력한 요구에 따라 급속히, 그리고 신중한 검토 없이 마구잡이식으로 영미형 시장만능주의가 이식되었다. 날이면 날마다 '시장'을 강조하는 사설이 신문 지면을 장식하고 있고, 정부는 무능하고 부패한 집단으로 비쳐짐에 따라 부지불식간에 국민들 사이에 작은 정부에 대한 호감이 높아지고, 원래 세금 내기 좋아하는 사람 없지만 세금 내기를 더욱 싫어하는 풍조가 생겼다. 물론 외환 위기 이전에도 우리나라의 정부가 큰 규모였던 적은 없다. 한국은 세금(정부 지출)의 규모로 따지면 항상 작은 정부였으나 그 역할에서는 무소불위의 권력을 휘두르는 통제경제 모델이 박정희 정권 이후 자리 잡고 있었다고 할 수 있다.

지금은 어떤가. 세금·복지 규모에서는 항상 저부담-저복지이면서 정부/시장의 기능 면에서는 통제 위주의 박정희식 관치 경제와 자유방임적 영미형 시장만능주의가 혼합되어 서로 충돌, 불협화음을 일으키는 중이다. 당연히 경제체제의 모순, 충돌을 방지하고 하나의 일관된 모델을 정립할 필요가 있는데, 여기서 어떤 모델을 지향할 것인가 하는 중요한 문제에 부딪친다. 1980년대 이후 세계화 물결이 넘실대면서 한때 영미형 시장만능주의가 시대의 대세인 것처럼 행세하기도 했으나, 2008년 미국 금융위기 이후에는 그 모델의 신뢰도가 많이 떨어졌다. 차제에 박정희식 관치

경제와 영미형 시장만능주의를 극복하는 제3의 모델 모색이 필요한데, 그 방향은 북유럽 사민주의 모델에서 참고할 만한 것이 많을 것이다.

북유럽은 세금을 많이 거두지만 국민들이 별로 불만이 없이 흔쾌히 세금을 내는데, 그 이유는 그것이 모두 자신에게 복지 혜택으로 돌아온다는 믿음이 있기 때문이다. 북유럽은 보육, 교육, 의료, 요양 등 중요한 사회서비스가 모두 무료로 제공되는 이른바 '탈상품 사회'de-commodification society이므로 국민들은 생활에 큰 걱정 없이 살아간다. 사람이 살다 보면 실직, 질병, 상해, 고령, 일시적 궁핍 등 여러 가지 어려움이 닥칠 수 있지만 그것이 국민이 낸 세금을 통해 집단적으로 해결되니 불안 없이 살아갈 수 있는 것이다. 그에 반해 우리 국민은 사회 안전망이 부족하여 늘 불안하고, 그 불안을 잠재우기 위해 사적인 보험에 여럿 가입하는데, 비용만 많이 들고 위험에 대한 보호 수준은 낮은 악순환일 뿐이다. 이는 선별 복지를 지향하는 미국의 사적 보장 방법인데, 이것보다는 보편 복지를 지향하는 북유럽의 사회적 보장 방법이 비용이 적게 들고 보호 수준이 높은 우월한 제도라는 것은 이미 판명이 나 있다.

한국은 오랫동안 정부가 분배·복지를 무시하면서 경제성장만 강조했고, 심지어 분배·복지를 이야기하면 불온시하는 경향마저 있었다. 중앙정부의 복지예산은 경제예산보다 낮았다. 경제예산은 주로 도로, 항만, 댐, 교량 등 사회간접자본 건설에 지출되었는데, 그 결과가 일본형 토건국가다. 일본은 복지를 무시하고 토건에 예산을 쏟아 부어 토건국가란 별명을 갖고 있는데, 실제로 일본만 토건국가가 아니고 한국도 토건국가다. 국민경제에서 토건업이 차지하는 비중은 두 나라가 세계에서 제일 높다. 또 토건예산은 성격상 부패의 소지가 있다. 두 나라가 오랜 기간 복지를 무시하고 토건에 매진한 결과는 급속한 저출산·고령화 현상이어서 일본은 이미 세계 1위의 노인 국가가 되어 버렸고, 한국은 빠른 속도로 거기에 접근하고 있다. 지금 추세대로라면 2050년 일본과 한국은 나란히 세계 1, 2위의 노인 국가가 될 것이다.

토건예산과는 반대로 복지예산은 부패의 소지가 적다. 그런데도 보수 언론은 걸핏하면 '복지예산이 줄줄 샌다' 이런 특집을 대서특필한다. 어느 지방에 가난하지 않은 아무개가 복지 제도의 허점을 이용해서 돈을 타먹었다 이런 것을 귀신처럼 찾아내서 보도하는 것이다. 그러나 한번 생각해 보자. 이런 허점은 물론 막아야겠지만 그것이 그렇게 심각한 문제인가, 백 명, 천 명 중 한 명 정도 발생하는 문제 아닌가. 그보다는 반대로 복지 혜택을 받아야 하는데 못 받고 '죄송합니다'라는 말을 연발하면서 세상을 하직한 송파 세 모녀의 비극이 더 중요하고, 더 심각하고, 더 광범위한 문제가 아닌가. 그리고 복지가 줄줄 새든 그 반대의 송파 세 모녀 사건이든 둘 다 선별 복지의 허점일진대 왜 보수정당과 보수 언론은 그다지도 문제가 많은 선별 복지를 그토록 애호하면서 보편 복지는 기를 쓰고 반대하는가?

이런 근본적 문제를 해결하지 않고는 우리나라가 선진국이 될 수는 없다. 새누리당과 보수 언론은 날이면 날마다 '복지 포퓰리즘'을 합창하는데, 중앙정부 예산 가운데 복지예산 비중이 겨우 30%인 나라에서 복지 과잉, 복지 포퓰리즘을 걱정하는 것을 외국에서 알면 아마 코웃음을 칠 것이다. 선진국은 대개 이 비중이 50%가 넘고, 심지어 복지기피국가라는 별명을 가진 미국조차 이 비중이 50%가 넘는다. 한국에서는 오랫동안 복지예산 비중이 20%에 머물고 있었는데, 이를 28%로 높인 것이 참여정부였다. 이명박 정부, 박근혜 정부 7년을 거친 지금 복지예산 비중은 겨우 30%에 머물고 있다. 7년간 2%p 상승한 것도 적극적으로 복지를 확대해서 그리 된 것이 아니고, 시간이 지나면서 노인인구가 증가하면서 생긴 자연 증가분이다.

복지국가란 복지예산 비중이 전체 예산의 50%를 넘는 나라라고 하는 정의가 있는데 우리는 언제 복지국가가 될까? 복지국가 문턱에도 못 간 한국의 위정자들이 복지병, 복지 포퓰리즘을 걱정하고 있는 사이 송파 세 모녀 사건, 노인 빈곤 세계 1위, 노인과 청년 자살률 세계 1위의 비극이 계속되고 있다. 왜 우리 국민은 이렇게 복이 없어서 이런 모진 정부를 만나서 모진 목숨을 이어가야 하나. 복지국가는 요원하고 저출산·고령화는 엄청난 속도로 우리를 위협하고 있다. 지금부터 복지를 강화해도 이미 너무 늦을지도 모른다. 그런데도 박근혜 정부는 태무심인 채, 증세 없이 복지 하겠다고 고집을 부리니 무슨 마술사인가. 이것이 창조경제인가?

5. 맺음말

우리 한국인은 반세기 동안 성장지상주의의 주술에 사로잡혀 살아왔다. 성장이라는 지상 목표 아래 분배, 환경, 인권 등 중요한 가치들이 모두 뒷전으로 밀렸다. 한국만큼 성장에 집착한 나라도 없을 것 같은데, 문제는 그렇게 반세기를 질주한 끝에 우리는 과연 잘살게 됐는가 하는 점이다. 불평등, 빈곤, 차별, 소외, 자살, 공동체 붕괴 등 온갖 사회경제적 문제를 차치하더라고 우선 분배를 지나치게 무시한 결과 양극화로 인한 내수 시장의 경색으로 성장 자체가 어려운 지경에 이르렀다. 이제는 성장을 하기 위해서라도 분배를 하지 않을 수 없는 단계에 온 것으로 보인다. 늘 성장을 좋아하고 분배에는 별로 관심이 없었던 IMF조차 이제는 분배의 지나친 불평등이 성장을 저해한다고 소리 높여 경고하고 있다. 그런데도 국내에서는 여전히 성장 우선론이 강세이니 이 일을 어쩌나.

엎친 데 덮친다더니 1997년 외환 위기 이후에는 IMF와 미국이 강요한 시장만능주의가 밀물처럼 밀려와 우리 사회의 지배적 담론이 되었다. '시장'이란 단어가 매일처럼 신문 지면을 장식하고 있다. '정부'를 불신하고 '시장'을 믿는다는 교리가 마치 중세 종교처럼 위력을 발휘하고 있다. 성장지상주의에 덧붙여 시장만능주의까지 들어옴으로써 한국의 불평등은 더욱 기승을 부리고 있다. 세계에서 제일 비싼 토지의 중압을 해결하려면 정부의 적극적 역할이 요구되는데, 정부는 걸핏하면 '시장' 원리를 내세우면서 제 할 일을 하지 않고 뒷짐을 진다. 분양가 상한제 같은 부동산 규제가 힘없이 무너지고 있다. 참여정부가 힘겹게 도입한 종합부동산세는 보수 언론, 보수정당, 보수 학계의 집중 포화를 받은 끝에 헌법재판소에서 도무지 납득할 수 없는 이유로 위헌판결을 받아 거의 사문화되고 말았다. 상속세는 바보가 내는 세금이란 우스갯소리가 있는데, 종합부동산세도 비슷한 신세가 되었다.

한국에서 자본은 항상 우위였고, 노동은 항상 열위였다. 다른 일에는 손을 놓고 있던 정부가 유독 노동문제에만은 적극 개입하여 '보이는 손'visible hand이 아니라 '보이는 주먹'visible fist의 위력을 과시했다. 게다가 문제의 1997년 외환 위기 이후에는 온 세상이 불황, 구조조정, 정리해고의 태풍에 휘말리면서 노동은 더욱 열세가 됐다. 그나마 거북이걸음으로 올라가던 노동분배율은 더 이상 오르지 않고, 노동자들의 상대적 지위는 급전직하 떨어지고 있다. 노동의 열위는 비정규직의 폭발적 증대와 극심한 차별로 한층 더 심해지고 있다. 그나마 청년들은 비정규직이라도 취업이 안 될까 안달하여 스펙 쌓기에 몰두할 뿐 멀리 보고 비판적 안목을 기르는 공부할 여유는 사라진 것 같다. 지금 한국에서는 젊은 세대의 급속한 보수화가 진행되고 있어서 이대로 가다가는 우리 사회의 민주주의와 공동체가 무너지는 게 아닌가 하는 위기감마저 든다.

약자와 빈자가 기댈 수 있는 최후의 언덕이 국가일 텐데, 한국이란 국가는 비정하고 무관심하다. 재벌과 강자의 가려운 데는 열심히 찾아가 긁어 주면서 가난한 사람을 도와줄 생각은 하지 않는다. 세금 적게 내고 복지 혜택도 적게 받는 게 하도 오래되다 보니 버릇 비슷하게 되어 버렸다. 우리나라에서 국가에 대한 국민의 불신은 오랜 역사적 뿌리가 있지만 현대에 와서도 비정한 국가에 대해 국민은 별로 기대를 걸지 않는다. 보편복지에 대한 인식이 부정적이고, 복지예산 자체가 경제예산에 밀려 태부족이어서 선별 복지로 갔는데, 선별 복지 자체가 국민들 사이에서 복지국가 기피증을 유발하고 있다. 사람들은 복지는 나를 위한 것이 아니라 얼굴도 모르는 가난한 사람을 위한 것이므로 세금 내기 싫다는 반反복지 의식을 갖고 있다. 북유럽이 고세금-고복지-고성장-고세금의 선순환을 보여 준다면 우리는 저세금-저복지-저성장-저세금의 악순환에 빠져 있다.

빈약한 복지와 자영업 비대는 동전의 앞뒷면이다. 보육, 의료, 교육, 요양 등 사회서비스에 대한 투자가 부족하니 이런 데 갈 인력이 모두 살길을 찾아 식당, 택시, 미장원 등 생계형 자영업에 몰려갔고, 과당 경쟁 때문에 살기 어렵다. 우리가 복지국가를 기피하고 토건국가를 좋아한 끝에 국민은 자영업으로 내몰렸고, 이들은 치열한 생존경쟁에 시달리고 있다. 무거운 임대료, 무거운 집세에 시달리면서도 토건국가의 폐해에 대한 인식이 부족하고 박정희 덕분에 잘살게 됐다고 믿고 있는 이 역설적 현상을 어찌하나. 이제는 박정희 모델, 토건국가, 성장지상주의, 시장만능주의를 극복하고 인간이 인간답게 사는 복지국가를 세워야 한다. 학교 무상급식 밥그릇마저 빼앗아 가는 비정한 보수정당, 보수 언론, 보수 학계의 포위를 뚫고 인간이 인간으로 대접받는 복지국가를 하루빨리 만들어야 한다. 프랭클린 루스벨트가 경제민주화와 복지국가 건설을 핵심으로 하는 뉴딜정책으로 대공황에 맞섰듯이 우리에게는 지금 한국판 뉴딜이 필요하다.

우리는 오랫동안 성장지상주의에 사로잡혀 앞만 보고 질주해 왔지만 대단히 역설적이게도 우리나라는 대단히 살기 어려운 나라가 되어 버렸다. 너무나 많은 문제가 산적해 있지만 그중에서도 토지·노동·복지 문제가 가장 심각하다. 헨리 조지, 에이브러햄 링컨, 프랭클린 루스벨트, 토마 피케티가 총동원돼도 이 세 가지 문제를 풀 수 있을지 의문이다.

2

중산층 위기

신광영

1. 문제 제기

1997년 외환 위기와 2008년 금융 위기를 거치면서 중산층 위기론이 대두
되었다. 한국의 중산층은 성공적인 경제성장의 상징이자, 사회를 안정적
으로 뒷받침하는 사회집단으로 인식되어 왔다. 그러나 두 차례 위기 이후
고용 체제의 변화, 대졸자 취업난, 인구 고령화 등과 맞물려 2015년 '중산
층의 위기 담론'이 크게 대두되고 있다. 중산층 위기 담론은 중산층의 규
모가 줄어들고 있을 뿐만 아니라, 중산층의 생활수준과 안정성이 크게 떨
어졌다는 인식에서 유래했다. 일을 함에도 불구하고 생활이 불안정한 근
로 빈곤층의 문제가 중산층에까지 확대되면서, 중산층 위기는 사회정치
적 안정성을 위협하는 새로운 요소가 되었다.

이 글은 중산층 위기의 실태를 경험적으로 살펴보고, 위기의 내용을 경험적으로 추적하고자 한다. 중산층 위기가 과장된 현실 인식에 기인하는 것인지 아니면 한국의 중산층이 과거와는 달리 실제로 여러 가지 어려움에 봉착하고 있는 것인지를 다룬다. 중산층 위기의 문제는 경제적인 차원뿐만 아니라 사회심리적인 차원의 문제다. 그러나 여기에서는 경제적인 차원의 문제만을 다룬다.

먼저 중산층 위기를 분석하기 위해서 생애과정적 접근이 필요하다. 생애과정적 접근은 개인들의 삶이 생애과정의 여러 단계 변화에서 가족의 사회경제적 맥락에 영향을 받는다는 것을 강조한다. 생애과정에서 개인과 사회경제적 맥락이 상호작용하는 방식이나 정도는 나라마다 다를 수 있다. 한국의 경우, 성별과 나이를 중심으로 직급 체계가 만들어졌고 또 임금 책정 방식으로 호봉 체계가 발달하여, 경제가 어려운 시기에 나이가 많은 사람들이 우선적으로 해고되는 경향을 보였다. 나이가 많은 피고용자들이 높은 임금을 받기 때문에, 정리해고 시기에 나이가 많은 사람들이 우선적으로 해고되는 추세를 보였던 것이다. 그러므로 외환 위기 이후 명예퇴직은 우선적으로 나이가 많은 피고용자들을 대상으로 이루어졌다. 그리고 1997년 이후 구조조정과 명예퇴직이 상시적으로 이루어지면서, 퇴직 연령은 계속해서 낮아지고 있다.

2. 중산층의 위기: 실태

중산층은 소득이 어느 정도 수준을 넘을 뿐만 아니라, 학력도 높고 안정된 직업이나 직장에서 일을 하며, 안정된 가족생활을 영위하는 사회집단을 지칭한다. 대학을 졸업하고 전문직, 기술직 혹은 경영관리직에 종사하는 사람들은 중산층의 핵심을 이루는 사회집단이다. 이들은 경제활동 차원이나 사회적 영향력 차원에서 한국 사회의 허리 역할을 하고 있는 중추 세력이다.

한국 중산층의 위기는 외환 위기와 더불어 시작되었다. 중산층 직업인 경영관리직, 전문직, 기술직 종사자들도 외환 위기 이후 구조조정과 정리해고에 영향을 받으면서, 많은 어려움을 겪었다. 특히 금융계 종사자들과 제조업 경영관리직 종사자들이 크게 타격을 받았다. 가장 오래 근무한 직장에서 퇴직하는 퇴직 연령은 평균적으로 53세에 불과한 것으로 나타났다.[1] 10대 재벌 기업 임원들의 평균 퇴직 연령도 54.5세에 불과했다(임성엽 2015).

또한 기업들이 정규직 비중을 낮추고, 비정규직 고용을 늘리면서, 2014년 남성 경제활동인구의 26.6%가 비정규직 노동자이며, 여성의 39.9%가 비정규직으로 일하고 있다(KLI 2014, 11). 2014년 비정규직의 비중은 전체 피고용자 가운데 32.4%로 2007년 35.9%에 비해 3.5%p 줄어들었으나, 비정규직 종사자의 절대수는 2007년 570만 명에서 2014년 608만 명으로 계속 늘었다. 전문직과 기술직의 경우에도 비정규직이 늘어서, 중산층 직업에서도 소득이 낮은 중산층이 나타나기 시작했다.

〈표 1〉은 2001년부터 2011년 사이 10년간의 남성 연령 세대별 계층 분포다.[2] 먼저 〈표 1〉이 보여 주는 것은 연령 코호트에 따라서 남성의 계

1_2008년 5월 통계청이 실시한 경제활동인구부가조사에 따르면, 고령층 가운데 생애 가장 오래 근무한 직장에서의 평균 근속 기간은 20년 8개월이었으며, 53세 정도에 퇴직하는 것으로 나타났다(박순욱 2008).

표 1 | 남성 세대별 계층 분포(2001년과 2011년)

	비경활	고용주	자영업자	중산층(정)	중산층(비)	노동자(정)	노동자(비)	실업자	전체
20대	48.64(a)	0.41	2.41	15.09	1.71	21.68	3.93	6.21	100.0
	62.59(b)	0.00	3.05	9.74	4.62	9.46	4.80	5.75	100.0
30대	6.55	1.31	18.42	30.93	1.41	32.05	6.03	3.31	100.0
	12.00	1.86	12.13	38.79	4.77	23.72	4.48	2.26	100.0
40대	8.61	3.45	31.62	16.88	0.54	27.61	9.34	1.95	100.0
	7.96	3.81	24.53	28.87	2.40	20.61	9.48	2.35	100.0
50대	18.00	2.76	31.28	10.46	0.30	23.41	10.92	2.86	100.0
	12.57	4.34	31.92	15.91	1.42	18.56	13.91	1.37	100.0
60대	51.96	1.60	24.62	2.85	0.00	9.69	7.86	1.42	100.0
	48.71	1.42	22.76	4.66	1.39	6.60	13.30	1.17	100.0
전체	22.81	1.94	21.27	17.50	0.91	24.84	7.45	3.27	

주: a는 2001년 수치이며, b는 2011년 수치다.

층 분포가 크게 달라진다는 점이다. 정규직 중산층의 경우, 30대에서 정점을 이루었다가 50대에 이르러 급격히 줄어들었다. 20대의 경우 비경제활동인구 비율이 2001년과 2011년 사이에 크게 늘어서 취업이 전반적으로 늦어지는 현상을 보여 주고 있다. 경제활동이 가장 활발한 시기는 40대로 비경제활동인구 비율이 가장 낮게 나타났다. 반면에 40대 자영업자비율이 30대에 비해 크게 늘어서 2001년에는 13.30%p, 2011년에는 12.40%p 더 높았다. 50대 자영업자 비중은 40대에 비해서 더욱 높아졌고, 60대에서도 2001년 24.62%, 2011년 22.76%로 매우 높았다. 여기에서 또 두드러진 변화는 비정규직 노동자의 비율이 나이가 많아질수록 높아졌다는 점이다. 2011년에는 남성 50대와 60대에서 7명 중 1명이 비정규직 노동자로 일하는 것으로 나타났다.

2_여기에 사용된 자료는 노동연구원에서 1998년부터 수집한 노동소득패널 자료 중 2001년과 2011 조사 자료다.

중산층 위기는 나이가 많아질수록 중산층 직업에 종사하는 비율이 줄어들고 있다는 점에서 확인할 수 있다. 나이가 많아지면서 좀 더 안정적이고 소득이 보장되는 경영관리직, 전문직과 기술직에 종사할 가능성이 낮아진다는 것을 의미한다. 2001년에 비해서 2011년 중산층 정규직 종사자의 비율은 20대를 제외하고 모든 연령대에서 높아졌다. 그러나 2001년과 2011년 동일하게 나타난 패턴은 나이가 많아지면서 중산층 정규직에 종사할 가능성이 급격히 떨어진 것이다. 30대와 40대 격차는 2001년 14.13%p로 컸지만, 40대와 50대 격차는 6.42%p로 완화되었다. 2011년에는 30대와 40대 격차는 9.92%p로 2001년보다 낮아졌지만, 40대와 50대 격차는 12.96%p로 오히려 두 배 이상 커졌다. 그리고 50대와 60대의 격차도 2011년에 더 커졌다. 이것은 2001년보다 2011년에 40대 이후의 변화가 더 큰 폭으로 이루어졌다는 것을 의미한다. 즉 나이가 많아질수록 직업상에서 나타나는 불안정이 더 커졌다는 것을 의미한다.

그렇다면, 2001년부터 2011년까지의 10년 사이에 개인들은 어떤 변화를 겪었는가? 이것을 분석하기 위해 남성 30대, 40대, 50대, 계층 이동을 살펴볼 필요가 있다. 〈표 2〉는 남성 계층 이동 유출 분석outflow analysis 결과다. 유출 분석은 2001년 계층 지위가 2011년 어떻게 변했는지를 2001년 계층 지위를 기준으로 분석하는 것이다. 여기에서는 비경제활동인구와 실업까지 포함했다. 왜냐하면 50대의 경우, 정년으로 인해 비경제활동인구로 이탈하는 사람들이 많기 때문이다. 〈표 2〉에서 강조 표시된 수치는 2001년과 2011년 두 시점에서 계층 이동이 없는 경우다. 계층 이동표는 계층의 안정성이나 계층 이동의 방향을 통해서 계층 체계의 속성을 파악하는 데 도움이 된다. 먼저 정규직 중산층(M(R))의 경우, 2001년 30대인 경우 10년 동안 동일한 계층을 유지하는 비율이 65.13%였고, 40대의 경우도 67.19%로 유지되었다가, 50대의 경우에는 26.81%로 크게

표 2 | 남성 계층 이동표(2001~2011년)

2001 \ 2011	비경활	고용주	자영업	중산층(정)	중산층(비)	노동자(정)	노동자(비)	실업자	전체
고용주	0.00(a)	24.03	75.97	0.00	0.00	0.00	0.00	0.00	3(100.00)
	7.67(b)	45.05	28.48	1.56	0.00	6.00	0.00	11.24	22(100.00)
	50.54(c)	17.65	24.06	0.00	0.00	0.00	7.75	0.00	11(100.00)
자영업	4.23	5.86	64.10	8.68	2.55	9.58	5.00	0.00	115(100.00)
	8.52	4.99	64.29	5.40	0.57	7.10	8.99	0.14	208(100.00)
	27.94	1.62	61.02	1.23	0.00	1.28	6.08	0.82	148(100.00)
중산층(정)	1.24	5.13	17.94	65.13	2.48	5.41	0.00	2.65	200(100.00)
	4.87	2.19	13.83	67.19	2.69	6.85	2.38	0.00	113(100.00)
	51.66	1.22	6.97	26.81	9.68	1.27	1.27	1.19	61(100.00)
중산층(비)	0.00	0.00	23.90	36.28	39.82	0.00	0.00	0.00	19(100.00)
	32.79	0.00	19.12	48.09	0.00	0.00	0.00	0.00	4(100.00)
	100.00	0.00	0.00	0.00	0.00	0.00	0.00	0.00	1(100.00)
노동자(정)	4.20	0.38	14.57	9.25	0.53	55.09	13.83	2.16	203(100.00)
	8.74	0.70	14.96	7.31	1.23	49.44	16.25	1.37	64(100.00)
	37.33	0.00	13.07	1.86	2.10	22.51	22.26	0.87	101(100.00)
노동자(비)	1.22	0.00	6.53	5.06	0.00	20.66	60.10	6.43	37(100.00)
	18.20	0.00	9.31	1.89	0.00	0.00	9.26	0.00	64(100.00)
	41.34	0.00	11.09	0.00	0.00	2.24	43.57	1.76	53(100.00)
실업자	12.61	0.00	4.70	28.98	15.11	16.19	15.70	6.70	15(100.00)
	21.63	0.00	40.53	7.80	0.00	9.26	0.00	20.78	13(100.00)
	69.96	0.00	0.00	0.00	0.00	6.97	23.07	0.00	14(100.00)
전체	3.12	3.18	25.20	28.94	2.63	24.66	10.03	2.24	585(100.00)
	9.35	3.96	31.88	17.18	1.07	20.44	14.78	1.34	617(100.00)
	38.33	1.32	29.85	5.15	2.06	7.07	15.26	0.96	392(100.00)

주: 2001년 당시 a는 30대, b는 40대, c는 50대를 지칭한다.
자료: 한국노동소득패널(KLIPS) 4차와 14차 자료.

하락했다. 정규직 중산층의 대부분이 비경제활동인구NON로 이동했다. 정년퇴직으로 인하여 중산층의 절반 이상이 비경제활동인구로 이동한 것이다. 반면에 자영업자SE는 2001년 30대 64.10%, 40대 64.29%, 50대 61.02%로 큰 변화를 보이지 않았다. 자영업 종사자들의 경우, 정년이 없기 때문에 나이가 들어도 일을 계속하기 때문에 나타난 결과다.

관리직, 전문직과 기술직 종사자들로 구성된 핵심적 중산층의 경우, 연령 코호트에 따라서 중산층 지위를 유지하는 것이 쉽지 않다는 것을 보여 준다. 30대와 40대의 경우 중산층을 계속 유지하는 경우는 3명 중 2명 정도에 그치고, 50대의 경우는 더욱 낮아져서 4명 중 1명에 불과했다.

표 3 | 2001년과 2011년 연령 코호트와 계층별 빈곤율

계층 코호트	비경활	고용주	자영업	중산층(정)	중산층(비)	노동자(정)	노동자(비)	실업자	전체
20대	20.83	16.31	22.03	12.23	16.10	19.46	33.23	24.88	19.46
	24.63	0.00	10.84	7.67	9.59	7.01	13.87	21.29	12.84
30대	20.72	3.99	17.91	6.04	7.17	15.97	19.73	30.63	16.24
	24.69	8.23	11.86	10.97	24.13	20.89	26.34	6.38	18.21
40대	25.18	15.59	18.70	6.04	4.84	10.70	30.38	42.89	18.33
	22.67	2.52	10.65	7.98	14.37	12.36	18.46	29.51	14.50
50대	26.81	0.00	19.59	3.38	15.83	12.82	29.09	25.39	20.76
	21.57	7.97	13.72	4.68	18.31	9.26	15.34	16.70	14.89
60대	42.72	28.37	36.38	0.00	0.00	26.39	44.78	58.72	40.20
	29.03	5.16	14.46	5.15	3.88	14.11	20.15	37.95	24.05
70대+	48.91	0.00	50.50	0.00	0.00	61.63	57.39	35.56	48.99
	46.46	0.00	44.90	0.00	0.00	49.09	45.83	73.80	46.24

주: 빈곤율은 균등화 가구소득을 기준으로 가구중위소득의 60% 이하의 비율로 측정했다. 빈곤 가구는 균등화 연소득 1,186
만 원 이하인 가구의 비율이다.

그렇다면, 핵심적 중산층에서 비경제활동인구로 이동한 절반 이상의
남성들의 경제 상태는 어떤가? 만약 저축이나 연금소득으로 인하여 소득
보장이 잘 이루어지고 있다면, 중산층 직업에서 벗어난 것이 큰 문제는 되
지 않는다. 그러나 만약 그렇지 못하다면, 곧바로 노인 빈곤층으로 전락
하게 된다. 노인이 되면서, 중산층에서 빈곤층으로 전락하는 경우, 복지
제도 이외에는 다른 대책이 없다는 점에서 심각한 문제가 된다.

〈표 3〉은 경제적 지위와 연령 세대별 빈곤율을 보여 준다. 먼저 〈표
3〉에서 확인할 수 있는 점은 고용주와 정규직 중산층의 빈곤율이 가장 낮
다는 점이다. 여기에서 빈곤율은 연간 가구소득을 가구원 수를 고려해 추
정한 균등화 가구소득을 중심으로 한 가구 빈곤율이다.[3] 중산층 비정규직

3_균등화 가구소득은 가족 수를 고려한 가구소득으로 가구소득을 $\sqrt{n}$ (n=가족 수)로 나
눠 준 것이다.

그림 1 | 2011년 분위별 균등화 가구소득 평균

단위: 만 원

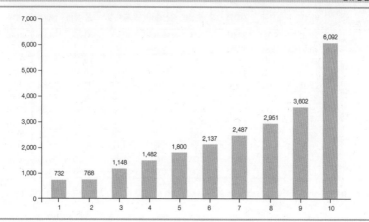

자료: 노동패널 2011년 자료. 필자 분석

의 경우는 중산층 정규직에 비해서 가구소득 빈곤율이 더 높게 나타났다. 자영업 종사자의 빈곤율은 정규직 노동자의 빈곤율에 비해서 훨씬 더 높게 나타났다. 이것은 자영업 종사자들의 경제적인 지위가 정규직 노동자들보다 좋지 않다는 것을 보여 준다. 핵심적 중산층인 정규직 중산층의 경우, 20대와 30대에서 빈곤율이 상대적으로 높게 나타났다. 이것은 중산층임에도 불구하고 소득이 낮아서 빈곤층에 속하는 경우가 적지 않다는 것을 보여 준다. 2011년 정규직 중산층의 빈곤율은 10.97%로 높았고, 비정규직 중산층인 경우에는 빈곤율이 24.13%로 전체 평균보다도 더 높았다.

2011년 중위 균등화 가구소득 60%는 1,186만 원으로 〈표 3〉에서 제시된 빈곤 가구 비율은 '월 100만 원이 안 되는 생활이 대단히 어려운 가구 비율'이다. 좀 더 현실적인 빈곤을 다루고자 한다면, 소득분포를 좀 더 구체적으로 알아볼 필요가 있다. 〈그림 1〉은 2011년 소득분위별 평균 소득을 보여 준다. 3분위 월평균 가구소득도 100만 원이 되지 않는 낮은 수

표 4 | 2011년 계층별 소득분포

	하(1~4분위)	중(5~8분위)	상(9~10분위)
고용주	12.34	26.99	59.67
자영자	29.71	46.23	24.06
중산층(정)	17.79	40.29	41.81
중산층(비정)	28.11	45.40	26.50
노동자(정)	29.62	51.07	19.42
노동자(비정)	42.81	48.56	12.13
실업자	46.99	32.42	20.59
전체	28.29	44.97	26.10

준이다. 3분위 최고 가구소득은 1,320만 원으로 월평균 110만 원이었다. 4분위 가구소득 상한은 1,640만 원이었다. 1인 가구인 경우 월 소득은 137만 원에 불과한 수준이다. 이것을 가족 수를 고려하여 살펴보면, 2인 가구는 월 소득 193만 원 이하, 3인 가구는 237만 원 이하에 해당하고, 4인 가구는 274만 원 이하인 경우로 적어도 균등화 가구소득 4분위까지는 실제로 생활이 어려운 상태라고 볼 수 있다.

중산층의 경우는 여유 있는 경제적인 삶을 살 수 있는가? 〈표 4〉는 가구소득을 상중하로 3등분한 소득 구간과 계층을 교차시킨 교차표다. 고용주에서 빈곤율이 12.34%로 낮게 나타났고, 그다음 핵심 중산층인 정규직 중산층이 17.79%로 나타났다. 저소득 가구 비율은 비정규직 노동자와 실업자에서 각각 42.81%와 46.99%로 높게 나타났다. 비정규직 중산층인 경우에 저소득 비율이 28.11%로 정규직 노동자와 비슷한 수준을 보여 주었다.

가구소득 9분위와 10분위에 속하는 소득 상류층에 속하는 비율은 고용주에서 59.67%로 가장 높게 나타났고, 그다음이 정규직 중산층으로 41.81%로 나타났다. 가장 낮은 경우는 비정규 노동자 집단으로 12.13%였다. 여기에서 알 수 있는 점은 중산층은 모두 소득이 안정되어 있고, 비정규직 노동자 계층은 소득이 낮은 빈곤층이라는 인식은 타당하지 않다는 것이다. 즉 중산층 내에서 편차가 크고, 노동자 계층에서도 편차가 적지 않다는 점이다.

3. 중산층 세대 문제

오늘날 한국 사회에서 중산층 위기 문제는 세대 문제와 관련되어 있다. 부모 세대에서 중산층에 속했다가 퇴직 등의 이유로 중산층 지위를 유지하기 못하는 경우가 급격히 많아지고 있다. 〈표 2〉에서 40대 남성의 중산층 유지 비율은 67.19%였다. 이것은 2001년 40대에서 2011년 50대가 되었을 때, 3분의 1 정도가 중산층에서 탈락한다는 것을 의미한다. 50대에서 60대로 바뀌는 경우에는 탈락이 더욱 빈번해서 4분의 3 정도가 중산층에서 탈락하는 것으로 나타났다. 적어도 직업을 중심으로 볼 때, 30대에서 50대까지 안정적인 중산층 직업을 유지하는 있는 비율은 4분의 1 정도에 불과하다는 것을 의미한다.

더 심각한 문제는 현재 중산층이거나 과거 중산층이었던 50대와 60대의 부모 세대가 겪는 어려움과 자녀 세대가 미취업이나 저소득으로 인하여 겪게 되는 어려움이 중첩되는 경우에 발생한다. 예를 들어, 부모 세대가 은퇴를 해서 소득이 급격히 낮아졌거나 혹은 경제활동을 하지 않아서 소득이 없는 경우임에도 불구하고, 자녀들이 안정된 중산층 직종으로 진출해 일정한 소득을 올리게 된다면 그런 경우는 그다지 큰 문제가 되지 않는다. 그러나 자녀들이 취업을 하지 못했거나 혹은 취업을 했더라도 소득이 낮은 경우에는 가족의 경제적인 어려움과 더불어 심리적인 불안은 더 커지게 된다.

중산층 위기의 또 한 요인은 바로 자녀 세대가 중산층의 지위를 유지하거나 혹은 중산층보다 상층으로 이동할 가능성보다는 중산층에서 탈락할 가능성이 높다는 현실에 대한 우려에 근거하고 있다. 세대 간 중산층 재생산이 현실적으로 어렵다고 판단하는 경우, 현재 부모 세대가 중산층일지라도 중산층 위기 의식은 더 커지게 된다.

이런 문제를 확인하기 위해 부모 세대에 해당하는 60대와 자녀 세대에 해당하는 30대를 비교해 간접적으로 비교할 수 있다.

〈표 2〉의 2001년과 2011년 계층 이동표에서 2001년 중산층 중 50대인 경우만 보면, 그들이 60대가 된 2011년 중산층(정규직) 26.81%와 고용주 1.22%는 상대적으로 안정된 계층으로 그 비율은 전체 28.03%이다. 여기에 피고용자 정규직 1.27%까지 합하면, 29.30%가 된다. 이 계층은 소득이 어느 정도 안정된 계층이다. 나머지는 불안정한 계층으로 60대의 70.70%에 이른다.

60대의 자녀 세대의 연령대가 대체로 30대라고 보면, 30대의 계층과 소득분포를 고려해서 두 세대가 함께 어려움에 처해 있는 비율을 추정할 수 있다. 먼저 소득 기준으로 차상위 빈곤층의 비율은 30대의 빈곤층(1~4분위)[4]에 속하는 비율로 30.28%이다. 그리하여 안정된 60대와 불안정한 60대에서 같은 비중으로 자녀 세대 빈곤층이 분포되어 있다고 가정하면, 불안정한 60대의 30대 자녀들이 빈곤층일 가능성은 70.70% × 30.28% =

4_2011년 1분위 세후 연소득 583만 원 이하였으며, 2분위는 960만 원 이하, 3분위는 1,320만 원 이하였고, 4분위는 1,640만 원 이하였다. 4분위 월평균 소득 137만 원 수준이었다.

21.41%이다.[5] 반면, 안정된 60대의 30대 자녀들이 빈곤층일 가능성은 29.30% × 30.28% = 8.87%이다. 그러므로 30대 자녀 중에서 빈곤층이 될 가능성은 30.28%이다.

30대 중산층만을 고려한다면, 30대 중 중산층 비율은 정규직과 비정규직 모두 포함해 56.4%이며, 이 중 소득 4분위(연소득 1640만 원 이하)까지 빈곤층으로 분류할 경우 그 비율은 중산층의 23.29%이다(〈표 4〉 참조). 60대 가운데 불안정한 비율 70.70% 중 30대 자녀가 중산층일 가능성은 39.9%(70.70% × 56.4%)이다. 이 중 30대 23.29%가 빈곤층이기 때문에, 30대 중산층이면서 빈곤층인 경우는 9.29%(70.70% × 56.4% × 23.29%)에 이른다. 이것은 부모도 경제적으로 불안정한 상태이고, 자녀도 중산층이기는 하지만, 경제적으로 빈곤한 상태를 동시에 겪는 경우다.

60대 부모가 경제적으로 안정되어 있으면서, 30대 중산층 자녀가 빈곤층인 경우는 3.85%(29.30% × 56.4% × 23.29%)였다. 부모 세대에 중산층을 유지하는 것이 어려울 뿐만 아니라, 자녀가 중산층 직업을 갖게 되더라도 중산층 지위를 전체 생애과정에서 유지하는 것도 어려운 상황이 되었다. 그리고 30대 자녀가 중산층 직업을 갖고 있을지라도 4분의 1(23.29%) 정도가 경제적으로 어려운 상태라고 볼 수 있다. 30대 자녀가 중산층이면서 경제적으로 어려운 사람들이 전체 자녀 세대에서 차지하는 비중은 13.14%(9.29%+3.85%)로 낮지 않다. 부모가 경제적으로 안정되어 있고, 자녀도 안정된 중산층인 경우는 30대 자녀 중에서는 12.68%(29.30% × 56.4% × 76.71%)에 불과했다. 결과적으로 풍요롭고 안정된 중산층, 미래

5_여기에 사용된 빈곤층 비율은 차상위 계층까지를 포함한 비율이다.

표 5	안정된 중산층 2세대 비율			
			30대	
			중산층(56.4)	비중산층(43.6)
60대	안정	29.30	16.5(빈곤 3.85, 비빈곤 12.68)	12.74(빈곤 3.60, 비빈곤 9.14)
	불안정	70.70	39.9(빈곤 9.29, 비빈곤 30.61)	30.86(빈곤 8.73, 비빈곤 22.13)

단위: %

주: 비중산층 빈곤율은 전체 빈곤율로 가정.

가 더 보장된 중산층, 즉 두 세대에 걸쳐서 안정성을 확보한 중산층은 한국 사회에서 상당히 제한적으로 존재한다는 것을 보여 준다.

30대 중에서 중산층이 아닌 사람들이 모두 빈곤한 것은 아니지만, 30대 중산층이 아닌 경우는 빈곤율이 30대 중산층에 비해 더 높기 때문에 경제적으로 어려운 상황에 놓일 가능성은 높아진다. 〈표 5〉는 30대 중산층이 아닌 경우의 빈곤율을 전체 평균 빈곤율로 정하면 이는 〈표 4〉에서 28.29%이고, 부모가 60대라고 가정해 빈곤층의 비율을 추정한 결과다.

4. 맺음말

한국의 중산층 위기는 무엇보다도 장년기 중산층 직업과 소득을 유지하기 힘든 상황에서 유래한다. 기업의 구조조정과 정리해고를 통한 인력 감축이 외환 위기 이후 상시적으로 이루어지면서, 평균 퇴직 연령이 53세로 낮아졌다. 그리하여 30~40대에 중산층이 되더라도 그 이후 장년기와 노년기에 안정된 삶을 유지하는 것이 어려워졌다. 전반적으로 60대 이상의 고령 세대에 비해서 청년 세대의 고학력화가 진행되었지만, 높아진 학력이 중산층 지위를 획득하고, 그것을 유지하는 데 큰 효과를 발휘하지 못하고 있는 것이다. 낮은 정년 연령으로 인한 부모 세대의 어려움과 고학력자이지만, 안정된 중산층 직업이나 소득을 갖기 어려운 자녀 세대의 문제가 중첩되면서, 중산층 가구의 위기의식은 심화되고 있다.

중산층이 지녔던 희망적이고 긍정적인 이미지가 두 차례의 경제 위기 이후 점차 약화되면서, 한국 사회의 중추 세력을 구성하고 있는 중산층의 위기는 곧 바로 한국 사회의 위기로 이어지고 있다. 많은 교육 투자와 중장년 세대의 헌신으로 만들어진 중산층은 지금까지 한국 사회를 이끌어 온 힘이었다. 이런 희망의 에너지가 사라지는 경우, 성공에 대한 열망과 세대 내와 세대 간 상승 이동에 대한 꿈도 사라지게 된다.

3

한국 사회의 불평등 담론

김윤태

불평등이 문제다. 2015년 박승 전 한국은행 총재는 새누리당 경제민주화 실천모임 강연에서 "한국 경제의 문제는 성장이 안 되는 데 있는 게 아니라 분배가 안 되는 데 있다"고 비판했다(『파이낸셜뉴스』 2015/02/26). 이런 분배 구조의 문제는 어제 오늘의 문제가 아니다. 이미 한국의 소득 불평등은 경제협력개발기구OECD 회원국 가운데 가장 심각한 수준이다. 2014년 장하준 케임브리지대 교수도 중앙일보 칼럼에서 "97년 외환 위기 이후 우리나라의 소득분배는 눈에 띄게 악화됐다"고 지적한 바 있다(『중앙일보』 2014/11/20).

보수적 학자들도 한국 사회의 불평등이 심각하다는 사실을 인정한다. 송호근 서울대 교수는 "저성장과 그로 인한 세습 자본주의의 대두로 불평등이 사회 전체의 화두가 될 것"이라고 예측했다(『조선비즈』 2015/01/07).

이홍구『중앙일보』고문도 "한국 사회가 당면한 최대 과제는 빈부 격차를 비롯한 불평등의 심화"라고 단언했다(『중앙일보』 2015/05/11). 보수적인 『조선일보』 역시 소득 불평등이 커지고 상대적 빈곤이 확산되는 한국에서 "신귀족은 빠른 속도로 증가하고 있다"고 적고 있다(『조선일보』 2015/04/22). 오늘날 명문대 입학생의 다수가 서울 강남 지역 출신이라는 조사 결과도 널리 알려진 이야기라며 인정한다.

오늘날 불평등은 세계적 이슈다. 최근 노벨 경제학상 수상자 조셉 스티글리츠의『불평등의 대가』와 프랑스 경제학자 토마 피케티의『21세기 자본』이 베스트셀러가 되면서 전 세계적 논쟁을 일으키는 가운데, 한국에서도 불평등이 논란이 되었다(스티글리츠 2013; 피케티 2014). 그러나 왜 불평등이 커지는지, 어떻게 불평등에 대응해야 하는지를 바라보는 한국 지식인과 다양한 사람들의 인식 차이는 매우 크다. 불평등의 원인에 대해 전혀 다른 분석을 하는 것처럼 처방도 다르다. 그래서 불평등은 학계, 언론, 정치권에 뜨거운 논쟁을 불러일으키고 있다. 그만큼 불평등은 학문적 주제인 동시에 정치적 주제라는 사실을 보여 준다.

1. 불평등의 원인은 무엇인가?

한국의 보수적 학자들은 18세기 영국의 중상주의자들처럼 빈곤을 사회의 '필요악'으로 주장할 만큼 뻔뻔함을 갖추지 못했지만, 교묘한 논리로 불평등을 '합리화'한다. 주류경제학자들은 개인의 능력에 따른 시장의 차등적 분배를 당연하게 간주한다. 대표적으로 '인적자본'human capital 이론은 개인의 교육과 기술 수준의 차이에 따라 소득 차이를 분석한다. 이런 관점은 불평등의 원인이 사회가 아니라 개인에게 있다고 떠넘긴다. 반면, 대기업 임원들에게 돌아가는 엄청난 수준의 연봉, 상여금, 스톡옵션 등은 재능과 노력에 따른 보상을 제공해야 한다는 '능력주의'meritocracy에 의해 정당화된다.

오늘날 한국의 경영 대학원과 보수적 언론은 '기업가정신'을 칭찬하기에 바쁘다. 물론 오스트리아 출신 경제학자 조셉 슘페터가 '창조적 파괴'를 강조하는 것처럼, 자본주의경제에서 기업가정신은 필수적 요소다. 그러나 보수적 학자들은 여기서 한 발 더 나아가 비범한 최고경영자들이 성공적인 기업을 만들어 더 많은 일자리를 제공하기 위해서는 특출한 재능을 가진 기업인들에게 최고의 보수를 주어야 한다고 주장한다. 그렇지 않다면 그들의 재능은 사용될 수 없고, 기업은 만들어지지 않고, 일자리도 만들어지지 않기 때문에 모두가 손해라고 역설한다. 심지어 최고경영자들이 성공하든 실패하든 상관없이 항상 최고의 보상을 받아야 한다고도 강변한다. 실제로 금융 위기로 회사가 도산해도 최고경영자의 재산은 아무런 위험에 처하지 않는다(바우만 2013). 반면, 경제 위기로 돈을 잃거나 직장을 잃거나 빈곤층으로 전락하는 사람들은 경제 위기에 아무런 책임도 없는 평범한 사람들이다.

오늘날 불평등에 관한 새로운 현상은 세습이 불평등을 심화시킨다는 점이다. 부모의 배경이 아니라 개인의 능력에 따라 부를 얻을 수 있다는 믿음은 점차 사라지고 있다. 한국의 초등학생들은 성공을 위해 가장 중요한 요소로 능력이 아니라 '부모의 배경'을 꼽고 있다. 실제로 한국 최고의 부자들은 대부분 재벌 2세나 3세들이다. 2013년 〈재벌닷컴〉의 자료에 따르면, 상장사 상위 1% 주식 부자들이 보유한 주식 가치가 78조 원에 육박한다. 재벌 2세, 3세의 비율이 압도적이며, '상속형' 부자가 70%를 차지한다.

과거에 많은 한국인들은 교육을 통해 사회이동이 가능하다고 믿었다. 이런 개인주의, 능력주의, 교육 지상주의는 85%에 이르는 세계 최고 수준의 대학 진학률이라는 신화를 만들었다. 그러나 이제 계층 상승의 통로가 되는 교육이 부모의 경제력에 따라 결정되면서 균등한 기회라는 민주주의의 가치가 약화되었다(여유진 외 2008). '개천에서 용 난다'는 과거의 말이 되었다. 아이를 잘 키우려면 '할아버지의 재력, 아빠의 무관심, 엄마의 정보력'이 필요하다는 말이 퍼지고 있다. 반면에 비정규직 부모를 둔 자녀는 비정규직이 될 가능성이 더욱 커졌다. 상위 계층을 향한 사회이동의 기회는 20세기 후반 한국 사회의 일시적 현상에 불과했다. 이제 불평등은 사회의 영구적 제도가 되고 있다.

세상을 깜짝 놀라게 했던 프랑스 경제학자 토마 피케티는 『21세기 자본』에서 세습된 부와 권력에 의해 강력한 과두제가 만들어지고 있다고 경고했다(피케티 2014). 한국에서도 천문학적 부와 소득을 가진 재벌 대기업의 영향력이 급속하게 커지고 있다. 그들은 막대한 부가 자신의 능력에 따른 결과라고 주장하며, 다른 사람을 설득할 강력한 수단을 가지고 있다. 그들은 거대한 부를 통해 수많은 언론, 대학, 싱크탱크, 심지어 시민단체와 정치권, 그리고 보통 사람들의 사고까지 지배하고 통제한다.

2. 불평등을 어떻게 보는가?

불평등이 사회의 지배적 현상이 되면서 사람들의 의식에도 커다란 변화가 발생하고 있다. 특히 20대의 의식은 매우 놀랍다. 사회학자 오찬호는 『우리는 차별에 찬성합니다』라는 제목의 도발적 책을 통해 승자독식 원칙과 불평등의 피해자이면서 동시에 가해자가 되는 20대의 사고방식을 분석한다. 그는 인터뷰를 통해 한국의 청년 가운데 실제 차별에 찬성하는 사람들이 존재한다고 밝히는 동시에, 그들이 바로 불평등에 시달리는 세대라고 지적한다.

오찬호는 대학에서 만난 대학생들이 정규직화를 위해 투쟁한 KTX 여승무원에 대해 "날로 정규직이 되려고 하면 안 된다"고 하며, "비정규직이 된 것은 자기 계발을 안 한 탓"이라고 말하는 사고방식을 충격적으로 묘사한다. 그들은 직장의 차별과 해고도 정당하다고 생각한다. 인생의 출발점부터 불공평한 기회가 주어졌거나, 경쟁하는 과정이 공정하지 못했다는 인식은 없다. 청년 세대는 사회를 바꿀 수 없다고 체념하는 것이 아니라, 그렇게 사는 게 바람직한 사회생활이라고 이해한다.

결국 청년 세대가 경쟁과 불평등 사회에 적응하는 생존 전략은 '자기 계발'이다. 자기 계발은 인적자본 이론의 심리학적 변형으로 사람들을 사로잡는다. 사회를 바꿀 필요가 없고 있는 그대로 받아들인다면 오로지 무한 경쟁만이 그들의 삶의 목표가 된다. 살아남는 자가 강한 자이고, 이기는 자이다. 성적, 영어 성적, 어학연수, 교환학생, 심지어 사회봉사도 대학생 '스펙 쌓기'가 된지 오래다. 심지어 인문학도 경쟁력의 수단으로 간주된다.

모든 공부와 생활은 오로지 스펙으로 표현되는 상품의 특성과 동일시된다. 개인은 미래의 인적자원이 되고, 우수한 스펙의 상품이 되어야 한다. 개인은 언제나 자신의 성과와 경쟁력에 오롯이 충실해야 한다. 결국 타인의 고통에 무감각해지고, 서열을 통해 모든 사물과 인간의 위계질서를 확립하고, 약자에 대한 편견을 확대 재생산한다. 강수돌 고려대 교수는 사회적 지위의 위계질서에서 무한 경쟁을 벌이는 한국 사회가 "팔꿈치 사회"로 변했다고 묘사했다(강수돌 2013). 무한경쟁 사회는 자신이 고통

받는 불평등을 더 많은 불평등을 통해 해결하려는 악순환을 키운다.

자기 계발이 아무런 성과를 얻지 못할 때 필요한 심리적 기제가 바로 '힐링'과 '멘토'이다. 『아프니까 청춘이다』가 베스트셀러가 되면서 더 많은 젊은이들이 마음이 아파졌다. 힐링이 관한 책이 쏟아져 나올수록 수많은 사람들의 고통이 커져 갔다. '긍정 심리학'이 유행이 될수록 개인의 문제를 사회의 문제로 보려는 사람들은 줄어든다. 자신이 겪고 있는 고통의 뿌리는 보지 않은 채 '멈추면, 비로소 보이는 것들'을 찾아 나서지만 아무 것도 볼 수 없다. 사회에 대한 체계적인 분석과 비판적 논쟁은 사라지고 하나마나한 처방을 말하는 사람들이 인기 멘토가 되었다. 힐링은 거대한 산업이 되고 지옥으로 변하는 사회를 그대로 체념한 채 받아들이는 또 다른 '순응' 이데올로기가 된다.

3. 불평등 담론은 변하고 있는가?

그러나 불평등 담론은 겉으로 보이는 유행에만 드러나는 것은 아니다. 사람들의 의식은 현실의 변화와 완전히 동떨어져 있지 않다. 1997년 외환 위기를 겪으면서 한국은 선진 산업국가 가운데 가장 불평등한 사회 가운데 하나로 변했다. 당연히 사람들의 생각도 달라졌다. 1990년대 한국인의 70%가 중산층이라고 생각한 데 비해, 오늘날 자신을 '중산층'이라고 생각하는 사람은 40%대에 그치고 있다. 1990년대에 사람들은 한국 사회의 가장 큰 갈등을 '지역 갈등'으로 꼽았지만, 이제는 많은 이들이 '빈부 갈등'을 지적한다. 중산층이 작아지고 빈부 갈등이 커진다고 인식하는 사람들이 증가하면서 사람들의 행복감은 점점 낮아지고 있다.

스웨덴 사회학자 예란 테르보른은 불평등이 삶의 만족감과 행복감에도 영향을 미치고 있다고 주장한다(테르보른 2014). 그러면 소득 불평등은 한국인의 삶의 만족에 어떤 영향을 미칠까? 이양호 외(2013)의 연구는 2009년『한국종합사회조사자료』에 대한 분석을 통해 소득 불평등에 대한 인식은 삶의 만족도에 아무런 영향을 미치지 않다고 주장했다. 다만 기회 불평등에 대한 인식이 삶의 만족에 부정적 영향을 미쳤다. 기회 불평등은 대체로 교육 기회, 취업 기회, 승진 기회, 법의 집행, 그리고 여성의 대우 등 다섯 가지 항목에 대한 응답을 통해 측정되었다. 한국인은 상당 부분 소득분배가 개인의 노력이나 능력에 따라 결정된다는 생각을 갖고 있다고 볼 수 있다. 빈곤에 대한 국가의 책임을 강조하는 유럽인보다 개인의 책임을 강조하는 미국인의 태도와 가까운 것으로 보인다. 이에 비해 기회 불평등에 대한 인식은 명확하게 삶의 만족에 부정적 효과를 갖는 것으로 나타났다. 교육, 직업, 승진 등의 기회에 대한 접근이 공정하게 배분되어 있지 않다고 생각할 때 삶의 만족이 낮아지는 것이다.

위와 같이, 한국인이 결과의 불평등을 개인의 능력에 따른 보상의 차이로 본다는 분석은 다른 조사 결과와는 상충한다. 즉 많은 사람들은 빈곤이 개인의 책임보다는 사회의 구조적 원인에서 비롯되고 있다고 보고 있다. 2012년 한국보건사회연구원이 발간한 한 여론조사의 결과를 보면, 우리 사회가 겪고 있는 빈곤의 발생 원인에 대해 응답자의 58.2%가 '사회구조'를 원인으로 지목했다(최현수 외 2012). 빈곤의 원인이 개인의 노력 부족 또는 태만, 재능 부족, 불운 등 '개인'에게 있다는 응답 비율은 41.8%로 나타났다.

결과의 불평등에 대한 인식은 사회의 '공정성'에 관한 문제와 직접적인 관련을 가진다. 위 여론조사를 보면, "한국 사회가 공정한가"라는 질문에 긍정적 답변을 한 응답자는 15.6%에 그쳤다(최현수 외 2012). 우리 사회가 공정한지 묻는 질문에 대해서는 부정적인 인식이 우세했다. '매우 그렇지 않다'(10.6%), '어느 정도 그렇지 않다'(24.0%) 등 부정적 답변 비율은 34.6%였고, '매우 그렇다'(1.2%), '어느 정도 그렇다'(14.4%) 등 긍정적 답변자는 15.6%에 불과했다. 응답자의 49.9%는 '그저 그렇다'고 답변했다. 이는 한국 사회의 불평등에 대한 부정적 인식이 크다는 사실을 보여 준다.

사회 불평등이 커질수록 사회 갈등도 커진다. 2012년 『사회통합에 관한 국민의식조사』를 보면, "빈곤층과 부유층 사이의 계층 갈등이 심하다"는 응답의 비율이 82%가 넘었다. 심하지 않다는 응답은 2.33%에 불과하다. 2011년에 대비해 심하다는 응답(75.7%)은 증가한 반면, 심하지 않다는 응답(5.7%)은 감소했다(강신욱 외 2012). 계층 갈등이 점점 커지고 있다는 인식이 급속하게 증가하고 있다. 이는 한국인이 불평등에 대한 민감하게 반응하고 있다는 사실을 보여 준다.

2014년 『사회통합 실태진단 및 대응방안 연구』를 보면, 국민들이 가장 큰 갈등으로 생각하고 있는 사항은 진보와 보수간 갈등(80.0%), 경영자와 노동자 간 갈등(79.9%), 가난한 자와 부유한 자의 갈등(78.4%), 정규직과 비정규직 간 갈등(76.9%)의 순서로 나타났다. 빈곤 및 불평등 의식과 주관적 소득 계층에 대한 분석 결과 국민들의 86.5%가 "우리나라의 소득 격차가 크다"는 주장에 동의했다. 불평등을 해결하기 위한 정부 책임에 대해 60.3%가 동의했다(김미곤 외 2014). 이는 정부가 불평등을 해결하기 위해 적극적 역할을 수행해야 한다는 기대로 보인다.

4. 정부는 무엇을 해야 하는가?

한국의 보수적 학자들은 불평등을 어쩔 수 없는 사회적 결과로 간주한다. 최근 이들은 불평등이 기술 변화에 따른 어쩔 수 없는 구조적 결과라는 가설에 눈을 돌린다. 특히 정보기술의 확산으로 인해 고소득자의 직업은 희소가치가 높아지는 데 비해, 중간기술의 직업이 사라지고, 저임금 서비스 일자리가 증가하고 있다고 지적한다. 이것은 중요한 요인이지만, 전부는 아니다.

오히려 불평등이 커지는 다른 중요한 원인은 정부의 탈규제 정책이다. 공기업의 사유화, 조세 감면, 노동 유연화 등 자유화 정책이 주요 원인이다. 특히 노동시장이 유연하게 변하면서 비정규직 노동자가 급속도로 증가했다. 정규직 노동자가 점점 사라지는 대신 '프리케리아트'(비정규직 프롤레타리아)가 증가하고 있다. 보수적인 『조선일보』의 사설(2005년 2월 23일)도 "고용 시장의 1차 분배 시스템이 대기업·중소기업, 정규직·비정규직으로 양극화·이중화한 여건에선 복지 지출로 고소득층과 저소득층의 간격을 좁히기엔 한계가 있다"고 인정했다. 장하성 고려대 교수는 『중앙일보』 칼럼에서 '재분배보다 분배가 먼저 개혁되어야 한다'는 주장을 펼쳤다(『중앙일보』 2015/03/19).

이처럼 노동 유연화는 소득 불평등의 주요 원인이 되고 있다. 그러나 아직도 한국에서는 부자와 기업에 대한 감세가 투자와 고용의 확대로 이어질 것이라는 '낙수'trickle down 경제론이 대세다. 지난 수십 년 동안 한국의 주류경제학자들은 줄기차게 낙수효과를 주장했다. 이미 미국에서 파산한 이론이지만, 한국에서는 '기업이 살아야 경제가 잘 된다'는 논리가 강력한 이데올로기가 되었다. '747 공약'을 내세운 이명박 정부가 실패한 다음, 박근혜 정부도 '474 공약'을 내세우며 답습하고 있지만 성과는 없다. 아직도 한국의 보수적 학자들과 관료들은 자유시장이 모든 것을 해결할 것이라는 철 지난 논리에 매달리고 있다. 이정우 경북대 교수가 지적한 대로 "다른 나라에서는 찾아보기 힘든 시장맹신주의와 성장만능주의라는 극단적 사고방식"이 한국 사회를 지배하고 있다(이정우 2010).

그러나 지난 30년 동안 대부분의 나라에서 실험한 것처럼, 자유시장의 힘으로 사회적 평등이 충분히 보장되기는 어렵다. '순수한 능력주의'로 인해 성공한 개인이 축적한 부가 재분배되지 않고 다음 세대에 고스란히 상속되어 신분 세습이 일어난다면 불평등은 더욱 커질 것이다(Giddens & Diamond 2005). 개인의 부는 다른 사람들과 공동체의 기여를 통해 이루어졌다는 사실을 인정해야 한다. 신자유주의가 주장하는 시장 경쟁, 선별 복지, 능력주의는 사회적 결속을 악화시킬 수 있다.

그럼에도 불구하고 신자유주의 시대에 한국 정부는 국민의 시민권을 대변하는 기관이 아니라 자유시장을 위한 하인을 자처한다. 노무현 대통령은 "모든 권력이 시장으로 넘어갔다"고 공개적으로 말했다. 이명박 정부는 "비지니스 프랜들리"를 외치고, 박근혜 대통령은 노골적으로 "(정부의) 규제는 암 덩어리"라고 비난했다. 이제 모든 책임은 개인에게 전가되고 민주주의와 평등의 가치는 조용히 사라지고 있다. 불평등을 줄이려는 정부의 정책은 더욱 힘을 잃어 가고 있다. 보수적 학자들은 복지국가가 근로 동기를 약화시키고 경제에 나쁜 영향을 준다고 맹공을 퍼붓는다. 대부분 언론에서도 복지를 확대하려면 재정이 필요하고 세금을 올려야 되는데, 이는 경제에 커다란 부담이 된다는 논리가 득세한다.

2015년 4월 유승민 새누리당 원내대표가 증세론, 법인세 인상, 재벌개혁 등을 내세우자 격렬한 비판이 시작되었다. 『한국경제』 사설은 "보수 정당을 자임하는 새누리당만 해도 그렇다 …… 지난 대선 때는 야당이 무색할 정도로 '경제민주화' 구호를 외치더니, 최근에는 시장경제를 부정하는 사회적 경제 기본법 제정까지 주도하고 있다. 유승민 원내 대표는 한술 더 떠 증세, 재벌 개혁 등을 골자로 하는 '신보수' 구상까지 밝히고 있다. 오죽하면 야당이 설 자리를 잃고 있다고 걱정하는 정도다. 나라 발전은 안 중에 없고 오로지 표를 더 얻어 의원 각자가 당선되는 데 진력하는 모습이 역력하다"라고 공격했다(『한국경제』 2015/05/08). 복지 확대를 지지한다면 증세가 불가피하다는 원론적 이야기나 선거를 위한 '중도화' 전략조차 포퓰리즘으로 몰아간다. 불평등은 우려하지만, 불평등을 줄이려는 모든 해법에는 날선 비판을 제기한다.

5. 평등과 복지의 담론을 향하여

경제학의 아버지로 일컬어지는 아담 스미스도 불평등을 비난했다. 그는 『국부론』에서 "큰 재물에는 반드시 큰 불평등이 따른다. 큰 부자 한 명이 있으려면, 적어도 오백 명의 가난한 사람이 필요하다"고 말했다. 이런 점에서 아담 스미스가 누진소득세를 제안한 것은 놀랄 일이 아니다. 그러나 조세가 단순히 부의 재분배를 추구하는 것에 그쳐서는 안 된다. 조세를 통한 재분배는 장기적으로 경제성장을 촉진하는 공공투자와 사회투자에 초점을 맞추어야 한다(김윤태·서재욱 2013). 결과의 평등과 기회의 평등을 동시에 이룩하기 위해서는 보편적 사회보험의 확대와 더불어 개인의 능력을 키우는 교육 훈련이 효과적이다(센 2008). 누진세, 사회보험, 공교육이 빈곤과 불평등을 해결하는 3대 핵심 정책이다.

한국에서 불평등 담론은 힘이 세다. 오랫동안 한국 사회는 지역주의와 반공주의가 정치를 압도하면서 조세와 복지가 중요한 담론이 되지 못했다(최장집 2012). 2010년 '무상 급식' 논쟁 이후 2012년 대선에서 '복지 국가'가 부상했지만, 증세 논쟁과 함께 거품처럼 사라졌다. 그럼에도 불구하고, 최근 한국인의 인식이 빠르게 변하고 있다. 2013년 한국보건사회연구원 여론조사에 따르면, "복지를 위해 세금을 더 걷어야 하느냐" 질문에 찬성 응답이 50%가 넘은 반면, 반대는 30% 미만에 그쳤다(이현주 외 2013). 앞으로 불평등이 심해질수록 복지와 평등에 관한 담론이 더 빛을 발할 것이다. 커져 가는 불평등이 결국 사회를 파괴할 것이기 때문이다. 로마 역사가 플루타르코스가 말한 대로 "부자와 가난한 자의 불균형은 모든 공화국의 가장 오랜 치명적 우환"이다.

4

평등, 반복지의 정치, 민주주의

고세훈

1. 불평등의 권력적 속성

근대와 더불어 불평등은 운명적·귀속적·질적 측면을 벗어나 경제적·계급적·양적인 양상을 확대해 왔다. 톰 마셜Tom Marshall의 지적에 따르면, 이는 시민권의 발전에 힘입은 바 크다. 마셜의 유명한 시민권 이론은 전후의 일련의 복지 개혁과 합의 정치에 대한 낙관의 분위기 속에서 탄생했고 영

● 이 글은 2014년 12월 27일에 있었던 네이버재단의 〈열린연단〉에서 발표된 "평등과 복지: 담론과 전망"의 일부를 수정·보완한 것이다. 지면의 제약으로 자세한 참고문헌을 위해서는 원 발표문을 참고하기 바란다.

향력을 키워 갔다. 그러나 그런 낙관에도 불구하고, 시민권 발전의 정점인 전후의 복지 체제는 불평등을 뚜렷하게 완화 혹은 교정하는 데 이렇다할 역할을 해내지 못했다. 특히 최근의 금융 위기를 겪으면서 불평등이 위험수위에 달했다는 경고의 목소리가 학계뿐 아니라 현장, 특히 시장 진영에서도 간단없이 들려오고 있다.[1]

오늘날 불평등의 부정적 효과에 대한 증언은 그것의 정치적 파장, 곧 그것이 불평등 교정의 마지막 보루인 민주주의를 위기에 빠뜨린다는 위기의식에 이르고 있다. 대표적으로 조셉 스티글리츠Joseph Stiglitz는 경제 권력적으로 특권화된 소수가 다양한 방식으로 정치과정에 개입하여 지대추구를 온존·강화하기 위한 각종 탈규제 조치들을 압박하고, 사회경제적 약자의 상쇄력 마련의 단초를 열어 줄 — 누진세, 안전망 등 사회보장, 교육개혁과 노조 등을 통해 — 민주주의의 작동을 근본적으로 위협한다고 지적한다. 정치에서마저 '1달러 1표' 원리가 관철되면서 과연 인류는, 자본주의 체제에서의 민주주의는 기껏 '부르주아 민주주의'에 불과하다는 고전적 마르크스주의의 논지를 복원시켜야 할 시점으로 돌아와 있는가.

오늘날처럼 복지국가가 전면적인 수세에 몰리고 불평등이 극단적으로 심화되기 전에도, 서유럽 복지 체제는 절대 빈곤의 해소에는 웬만큼 기여를 했지만, 불평등과 관련해서는 그에 상응하는 결과를 가져오지 못했다는 것이 중론이었다. 이는 전통적 복지 체제의 현실적 한계를 보여 주는

1_최근의 학술서로는 Atkinson(2015)이 있다. 앳킨슨은 이 책에서 불평등을 현대의 가장 절박한 문제로 지적하고, 기술, 고용, 사회보장, 자본 공유, 조세 등 다섯 개 분야에서의 정책적 방향을 제시하면서 세계화 담론 등에 담긴 구조적 비관을 넘어 정치의 가능성에 대한 희망을 피력한다.

것이기도 하지만, 절대 빈곤의 완화와 불평등 구조의 교정은 논리적으로 피차 무관하다는 지적에 닿기도 한다.

실제로 절대 빈곤이 객관적이고 독립적인 양적 지표와 관련된 것이라면, 불평등(구조)에는 상하 혹은 계층 간의 권력적 편차를 전제하는 관계 개념이 개입되어 있다. 절대 빈곤이 현저히 해소되는 상황에서도 불평등 구조는 오히려 심화되고 영속화되는 일이 그래서 가능해진다. 가령 성장론자들의 상투어인 낙수효과란 것도 실은 빈곤 문제에 초점을 둔 것일 뿐, 불평등 구조와 관련해서는 아무런 정책적 시사도 던져 주지 못한다. 물론 우리는 성장의 낙수효과마저 얼마나 경험적으로 취약한 것인지를 일찍이 간파해 왔거니와, 성장 중심의 경제 전략 자체가 권력적 현상인 한, 성장이 진행될수록 계급 간 권력 편차는 더 벌어지고, 그리하여 불평등 구조는 오히려 더 악화된다고 해도 놀랄 필요는 없을 것이다.

이처럼 불평등(의 지속)이 권력 개념과 맞물린 관계의 문제일 때, 전후 합의 정치를 지탱했던 복지 체제가 신자유주의의 공세 앞에서 그리도 쉽게 방어적으로 돌아선 것도 그리 이상한 일은 아니다. 그것은 계급 권력이 기원하는 생산 현장, 곧 시장의 위계적 성격 자체보다는 정치적 민주주의를 도구로 하여, 생산 이후, 즉 이미 생산된 것들의 (재)분배, 그리하여 시장에서 밀려난 사람들의 탈상품화와 재상품화에 일차적인 관심을 보였다. 그러나 오늘날 세계화를 주어진 외적 환경으로 전제하며 탈규제, 민영화, 긴축 등 다양한 반정치 담론들이 융성하는 마당에, 복지국가를 안정적으로 재생산하기 위해서 민주주의 개념은 오히려 공세적으로, 즉 시장 영역으로 확대되어야 한다는 것이 이 글의 주된 주장이다. 이는 시장과 생산이 정치와 분배로부터 인위적으로 격절될 때, 복지국가는 지금처럼 전자의 논리에 따라 언제든지 요동하는 불안정한 체제로 남을 수밖에 없다는 인식에 닿는다. 따라서 이 글은 불평등의 교정을 위한 제도적 장치로서의 민주주의를, 존 갤브레이스John Galbraith의 문제의식에 따라, '정치와 시장의 양 영역에서 상쇄력countervailing power의 제도화' 정도로 정의하고자 한다.

2. 불평등, 복지, 한국 국가

1980년대 이후 자산소득과 시장소득의 불평등 증가 추세는 자본주의의 유형을 가로질러 꾸준히 관찰되었다. 특히 한국은 지니계수, 5분위, 10분 위 등 어느 기준을 갖다대더라도 불평등의 정도가 심각한 단계에 와있다. 가령 최근 『경향신문』의 조사는, 1995~2012년의 추세를 감안할 때, 2018년에 이르면 한국의 상위 10% 소득자가 전체 소득에서 차지하는 비 중이 50%를 넘고, 2020년 무렵엔 상위 1% 소득자의 그것이 15%를 웃돌 면서 미국을 제치고 OECD 최고의 불평등 국가가 될 것이라고 추정하고 있다.[2]

시장소득의 불평등 정도가 심각한 상황에 와있음에도 불구하고 한국 의 조세와 정부 이전지출의 재분배 효과는 지극히 미미하다. 2010년 현 재, 조세를 통한 빈곤율 개선 효과를 보면 한국(14.1%)은 OECD 평균 (59.85%)의 4분의 1에 불과하다(OECD 2014). 정부 이전지출이 가져오는

2_http://bizn.khan.co.kr/khan_art_view.html?artid=201409121602481&code=92010 0&med=khan. 한국의 불평등 상황에 대한 각종 통계자료들은 이 책에 수록된 다른 글 들에서 충분히 다루어졌다.

불평등 개선 효과의 경우도 별반 다르지 않거니와, 한국(8.81%)은 OECD 평균(31.11%)의 역시 4분의 1을 약간 하회하는데, 이는 복지국가로 분류되지 않는 일본(27.27%)과 미국(20.83%)에도 현저하게 못 미치는 수준이다.[3] 국가의 복지 의지에 관한 한, 한국은 OECD에 가입한 1996년 이래 몇 해를 제외하면 내내 최하위의 지위를 고수해 왔다.

한국 공공 부문의 인적 규모는 상황의 심각성을 여실히 드러내 준다. 예컨대 2004년도를 기준으로 공공 부문의 규모를 인구 1천 명당 공무원 수로 보면, 한국의 28명은 OECD 평균인 75.2명의 3분의 1에도 미치지 못하는 OECD 최하위이며 비OECD 국가들 평균인 67.3명의 절반에도 미치지 못하는 수준이다. 보건과 사회복지 관련 공무원의 국제 비교는 더욱 극명해서 이 두 부문에 종사하는 인구 1천 명당 공무원 수는 OECD에 가입한 서유럽 14개국과 일본을 합친 15개 국가의 평균이 26.03명인데, 한국은 1.54명으로 전자의 불과 6%에 해당한다(김태일·장덕희 2006; 강혜규 2013).

자본주의의 문제가 체제적·체계적·대규모적이라는 점에 비춰 볼 때, 복지에 대한 일차적 책임은 방대한 자원을 동원할 수 있는 국가가 떠안을 수밖에 없다. 그럼에도 불구하고 한 사회의 자선 전통은 시민들의 복지 의식과 복지 요구의 강도를 가늠케 해주고, 따라서 국가 복지의 앞날을 전망하는 데 중요한 잣대일 수밖에 없다. 그러나 한국 사회의 자선 실태는 민간 부문이 복지를 위한 보완적 기능마저 수행하지 못한다는 점을 보여 준다. 한국의 민간 기부는 극히 일부에 의해, 그것도 비정례적으로 이루어

3_한국은 2012년, 나머지 국가들은 2000년대 중반 자료. OECD: http://stats.oece.org/index.aspx, 한국: 임완섭 외(2012).

지기 때문에 통계조차 부실하지만, 대략 국민총생산의 0.05% 정도로 추정되는데, 이는 미국의 33분의 1, 영국(0.73%)의 15분의 1, 싱가포르(0.29%)의 6분의 1에 해당한다(『조선일보』 2007/11/19). 우리는 복지'국가'는 말할 것도 없고 그 이전에 복지'사회'를 구축하는 데도 실패했다.

복지에 대한 요구가 급증하고 있음에도 불구하고, 이처럼 공사公私의 복지 전통과 제도화가 사실상 부재한 상황에서 한국이라는 공동체가 급속히 해체되고 있다는 증거는 넘친다. 10년 연속 OECD 부동의 1위를 고수하는 자살률을 제외하더라도, 한국은 이혼율, 저출산율, 비정규직 비율, 산업재해율, 심지어는 교통사고 사망률까지 1위를 기록하고 있다. 아마 한국은 국민총생산이 일정 수준(2만5천 달러)을 넘어서면 불평등이야말로 제 사회문제에 영향을 미치는 가장 강력한 요인이 된다는 윌킨슨과 피킷의 최근 가설을 극명하게 확인시키는 사례일 것이다(Wilkinson and Pickett 2010). 시장, 국가, 사회가 평풍하듯 서로를 향해 사회경제적 약자들을 내치는 와중에, 한국 사회는 갈수록 반복지의 심연에 빠져들고 있다(고세훈 2009).

3. 반복지의 정치

한국 사회에서 반복지 의식과 담론이 각별한 것은 사실이지만(최장집 2010), 이것이 오늘날 특별히 문제가 되는 이유는 그것이 국내외적으로 확산되는 신자유주의적 정치를 — 때로 무비판적으로 — 타고 있기 때문일 것이다. 평등이나 정의 같은 '추상적' 가치들이 국가 정책의 어젠다에서 체계적으로 배제되고, 사회적 약자들을 향한 '법과 질서의 정치'가 강조되는 것이 이와 관련이 있다.

'법의 지배'야말로 신자유주의의 도덕적·철학적 정당성을 변론하는 중심적 개념이다. 법 혹은 정치제도는 공공선 등 집단적·도덕적 목표가 아니라 다양한 사적 목적들의 추구를 원활하게 만드는 데 그 목적이 있다는 사상이다. 이런 인식에 따르면, 법이 구현할 실체적인 공공성이란 본래 없으며, 법은 '강제의 부재'로서의 소극적 자유/권리를 보호하는 데 목적이 있다. 따라서 법의 지배는 자체의 독립된 덕목을 지니는 것이 아니라 이미 선택된 (사적) 목적의 추구와 관련해서만 가치가 있다. 법이 자유·평등·정의 같은 목적을 내걸 때에도 그것은 개인적 선택을 위해 필요한 환경과 조건, 일종의 프레임 워크로 인식된다.

만일 법이 평등을 내세워 본래 희소한 자원이나 기회에 대한 권리(사회권)를 인정한다면, 그것은 자원배분에서 특정의 목표, 집단, 개인을 배제하거나 그것들에 특권을 부여하는 것으로서 법 집행자의 자의와 재량에 따른 법 운용을 용인하는 것이며, 법의 지배라는 보편적 원리에 맞지 않는다. 신자유주의적 자유 개념의 발전에 많은 영향을 미친 프리드리히 하이에크Friedrich Hayek는 강제에는 의도된 인간 행위가 개입된다고 말한다. 가령 빈곤이나 실업은 집단적 교정이 불필요한데, 국가는 불의를 교정해야 하지만, 시장 교환의 결과물로서 소득과 부의 배분은 불의가 아니므로 국가의 책무는 면제된다는 것이다. 이런 인식에 따르면, 평등은 신기루이다. 그것은 정형화된 원칙에 의존함으로 개인의 자유를 손상하고, 차등적인 조세제도를 통한 개인의 개별적 필요를 겨냥한다는 점에서 보편성이 담보되어야 하는 법의 지배와 양립이 불가하다. 법이란 예측 가능한 규율로서 타인을 강제하지 않고 자신의 목적을 추구할 수 있게 만드는 행위의 틀을 제시하는 것이지, 추상적인 공공적 목표나 가치를 제공하고 구현하는 것이 아니기 때문이다.

관료의 자의적 재량과 수혜자의 의존적 태도가 자율과 정면에서 상충한다는 점이야말로 필요의 집단적 공여에 대한 신자유주의적 비판의 핵심 중 하나다. 신자유주의의 한 이론적 축을 제시한 제임스 부캐넌James Buchanan 등의 공공선택이론에 따르면, 정치인과 관료는 모두 개인적인 효용 극대화를 추구하는 합리적 행위자라는 점에서 시장 행위자와 다를 바 없다. 이들은 사회정의와 공익을 전면에 내걸면서도 실제로는 득표나 자기가 속한 부서와 사적 이해관계를 위해 국가 지출의 규모를 끊임없이 확대해 가려는 경향이 있고, 그럴수록 책임 부재의 상황은 심화된다. 사부문은 인수 합병과 도산의 위험이라는 제약을 받기 때문에 소비자의 필요를 충족시키기 위해 노력하지만, 공공부문은 공급 독점으로서 수혜자의 이탈 비용이 매우 높으므로 그런 노력이 불필요하기 때문이다. 더욱이 필요는 충족되기는 어렵고 한계를 정할 수 없다는 특징을 지닌다. 따라서 그것이 권리로 인정되면 자원배분에 대한 요구 역시 무한하며, 그에 따라 국가의 책임 또한 무제한적으로 된다. 그 와중에 관행화된 의존은 개인의 성품에 영향을 미치고 이는 다시 빈곤을 부르는 악순환이 빚어진다. 그리하여 이런 논리는 가난을 의존 문화로, 성품과 태도의 문제로, 노동 윤리와 책임 의식의 실종 탓으로 환원하며, 거기에서 타인의 재산권을 '탈취'하는 자원배분에 대한 빈자의 권리란 애초에 불가능한 개념이 된다. 필요의 충족은 인도주의적 관점, 즉 국가의 강제가 아닌 가족, 친구, 교회, 자선 등을 통한 자발적 선택에 맡겨야 한다. 이런 시각이 불평등을 아예 논의에서 배제하리라는 것은 추측할 만한 일이다.

그러나 공공 영역은 시장과 사적 영역과는 구별되는 독자적이고 자율적인 행위 규범과 유인 구조를 갖는다. 그것은 시장이나 사적 영역으로부터 보호된, 공공 이익이 규정되고 공공재가 생산되는 영역과 관련이 있다. 이에 따르면 공공성은 일차적으로 약자의 보호, 분배적 정의, 공정한 기회 등 사회적 가치를 구현한다는 윤리적 개념에 닿게 되며, 공공재의 성격과 범위, 우선순위에 대한 집단적 결정과 공여, 따라서 공동체 일반 개념과 불가피하게 맞물린다. 공공선택이론에서 말하는 효용 극대론자로서 관료와 정치인의 탈선도 공공성의 본래적 의의를 훼손하는 것은 아니다. 공부문이 비효율적이고 무책임하며 공공 정신을 실종시킨다는 신자유주의자들의 비판에는 수긍할 만한 점이 적지 않지만, 그 답을 시장을 통한 책임성의 확보에서 찾으며 공공 영역의 의의를 통째로 부인한다면, 사회 정의나 평등과 같은 공동체적 가치는 소멸되고 말 것이다. 자기 규제적 시장이란 애초에 근거 없는 망상이며, 실제 세계에서는 확신에 찬 교조적 국가가 자본주의 이전의 공동체적 가치·가정·관행을 박멸함으로써만 가능했다(Polanyi 1957, 139-41).

바야흐로 우리는 민주화가 국가의 후퇴, 시장의 전진 배치를 내용으로 하는 자유화와 동일시되는 시대를 살고 있다. 그러나 자유화는 행위자 없는 흐름이나 통제 불능의 대세가 결코 아니다. 그것은 복합적인 정치적 선택의 결과물이며 그에 대한 적응 의지와 적응 정도는 나라마다 큰 차이가 있다. 그런데도 국가를 폄하하는 근본주의적 좌우 담론들이 득세하는 이유는 현실의 민주주의가 불완전하게 정착돼서 국가가 무능과 부패에 오염되어 있기 때문일 것이다. 그러나 민주주의와 정치마저 희망을 주지 못한다면, 우리에게 희망은 없다. 우리는 "인간 잠재력의 무한성과 동시에 항구적 불완전성"을 믿기 때문이다. 민주주의의 위기는 오직 그것을 확대·심화시킴으로써만 극복될 수 있을 것이다.

4. 민주주의의 문제

영국의 경제사학자 리처드 토니Richard H. Tawney는 인간은 자신보다 상위개념을 전제할 때 비로소 서로를 목적으로, 즉 동등하게 취급한다고 말한다. 가령 무한히 위대한 신을 명상할 때에만, 인간의 차이는 한없이 사소한 것이 된다는 것이다. 그에 따르면, 현대의 문제는 신의 위대성을 잊으면서 인간의 왜소함도 잊었고 그리하여 인간들 간의 차이·구분을 만들고 확대하고 강조하며, 거기에 집착한다는 데 있다(Tawney 1964). 지그문트 바우만은 "남들보다 한발 앞서려는" 심리가 주는 "잔인한 쾌락"은 이미 불평등을 전제한다고 지적했다(Bauman 2013). 알래스데어 매킨타이어가 유명한 『덕德 이후』 도입부에서 파국을 맞은 자연과학을 상상하며 이론적 맥락과 전통에서 유리되고 파편화된 개념들의 혼돈 상태를 빗댔을 때, 그가 염두에 뒀던 것은 덕이 떠난 폐허 위에서 윤리적 담론을 재건하는 일의 원천적인 지난함이었다(MacIntyre 1984, chap. 1). (불)평등이 윤리나 도덕이 아닌 생산성이나 효율 같은 도구적 관점에서 주로 논의되고 옹호 혹은 폄하되는 현실이 이런 인식들과 무관치 않을 것이다. "노동, 생산, 분배, 거래 등의 영역으로부터 도덕이 분리되고 이탈하고 있는" 오늘날 과연 평등을 하나의 목적 가치로서 논의하는 일이 가능하기는 한 것인가(인디고연구소 2014, 208).

불평등이 기본적으로 권력과 관련된 관계 개념임을 모두에 지적한 바 있지만, 불평등을 교정하기 위한 제도화의 부재는 권력적으로 중립적인 상황이 결코 아니다. 오히려 그것은 당대의 계급 간 권력 자원이 심대하게 불균등한 상태에 있다는 점을 말해 줄 뿐인바, 제도적 부재란 바로 그런 불균형의 산물이기 때문이다. 따라서 부재는, 방치될 때, 부재의 심화라는 악순환을 낳는다. 한국의 빈곤과 불평등, 국가의 복지 의지 등과 관련된 주요 지표들은 계급 권력 불균등의 심각성을 곧바로 반영하거니와, 권력 자원의 편차가 커질수록 계급 협력의 지형은 그에 비례하여 취약해지기 마련이다. 주요 쟁점이 제기될 때마다 가장 쉽게 계급적으로 연대하는 자본이, 다양한 차원에서 분열을 거듭하고 있는 노동을 오히려 계급적이라고 비난하는 오늘의 한국적 현실에서, 과연 복지국가를 위한 정직한 합의(타협) 자체가 얼마나 가능할지 회의하지 않을 수 없다.

반세기도 더 전에 "상쇄력의 제도화"를 통한 기업 권력의 견제를 주창했던 갤브레이스는 10여 년 전에 펴낸 마지막 저서에서 "기업의 통제 없이 자본주의의 미래는 없다"는 말을 남겼다(Galbraith 1952; Galbraith 2004, ch. 9). 그의 일관된 통찰은 민주주의의 궁극적 내용이 정치적 수준에서 사회경제적 영역으로 확대되되, 후자는 시장의 민주화를 민주화의 또 다른 관건으로 포함시켜야 한다는 점을 시사한다.

이런 점에서 그간 생산적 복지 혹은 사회투자 이론 등의 이름으로 주창된 진보 진영의 경쟁력 담론의 한계는 명백해 보인다. 이런 개념들이 '고용이 최상의 복지'라는 근로복지 개념에서 발원했음은 익히 알려져 있다. 그러나 고용 자체에 과도하게 집착하면, 실업자를 강제로 재상품화시키는 과정에서 복지 청구권자에 대한 도덕적 비난, 가계조사의 강화, 복지 삭감 등, 정치적 민주화를 통해 구축된 복지 체제의 훼손이 불가피할 뿐 아니라, 고용의 내용(비정규직, 임시직 증가나 저임 고용의 만연 등으로 인한 고용 불안의 확산)과 관련해서도 시장의 중심 행위자인 기업의 민주화의 필요성을 새삼스럽게 인지시킨다.[4] 생산적 복지가 주창되기 시작한 지 벌써

4_무엇보다 훈련 복음(training gospel)에 입각한 경쟁력 담론은 첫째, 곤궁의 책임 그리고 불확실한 미래의 위험부담을 희생자에 떠넘김으로써(희생양의 정치, 비난의 정치),

째 많은 시간이 흘렀지만, 그간 한국의 복지 개혁은 일관된 이념이나 정책 기조에 바탕한 항구적 제도화가 아닌, 경제 위기로 인한 최악의 사회불안 요인을 제거하는 데 초점이 두어진 임기응변의 잠정적 타협의 성격을 벗어나지 못했다. 모두에서 언급했듯이 한국 사회의 빈곤과 불평등 지수는 갈수록 높아 가는데, 국가 복지의 양적·질적 수준, 그리하여 한국 복지 체계의 탈상품화와 사회 재계층화 효과는, 서유럽 국가들에 비하면, 여전히 저발전 상태를 벗어날 조짐을 보이지 않는다.

신자유주의의 급격한 부상과 함께 복지국가가 수세에 처하면서, 시장은 국가가 성취한 권력 균형의 외양을 일거에 소멸시킬 수 있는, 그 자체가 얼마나 막강한 권력의 현장인지를 새삼스럽게 보여 주었다. 정치적 민주주의라는 시장 외적 장치는 복지 체제의 안정성과 지속성을 담보해 줄 충분조건이 될 수 없다는 점이 확인된 것이다. 제도화의 부재 속에서 어떻든 활로를 모색해야 하는 복지 한국의 과제는 위계의 영역인 시장의 문제를 복지 구상의 내부로 포괄해 냄으로써 국가와 시장 모두에서 권력의 행사 자체를 민주적으로 규율하는 제도적 틀을 정립하는 일에 닿는다. 이는 가령 최근 논란이 되는 경제민주화의 초점이 출자총액제한이나 순환출자

가령 대량 실업을 과잉생산의 체제적 위기 아닌 기술 적응(실패)이라는 개인적 문제로 치환하는 '담론의 전치'를 가져오고, 둘째, 미국 등에서 수많은 고숙련 실업자가 존재하는 데에서 알 수 있듯이, 시장의 불확정성으로 인해 무슨 훈련을 할 것인가 결정하는 일의 지난함을 간과하며, 셋째, 훈련 비용을 위한다는 명목으로 실업 보호 등 소비적 복지를 위축시킬 수 있고, 넷째, 훈련 개념 자체가 지니는 모호성으로 인하여 공약은 남발되는데 그것을 위한 재원 조달이 쉽지 않으며, 다섯째, 고기술과 서비스 부문이 제조업 탈락자들을 적절히 수용하지 못한다는 것이 점차 밝혀지고 있다는 점 등, 허다한 난제들과 관련된 비판을 피하기 힘들다. Bienefeld(1995) 참조.

규제 혹은 금산분리 등 자본 행태에 대한 국가의 직접적이고 물리적인 규제보다는, 시장 내의 계급 권력이 길항하는 제도적 틀, 무엇보다 시장의 주 행위자인 기업의 지배구조 개편에 두어져야 한다는 점을 말해 준다. 그 요체는 재산권이나 소유권을 하나의 다발bundle로 수용 혹은 폐기하기보다는 그 행사를 제한하는 시장 구조를 만들자는 데 있다.

이런 관찰이 직접적으로 시사해 주는 바는, 과거의 복지 체제가 신자유주의의 담론적 공세로 인해 그리 쉽게 수세에 몰릴 정도로 허약한 것이었다면, 이제 복지국가의 재창출은 민주화라는 화두를 복원시킴으로써 시작돼야 한다는 점일 것이다. 그간 복지국가가 권위주의·관료주의의 온상으로 매도되면서 언제부터인가 민주주의라는 용어는 시장주의자의 전유물이었다. 그러나 우익의 민주주의는 국가의 후퇴, 시장의 전진 배치를 의미할 뿐이었거니와, 신자유주의가 정치적·경제적 권력을 장악해 가면서 불평등과 같은, 권력 현상으로서의 시장이 낳는 병폐는 오히려 증대되는 것이 작금의 현실이다. 따라서 복지국가를 포함한 일체의 진보적 개혁은 민주주의를 중심 개념으로 설정하되, 이때 민주화란, 정치적 민주주의가 후원한 복지 체제, 즉 시장에서 비자발적으로 밀려난 사람들을 위한 외적 민주화와 시장의 주 행위자인 기업의 지배구조를 개선하는 시장 자체의 민주화, 즉 내적 민주화 모두를 포괄하는 개념이 되어야 한다. 그것은 개혁의 목표가 자원의 당대적 배분을 위요한 실천적 투쟁보다는 자원배분의 항구적 구조를 마련하기 위한 제도화에 초점을 맞추어야 한다는 의미이다.

그리하여 가령 새로운 사민 정치가 후원하는 새로운 복지 구상은, 첫째, 외적 민주화, 즉 국가에 의한 전통적 복지 공여를 공고히 함으로써 복지의 양적 수준과 질적 내용에서 '어두운 실업'(저열한 급부 조건과 수준으로 시장에의 강제적 재편입에 항시적으로 노출되는 실업), 따라서 강제적 시장 재편입의 가능성을 줄이고, 둘째, 내적 민주화, 즉 기업지배구조를 민주적으로 개편함으로써 '어두운 고용'(저임이나 고용 불안정 등)을 줄일 뿐 아니라 기업과 관련된 다양한 이해관계자들(하청업자, 소비자, 지역 주민, 주주 등)의 이익을 도모함으로 국가 복지에의 부담을 경감시켜야 한다. 강제적 시장 재편입이 어두운 고용을 낳고, 어두운 고용이 다시 국가 복지의 부담을 증가시켜 어두운 실업을 낳는 악순환이 발생한다는 점에서 이 두 차원의 민주화는 긴밀히 얽힌 순환 고리를 형성한다.

물론 정치적 민주주의(선거제도의 대표성 확보, 정당 체제의 이념적 배열, 정당 조직의 민주화 등)는 이 모두를 위한 최소한의 절차적·윤리적 필요 요건이다. 복지국가를 둘러싼 모든 중요한 개혁은 국가의 입법적 발의에서 비롯될 수밖에 없기 때문이다. 시장 민주화를 포함한 구조 개혁의 주체는 정치이며, 빈곤·불평등·불안이 만연하면서 한국 정치가 동원할 수 있는, 잠재된 채 조직되지 않은 방대한 계급적 자원이 존재한다는 점, 애초에 경로 의존성을 상정할 수 없는 '부재의 상황'이란 오히려 제도적 공백을 메우기 위한 정치적 이니시어티브가 작동할 수 있는 유리한 조건일 수도 있다는 점 등을 포착해 내야 한다.

5

복지는 왜 불평등 완화에
기여하지 못했나?

이태수

1. 들어가는 말

흔히 복지는 일국의 불평등 문제를 해결하는 가장 주요한 수단으로 간주되고 있다. 자본주의하의 시장체제가 갖는 숙명적인 한계인 빈부격차 또는 양극화, 소득 불평등을 사후적으로 보정하는 수단으로서 20세기 들어 적극 개발·활용되어 온 복지 제도는 마침내 복지국가로 발전되어 심각한 불평등의 온존과 확대를 제어하려는 장치로 수렴되기도 했다.

한국의 경우, 급속한 경제 발전 속에서도 여타 국가에 비해 지니계수의 수준을 통해 밝혀지는 소득 불평등이 심각하지 않은 것으로 나타나고 있으나, 다음과 같은 세 가지 측면에서 이의가 제기되고 있다.

첫째는 국민들의 체감도에 있어서 소득 불평등에 대한 국민 민감도는

표 1 | 소득 격차에 대한 의견

구분	매우 반대	다소 반대	동의도 반대도 아님	다소 동의	매우 동의
소득 격차가 크다	1.0	2.5	6.3	43.7	46.5

자료: 경제·인문사회연구회(2012, 148).

그림 1 | 김낙년의 소득 보정 후 불평등 지수 추이

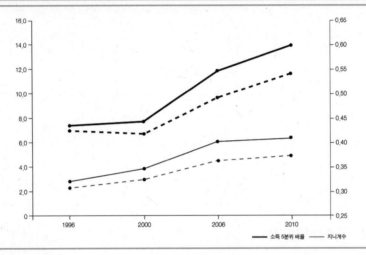

주: 점선이 통계청 발표.
자료: 김낙년(2012, 22).

결코 낮지 않다는 점, 즉 소득 불평등의 상대적이며 주관적인 면을 무시할
수 없다고 할 때, 한국의 소득 불평등을 심각하지 않다고 말하기 어렵다는
것이다. 일례로 "2009년 한국종합사회조사"에 따르면 '한국은 소득 차이
가 너무 크다'는 주장에 대해 응답자의 90.2%가 동의한 것으로 나타나고
있다.

둘째, 한국의 소득 불평등에 사용되는 자료에 바이어스가 존재할 가
능성이 있다는 점도 한국의 소득 불평등의 객관적 수치에 대해 의구심을

그림 2 | IMF 경제 이전과 대비한 소득 불평등도

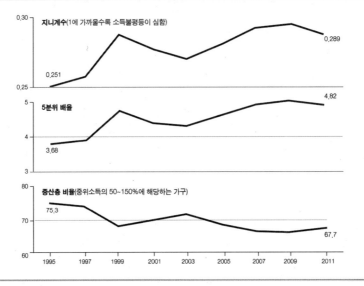

주: 2인 이상 가구소득 기준.
자료: 통계청.

갖게 하는 큰 요인이다. 김낙년(2012)의 연구에 의하면, 국세청 자료로 통
계청 자료를 보정하면 〈그림 1〉과 같이 5분위배율 및 지니계수가 현저히
올라가게 되며, 이는 한국의 지니계수가 OECD 국가 가운데 상위 5위에
자리 매김된다고 주장하는 것이 대표적인 근거이다.

셋째, 1990년대 말 IMF 경제 위기 이후 한국의 소득 불평등도가 급속
히 악화되고 있으며, 비록 최근 들어 그 추이가 개선되는 방향으로 나온다
고 해도 이것이 IMF 이전으로 돌아갔다거나 완전히 호전되는 기조로 정
착되었다고 보기 어렵다는 점에서, 여전히 문제의 심각성을 낳고 있다.
〈그림 2〉에서처럼, IMF 경제 이전인 1995년을 기준으로 2011년과 비교
해 보면 지니계수는 0.251에서 0.289로, 5분위배율은 3.68에서 4.82로,

중산층 비율은 75.3에서 67.7로 변화하여 결코 IMF 이전의 소득분배 상태로 돌아가지 못하고 있음을 단적으로 보여 주고 있다.

따라서 본 글에서는 한국의 소득 불평등도가 일부의 지표에서 나타나는 것처럼, OECD 국가 중 양호하다고 자위할 수 있는 수준이 아니라는 것을 전제로 이런 불평등 추이가 왜 지속되는지, 더군다나 최근 사회 지출비가 급격히 증가하는 추세 속에서도 왜 확연히 개선되지 않는지에 대해 추적해 보고, 결론적으로 이에 대한 개선책을 제시해 보고자 한다.

2. 복지와 불평등

일반적으로 소득 불평등에 영향을 미치는 요인은 매우 다양하고 이들 사이의 영향력 및 그 관계 역시 복잡한 양상을 보이고 있다.

우선 소득 불평등의 원인을 국제적 조류, 즉 세계화에서 찾으려는 시각이 있다. 대표적으로, 캡스타인(Kapstein 1999, 129)은 세계화가 단지 교역 및 투자에만 영향을 미친 것이 아니라, 소득 불균형과 빈곤을 전반적으로 유발했음을 미국과 서구 유럽, 아시아 등에 폭넓게 만연되고 있는 빈곤의 참상과 노동자의 열악한 삶에 대한 증거를 통해 주장하고 있다. 앳킨슨과 브란돌리니(Atkinson & Brandolini 2006)는 외국인 직접 투자율을 세계화의 대표적인 변수로 삼아 실증한 결과, 세계화가 유의미하게 소득분배의 악화 요인이 되는 것을 입증하기도 했다.

그러나 일국 내의 경제, 사회, 정치적 영역에 걸친 많은 변수들이 불평등에 영향을 미칠 수 있다는 것도 수많은 학자들에 의해 지적되어 오고 있다. 먼저, 경제적 변수는 가장 유명한 '쿠즈네츠의 역U자 가설'이 말하는 바와 같이 경제성장 자체가 소득분배 정도에 영향을 미친다는 사실부터 실업률 또는 고용률(Blinder & Esaki 1978; Nolan 1990; Cantillon et al. 2002)과 인플레이션율(Blinder & Esaki 1978; Nolan 1990), 최저 임금률(Machin 1994), 간접세 대비 직접세 비율(Chu 2000), 여성의 노동 참여율(Atkinson et al. 2006) 등도 주요한 변수로 취급되고 있다.

사회적 변수로는 노동조합 비율(Atkinson et al. 2006), 중등학교 입학률, 도시화 비율(Chu 2000), 인구구조의 변동(성명재 2014) 등이 대표적인 예다. 정치적 변수로서 정치적 불안정성이 경제성장에도 불구하고 소득의 불평등이 증대하는 매개 역할을 한다고 진단한 바 있다(Alesina-Perotti 1996).

그러나 사회복지제도상의 이전소득이 소득 불평등의 개선에 미치는 효과도 주목하지 않을 수 없다. 일반적으로는 사회복지제도상의 다양한 지출이 소득 불평등을 개선시킬 것으로 보지만, 제도의 구성이 어떠냐에 따라서 반드시 개선 효과만이 존재하지 않는다. 예컨대 복지비 지출이 비효율적으로 운영되거나, 지출에 대한 세원이 주로 중산층 이하의 시민으로 구성되는 경우 복지비 지출의 증가가 오히려 소득 불평등의 수준을 악화시킬 수도 있다고 주장되기도 한다(Le Grand 1982; Chu 2000; Bosch 2002). 실제로 우리나라의 경우, 복지 지출비의 증대가 소득 불평등을 개선시키지 못했다는 실증적 연구도 존재하고 있다. 예컨대 최근의 연구 결과로서 공적 이전소득이 노인 가구에 미치는 영향을 보면, 이것이 노인 가구의 빈곤율 감소 효과를 가져 오는 것은 같지만, 독거노인에게는 지니계수 감소 효과를, 반면 부부 노인 가구의 경우엔 오히려 지니계수 증가 효과를 보이는 실증 결과(김지훈 외 2015)가 대표적이라 할 수 있다. 이는 빈곤 계층에 초점을 맞춘 복지 제도상의 급여가 빈곤율의 감소에는 개별적으로 영향을 미칠 수 있지만, 소득 불평등도 전반에 어떤 영향을 미칠지는 단순하게 예단할 수 없음을 보여 주는 것이다. 소위 소득재분배의 역설이라 불리는 코르피와 팔메(Korpi & Palme 2006)의 주장은 빈곤층에 집중하는 복지 제도를 가지고 있는 영미형 국가들보다는 보편주의에 입각한 북구형 국가들이 소득 불균등도 더 낮다는 사실에 주목하고 있는데, 이상에서 본 바와 같이 복지 지출이 소득 불평등도에 미치는 영향력은 그리 간단하게 판단될 수 없는 사안이다.

결국 불평등 문제에 대처함에 있어 복지 제도의 발달이 언제나 긍정적으로 작동하는 것은 결코 아니며, 복지 제도 이외의 다양한 경제, 사회, 정치적 요인들 역시 불평등의 정도와 관련을 맺고 있으므로, 불평등의 개선 또는 심화를 복지 제도만으로 설명하는 것은 분명한 한계를 지니고 있음을 알 수 있다.

이상에서 소득 불평등에 영향을 미치는 다양한 요인들을 개략적으로 살펴보았는데 이런 여러 요인들이 어떻게 한국 사회의 불평등에 영향을 미쳤는지에 대한 실증적 분석은 다른 기회로 유보하고 그 대신, 적어도 우리나라의 소득 불평등이 크게 개선되지 않았다는 전제하에 소득재분배에 역진적인 요소들이 한국 경제 및 사회에 얼마나 많이 존재하고 있는지에 대해 살펴보고자 한다. 그 이유는 1절에서 본 것처럼 현재 한국의 소득 불평등도는 체감도 면이나 자료의 엄밀성, IMF 이전으로의 복귀라는 세 가지 측면에서 부정적으로 평가되고 있으므로, 그 원인을 포괄적으로 탐색해 볼 필요가 있기 때문이다.

3. 한국 사회에서 불평등을 심화시키는 요인들

일차적 분배 과정에서의 불평등 심화 요인들

소득이 분배되는 1차 단계는 생산과정에서 이루어진다. 한국 경제구조는 IMF 경제 위기를 전후로 매우 극명하게 성격이 변화했다고 볼 수 있는데, 그중 하나가 자본과 노동 사이의 균형이 자본 쪽으로 심각하게 기울었다는 것이다. 자본의 자유로운 이동을 특징으로 하는 세계화의 속성상 자본에 대한 규제나 부담 강화는 본질적으로 허용되기 힘들었다. 대신 노동 유연성은 강화되어 고용의 불안정성과 해고의 유연성이 확대되었다.

이런 결과는 노동과 자본 간의 분배율 사이의 불균형이 지속적으로 심화되는 결과를 가져왔다. 자영업자의 영업잉여가 법인 기업에서와 같은 비율로 노동소득과 자본소득이 배분된다는 가정을 채택해 노동소득분배율을 구한 주상영·전수민(2014)에 의하면, 한국의 노동소득분배율은 1995년 75% 수준이었으나 IMF 위기를 거치면서 급격히 하락하여 2012 현재 68.1%로 하락했다. 이는 OECD 평균과 10%p 차이가 있는 것이며 〈그림 3〉에서 보는 바와 같이 독일, 일본, 스웨덴, 미국과 비교해 매우 큰 차이를 보이고 있다. 상대적으로 자본 분배율이 높아짐으로써, 우리나라 10대 재벌의 사내 유보금은 2009년 현재, 287.9조 원, 2013년에는 521.8 조 원에 달하는 대조적인 현상을 보이고 있다.

이런 사실을 뒷받침하는 것으로서 우리나라 상위 1%는 배당소득의 72.1%, 이자소득의 44.8%를 차지하고 있으며, 상위 10%는 각기 93.5%, 90.6%를 차지하고 있어 근로소득에서 상위 1%가 6.4%, 상위 10%가 28.8%를 차지하고 있는 것과는 대조적인 쏠림 현상을 보이고 있다. 이는 자산 분배의 불평등으로 이어져 2012년 기준 총자산 기준 상위 1%는 평

그림 3 | 주요 선진국의 노동소득분배율

단위: %

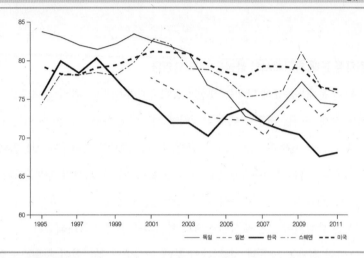

균 자산액 39억 2,162만 원으로서 전체의 11.8%를, 상위 20%는 평균 10억 587만 원이고 전체의 60.3%를 차지하고 있다. 이는 하위 20%가 평균 1,977만 원에 전체의 1.9%를 차지하고 있어 상위 20%와 하위 20% 간의 비율인 5분위 배율이 51배에 달하는 것과도 일정 정도 맥을 같이한다.

이렇듯 자본과 노동 사이의 불균형 심화로 인한 소득 불균등의 악화 현상은 노동 집단 간의 불균형 심화로 인해 더욱 심각해질 수밖에 없다.

먼저 노동자 전체의 30%대를 차지하고 있는 비정규직, 그리고 그들이 정규직의 임금에 비해 2분의 1의 임금수준을 보이고 있다는 점, 또한 대기업과 중소기업 간의 임금 차이, 남성과 여성 간의 임금 차이가 결코 좁아지지 않고 오히려 지속적인 확대일로에 있다는 사실은 소득의 불평등 심화가 전개되는 큰 요인으로 추정된다.

이 결과 우리나라의 임금 10분위 배율은 2012년 기준 4.71이다. 미국

그림 4 | 한국의 세제 및 복지 제도의 불평등 및 빈곤 축소 효과

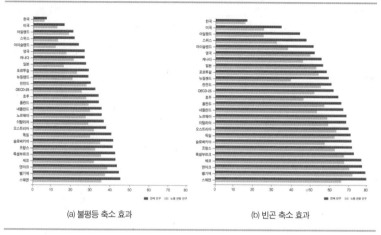

(a) 불평등 축소 효과   (b) 빈곤 축소 효과

주: 2000년대 중반 자료(한국은 2006년).
자료: OECD(2011, 23).

(5.22)과는 적잖은 차이가 있지만 이스라엘(4.91)에 이어 세 번째로 높다.
2001년만 해도 우리나라의 배율은 4.09로 OECD 국가 중 여덟 번째였다.
10년 만에 배율은 0.62, 순위는 다섯 계단이나 올랐다. 특히 우리나라는
OECD의 "2014 임금 보고서"에 따르면, 2012년 현재, 중위임금(임금을 높
은 순서대로 나열했을 때 가운데 값)의 3분의 2 미만을 받는 저임금 노동자
비율도 미국(25.3%) 다음으로 높은 25.1%를 기록해 OECD 평균 16.3%
보다 크게 높았다.

이차적 분배 과정에서의 불평등 심화 요인

소득재분배 과정에서 일어나는 현상 가운데 가장 먼저 지적할 것은, 원래
적으로 소득분배의 개선 효과를 강력하게 가져올 수 있는 조세와 사회보

표 2 | 주요 세목의 GDP 대비 세수 비중(2012년)

단위: %

	소득 과세		소비 과세		재산 과세		사회보장기여금	
	개인소득세	법인소득세	일반소비세	개별소비세	부동산보유세	금융자본거래세	종업원	고용주
스칸디나비아형	14.6	4.6	8.9	3.7	0.8	0.3	2.4	5.5
앵글로색슨형	10.3	3.4	5.4	2.6	2.2	0.4	1.3	2.1
서유럽형	9.2	2.3	7.1	3.1	1.0	0.5	5.3	7.6
남유럽형	7.9	2.2	6.7	3.6	1.1	0.6	3.0	6.8
(한국)	3.7	3.7	4.3	3.0	0.7	1.6	2.6	2.7
OECD 평균	8.6	2.9	6.8	3.4	1.1	0.4	3.3	5.1

주: 재산과세는 부동산 보유세(재산세, 종합부동산세, 각종 부가세), 부유세, 상속세, 금융·자본 거래세 등으로 구성되며, 일반소비세에는 부가가치세와 판매세가 포함.
자료: www.oecd.org/statistics

장 급여로 이루어지는 이차적 분배 효과가 그리 크지 않다는 사실이다.

〈그림 4〉에서 나타나는 바와 같이 2006년 기준으로 한국의 세제 및 복지 제도가 불평등을 개선하고 빈곤을 축소하는 효과는 OECD 국가 중 최저 수준에 그치고 있다. 2010년을 기준으로 해서도 지니계수의 시장소득과 가처분소득 간 감소 비율은 9.1%에 그쳐 OECD 평균인 34.4%와 현격한 차이를 보이고 있으며 빈곤율 감소 비율은 한국이 13.9%, OECD 60.0%로서 더더욱 현저한 차이를 보이고 있다.

우선 세제상의 분배 효과가 적은 이유는 〈표 2〉에서처럼 OECD 국가에 비해 누진 효과가 큰 개인소득세의 GDP 대비 비중이 현저히 낮은 것도 한 요인이다. OECD는 개인소득세의 비중이 평균 8.6%에 달하지만 한국의 경우 3.7%에 그치고 있다. 또한 재산 과세 역시 그다지 높지 않은 것으로 나타나고 있으며, 반면 역진성을 보이고 있는 소비 과세의 경우 우리나라는 일반소비세와 개별소비세를 합하여 7.3%인 반면, OECD 평균은 10.2%로 나타나고 있다.

복지 제도가 소득재분배 효과를 크게 높이지 못하는 이유도 여러 가지가 존재한다. 첫째, 우선 전체적으로 공적 사회 지출비가 여전히 작은

그림 5 | 정규직과 비정규직 간 사회보험 적용률 격차(2014년 현재)

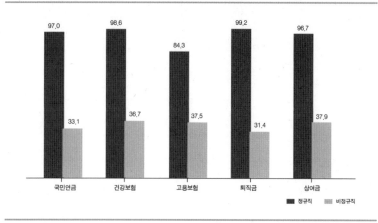

자료: 성명재(2014).

규모에 그치고 있다는 점에서 소득재분배에 미치는 영향력이 적을 수밖에 없다. 2014년 현재, 한국은 OECD가 발표하는 사회 지출비의 GDP 대비 비중이 10.4%로 OECD 평균인 21.6%에 비해 48.2% 수준에 그치고 있다. 이는 스칸디나비아형의 평균 27.3%에 비할 때 38.1% 수준에 그치는 것이다. 이런 적은 지출 규모로 소득재분배 효과를 거둘 수 있기에는 애초부터 불가하다.

둘째, 복지 제도상에서도 정규직과 비정규직 간의 현격한 차이가 존재한다는 점이다. 아래 그림에서 보듯 정규직에는 고용보험을 제외하고는 국민연금, 건강보험, 퇴직금, 상여금이 모두 100%에 가깝게 적용되는 것에 비해, 비정규직은 그 대부분이 30%대의 적용률 수준에 그치고 있다. 이는 임금 소득의 격차만이 아니라 사회 임금 또는 이전소득에서도 비정규직에 상대적으로 불리한 상황이 전개됨을 뜻한다.

셋째, 한국의 사회 지출비 구성은 절대적 규모도 적을 뿐만이 아니라,

표 3 | 사회 지출의 기능별 구성(2009년)

단위: %

	총지출 (% GDP)	구성비								
		노령	보건	유족	노동력 상실 관련	가족	적극적 노동시장	실업	주택	기타
한국	9.6	21.6	41.9	2.9	6.2	8.4	6.3	4.0	0.0	8.6
스웨덴	29.8	34.2	24.5	1.7	16.8	12.4	3.7	2.3	1.7	2.3
프랑스	32.1	38.3	28.0	5.6	6.2	10.0	3.1	4.7	2.5	1.2
일본	22.2	46.9	32.4	6.4	4.5	4.6	1.9	1.7	0.7	1.1
영국	24.1	27.8	33.6	0.4	12.0	15.8	1.2	2.1	6.2	0.8

자료: OECD statistics.

소득재분배 효과가 상대적으로 적은 보건 지출의 비중이 높게 구성되어 있다. 〈표 3〉에서 나타나듯, 한국은 다른 나라들에 비해 보건 지출의 비중이 높은데, 이는 OECD 국가 중 미국 43.2%, 터키 42.2%에 이어 가장 높다. 반면 소득재분배 효과가 높은 '노동력 상실 관련' 지출의 비중은 6.2%에 불과한 수준이다. 또한 이 표에서 보면 주로 사회보험과 관련된 지출인 노령, 보건, 유족, 적극적 노동시장, 실업 등 5개 항목의 비중이 우리나라의 경우 76.8%에 해당하지만 앞에서 본 바와 같이 비정규직의 적용률이 30%대에 머문다는 것 역시 소득재분배 효과를 떨어트리는 원천적인 이유가 될 것이다.

이와 같이 조세와 소득 이전을 포함해 소득재분배 효과가 얼마인지를 밝혀 주는 연구는 성명재(2014)에 의해 행해졌다. 이 연구의 결과를 〈그림 6〉에서 볼 수 있는데, 총 16.90%의 개선 효과 중 민간 이전소득이 3.6%를 차지하고 공공 부문이 13.63%를 차지한다. 공공 부문 중에서도 조세를 통한 개선 효과는 소득세 3.21%, 소비세 -0.99%로서 총 2.22%의 개선 효과를 보이며, 나머지 11.41%는 사회보장제도 상의 급여가 주는 효과다. 이 가운데 현물급여가 5.24%를 차지해 가장 효과가 크고, 공적연금은 3.68%로서 다음을 차지한다.

한편 성명재·박기백(2009)의 연구에 따르면, 1990년대 중반부터 경

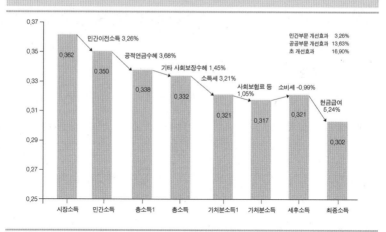

그림 6 | 공적·사적 이전소득과 조세의 소득 불평등 개선 효과

주: 1) 총소득 1 = 민간소득＋공적연금, 가처분소득 = 총소득－소득세.
　　2) 소득재분배 효과는 민간 소득 지니를 분모로 하여 단계별로 측정한 지니계수 변화율로 계산.
　　3) 소비세는 누적 효과(부가가치세)를 반영하고 개별소비세제는 실제 세수를 기준으로 계수 조정한 값 기준으로 추정함.
자료: 성명재(2014).

제구조 등의 요인이 소득 불평등에 미치는 영향력은 안정되어 있는 데에 비해, 인구의 급속한 고령화가 분배 불평등을 지속적으로 확대한다고 밝히고 있는 점도, 향후 인구 고령화가 더욱 급속하게 진행될 것이라는 점에서, 유념할 만한 대목이다.

4. 불평등 해소를 위한 제언

이상의 논의에서 향후 한국의 소득 불평등도를 완화하기 위해 몇 가지 방안을 정리해 볼 수 있다. 첫째, 복지 제도상의 급여가 소득재분배 효과를 거두기 전인 1차 소득분배 과정, 즉 임금·이자·이윤·지대 등의 생산요소별 대가가 지불되는 단계에서의 공정성 확보가 중요하다는 점을 강조하지 않을 수 없다. 세계화 등의 외부 요인이 있음에도 불구하고 한국은 자본에 대한 통제력이 지극히 약한 상태에서 정부조차 구조조정 및 각종 규제 완화를 내걸며 노동에 대한 보호 정책에 별로 방점을 두지 않는 것은 소득의 양극화, 노동의 양극화, 기업의 양극화를 가져옴으로써 2차 소득분배 과정에 매우 큰 부담을 주는 것이 되며, 실제 그 실효성을 거두기도 쉽지 않다.

둘째, 사회 지출비의 절대적 증가가 요망된다. 현재와 같은 규모의 지출 수준은 그렇지 않아도 1차 분배 과정에서 드러난 불평등 양상을 완화하는 데에 턱없이 부족한 지출이 아닐 수 없다. 따라서 정부의 공공 지출비를 증대시키기 위한 구체적인 전략을 세우되, 이에 대한 재원을 조달하는 과정에서 조세와 사회보험료 징수를 통해 얼마만큼의 소득재분배 효과를 거둘 것인지가 중요하다고 볼 수 있다. 그러나 선진 복지국가에서는 매우 폭넓은 세원, 그중에서도 소득재분배 효과가 크지 않은 간접세의 비중이 적지 않음을 알 수 있는데, 세원 확보와 복지 지출 모두에서 소득재분배 효과를 거둔다는 것은 그리 현실적이지도, 바람직스럽지도 않다는 것을 말해 준다고 할 수 있다. 따라서 세원의 기반을 넓게 마련하는 한편, 재정지출을 통해 전체적으로 소득 불평등을 개선하는 전략도 유효한 전략이 될 수 있다.

셋째, 우리나라의 경우 무엇보다 노동시장에서 사회보험의 미적용 집단을 해소하는 것이 매우 시급하다. 현재와 같이 비정규직의 30%대만 포섭되어 있는 상황에선, 대다수의 비정규직들은 노후 소득이나 실업시 보전 소득, 그리고 여타의 현물 급여에서 배제되므로, 공공사회지출을 늘려 사회복지제도의 보장 수준을 높여도 오히려 소득분배 개선에는 역진적인 결과를 가져올 수 있기 때문이다.

6

경제민주화와 동반성장

정운찬

1. 들어가면서

내가 정부에서 일하던 2010년 봄 어느 날 평소 잘 알고 지내던 한 중소 기업인이 날 찾아와 하소연하며 이민을 가고 싶다고 했다. 사업이 번창하고 있다고 생각했던 나는 그의 하소연을 듣고 놀라지 않을 수 없었다. 재벌의 횡포가 날이 갈수록 심해져 견딜 수가 없다는 것이었다. 건실하다는 평을 듣는 회사 대표가 이런 하소연을 하리라고는 생각조차 할 수 없었다. 납품 단가를 후려치고 기술과 인력을 빼앗는 재벌 대기업의 해묵은 관행을 몰랐던 것은 아니지만 피해 당사자의 경험담을 직접 듣고 나니 엄청난 분노를 느끼게 되었다.

　나는 문제의 심각성을 대통령에게 보고하고 특단의 조치가 필요하다고 제안했다. 그리고 그해 말 동반성장위원회가 출범했다. 하지만 성과는 만족스럽지 못했다. 대기업은 못마땅해 했고, 정부도 비협조적이었으며, 집권 여당도 소극적이었다. 그러나 문제가 풀리지 않은 채 오랜 시간 아무 것도 안 하고 지낼 수는 없었다. 2012년 대선을 계기로 동반성장과 경제 민주화 논의가 재점화되었다.

2. 경제민주화란 무엇인가?

2012년 대선 당시 '경제민주화'는 뜨거운 키워드 중 하나였다. 검색 창에 '경제민주화'를 입력해 보면 다음과 같은 정의가 나온다. "대기업에 쏠린 부의 편중 현상을 법으로 완화해야 한다는 주장을 통칭하는 말." 학생들 에게 경제민주화가 무엇인 것 같으냐고 물었더니 "복지를 늘리는 것"이라 고 답하기도 했다. 여당 야당 할 것 없이 경제민주화를 외쳤지만 선뜻 그 것이 무엇이라고 정의할 수 있는 사람은 많지 않아 보인다. 과연 경제민주 화란 무엇일까?

경제민주화는 경제사회가 민주주의적으로 변화한다는 것을 의미한 다. 따라서 경제민주화라는 용어를 이해하기 위해서는 민주주의란 무엇 인지, 경제사회란 무엇인지, 그리고 경제사회가 민주적으로 변화한다는 것은 무엇을 의미하는지 나누어 생각해야 한다.

우선 민주주의가 무엇인지 살펴보자. 민주주의란 '누가 통치를 해야 만 하는가'라는 문제에 대한 답을 제시한다. 대한민국 헌법 1조 2항은 "대 한민국의 주권은 국민에게 있고, 모든 권력은 국민으로부터 나온다"라고 하여 국가의 최고 의사결정권이 국민에게 있음을 선언했다.

칼 포퍼Karl Popper는 『열린 사회와 그 적들』에서 좀 더 단순하고 이해하기 쉽게 민주주의를 정의했다. 민주주의에 관한 기존 논의가 '누가 통치해야만 하는가'에 대한 것이었다면, 포퍼는 민주주의를 '유혈과 폭력 없이 악한 지배자를 제거할 수 있도록 하려면 국가는 어떻게 조직되어야 하는가'라는 질문으로 민주주의를 접근한다. 포퍼의 접근 방식은 기존의 논의와 배타적인 관계에 있지 않으면서 최악의 선택, 즉 독재를 배제할 수 있는 기준을 제공해 준다는 측면에서 좀 더 구체적이고 실용적이다.

다음으로 경제사회는 무엇인지 알아보자. 경제사회는 한마디로 말하기 어렵지만 대체로 하나의 커다란 교환 체제, 즉 '당신이 나에게 어떤 것을 해주면 나도 당신에게 무엇인가 해주겠다'는 식의 공생 공존 체제다.

기업은 노동자를 고용하여 재화 또는 서비스를 생산하고 이를 소비자 또는 다른 기업에게 내놓는다. 그러면 소비자 또는 다른 기업은 자신들의 필요에 따라 제품을 고르고 그에 대한 대가를 기업에 지불한다. 이때 기업과 노동자는, 그들의 제품을 구매하는 소비자나 다른 기업과의 교환을 전제로, 노동의 수요와 공급을 내용으로 하는 교환관계를 맺는다.

이와 같이 현대 경제의 생산과 소비 체제는 각 구성원들이 상호 간에 크고 작은 다수의 교환관계를 맺고 있는 커다란 교환 체제인 것이다. 일단 교환 체제가 확립되면 각 개인은 독립적으로 존립할 수 없으며, 하나의 사회 구성원으로서만 의미를 갖게 된다. 그리고 이런 상호 의존성, 상호 관련성은 대부분의 생산이 우회적인 성격을 갖는 현대 경제에서는 더욱 강화된다. 특히 과학기술이 급속도로 발전하여 생산의 우회도가 더욱 높아질 뿐만 아니라 생산물의 종류도 더욱 다양해진다. 그 결과 생산자와 소비자, 생산과정에 참여하는 노동자와 기업가 및 한 기업과 다른 기업 간의 교환 체제는 그물처럼 복잡하게 얽혀 있다.

이런 경제사회에 포퍼식 민주주의의 정의를 적용해 보자. 경제사회를 하나의 커다란 교환 체제로 볼 때, 포퍼식 경제민주주의란 경제사회의 구성원 간에 이해가 상충되는 경우 각자가 별 손해 없이 다른 구성원과의 교환을 거부할 수 있는 장치를 의미한다고 볼 수 있다.

예를 들어 1백만 원 가치의 노동을 제공할 수 있는 노동자가 있다고 하자. 그 노동자가 1백만 원 이하의 보수를 제공하는 고용주의 고용 제의를 손해 없이 거절하고 다른 고용주를 찾아 나설 수 있다면 그 노동자가 속한 사회는 경제적으로 민주적인 사회라 할 수 있을 것이다. 그러나 교환 체제가 불완전하여 사람들이 자신이 갖고 있는 재화 또는 노동 서비스의 제값을 받지 못하면서도 교환을 할 수밖에 없다면 그것은 경제사회가 비민주적이기 때문일 것이다. 다시 말해 경제사회 구성원들 사이에 형평이 이루어져, 한 구성원이 다른 구성원들을 압도하지 못하고 각자가 자기에게 불리하다고 생각하면 언제든지 자유롭게 교환을 거부할 수 있을 때 경제민주주의가 정착되었다고 할 수 있을 것이다.

나에게 하소연 하던 중소기업 사장이 털어놓은 재벌의 횡포는 우리 사회가 경제적으로 민주적이지 못함을 보여 주는 직접적인 증거라고 할 수 있다. 나를 찾아온 그 중소기업 사장과 재벌 대기업의 관계는 형평을 잃었고, 결과적으로 중소기업 사장은 자신에게 불리하다고 느끼면서도 교환을 거부할 수 없었던 것이다.

KBS 방송 프로그램인 〈취재파일 K〉 보도(2014/10/24)를 보면 대기업의 횡포가 얼마나 극심한지 고스란히 드러난다. 이 기사에 나오는 배 씨는 특허 기술을 보유한 전자 부품 업체의 대표였다. 배 씨의 회사가 A사에 납품하는 물건의 원가는 인건비와 관리비 등을 포함해 820원으로 계산되었는데 A사와의 협상에서 그 단가는 683원으로 줄어들었다. 원가의 80% 선으로 단가가 떨어진 것이다. 이렇게 떨어진 단가에라도 납품하기 위해 배 씨는 물량을 준비했는데, A사 측은 전량 공급받겠다던 계약을 어기고 주문 물량을 줄여 배 씨는 결국 회사 문을 닫을 수밖에 없었다.

내게 찾아왔던 중소기업의 사장과 마찬가지로 배 씨는 대기업의 부당한 제안을 거절할 수 없었다. 배 씨는 대기업이 후려친 납품 가격을 거절할 수도 없었고 구두 주문의 피해까지 볼 수밖에 없었다. 그 결과 회사 문은 닫혔다. 우리 사회의 교환 체계, 즉 경제사회는 이토록 비민주적이다.

그러면 우리 경제사회는 어떻게 민주적으로 변화할 수 있을까?

3. 헌법이 제시하는 우리나라 경제사회의 모습

경제학에서 한 걸음 뒤로 물러나 헌법을 참고하면 경제민주화를 어떻게 접근할 것인가에 대한 힌트를 얻을 수 있다.

우선 대한민국 헌법 119조 1항은 "대한민국의 경제 질서는 개인과 기업의 경제상의 자유와 창의를 존중함을 기본으로 한다"라고 규정하고 있다. 헌법재판소는 이 규정을 시장경제 원리에 입각한 경제체제임을 천명한 것으로 해석했으며 더 나아가 국가의 공권력은 특별한 사정이 없는 한 이에 대한 불개입을 원칙으로 한다는 뜻이라고 했다. 즉 헌법 119조 1항은 개인의 경제적 자유와 시장경제 질서를 천명하고 있다. 또한 헌법은 126조에서 국방상 또는 국민경제상 간절한 필요에 따라 법률이 정하는 경우를 제외하고는 사영 기업을 국유 또는 공유로 이전하거나 그 경영을 통제 또는 관리할 수 없다고 규정하여 사영 기업의 경영권에 대한 불간섭의 원칙을 좀 더 구체적으로 밝히고 있다. 즉 헌법 119조 1항은 개인의 경제적 자유와 시장경제 질서를 천명하고 있다.

하지만 자유 시장경제 질서는 완벽한 체계가 아니다. 언제나 불공정한 거래가 일어날 수 있으며, 독점의 위험 및 폐단은 자명하다. 우리 헌법은 자유 시장경제 질서가 완벽하지 않다는 점을 이해하고 있고 이에 대한 대비책을 헌법 119조 2항에 제시하고 있다. 헌법 119조 2항은 "국가는 균형 있는 국민경제의 성장 및 안정과 적정한 소득의 분배를 유지하고, 시장의 지배와 경제력의 남용을 방지하며, 경제주체 간의 조화를 통한 경제의 민주화를 위하여 경제에 관한 규제와 조정을 할 수 있다"라고 규정하고 있다. 다시 말해 우리 헌법은 자본주의적 자유 시장경제 질서의 결함과 단점을 제거 또는 시정하기 위하여 경제에 대한 규제와 조정을 허용하고 있는 것이다.

헌법 119조 2항의 내용을 좀 더 구체적으로 살펴보자. 헌법 119조 2항에서 천명하고 있는 "시장의 지배와 경제력의 남용 방지"를 위해 우리 법체계는 '독점 규제 및 공정거래에 관한 법률'을 제정하여 독점 또는 과점을 규제·조정하고 있다. 즉 자유경쟁을 왜곡시키는 기업 결합 행위를 규제 또는 제한하고 시장 지배적 지위에 있는 이가 그 지배력을 남용하여 경쟁 제한 행위를 하는 것을 규제 또는 제한함으로써 공정한 자유경쟁을 보장하고 있는 것이다.

그렇다면 헌법 119조 2항의 나머지 부분, 즉 "균형 있는 국민경제의 성장 및 안정과 적정한 소득의 분배 유지, 경제주체 간의 조화를 통한 경제의 민주화"는 어떻게 보장되고 있는가? 헌법재판소는 헌법 119조 2항에 규정된, 경제주체 간의 조화를 통한 경제민주화의 이념도 경제 영역에서 정의로운 사회질서를 형성하기 위해 추구할 수 있는 국가 목표로서 개인의 기본권을 제한하는 국가 행위를 정당화하는 헌법 규범이라고 할 뿐 구체적으로 어떻게 경제민주화를 이루어 낼 것인가에 대한 방법은 제시하지 않고 있다.

분명한 것은 우리 헌법이 자유 시장경제 체제를 천명하면서도 그 결함과 단점을 보완하기 위해 수정을 가하고 있으며, 이런 수정은 시장경제 체제를 건전하고 굳건하게 하여 정상적으로 기능하게 하는 필수불가결한 요소인 것이다. 다만 문제는 시장의 지배와 경제력의 남용 방지를 위한 대책이 구체적으로 마련되어 있지 않다는 점이다.

4. 동반성장을 통한 경제민주화

나는 '동반성장'이 바로 우리 헌법이 천명하는 '경제민주화'의 이념적 목표를 달성하는 데 가장 적합한 방법이라고 생각한다. 우리나라뿐 아니라 시장경제 제도를 채택하고 있는 대부분의 나라에서는 부가 편중되고 있다. "월가를 점령하라"Occupy Wall Street는 구호에서 성난 대중의 모습을 기억할 것이다. 시장경제의 결함이 드러난 것이다. 동반성장은 헌법 119조 2항에 근거하여 시장경제의 결함을 바로잡아 줄 등불인 것이다.

동반성장은 '부자들의 것을 빼앗아 가난한 사람들에게 나눠 주자'라는 것이 아니다. 동반성장은 '더불어 같이 성장하자'는 뜻이다. 즉 '더불어' 살기 위해 네 것을 좀 줄여서 나한테 달라는 것이 아니라 '같이 성장하자'는 것이다. 일정하게 정해진 파이를 두고 한쪽이 더 가짐으로써 다른 한쪽이 덜 가지게 되는 것이 아니다. 파이를 더 크게 하고 분배도 공정하게 함으로써 모두가 함께 더 가질 수 있게 하자는 것이다. 성장을 해치지 않으면서 분배도 공정하게 해서 모두가 함께 더불어 잘살자는 것이 동반성장이다.

이런 동반성장은 경제성장의 촉진과 분배의 공정을 토대로 헌법 119조 2항에서 말하는 균형 있는 국민경제의 성장 및 안정과 적정한 소득의 분배 유지, 경제주체 간의 조화를 통한 경제의 민주화를 이루어 낼 수 있는 방법인 것이다.

동반성장을 현실화할 수 있는 하나의 제도가 바로 '초과이익공유제'이다. 초과이익공유제는 2011년 초 발표된 동반성장위원회의 첫 작품이었는데 세상에 알려짐과 동시에 곳곳에서 거센 반발이 일어났다. 너 나 할 것 없이 반대의 목소리를 높였다. 숲을 보지 않고 나무만 보는 근시안에서 나오는 비난이었다. 국가의 미래, 중소기업의 생존, 국민의 삶이 흔들리는 줄 알면서도 그 대안에 대해 진지하게 고민하기는커녕 꼬투리나 잡고 있었다.

초과이익공유제를 쉽게 받아들이지 못하는 것은 대기업들이 협력 중소기업들과의 관계를 '협력' 관계가 아닌 비용 절감의 대상으로 설정하고 있기 때문이다. 그러나 재화와 서비스를 주고받는 관계라고 하여 대기업과 협력 중소기업의 관계를 일반적인 판매자-구매자 관계로 보는 것은 잘못된 시각이다. 대기업과 협력 중소기업은 판매자-구매자와 같은 대립적 관계에 있는 것이 아니라 동일한 소비자를 상대하는 하나의 큰 주체의 각 부분인 것이다. 즉 [협력 중소기업 ↔ 대기업 ↔ 소비자]의 관계가 아닌 [(협력 중소기업 + 대기업) ↔ 소비자]의 관계인 것이다.

쉬운 예를 들어 동종의 텔레비전을 판매하는 삼성과 LG에게 서로 초과 이익을 공유하라고 한다면 이는 시장경제 논리에 반하는 논리로 볼 수 있을 것이다. 그러나 대기업과 중소기업의 관계는 이런 경쟁의 관계가 아니다. 대기업이 만드는 제품의 부품을 납품하는 업체는 그 대기업과 경쟁하는 업체가 아니며 협력 중소기업들은 실질적으로 대기업의 수족이 되어 한 부서의 역할을 해내고 있다. 적어도 그 제품을 만들어 내는 과정에서는 협력업체로서 대기업과 함께 일하는 것이다.

대기업에서 초과 이익이 발생했을 때 이를 위해 일한 직원들에게 성과급을 지급하는 것은 반사회적 혹은 반시장경제적이기는커녕 당연한 일로 여겨진다. 그렇다면 대기업과 함께 협력하여 성과를 이룬 중소기업에게 그 기여도에 따라 초과 이익을 공유하고 배분하는 것 또한 반시장경제적 행위라고 볼 수 없다. 오히려 초과이익공유제는 경제주체 간의 공정한 이익 분배를 가능케 하여 시장경제의 병폐를 치료하는 데 도움을 줄 것이다.

'동반성장'은 그 어디에서도 들어 보지 못한 말이라는 비판도 들린다. 그렇지 않다. 위에서도 언급했듯 전 세계는 빈익빈 부익부라는 시장경제의 문제점 때문에 고통스러워하고 있다. 따라서 그에 대한 대응책도 많다. 나는 예로부터 서로 도우며 상생하는 우리 민족의 전통을 살려 시장경제의 문제점을 수정할 창의적인 방법으로 동반성장을 제시했다. 우리가 동반성장을 통해 시장경제의 정상화를 이뤄 내는 선례를 만들어 낸다면 세계는 우리의 방식에 주목하고 우리의 제도를 배우려 할 것이다. 이런 태도로 동반성장을 연구하는 것이 대한민국이 세계의 리더로 발돋움하는 데 도움이 될 것이라 믿는다.

5. 동반성장은 새로운 성장의 동력

과거 한국의 경제성장에서 정부는 기본 성장 전략을 세워 이를 집행했고, 기업가는 여러 가지 불확실한 환경 속에서도 자본과 노동을 동원하여 생산을 조직했으며, 노동자는 일하려는 강한 욕구, 규율, 그리고 새로운 환경에 적응하는 잠재 능력을 보여 주며 쉬지 않고 일했다. 한국의 경제성장은 바로 이들이 협력하여 제 몫을 다하는 과정에서 이루어진 것이다. 이들이 협력을 못했다면, 또 이들 가운데 어느 한 그룹이라도 자신의 역할을 제대로 수행하지 못했다면 한국의 경제성장은 훨씬 더디었을 것이다.

그러나 지난날의 경제성장을 가능케 했던 협력 체제는 권위주의 체제에서의 억압적인 성격의 것이었다. 정부는 성장 우선의 목표를 내세우고 '경제하려는 의지'를 일깨우기 위해 이데올로기적 선전을 했다. 또한 인플레이션을 통한 강제저축 및 외자도입에 의해 성장의 엔진을 가동시키는 데 필요한 자본을 동원했고, 적극적인 경제정책의 수립·집행을 통해 한정된 자원을 효율적으로 사용하여 성장을 극대화시키려는 노력을 기울였다.

그 과정에서 수출 경쟁력과 이윤의 확보를 위해 저임금이 강요되었고, 규모의 경제 실현이라는 이름으로 경제력은 집중되었으며, 정치적 자유는 억압되고 유보되었다. 이 같은 억압적 체제에서도 경제성장을 위한 국민적 협력이 가능했던 것은 절대적 빈곤의 해소가 다른 어떤 것보다도 시급했으며, 또한 요소 투입 확대에 의한 경제성장이 계획적 경제 운용을 통해 대체로 성공을 거두었기 때문이다.

정부는, 저개발 상태에서 시장 불완전성이 만연되어 있고 특히 금융시장이 낙후되어 있으며 발전에 필요한 경제적 의지와 정보가 부족한 상태에서, 제도를 정비하고 자원을 동원하고 배분했다. 이런 정부 주도 성장 방식이 1970년대의 과잉·중복 중화학공업 투자를 낳는 등 낭비와 왜곡을 초래하기도 했지만, 1960년대의 대외 지향적 성장 전략은 적절한 것이었다. 전자·조선 부문 등에 대한 투자가 1970년대에는 과잉이고 비효율적이었으나 1980년대의 수출과 성장의 기반을 형성했다. 그 결과 적어도 거시적·양적 지표로 볼 때 정부 주도에 의한 성장 전략은 성공적이었으며, 1인당 국민소득은 빠르게 증가했다.

그러나 경제성장을 이끌어 오던 이 같은 억압적·권위주의적 협력 체제는 붕괴 과정에 들어갔다. 절대적 빈곤으로부터 벗어난 국민들은 밥벌이를 위해 더 이상 자신의 권리와 자유를 쉽사리 포기하지 않고 다양한 가치를 추구하기 시작했으며, 급속한 산업화 과정에서 자기 이익의 보호와 추구가 스스로의 손에 달려 있다는 정치적 자의식을 형성해 왔다. 이 같은 변화는 물론 성장 제일주의로부터 누적되어 온 불평등 및 여러 모순들에 의해 촉진되었다. 나누어 먹을 파이를 우선 키워야 한다는 이름으로 진행된 소득과 부의 불공평한 분배의 심화, 경제력의 집중에 대한 의문과 반발은 더욱 거세지고 있다. 성장의 지속을 위해서는 노동자, 농민 등 지금까지 성장 과정에서 고난을 감수하고 불이익을 받아 온 계층들의 자발적 협력과 적극적 참여가 여전히 필수 불가결하다. 그런데 이런 사회 구성원의 협력과 참여는 사회 구성원 각자가 사회에 기여한 만큼 적정하게 보상받고 있다는 사회적 보상 체계에 대한 신뢰의 회복 없이는 불가능한 시점에 다다른 것이다.

이런 상황에서 동반성장은 저성장의 늪에서 허우적거리는 우리 경제에 새로운 성장 동력을 불어넣어 줄 수 있다. 마이클 포터Michael Porter 교수는 "이제는 기업의 사회적 책임, 즉 CSRCorporate Social Responsibility이 아니라 공유가치창출, 즉 CSVCreating Shared Value다"라고 말한다.

포터 교수는 우리가 자본주의, 시장, 기업의 가치 사슬value chain에 대한 협소한 시야에 갇혀 있다고 지적했다. 그는 기업의 이익과 사회적 이익이 상호 배치되는 상황에서 이 양자를 두고 갈등하던 구도는 끝났다고 했다. 기술 발달과 새로운 혁신을 통해 기업이 이익을 추구하면서도 사회적 공유가치를 창조하는 선순환이 가능하다는 것이다. 실제로 이런 사례가 많이 생겨나고 있다.

예를 들어 세계적인 식품 회사 네슬레는 '네스프레소'라는 프리미엄 커피 사업을 추진하기 위해 양질의 원료를 안정적으로 공급받아야 한다.

하지만 아프리카와 남미 지역의 영세한 생산 농가들은 생산성이 낮아서 품질이 높은 원료를 안정적으로 공급하기 어렵다. 이런 문제를 해결하기 위해 네슬레는 생산 농가들이 더 높은 생산성을 갖출 수 있도록 적극적인 지원 정책을 펼치고 있다. 생산 농가에 대한 금융 지원, 안정적인 구매 계약은 물론이고 그 지역에 필요한 설비·기술·유통 등 여러 요소를 같이 개선해 나간다. 이 과정에서 NGO들이 교육과 품질인증에 같이 참여하기도 한다.

포터 교수는 이런 공유가치창출을 통해 기업들이 단기적 이윤을 추구하는 근시안적 방식에서 벗어나 장기적 마인드를 갖게 될 것이고, 사회가 필요로 하는 요소들을 충족시켜 줌으로써 시장의 성장, 효율 증대, 새로운 기회 창출이라는 효과를 얻을 수 있다고 한다. 이런 점에서 동반성장은 우리 사회에 새로운 기회를 창출하고 시장의 크기를 키움으로써 한국의 경제성장에 활기를 불어넣을 것으로 기대된다.

6. 맺으면서

우리 사회가 병을 앓고 있는 것은 분명하다. 빈익빈 부익부 현상으로 가지지 못한 자들의 박탈감은 위험한 수준으로 치닫고 있다. 우리 헌법은 시장경제주의를 채택하면서도 그 병폐에 대한 치료가 가능하다고 규정하고 있다. 동반성장은 과거 급속한 성장의 심각한 후유증을 앓고 있는 대한민국 시장경제의 치료약과도 같다. 헌법에서 제시하는 이념적 목표인 경제민주화는 동반성장을 통해 이룰 수 있으며 경제가 민주적이 될수록 동반성장의 속도도 가속화되어 한국 경제의 선순환을 통한 새로운 성장 동력을 제공할 것이다.

아서 쇼펜하우어Arthur Schopenhauer는 "모든 진리는 첫째 단계에서 조롱당하고, 둘째 단계에서는 심한 반대에 부딪치며, 셋째 단계에서야 비로소 자명한 것으로 인정받는다"고 말한 적이 있다. 나는 우리 사회에서 동반성장론이 지난 수년간 쇼펜하우어의 첫째와 둘째 단계를 거쳐 이제는 셋째 단계로 접근하고 있는 중이라 생각한다.

그러나 우리 사회 각 경제주체들이 상호 공존하기 위해 특별한 노력과 정성을 기울이지 않는다면 동반성장은 영영 이상으로만 남게 될 것이다. 특히 정부의 강력한 정책 의지 위에 대기업의 선도적 변화와 중소기업의 자조가 어우러진 삼위일체가 동반성장의 핵심 동력이 되어야 할 것이다.

7

재벌 개혁이
경제민주화의 출발점

김상조

1. 재벌, 성장에는 긍정적이나 분배에는 부정적이다?

국민경제의 성과를 평가하는 기준은 크게 성장(효율성)과 분배(형평성)로
대별해 볼 수 있다. 그렇다면 재벌은 한국 경제의 성장과 분배에 어떤 기
여를 했는가. 성장의 측면에서는, 최근 들어 부정적인 목소리가 높아지기
는 했지만, 대체로 긍정적인 평가가 주를 이루었다. 특히 보수 진영에서
그러했다. 반면에, 분배의 측면에서는 경제 개발 초기부터 현 시점에 이
르기까지 부정적인 평가가 강했다. 특히 진보 진영에서는 압도적으로 그
러했다.

　그러나 이런 일반적 평가는 성장과 분배를 대립적인 것으로 보는 주
류경제학의 단편적 시각, 또는 우리 사회에 만연된 보수-진보 간 진영 논

리가 반영된 것이 아닌가 싶다. 단기간이라면 몰라도, 반세기를 넘는 긴 기간에 걸쳐 성장과 분배가 상호 충돌하는 경제 모델 또는 기업 조직이 계속 유지되었으리라고 믿기는 어렵기 때문이다. '재벌이 성장에는 기여했지만 분배에는 악영향을 미쳤다'는 식의 일반적 평가 역시 각자 자기가 보고 싶은 한쪽 면만을 본 것이라 할 수 있겠다.

한국 경제의 긴 흐름 및 이에 대한 재벌의 기여와 관련한 나의 평가는 다음과 같다. 즉 1960~80년대의 약 30년간 한국 경제는 성장과 분배가 선순환적으로 상승 작용하는 모습을 보이다가 1990년대 이후에는 성장과 분배 모두에 심각한 문제가 발생하는 악순환 과정에 들어갔으며, 그 전반부의 선순환과 후반부의 악순환에서 공히 재벌이 핵심적 요소로 작용했다는 것이다. 물론 이 역시 매우 거친 평가이고, 다양한 반론이 있으리라 본다.

예컨대 1960년대 이래의 전반부 30년 동안 각종 특혜와 반칙이 횡행한 결과 재벌 중심의 천민자본주의가 형성되었고, 특히 그 이면에 박정희·전두환 정권의 독재가 있었음을 기억하는 많은 사람들에게는 이 기간 동안 성장과 분배의 선순환이 이루어졌다는 나의 평가가 상당히 불편하게 느껴질지도 모르겠다. 물론 당시의 개발독재 체제가 아니었으면 성장이 불가능했을 것이라는 주장은 결코 진실이 아니지만, 당시에 압축·비약의 고도성장이 있었으며 그에 따라 다수 국민의 생활 조건이 개선되었다는 것은 부인할 수 없는 사실이다. 정부 주도의 재벌 중심 성장 전략이 많은 구조적 문제를 낳았지만, 그 성장의 과실이 중소기업 부문과 노동자 계층에게로 빠르게 확산되었기 때문이다. 즉 전반부 30년은 낙수효과 trickle-down effect가 잘 작동한 시기였다.

한편, 1990년대 이후 오늘날까지의 후반부에, 1997년 외환 위기와 2008년 글로벌 금융 위기에 따른 굴곡에도 불구하고, 삼성전자·현대자동차 등 한국의 대표 기업들이 글로벌 기업으로 성장하는 눈부신 성과가 있었음을 자랑스러워하는 많은 사람들에게는 이 기간 동안 성장과 분배가 모두 악순환에 빠졌다는 나의 평가 역시 상당히 마뜩찮을 것이다. 물론 이들 대표 기업의 성과는 눈부신 것이지만, 문제는 이들 소수 재벌 기업의 성과가 여타 부문으로 확산되지 않고 부익부–빈익빈의 양극화를 초래하는 경향이 더욱 심화되었다는 것이다. 즉 낙수효과가 실종되었다. 최근 들어 정부 여당이 '기업소득의 가계 환류'를 주창하는 것이나 야당 및 시민단체가 '소득 주도 성장론'을 제기하는 것은 한국 경제가 분배에서뿐만 아니라 성장의 문제에서도 난관에 부딪혔다는 사실을 상징한다.

여기서 주목해야 할 점은 전반부의 선순환과 후반부의 악순환이 별개의 현상이 아니라 긴밀히 연결되어 있다는 사실, 좀 더 정확하게 표현하자면 전반부의 성공이 역설적으로 후반부의 실패를 낳은 근본 원인이 되었다는 것이며, 그 핵심에 재벌이 있다는 사실이다.

전반부 30년 동안에는 정부(정치권력)가 거의 절대적인 자율성을 발휘하면서 재벌은 물론 노동·시민사회 등 한국 사회 전반을 폭력적으로 지배했다. 매우 비정상적인 방식이지만, 어쨌든 재벌에 대한 통제도 작동했다. 또한 경제 발전 초기라는 당시의 상황에서는 새로운 성장산업이 계속 출현하는 산업 구조 고도화가 진행되었고, 대우·제세·명성·율산·뉴코아 그룹 등의 사례에서 보듯이 단 10년 만에 적수공권赤手空拳에서 일약 30대 재벌로 성장하는 '샐러리맨의 신화' 내지 '기업의 성장 사다리'를 목격할 수 있었다. 이들 신흥 재벌은 모두 공중 분해되어 사라졌지만, 당시의 재벌 창업자들은 슘페터J. A. Schumpeter가 말한 창조적 파괴의 기업가정신을 보여 주었다. 물론 여기에는 정경 유착과 노조 탄압의 어두운 측면이 결부되어 있었지만, 그럼에도 재벌의 성장이 낙수효과를 통해 국민경제 전체로 선순환하는 효과가 강하게 나타났다.

그러나 1987년의 정치 민주화를 거치면서 정부의 지배력은 점차 쇠퇴했고, 경제 권력으로 성장한 재벌이 그 빈틈을 대체해 나가기 시작했다. 재벌이 사회적 통제를 벗어나 환경을 오염시키기 시작한 것이다. 또한 산업구조 고도화의 결과 새로운 성장산업으로의 이동(블루오션)보다는 동일산업 내에서의 기업 간 재편(레드오션)으로 한국 경제의 성장 패턴이 바뀜에 따라 선발자로서 기존 재벌의 기득권 구조는 공고해졌고, 개천에서 용나는 식의 새로운 대기업은 찾아보기 어렵게 되었다. 특히 1980년대 말의 노사분규와 임금 상승을 경험한 대기업들이 품질에 중요한 영향을 미치는 핵심 공정에서만 직접 고용을 유지하고, 인건비가 관건이 되는 범용 공정은 중소 하도급 업체에 외주를 주는 간접 고용 방식으로 전환하게 된 것이 대기업-중소기업 간 격차와 노동시장의 이중구조를 심화시켰다. 1997년 외환 위기 이후 외부에서 강제된 신자유주의적 구조조정 압력이 이런 변화를 더욱 가속화시킨 요인이 되었음은 두말할 필요가 없다. 이로써 낙수효과는 소멸했고, 성장과 분배는 악순환에 빠졌다. 1990년대 이후의 후반부는 과거의 성공이 역설적으로 실패의 씨앗이 되는 전형적인 사례다.

　　결론적으로, 전반부 30년 동안 고도성장의 결과 재벌은 한국 사회의 새로운 지배자로 발돋움했다. 그리고 재벌은 이미 그 성공의 조건이 파괴돼 버린 낡은 낙수효과 모델을 고수하기 위해 경제력을 오남용했으며, 총수 일가의 사익만을 추구하는 재벌의 후진적 지배구조가 그런 악순환을 더욱더 심화시켰다. 이래서는 성장도 분배도 불가능하다. 이것이 불평등을 해소하고 경제민주화를 진전시키는 데 재벌 개혁이 필수 불가결의 전제 조건이 되는 이유다. 재벌 개혁이 경제민주화의 모든 것은 결코 아니지만, 재벌 개혁이 경제민주화의 출발점이 되는 이유다.

2. 재벌, 무엇이 문제인가

재벌이라는 단어는 두 가지 의미로 사용된다. 먼저, 다수 계열사로 이루어진 '기업집단으로서의 재벌'(삼성그룹, 현대차 그룹 등)은 제품생산능력은 물론 연구개발 및 디자인 역량, 나아가 브랜드 이미지 등의 측면에서도 이미 글로벌 기업으로 성장했다. 즉 재벌은 독점자본으로서 한국 경제의 근대성을 상징하는데, 이는 경제력 집중의 심화를 통해 시장경제 질서의 공정성을 훼손하는 폐해를 낳았다. 다른 한편, 이런 기업집단을 지배하는 '총수 일가로서의 재벌'(이건희 회장 일가, 정몽구 회장 일가 등)은 5% 미만의 지분을 보유한 소액주주임에도 불구하고 마치 '오너'처럼 독단 경영을 일삼고, 나아가 각종 불법 부당 행위로 사익을 추구하고 있다. 즉 재벌은 천민 자본으로서 한국 경제의 후진성을 상징하는데, 그들의 왕국을 유지·승계하기 위해 정부·국회·법원·학계·언론 등 한국 사회 전반을 오염시킴으로써 결국 민주주의 질서를 위협하는 폐해를 낳았다.

이처럼 재벌은 독점자본인 동시에 천민 자본이라는 이중적 성격을 내재하고 있다. 그런데 최근 들어 재벌에게서 새로운 양상이 나타나고 있는데, 이것이 재벌 개혁 정책의 시행에서 딜레마적 과제를 제기하고 있음을 주목해야 한다.

재벌도 양극화되고 있다

한국은 재벌 공화국이다. 그런데 그 재벌 공화국의 구조에 중대한 변화가 나타나고 있다. 첫째, 재벌의 경제력 집중이 심화되고 있는데, 그중에서도 상위 4대 재벌과 그로부터 계열 분리된 친족 그룹을 포함한 범4대 재벌[1]로의 집중이 더욱 두드러지고 있다. 이젠 30대 재벌을 하나의 범주로 묶어 경제 분석을 하거나 정책 대안을 구상하는 것이 별 의미가 없을 정도가 되었다.

〈그림 1〉은 재벌의 경제력 집중 추이를 나타내는 통상적인 지표의 하나로, GDP 대비 재벌 자산 총액의 비율을 나타낸 것이다. 2002년경에 외환 위기에 따른 하드웨어 구조조정이 일단락되고 또한 중국이 세계무역기구WTO에 가입함으로써 새로운 시장이 열렸는데, 이때를 저점으로 하여 GDP 대비 재벌의 자산 총액 비율이 빠르게 상승하기 시작했다. 그 결과 2002년과 2012년을 비교해 보면, 동 기간 중 30대 재벌 자산 총액의 GDP 대비 비율은 1.80배(52.4% → 94.0%) 증가했는데, 범4대 재벌은 1.91배(33.8% → 64.4%), 범삼성그룹은 2.07배(11.4% → 23.5%) 증가한 것으로 나타났다. 즉 30대 재벌 중에서도 범4대 재벌, 범삼성그룹 등 최상위 재벌의 자산이 더 빠르게 증가한 것이다.

2012년의 경우 30대 재벌의 자산 총액(1,295.1조 원)을 기준(100.0%)으로 하면, 삼성그룹이 5분의 1(20.9%), 범삼성그룹이 4분의 1(25.0%), 4대 재벌이 2분의 1(52.0%), 범4대 재벌이 3분의 2(68.5%)를 차지하고 있다. 이제 한국 경제는 30개 가문이 아니라 4개 가문 소속의 그룹들에 의해 좌우되고 있는 셈이다.

둘째, 이들 최상위 재벌을 제외한 나머지 중견·군소 재벌들의 경우 그 위상이 추락하는 차원을 넘어 심각한 부실(징후) 양상을 보이고 있다. 건설·해운·조선·철강·석유화학 등의 구조불황 산업에 주력 계열사를 두고

1_범삼성가(삼성·신세계·CJ·한솔 그룹 등), 범현대가(현대자동차·현대중공업·현대·현대산업개발·현대백화점 그룹 등), 범LG가(LG·GS·LS 그룹 등), 그리고 4대 재벌 중 유일하게 아직 계열 분리되지 않은 SK그룹 등.

그림 1 | GDP 대비 재벌의 자산 총액 비율 추이
단위 %

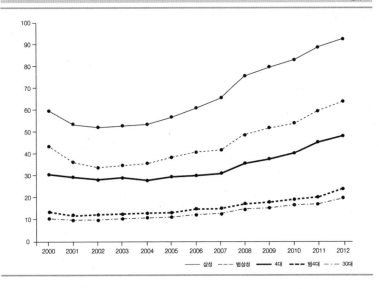

있는 그룹들은 예외 없이 어려움을 겪고 있다. 최근 일부 부실 그룹들이 연이어 구조조정 절차에 들어가는 것을 보면 1997년 재벌들의 연쇄 부도 사태가 연상될 정도다.

통상 부채비율이 200%를 초과하고 이자보상비율[2]이 100% 미만인 상황이 2~3년 이상 지속되면, 심각한 부실기업으로 평가된다. 계열사 간 출자 등의 내부거래를 제거하는 방식으로 2012년 말 기준의 각 그룹별 연

2_이자보상비율은 (영업이익/이자비용)×100으로 정의되는데, 이것이 100% 미만이면 본 업을 통해 창출한 영업이익으로 이자비용도 충당하지 못한다는 것, 즉 원리금 상환을 위 해 추가로 부채를 동원해야 하는 상황을 의미한다.

결 부채비율과 연결 이자보상비율을 계산해 보면, 금호아시아나·STX·웅진·동양·대한전선 그룹 등 이미 구조조정 절차에 들어간 5개 그룹을 제외한 38개 민간 재벌 중에서 절반에 달하는 19개 그룹의 연결부채비율이 200%를 초과했고, 그중에서 10개 그룹은 연결 이자보상비율도 100% 미만에 해당했다. 즉 2012년 말 현재 5개 구조조정 그룹을 포함한 총 43개의 민간 재벌 중에서 34.9%인 15개 그룹이 부실 또는 부실 징후 상태에 있는 것이다. 이들 43개 민간 재벌 가운데에는 범4대 재벌의 친족 그룹이 13개 포함되어 있는데, 범4대 재벌 이외의 나머지 30개 그룹에서는 둘 중 하나 꼴로 구조조정 압력에 직면해 있다.

결론적으로, 재벌의 최근 상황은 상호 충돌하는 두 가지 과제를 제기하고 있다. 그 하나는 범4대 재벌을 중심으로 더욱더 심화되는 경제력 집중 현상을 억제하는 것이고, 다른 하나는 범4대 재벌을 제외한 나머지 민간 재벌의 절반에 해당하는 부실(징후) 그룹을 효율적으로 구조조정하는 것이다. 문제는 이 두 가지 과제를 동시에 수행하는 것이 결코 쉽지 않다는 점이다. 재벌 개혁의 필요성은 조금도 줄지 않았지만, 재벌 개혁 수단의 합리성을 제고하는 노력이 절실히 요구되는 상황이다.

3세 승계가 최대의 위험 요소다

앞서 언급한 것처럼 지금 대부분의 재벌들이 사업적 측면의 위험 요소를 안고 있다. 최근에는 한국 경제의 마지막 보루라는 삼성전자와 현대자동차조차 저조한 실적을 내놓고 있다. 이에 더하여 상당수 재벌에서 3세 승계 작업이 진행되면서 지배구조 측면의 위험 요소까지 가중되는 상황이다.

3세대를 거치는 동안 재벌 총수 일가의 특성도 많이 달라졌다. 이병철·정주영 회장 등으로 대표되는 창업 1세대들은 어찌되었든 무에서 유를 창조한 기업가들이었다. 그런데 2세 총수들에게는 공통의 콤플렉스가 있다. '아버지 잘 만나서 총수가 되었다'는 주변의 질시를 극복하는 것이고, 가장 확실한 방법은 '아버지가 하지 않은 새로운 사업에서 성공'하는 것이다. 1980년대 후반부터 1990년대 초에 상당수 그룹에서 2세 승계가 이루어졌는데, 이들 2세 총수가 무리한 사업 확장을 시도한 결과 1997년 외환 위기 때 부도가 난 그룹들이 많았지만, 살아남은 2세들은 재벌 공화국의 주역이 되었다.

그런데 요즘 승계 과정을 밟고 있는 3세들은 많이 다르다. 그 할아버지와 아버지가 건설한 왕국에서 황태자로 자랐다. 온실 속의 화초처럼 자란 이들 3세는 도전 정신을 상실했다. 더구나 고도 성장기를 마감한 한국 경제의 현 상황에서는 새로운 사업은 성공의 확률에 못지않게 실패의 위험을 안고 있기 때문에 3세들은 기업가정신을 발휘하기보다는 일감 몰아주기와 골목 상권 침범 등으로 안전하게 재산을 불리는 데만 몰두하게 되었다. 이런 3세들의 재산 축적 과정은 그 자체로도 불법 부당한 것이지만, 이로 인해 중소 협력업체와 영세 자영업자들의 생존 기반이 파괴되고 사회 양극화가 심화되었다는 점에서도 심각한 문제라고 할 수 있다. 또한 3세들은 언제든지 정보를 왜곡할 준비가 되어 있는 참모 조직에 둘러싸여 있어서 세상의 변화를 알지 못하고 그들만의 성 안에서 점점 고립될 수밖에 없었다. 대한항공 조현아 부사장의 '땅콩 회항' 사건은 그 극단적인 사례이지만, 대부분의 3세들이 이런 잠재적 위험 요소를 안고 있다.

현재 승계 과정이 진행되고 있는 11개 그룹의 3세들을 대상으로 한 경제개혁연구소의 보고서는 매우 충격적인 내용을 담고 있다(위평량 2015). 각 분야의 전문가 50명이 ① 승계 정당성, ② 조직 장악력, ③ 전문성, ④ 노사관觀, ⑤ 회사 발전 전망 등의 다섯 항목에서 각각 1백 점을 만

그림 2 | 재벌 3세의 '승계 정당성'과 '회사 발전 전망' 간의 관계

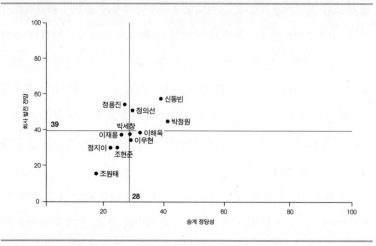

자료: http://news.kbs.co.kr/news/NewsView.do?SEARCH_NEWS_CODE=3033815

점으로 평가한 결과, 11명 3세들의 평균 점수는 각각 28점, 47점, 38점, 36점, 39점에 불과했다. 모두 50점에 미달했다. 특히 주목되는 점은, 〈그림 2〉에서 보는 바와 같이, '① 승계 정당성'이라는 과거의 문제가 '⑤ 회사 발전 전망'이라는 미래에 대한 평가와 밀접한 상관관계를 갖고 있다는 사실이다. 즉 승계 정당성이 낮으면 대체로 회사 발전 전망도 낮게 평가되었다.

3세들은 열린 광장에 나와 대중과 함께 호흡한 적이 없다. 그들에 대한 가장 확실한 기억은 바로 그들의 재산이 불법적으로 증식된 것이라는 사실뿐이다. 이것이 3세들의 경영 능력에 대한 대중적 평판을 좌우하는 사실상 유일한 근거이고, 이는 3세 본인들은 물론 해당 그룹과 한국 경제의 미래를 위협하는 최대의 위험 요소가 되고 있다.

3. 재벌 개혁을 위한 전제 조건들

박근혜 대통령은 경제민주화와 복지국가 의제 선점을 통해 2012년 대선 과정을 주도했다. 그러나 당선 이후부터는 달라졌다. 2013년 2월 인수위 보고서에서 경제민주화가 '원칙이 바로 선 시장경제'로 대체되더니, 특히 7월 초 '경제민주화 입법이 대충 마무리되었다'는 대통령의 발언을 기점으로 박근혜 정부의 경제민주화 추진 동력은 급격히 약화되었다.

그러면 박근혜 정부의 경제민주화가 실종된 원인은 무엇인가? 물론 가장 중요한 요인은 대통령에 있다. 2012년 대선 과정에서의 경제민주화 공약이 임시방편의 선거 전략에 불과했는지 여부는 논외로 하더라도, 박근혜 대통령 특유의 권위주의적 리더십하에서는 대통령이 직접 언급·지시한 과제에 대해서만 행정 자원이 집중 배분되는 양상을 벗어날 수 없는 것이다. 한마디로, 경제민주화는 더 이상 박근혜 대통령의 관심 대상이 아니라는 뜻이다.

그러나 모든 것을 대통령 탓으로 돌릴 수만은 없다. 보수-진보를 막론하고, 역대 대통령 모두가 재벌 개혁 및 대기업-중소기업 상생 협력 등을 약속했으나, 결국은 모두가 실패했다. 실패의 근본적 원인을 제거해야 한다.

무엇보다, 재벌의 투자·수출에 의존하는 성장 전략, 즉 낙수효과 모델에 대한 미련을 버려야 한다. 서론에서 언급한 바와 같이, 1990년대 이후의 후반기에는 낙수효과 모델이 더 이상 작동하지 않게 되었다. 좀 더 정확하게 표현하면, 재벌의 이익과 국민경제 전체의 이익이 오히려 충돌하게 된 것이다. 예컨대 재벌의 투자·수출을 촉진하기 위한 규제 완화 정책은 경제력 집중을 심화시키고, 따라서 대기업과 중소기업 간 양극화와 노동시장의 이중구조를 고착화시키는 역효과를 낳는 것이다.

2012년 경제민주화 열풍을 거치면서 낙수효과의 소멸에 대한 국민적 공감대는 확보되었다고 본다. 그러나 임기 5년의 대통령이 단기적 성과에 초조해 하면서 재벌과 타협해 버린 것이다. 과거의 대통령들도 그러했고, 설사 2012년 선거에서 정권 교체가 이루어졌다고 하더라도 그 유혹을 떨치기 어려웠을 것이다. 재차 강조하지만, 재벌 개혁은 경제민주화의 출발점이다. 그러나 재벌 중심의 경제구조를 개혁하는 것은 결코 5년 내에 완성될 수 있는 과제가 아니다. 특히 2008년 이후의 세계적 장기 침체 국면에서 한국 경제의 문제를 단박에 해결할 수 있는 만병통치약은 존재하지 않는다는 사실을 명심해야 한다. 대통령이 일관성을 유지하기 위해서는 국민 역시 인내심을 강화할 필요가 있다.

다른 한편, 재벌 개혁을 위한 정책 수단의 체계적 합리성을 제고할 필요가 있다. 앞서 범4대 재벌로의 경제력 집중과 동시에 여타 중견 재벌의 부실(징후)이 심화되고 있음을 지적한 바 있다. 이런 딜레마적 상황은 사전적·금지적 행정 규제의 유효성을 떨어뜨리는 요인이 된다. 자산 5조 원 이상의 대규모 기업집단들도 그 구체적인 상황은 제각각이며, 따라서 어느 한두 개의 정책 수단으로 정책 목표를 달성하기는 어렵다. 범4대 재벌로의 경제력 집중을 억제하기 위한 강력한 행정 규제는 여타 재벌들의 어려움을 가중시킬 가능성이 없지 않다. 반면, 부실(징후) 그룹의 구조조정 부담을 덜어 주기 위한 관치적 개입은 경제력 집중 억제를 위한 규제 수단에 각종 예외를 허용하는 빌미가 되고 그 엄정한 집행을 주저하게 만드는 요인이 된다. 박근혜 정부가 재벌 개혁 정책에서 갈지자 행보를 보인 이유 중의 하나가 이것이다.

재벌 개혁 나아가 경제민주화의 진전을 위해서는 정책 수단의 패러다임을 전환할 필요가 있다. 선명한 조치가 반드시 경제적 효율성을 보장하는 것은 아니며, 정치적 효과성을 담보하는 것은 더더욱 아니다. 사전적 규제와 사후적 감독, 강행 법규hard law와 모범 규준soft law, 민사적 수단과 행정적·형사적 수단 등 다양한 개혁 조치들을 조화시켜 그 전체의 합리성을 높이는 방향으로 재벌에 대한 규율 체계를 개선해야 한다. 하루아침에 될 일도 아니고, 이미 많이 늦었지만, 선명성의 함정에 빠져 과거의 실패를 반복해서는 안 될 것이다.

마지막으로, 불법 승계라는 과거의 멍에를 벗어나기 위해서는 3세들 스스로가 변해야 한다. 세상은 변했고, 결코 과거로 되돌아갈 수 없다. 박근혜 정부가 아무리 경제민주화 공약을 헌신짝처럼 내버렸어도, 2012년의 열풍은 국민 모두의 기억 속에 새겨져 있다. '땅콩 회항' 사건의 교훈을 잊지 말아야 한다. 과거도 아니고, 현재도 아니고, 10년 후 한국 사회의 변화된 눈높이를 염두에 두면서 스스로를 변화시켜야 한다. 열린 공간으로 나와서 자신의 철학과 비전을 말하고, 대중이 무엇을 원하는지 들어야 한다. 그 과정에서 사회적 공감을 얻으면 최고경영자CEO가 될 것이고, 실패하면 퇴진을 강요당할 것이다. 최고경영자의 자리는 아버지로부터 물려받는 것이 아니라, 주주로부터 그리고 사회로부터 승인받는 것임을 깨달아야 한다.

8

한국의 소득 불평등

김낙년

소득분배는 경제성장과 함께 삶의 질에 커다란 영향을 미치며, 그에 대한 연구도 풍부하다. 그렇지만 경제성장에 관해서는 국민계정과 같은 포괄적이고 체계적인 지표가 개발되어 있는 반면, 소득분배의 실태를 보여 주는 지표는 거기에 크게 미치지 못한다. 그러다 보니 우리나라 소득 불평등이 다른 나라에 비해 얼마나 심각한지, 또는 그 정도가 어떻게 변해 왔는지는 조사 자료에 따라 편차가 크다. 여기서는 종래 가계조사에 의한 소득분배 지표의 한계를 간단히 살펴본 다음, 이를 보완하는 것으로서 소득세 자료로 접근하는 소득 집중도top income shares를 소개한다. 이것은 상위 1%(또는 10%)가 전체 소득의 몇 %를 차지하는지를 보여 주는 것인데, 이런 접근은 최근 피케티의 『21세기 자본』을 통해 주목을 받았다. 우리나라의 추이를 보면 해방 후 불평등 수준이 크게 떨어진 후 고도 성장기에 대체로 낮은 수준으로 안정되었다가, 1990년대 중엽 이후 빠르게 높아지는 U자형의 장기 추이를 보인다. 지난 20년간 소득분배가 급속히 악화된 셈인데, 그 배후에 어떤 요인이 작용했는지에 대해서도 살펴보기로 한다.

1. 소득 불평등에 관한 두 가지 지표

지금까지 소득분배에 관한 연구는 주로 가계조사에 의거해 이루어졌다. 가계조사는 샘플 가구를 선정해 그들의 소득과 지출을 조사하는데, 그 결과가 전체 가구를 대표하는 것으로 설계되어 있다. 가계조사는 각종 소득과 지출의 세부 항목뿐만 아니라 가구나 개인에 관한 다양한 정보(가구원 수, 연령, 성별, 학력, 직업 등)를 담고 있으며, 원자료를 공개하고 있기 때문에 소득분배의 실태와 그 요인의 연구에 널리 활용되고 있다. 대표적인 소득 불평등의 지표인 지니계수는 이 조사에 의거해 산출된다. 그에 따르면 우리나라 지니계수(가처분소득 기준)는 근래에 완만하게 높아져 왔지만, 현재 OECD 국가 중에서 중간 정도의 수준이며, 소득재분배 제도가 미비함에도 불구하고 소득분배가 비교적 양호한 나라로 인식되어 왔다.

그런데 이런 가계조사 결과가 소득분포의 실태를 얼마나 잘 반영하고 있을까? 통계청의 가계조사는 약 1만 가구를 대상으로 매달의 소득과 지출의 상세 항목에 관해 가계부를 기입하도록 하고, 그 결과를 취합해 왔다. 그런데 거기에서 파악된 소득을 좀 더 신뢰할 수 있는 다른 소득 통계와 비교해 보면 적지 않은 괴리가 발견된다. 특히 금융소득(이자와 배당)의 경우 2010년의 국민계정에서는 50조 원인 데 비해, 가계조사에서 파악된 것은 그 5%인 2.5조 원에 불과한 것으로 드러났다. 대부분의 조사 가구가 가계부를 작성할 때 금융소득을 거의 기입하지 않았던 셈이다. 국세청의 소득세 자료를 이용하면, 소득 구간별로 납세자들의 분포를 알 수 있는데, 이를 이용해 가계조사가 파악한 상위 소득자의 실태를 체크할 수 있다. 가계조사는 가구 기준이고, 소득세는 개인을 기준으로 조사한 차이가 있지만, 가계조사의 가구소득을 각 구성원의 몫으로 나눌 수 있기 때문에 두 자료를 개인 기준으로 비교할 수 있다. 그에 따르면 연소득 6천만 원 이상의 소득 구간에서는 소득이 높을수록 가계조사에서 누락되는 비율이 점점 커지고, 2억 원이 조금 넘으면 아예 샘플 자체가 존재하지 않음을 알 수 있다. 그 결과 가계조사로 구한 우리나라 지니계수는 소득 불평등을 상당히 과소평가하게 된다.

종래 가계조사 대상자의 개인 정보는 통계 목적 이외에는 법으로 보호하고 있어 굳이 자신의 소득을 감추거나 줄여 보고할 유인은 없을 것으로 생각해 왔다. 이 점에서는 소득이 드러나면 세금이 부과되는 소득세 신고의 경우와는 다를 것으로 믿었다. 그렇지만 위의 증거들은 그런 기대가 사실에 반하는 것임을 보여 준다. 가계조사에 응하지 않거나 소득을 줄여 보고해도 사실상 제재가 불가능하기 때문에 개인 정보 보호라는 장치만으로는 성실한 보고를 기대하기 어렵다. 이런 고소득자의 소득 실태가 잘 드러나지 않는다는 가계조사의 문제는 정도의 차이가 있겠지만 다른 나라에서도 마찬가지일 것으로 생각된다.

이에 비해 소득세 자료는 납세자의 소득 정보를 얻을 수 있지만, 면세점 이하의 소득자가 빠지는 등 전체의 소득분포를 보여 주지 못한다. 그것도 개인의 소득을 소득 구간별로 집계한 통계를 보여 주는 데 그치고 있다. 이런 자료상의 한계로 인해 그 동안 소득세 자료는 소득분배 연구에 거의 활용되지 않았다. 그렇지만 상위 소득자에 초점을 맞출 경우, 소득세 자료는 가계조사가 따라올 수 없는 강점을 갖는다. 가계조사의 경우 샘플 조사로서의 한계 때문에 10분위 분포 이상으로 세분하지 못하지만, 소득세 자료는 전수 조사이기 때문에 상위 1%뿐만 아니라 0.1%나 0.01%까지 세분해 최상위의 소득분포의 실태를 드러낼 수 있다. 피케티의 방법이 상위 소득자에 초점을 맞추는 것은 이런 자료상의 특성을 반영한 것이다.[1]

더구나 가계조사가 시행된 것이 오래되지 않았고 초기로 갈수록 조사 범위가 좁아지기 때문에 일관된 계열이 짧다. 우리나라의 경우 통계청 홈페이지KOSIS에 제시하고 있는 소득분배 지표는 1990년까지 거슬러 올라가지만, 도시의 2인 이상 근로자 가구로 한정된다. 조사 대상이 전체 가구로 확대된 것은 2006년 이후의 일이다. 이에 비해 소득세 자료는 소득세를 도입한 시점까지 소급될 수 있기 때문에 많은 나라에서 19세기 말이나 20세기 초까지 소급해 소득 집중도를 구할 수 있다. 우리나라도 소득세법이 1934년에 처음 도입되었기 때문에 이 자료를 이용하면 80년에 걸친 장기 추이를 볼 수 있다.

2. 한국의 소득 집중도와 국제 비교

〈그림 1〉에는 소득세 자료를 이용하여 구한 상위 1%의 소득 집중도가 제

1_근래에는 소득세 통계가 면세자에 관한 정보까지 제공하고 있고, 이를 이용하면 상위뿐만 아니라 전체 계층의 소득분포를 보일 수 있다. 한국의 경우에도 그런 시도가 이루어졌다(김낙년 2014).

그림 1 | 자료별 상위 1% 소득 집중도의 추이

단위: %

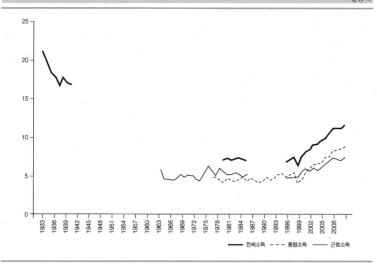

자료: Kim, Nak Nyeon and Jongil Kim(2014).

시되어 있다. 한국의 소득세 제도는 근로소득만 있는 경우에는 급여에서 소득세를 원천징수(연말정산)하는 것으로 종료되지만, 사업소득자나 근로 소득 이외에 다른 소득이 있을 경우 종합소득을 신고하게 되어 있다. 그림 의 '근로소득'과 '종합소득'은 각 자료에 의거해 구한 것이다. 그리고 위의 두 자료를 통합(그때 중복 부분을 배제)해 모든 소득을 포괄하는 소득 집중 도를 구한 것이 '전체 소득'이다. 그에 따르면 우리나라 소득 집중도는 장 기에 걸쳐 U자형을 추이를 보이고 있다. '전체 소득'의 추이는 자료의 제 약으로 커버하지 못한 시기가 있지만, 다른 계열의 추이에 비추어 보면, 해방 전에는 17%를 넘었던 것이 1960년대 이후 고도 성장기에는 소득 집 중도가 7% 정도의 낮은 수준에서 안정되었다가 외환 위기 이후 급등하기 시작해 최근에는 12%를 넘는 수준으로 되었음을 알 수 있다.

그림 2 | 상위 1% 소득 집중도의 국제 비교

단위: %

자료: The World Top Incomes Database (http://topincomes.g-mond.parisschoolofeconomics.eu/).

소득세 자료에 대해 제기될 수 있는 문제는 탈세가 얼마나 되는지 알 수 없고, 그 여하가 소득 집중도의 수준이나 추이에 영향을 줄 수 있다는 점이다. 이것은 앞의 가계조사에서 나타난 소득의 누락이나 과소 신고 문제에 대응하는 소득세 자료에 고유한 문제라 할 수 있다. 〈그림 1〉에서 '종합소득'이나 '전체 소득'에 포함되어 있는 사업소득의 경우 소득의 탈루가 어느 정도 있을 것으로 생각된다. 다만 탈루된 소득이 계층별로 어떻게 분포되어 있을지는 명확하지 않다. 이와 관련하여 '근로소득' 계열은 원천징수되므로 탈세 가능성이 낮은데, 그 추이를 보면 '전체 소득'과 크게 다르지 않다. 그것은 탈세 문제가 위에서 추정된 소득 집중도의 양상을 크게 바꿀 정도는 아니라는 추론을 가능하게 한다.

한국의 소득 집중도를 다른 나라와 비교해 보자. 한국의 경우도 피케

그림 3 | 상위 0.1% 근로소득 집중도의 국제 비교

단위: %

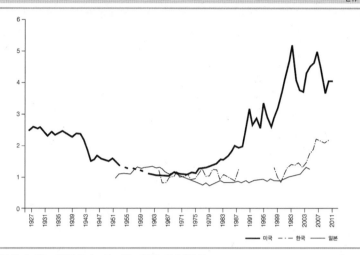

자료: Piketty & Saez(2003); Moriguchi and Saez(2008); 김낙년(2012).

티가 주도하는 세계 상위 소득 데이터베이스World Top Incomes Database에 등
재되어 있어 국제 비교가 가능하다. 〈그림 2〉는 한국 이외에 미국, 영국,
프랑스, 일본을 선정해 그들의 상위 1%의 소득 집중도를 제시했다. 그에
따르면, 각국의 소득 집중도는 전전에 높은 수준에 있던 것이 전후 크게
하락한 후 상당한 기간 동안 안정적으로 유지되고 있다는 점에서 대체로
유사한 추이를 보였다. 다만 1980년대 이후에는 소득 불평등이 급속히 높
아지는 영미형과 이전의 수준을 계속 유지하고 있는 유럽·일본형으로 분
화가 나타났다. 그 속에서 한국의 소득 집중도는 1990년대 중엽까지는 유
럽·일본형의 수준을 유지하고 있었지만, 외환 위기 이후 급등해 영미형
으로 접근하는 양상을 보이고 있다. 그 결과 한국은 현재 두 유형의 중간
수준에 위치하고 있는 것으로 볼 수 있다.

근로소득에 한정해 볼 경우에도 소득 집중도의 추이는 유사한 양상을

보인다. 〈그림 3〉은 근로소득 상위 0.1%의 소득 집중도를 미국 및 일본과 비교한 것이다. 그에 따르면, 미국은 제2차 세계대전 이전에 높은 수준에 있다가 전후 급속히 하락해 비교적 낮은 수준을 유지한 후 1970년대 이후 급속히 상승해 전전의 수준을 크게 넘어서는 U자형을 보였다. 일본은 전전에 0.1%의 소득 집중도가 추계되어 있지 않지만, 그 대신 상위 1%를 보면 일본도 미국과 마찬가지로 전전의 높은 수준에서 전후 급속히 하락했다. 그 후 1960년을 전후해 상승과 하락이 나타나지만 대체로 낮은 수준에서 안정(최근에는 상승 기미가 나타나지만)되어 있다. 그 결과 미국은 1970년대 이후 소득 집중도가 급속히 상승한 데 비해, 일본은 안정되었다는 점에서 뚜렷한 대조가 돋보인다. 한국의 경우는 1970년대 중엽을 전후한 상승과 하락의 추이가 나타나기도 했지만 고도 성장기에는 대체적으로 1%대의 수준을 보여 미국보다는 일본에 가까웠다고 할 수 있다. 그렇지만 외환 위기 이후에는 한국의 소득 집중도는 급속히 상승해 최근에는 일본과 유사한 수준에서 벗어나 집중도가 높은 미국 쪽으로 한 걸음 다가선 것을 알 수 있다.

3. 소득 불평등의 추이와 한국 경제

이상의 U자형의 소득 불평등 지표가 보여 주듯이 한국 경제는 해방 전을 포함해 크게 세 국면을 경험해 온 것으로 생각된다. 첫 번째 국면은 식민지 체제 아래에서 불평등도가 매우 높은 이질적인 사회라 할 수 있다. 해방 전은 이민족 지배 아래에서 불평등도가 매우 높았을 것으로 생각되어 왔지만, 그 정도를 수량적으로 가늠하기 어려웠다. 그렇지만 이와 같이 소득세 자료를 이용하면 현재와 비교 가능한 소득 집중도 수준을 드러낼 수 있다.

두 번째 국면은 해방을 통해 이민족 지배 체제가 청산되고 농지개혁으로 계층 간 이질성이 크게 완화된 시기다. 선진국에서도 이 시기에 불평등도가 크게 떨어져 유사한 양상을 보였지만, 이는 전시하에서 자본의 파괴와 자본소득의 격감, 근로소득 내부의 격차 축소에 기인한 것이며, 그 배후에서 작용한 요인은 우리나라와 달랐다. 해방 후 이런 체제 전환을 전제로 한국 경제의 고도성장이 이루어졌고, 이례적으로 높은 고용 증가의 지속으로 인해 성장 효과가 저변으로 널리 확산되었다. 이 시기는 소득분배에 대한 정책적 대응이 별로 이루어지지 않았지만, 실제로는 성장과 분배가 양립하고 있었던 시기라고 할 수 있다.

그렇지만 1990년대 중엽 이후 한국 경제가 저성장 단계로 들어서면서 소득 불평등이 다시 급속히 확대되는 세 번째 국면으로 접어들었다. 여기에 영향을 미친 요인은 다양하지만, 다음의 세 가지를 부연해 설명하고자 한다. 첫째, 1990년대 중엽 이후 비농업 부문 고용 증가율이 크게 저하되고 있다는 점이다. 이것은 성장률이 저하되었을 뿐만 아니라 성장 자체의 고용 유발 효과가 크게 약화되고 있기 때문이다. 한국의 산업구조는 종래의 노동집약적인 산업에서 기술집약적 산업으로 고도화되었다. 이것은 대외 개방으로 인해 더욱 촉진되었는데, 특히 중국과의 수교(1992년)로 저임금 국가와의 교역이 확대됨에 따라 산업구조의 재편 압박이 커졌다. 예컨대 제조업에서 중국과의 교역으로 시장이 확대되어 고성장을 누리는 업종이 있는 반면, 중국과 경쟁이 되지 않아 도태되거나 해외로 생산 기지를 이전하는 업종이 나타났다. 전자에서는 고용이 늘었지만, 후자의 고용 감소를 만회하지는 못했다. 그러다 보니 종래 고용 증대를 주도해 왔던 제조업이 1990년대 중엽 이후에는 오히려 고용을 방출하고 있다. 요컨대

1990년대 이후 저임금 국가와의 교역 확대를 포함한 세계화의 심화는 우리나라 산업에서 숙련 편향적 기술 변화skill biased technical changes를 가속했고, 그 결과 근로자 간 소득 격차가 확대되었다.

둘째, 외환위기(1997년) 이후 기업지배구조의 변화와 성과주의 보수 체계의 확산을 들 수 있다. 한국의 경우 외환 위기를 계기로 기업 경영 시스템이 개편되면서 대기업을 중심으로 부분적으로 영미식 지배구조가 도입되었다. 기업 자금의 조달이 종래의 은행 중심에서 자본시장 쪽으로 옮겨감에 따라 기업 경영에서도 종래에 비해 자본시장에서 평가되는 기업 가치를 극대화하거나 투명성을 높이는 방향으로 나아갔다. 이런 변화 요구는 국내 기업에 대한 외국인 투자자의 지분 참여 확대로 더욱 강해졌다. 한편 기업의 규모가 커지고 사업 내용이 복잡해지고 전문화 또는 첨단화가 진행됨에 따라 전문 경영인의 역할이 커졌다. 이 과정에서 대기업집단(재벌)에서는 소유 경영자와 전문 경영인의 역할 분담이 나타났는데, 소유 경영자는 계열사(또는 사업부)의 경영을 전문 경영인에게 일임하는 대신, 그 성과를 평가하고 보상하는 방식으로 그들을 통제하고자 했다. 이를 위해 대기업 CEO와 임원에게는 경영의 책임과 함께 파격적인 보상과 스톡옵션이 주어졌다. 이것은 대기업집단 내부에서 계열사(또는 사업부)간의 경쟁을 통한 CEO 시장이 형성되었음을 뜻한다. CEO뿐만 아니라 그 이하의 직원에 대한 보상 체계에서도 종래의 연공주의 방식 대신에 연봉제와 인센티브제와 같은 성과주의 방식이 외환 위기 이후 빠르게 확산되었다.

한국의 경우에는 미국의 『포브스』Forbes와 같이 기업 경영진의 보수를 장기간에 걸쳐 조사한 자료를 얻기 어렵기 때문에 성과주의적 보수 체계의 확산을 구체적인 수치로 확인하기는 어렵다. 그 대안으로서 〈그림 3〉에서 근로소득 상위 0.1%(한국의 경우 2010년에 16,971명)의 소득이 이들

CEO 또는 거기에 준하는 고소득층의 보수 동향을 보여 주는 것으로 간주할 수 있다고 생각한다. 거기에서 상위 0.1%의 소득 비중이 2%라고 하면, 그것은 평균 소득의 20(= 2%/0.1%)배에 해당하는 것이 된다. 그에 따르면, 1960년대 말에는 미국, 일본, 한국이 모두 그 소득 배율이 10배 정도의 수준에 머물러 있었는데, 미국은 1970년대 이후 상승하기 시작해 1990년대 말에는 40배를 넘는 수준으로까지 급등했다. 이에 비해 일본은 10배 전후의 수준을 유지하다가 근래에 약간 상승(13배)하는 기미를 보이고 있다. 두 나라 사이에 이렇게 뚜렷한 대조가 나타난 것에 관해서 모리구치와 사에즈(Moriguchi & Saez 2008)는 기업 경영자의 선발을 둘러싼 외부 노동시장의 발달 여부를 중요한 요인으로 들고 있다. 즉 미국 기업의 경우 경영자는 주로 경쟁적인 외부 노동시장에서 선발되며, 특히 스타star 경영자를 둘러싼 경쟁이 치열해 그들에게 주어지는 보수가 엄청난 수준에 달한다. 그에 대해 일본에서는 범용적인 기술보다는 해당 기업에서만 사용되는 기술firm specific human capital을 중시하며, 기업 경영진도 대부분 내부에서 승진한 자들로 채워지기 때문에 경쟁적인 외부 시장이 발달되지 못했다. 일본의 기업별노조와 같은 제도도 기업 내 임금격차의 확대를 막은 요인으로 지적되고 있다.

그러면 우리나라의 경우는 어떤가? 근로 소득자 상위 0.1%의 보수는 1990년대 말까지 전체 근로자 평균의 10배 전후 수준을 유지했지만, 외환 위기 이후 급등해 최근에는 20배가 넘는 수준으로까지 늘어났다. 그 소득의 수준이나 증가 속도에서 일본과는 달라진 경로를 밟고 있으며, 미국 쪽으로 한 걸음 다가선 것으로 보인다. 거기에는 외환 위기 이후 전술한 성과주의적 보상을 강화하는 방향으로 기업 경영 시스템이 바뀐 것이 영향을 미쳤다고 생각된다. 특히 대기업집단 내부에서 계열사 간의 경쟁을 통한 CEO 시장이 형성된 점이 주목되는데, 이것은 CEO 시장의 범위와 그 보수 인센티브의 활용이라는 점에서 미국과 일본의 중간적 형태라고 할 수 있다.

셋째, 조세정책도 영향을 미쳤는데, 특히 상층 소득자에게 유리한 방향으로 세율 구조가 변화된 점을 들 수 있다. 한국의 소득세법에 규정되어 있는 최고 세율의 추이를 보면 1970년대 후반에 70%의 정점에 도달한 후 지속적으로 하락해 최근에는 그 절반으로까지 떨어졌다. 1980년대 이후 미국(레이건 정부)이나 영국(대처 정부)을 중심으로 신자유주의적 개혁이 추진되고 소득 세율을 대폭 인하하는 조세정책이 당시 세계적인 조류가 되었는데, 한국도 예외가 아니었다. 세율의 하락은 다양한 경로를 통해 소득 불평등 상승에 기여한 것으로 생각된다. 미국의 경우 세율이 80%로 높았을 때에는 최고경영자들이 자신의 보수를 높일 유인이 크지 않았지만, 30%대로 떨어지면서 자신의 보수를 높이는 지대추구rent seeking 활동이 강화되었다는 점이 지적되고 있다(Piketty & Saez & Stantcheva 2011). 그 외에도 낮은 세율로 고소득층의 저축 여력이 늘어나면 부의 축적을 통해 자본소득capital income이 늘어나는 효과도 커진다.

1990년대 중엽 이후 한국의 소득 불평등이 크게 높아진 데에는 이상의 요인들이 작용한 것으로 생각된다. 이제 성장을 추구하는 것만으로는 분배 문제가 해결되지 않으며, 복지 지출이 본격적으로 전개되지 않을 수 없는 단계에 이미 들어선 것으로 보인다. 그렇지만 앞으로 저성장이 불가피하고 고령화의 급속한 진전으로 인해 그를 위한 여건은 급속히 악화되고 있는 상황이라 할 수 있다.

9

한국의 임금 불평등

김유선

1. 성장에 못 미치는 임금 인상

경제가 성장하면 그만큼 임금도 올라야 한다. 그래야 국민소득에서 노동
자들 몫이 유지되고, 경제성장의 과실을 노동자들도 함께 나눠 가질 수 있
다. 하지만 지난 40년을 되돌아보면 외환 위기 전에도 임금 인상률은 항
상 생산성 증가율에 못 미쳤다. 외환 위기 이후 저임금 비정규직이 양산되
고, 정규직도 성장에 못 미치는 임금 인상이 이어지면서, 임금 인상률과
생산성 증가율 격차는 갈수록 벌어지기 시작했다. 특히 이명박 정부가 집
권하고 글로벌 위기를 겪은 1998년 이후는, 생산성이 증가해도 임금은 오
르지 않는 '임금 없는 성장'이 이루어지고 있다.

　〈표 1〉에서 외환 위기 직후인 2000년부터 2014년까지 연평균 경제

그림 1 | 성장에 못 미치는 임금 인상

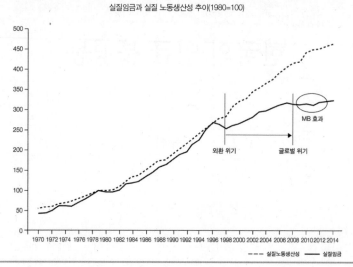

실질임금과 실질 노동생산성 추이(1980=100)

자료: 한국은행 국민계정; 통계청 물가조사; 경제활동인구조사에서 계산.

성장률과 실질임금 인상률 추이를 살펴보면, 경제성장률은 4.4%이지만 실질임금 인상률은 1.4%(한국은행 조사)이거나 2.5%(노동부 조사)였다. 노동부에 따르면 매년 1.9%p, 한국은행에 따르면 매년 3.0%p 성장에 못 미치는 임금 인상이 이루어진 것이다. 노동부에 따르면 지난 15년 동안 실질임금 인상률이 경제성장률보다 높았던 해는 2002~03년과 2012년 세 해뿐이고, 한국은행에 따르면 2003년 단 한 해뿐이다.[1]

1_국내에서 임금 통계는 노동부 "사업체 노동력 조사"를 주로 사용한다. 그러나 사업체 노동력 조사는 조사 대상이 '5인 이상 사업체 상용직'으로 한정되어 있다. 이에 비해 한국은행 '국민계정'에서 피용자(노동자) 보수 총액은 모든 노동자의 임금을 망라하고 있다.

표 1 | 실질임금 인상률 추이(2000~14년)

단위: %, 천 원

연도	주요 경제지표(%)			월평균 실질임금 (2010년 기준, 천 원)		실질임금 인상률(%)	
	경제 성장률	물가 상승률	성장률+ 물가상승률	노동부 5인 이상 상용직	한은 피용자 보수	노동부 5인 이상 상용직	한은 피용자 보수
2000	8.9	2.3	11.2	2,282	2,227	5.6	1.7
2001	4.5	4.1	8.6	2,303	2,294	0.9	3.0
2002	7.4	2.8	10.2	2,492	2,372	8.2	3.4
2003	2.9	3.5	6.4	2,628	2,460	5.5	3.7
2004	4.9	3.6	8.5	2,690	2,487	2.3	1.1
2005	3.9	2.8	6.7	2,791	2,560	3.7	2.9
2006	5.2	2.2	7.4	2,886	2,594	3.4	1.4
2007	5.5	2.5	8.0	3,008	2,647	4.2	2.0
2008	2.8	4.7	7.5	2,964	2,626	−1.4	−0.8
2009	0.7	2.8	3.5	2,948	2,608	−0.6	−0.7
2010	6.5	3.0	9.5	3,047	2,629	3.4	0.8
2011	3.7	4.0	7.7	2,903	2,622	−4.7	−0.2
2012	2.3	2.2	4.5	2,990	2,649	3.0	1.0
2013	2.9	1.3	4.2	3,064	2,673	2.5	0.9
2014	3.3	1.3	4.6	3,098	2,702	1.1	1.1
연평균	4.4	2.9	7.2	2,806	2,543	2.5	1.4
김대중	5.3	3.5	8.8	2,309	2,244	4.9	1.4
노무현	4.5	2.9	7.4	2,801	2,549	3.8	2.2
이명박	3.2	3.3	6.5	2,970	2,627	0.1	0.0
박근혜	3.1	1.3	4.4	3,081	2,688	1.8	1.0

자료: 노동부 사업체노동력조사, 통계청 KOSIS, 한국은행 국민계정.

2. 노동소득분배율 하락

저임금 비정규직이 양산되고, 정규직에서도 성장에 못 미치는 임금 인상이 이루어지고, 골목 상권 붕괴로 자영업자가 몰락하면서, 국민소득에서

따라서 전체 노동자의 임금수준과 임금 인상률을 구하려면, 피용자보수 총액을 노동자 수로 나눈 피용자 1인당 보수 총액을 사용해야 한다.

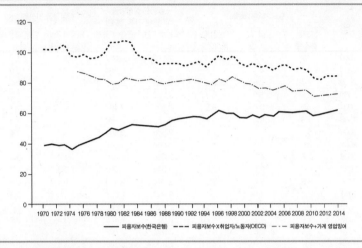

그림 2 | 노동소득분배율 추이(1970~2014년

단위:%

자료: 한국은행 국민계정; 통계청 경제활동인구조사에서 계산.

노동소득이 차지하는 몫인 노동소득분배율이 빠른 속도로 하락하고 있다.

한국은행이 공식 발표하는 노동소득분배율은 외환 위기 직전인 1996년에는 62.4%였다. 외환 위기 직후인 2002년에는 58.2%로 4.2%p 감소했다. 2014년에는 62.6%로 외환 위기 이전 수준을 회복했지만, 노동자 개개인의 몫이 늘어나서가 아니라 노동자들 머릿수가 1,320만 명(취업자의 63.3%)에서 1,874만 명(취업자의 73.2%)으로 554만 명(9.9%p) 늘어났기 때문이다.

둘째, 한국은행이 공식 발표하는 노동소득분배율은 자영업자 노동소득을 반영하지 않고 있다. 자영업자 노동소득을 노동자 임금과 같다고 가정하는 OECD 방식으로 노동소득분배율을 계산하면, 외환 위기 직전인 1996년에는 98.5%였다가 2014년에는 85.5%로 13.0%p 하락했다. 이는 그만큼 노동자들의 상대적 지위가 하락했음을 의미한다.

셋째, 한국에서 자영업자 노동소득은 노동자들 임금보다 낮기 때문에, OECD 방식으로 계산하면 한국의 노동소득분배율을 과대평가하는 결과를 초래한다. 국민계정에서 가계 영업잉여를 자영업자 노동소득으로 가정하고 노동소득분배율을 추정하면, 1996년 83.7%에서 2014년 74.0%로 9.7%p 하락했다.

3. 가파르게 하락하는 인건비 비중

한국은행 기업 경영 분석에서 인건비 비중은 1991년 14.5%를 정점으로 외환 위기 직전인 1996년에는 12.5%로 하락했고, 외환 위기 직후인 김대중 정부 때는 9.8%로 떨어졌다. 노무현 정부 때는 10.9%로 조금 높아졌지만, 이명박 정부 때는 다시 10.4%로 떨어졌다.

제조업도 1991년 14.0%를 정점으로 외환 위기 직전인 1996년에는 12.9%로 하락했고, 외환 위기 직후인 김대중 정부 때는 9.8%로 떨어졌다. 노무현 정부 때는 10.0%로 조금 높아졌다가, 이명박 정부 때 다시 8.6%로 떨어졌다. 2010년대 인건비 비중은 1970년대 초반 이래 가장 낮은 수준을 기록하고 있다.

'외환위기 이후 기업이 아웃소싱(하도급, 외주 가공)을 많이 했기 때문에 인건비 비중이 감소한 것처럼 보일 뿐'이라는 반론이 있을 수 있다. 그러나 이런 주장은 타당성이 없다. 제조업 매출액에서 외주가공비 비중이 2003년 이후 4.7~5.3%로 거의 같은 수준을 유지하고 있기 때문이다.

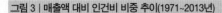

그림 3 | 매출액 대비 인건비 비중 추이(1971~2013년)

단위: %

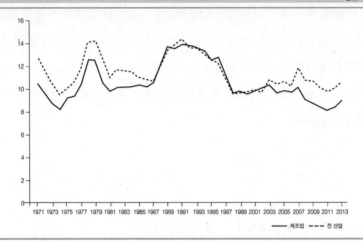

──── 제조업 - - - - 전 산업

자료: 한국은행, 기업경영분석.

그림 4 | 매출액 대비 인건비와 외주가공비 추이(1971~2013년)

단위: %

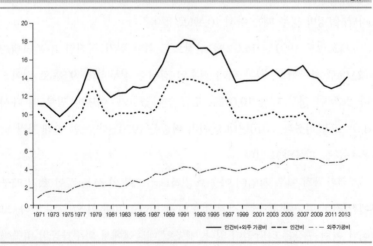

──── 인건비+외주 가공비 - - - 인건비 - · - 외주가공비

자료: 한국은행, 기업경영분석

그림 5 | OECD 국가 임금 불평등 비교(2011년, D9/D1)
단위: 배

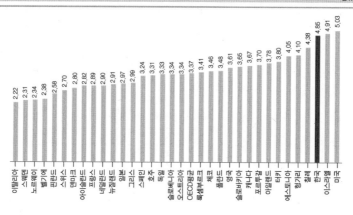

이탈리아	2.22
스웨덴	2.31
노르웨이	2.34
벨기에	2.38
핀란드	2.58
스위스	2.70
덴마크	2.80
아이슬란드	2.82
프랑스	2.89
네덜란드	2.90
뉴질랜드	2.91
일본	2.97
그리스	2.99
스페인	3.24
호주	3.31
독일	3.33
슬로베니아	3.34
오스트리아	3.34
OECD평균	3.37
룩셈부르크	3.41
체코	3.46
폴란드	3.48
영국	3.61
슬로바키아	3.65
캐나다	3.67
포르투갈	3.70
아일랜드	3.78
터키	3.80
에스토니아	4.05
헝가리	4.10
칠레	4.38
한국	4.85
이스라엘	4.91
미국	5.03

4. 임금 불평등과 저임금 계층

노동소득분배율이 악화되면서 노동자들 내부적으로 임금 불평등이 심화되고 있다. OECD에 따르면 한국의 임금 불평등은 4.85배로 미국, 이스라엘에 이어 세 번째로 높다. 그러나 이것은 '5인 이상 사업체 상용직'을 조사 대상으로 하는 노동부 자료를 사용했을 때 얘기다. 전체 노동자를 조사 대상으로 하는 경제활동인구조사 부가조사에서 지난 10년(2004~14년) 동안 '하위 10% 대비 상위 10% 임금'을 계산하면, 월 임금총액 기준으로는 5.2배 시간당 임금 기준으로는 5.1배다. 매년 조금씩 오르내리고 있지만, OECD 국가 중 멕시코 다음으로 높은 수준에서 임금 불평등이 고착화되어 있는 것이다.[2]

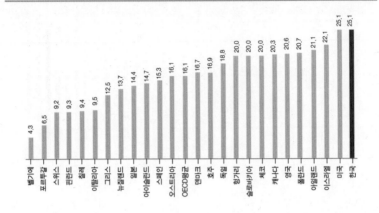

그림 6 | OECD 국가 저임금 계층 비교(2011년, 중위임금 3분의 2 미만)

단위: %

벨기에 4.3
포르투갈 6.5
스위스 9.2
핀란드 9.3
칠레 9.4
이탈리아 9.5
그리스 12.5
뉴질랜드 13.7
일본 14.4
아이슬란드 14.7
스페인 15.3
오스트리아 16.1
OECD평균 16.1
덴마크 16.7
호주 16.9
독일 18.8
헝가리 20.0
슬로바키아 20.0
체코 20.0
캐나다 20.3
영국 20.6
폴란드 20.7
아일랜드 21.1
이스라엘 22.1
미국 25.1
한국 25.1

노동자들 내부적으로 불평등이 심화되면 그만큼 저임금 계층이 늘어난다. 경제활동인구조사 부가조사에서 지난 10년(2004~2014년) 동안 저임금 계층(중위임금의 3분의 2 미만) 비율은 월 임금총액 기준으로 평균 24.3%이다. 매년 조금씩 오르내리고 있지만, OECD 국가 중 미국과 함께 저임금 계층이 가장 많다.

2_과거에는 불평등 지표로 지니계수를 많이 사용했지만, 요즈음은 '하위 10% 대비 상위 10% 임금'을 많이 사용한다. 즉 임금이 높은 사람부터 낮은 사람까지 일렬로 늘어놓았을 때, 위에서 10%에 있는 사람의 임금이 밑에서 10%에 있는 사람의 임금보다 몇 배 많은 지를 불평등 지표로 사용한다.

그림 7 | 10대 재벌 사내 유보금과 실물 투자액 추이(2009~13년)

단위: 조 원

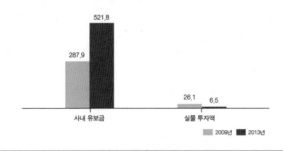

5. 10대 재벌 사내 유보금 증가와 실물 투자 감소

10대 재벌 사내 유보금은 2009년 288조 원에서 2013년 522조 원으로 4년 만에 234조 원(81.2%) 증가했다. 이명박 정부 4년 만에 재벌 기업 사내 유보금이 이처럼 엄청나게 증가한 것은, 중소 영세업체 비정규직의 저임금과 고용 불안, 성장에 못 미치는 정규직 임금 인상, 골목 상권 붕괴와 자영업자 몰락, 하도급 단가 후려치기, 재벌 감세 등으로 거둬들인 초과이윤이 몇몇 거대 재벌에게 빨려 들어가고 있기 때문이다.

10대 재벌 실물 투자액은 2009년 26조 원에서 2013년 7조 원으로 20조 원(-75%) 감소했다. 이는 다수 국민이 소비 여력을 상실하고 안팎의 경제 환경이 불확실한 상태에서 재벌 기업들이 투자할 곳을 찾지 못하고 있음을 말해 준다. 또한 정부나 정치권이 아무리 '투자 확대, 일자리 확대'를 호소하더라도, 법률로 강제하거나 돈벌이가 되지 않는 한 재벌들은 투자를 확대하거나 일자리를 늘리지 않을 것임을 말해 준다.

단위: 10억 원, %

	사내 유보금(10억 원)				실물 투자액(10억 원)			
	2009년	2013년	증가액	증가율	2009년	2013년	증가액	증가율
삼성	86,592	176,526	89,934	103.9	6,986	221	-6,765	-96.8
현대자동차	44,935	98,249	53,314	118.6	5,548	523	-5,025	-90.6
SK	24,160	47,111	22,951	95.0	2,884	2,754	-130	-4.5
LG	29,301	38,935	9,634	32.9	1,504	153	-1,351	-89.8
롯데	32,538	48,268	15,730	48.3	1,579	245	-1,334	-84.5
포스코	30,607	48,653	18,046	59.0	853	905	52	6.1
현대중공업	12,539	22,835	10,296	82.1	2,276	40	-2,236	-98.2
GS	14,373	20,124	5,751	40.0	2,322	1,356	-966	-41.6
한진	2,735	4,335	1,600	58.5	1,564	217	-1,347	-86.1
한화	10,142	16,794	6,652	65.6	578	122	-456	-78.9
10대 재벌	287,922	521,830	233,908	81.2	26,094	6,536	-19,558	-75.0
11~20대 재벌	34,527	67,120	32,593	94.4	6,909	3,070	-3,839	-55.6
20대 재벌	322,449	588,950	266,501	82.6	33,003	9,606	-23,397	-70.9

자료: 국회예산정책처, 『아시아경제』(2014/11/03)에서 재인용.

6. 10대 재벌 CEO 보수 23.5억 원

『한겨레』가 삼성·현대차 등 10대 그룹 상장사 78곳의 2014년도 사업보고서를 분석한 결과에 따르면, 지난해 최고액을 받은 경영자들 보수는 평균 23억5천만 원으로, 이들 회사에서 일하는 일반 직원들의 평균 보수 6천7백만 원보다 35배 많고, 최저임금 1천3백만 원보다 180배 많다.

기업의 높은 경영 성과에 따른 정당한 보상이니, 최상의 경영 능력을 가진 사람을 영입하고 유지하기 위한 비용이니 하며 이를 옹호하는 사람도 있겠지만, 이처럼 높은 CEO 보수를 합리화하긴 어렵다. 저임금 비정규직 양산, 중소 자영업자 몰락, 법인세 감면 등으로 거둬들인 막대한 초과이윤 중 일부를 '보수' 명목으로 가져가는 것일 뿐이다. 경쟁이 치열해

표 3 | 2014년 10대 그룹 최고액 경영자들과 일반 직원 간 평균 보수 격차

	연봉(백만 원)			격차(배)		
	최저임금	일반 직원	최고액 경영자	일반 직원 /최저임금	최고액 경영자 /최저임금	최고액 경영자 /일반 직원
한화(4)	13	73	3,670	5.6	280.8	50.1
한진(6)	13	47	2,310	3.6	176.8	49.5
현대차(10)	13	82	3,840	6.3	293.8	46.9
엘지(9)	13	66	2,350	5.1	179.8	35.6
삼성(18)	13	74	2,550	5.7	195.1	34.3
현대중공업(3)	13	71	2,130	5.4	163.0	29.8
롯데(9)	13	48	1,340	3.7	102.5	28.0
에스케이(10)	13	72	1,810	5.5	138.5	25.0
지에스(5)	13	51	1,250	3.9	95.7	24.4
포스코(4)	13	71	1,610	5.4	123.2	22.6
10대재벌(78)	13	67	2,350	5.1	179.8	35.0

주: 괄호 안은 상장사 수(등기 임원 연간 보수 5억 원 이상).
자료: 『한겨레』(2015/04/02) 보도에서 인용.

표 4 | 2014년 당기순손실 기록한 기업의 총수들 보수 현황

이름	기업	적자 규모 당기순이익(억 원)	보수 (억 원)	비고
김준기 회장	동부제철	-13,410	10.3	구조조정 중
	동부메탈	-747	12.1	
장세주 회장 장세욱 사장	동국제강	-2,298	14.2 11.1	100억 원대 비자금 조성 혐의로 검찰 압수 수색
박지원 부회장	두산중공업	-483	17.6	2014년 250여 명 명예퇴직
황창규 회장	케이티	-11,418	5.1	2014년 8천3백여 명 명예퇴직
조양호 회장 조현아 전부사장	대한항공	-2,054	26.2 14.7	땅콩회항 사건으로 기소
최은영 회장	한진해운	-4,634	57.0	경영 실패, 한진에 경영권 넘김
	유수홀딩스	-197	12.2	
현정은 회장	현대엘리베이터	-2,207	10.9	구조조정 중
	현대로지스틱스	-529	6.0	
이재성 전회장	현대중공업	-17,546	37.0	2015년 초 1천5여 명 명예퇴직

주: 보수 총액은 퇴직금 포함.
자료: 『한겨레』(2015/04/03)에서 인용.

서 높은 보수를 받는 것이 아니라, 적절한 규제와 경쟁이 없기 때문에 높은 보수를 받는 것이다.

경영 실패로 노동자들을 대량 해고한 CEO들도 막대한 보수를 챙기고 있다. 지난 해 1조7,546억 원 적자를 보고 올해 초 사무직 1천5백여 명을 명예퇴직으로 내보낸 현대중공업의 이재성 전 회장은 퇴직금 24억3천만 원을 포함해 모두 37억 원을 받았다. 지난 해 1조1,418억 원 적자를 보고 8천3백여 명의 직원을 명예퇴직으로 내보낸 케이티의 황창규 회장은 5억 원을 받았다. 지난 해 483억 원 적자를 보고 250여 명의 직원을 희망퇴직 형식으로 내보낸 두산중공업의 박지원 부회장은 17억6천만 원을 보수로 받았다.

7. 상위 10% 소득 집중도

피케티 등이 운영하는 세계 상위 소득 데이터베이스The World Top Incomes Database에서 한국의 소득 집중도는 외환 위기 이후 빠른 속도로 증가하고 있다. 상위 1% 소득은 1995년 6.9%에서 2012년 12.2%로 5.3%p 증가했고, 상위 5% 소득은 19.2%에서 30.1%로 10.9%p 증가했으며, 상위 10% 소득은 29.2%에서 44.9%로 15.7%p 증가했다.

한국의 상위 10% 소득 집중도를 미국, 영국, 프랑스, 일본, 스웨덴 5개국과 비교하면, 1995년에는 미국 〉영국 〉일본 〉프랑스 〉한국 〉스웨덴 순으로, 한국이 스웨덴 다음으로 낮았다. 2012년에는 미국 〉한국 〉영국 〉일본 〉프랑스 〉스웨덴 순으로, 한국이 미국 다음으로 높다. 외환 위기 이후 소득 집중도가 빠른 속도로 증가하면서, 한국은 상대적으로 평등한 나라에서 매우 불평등한 나라로 탈바꿈한 것이다.

그림 8 | 소득 집중도 국제 비교(1995~2012년,)
단위: %

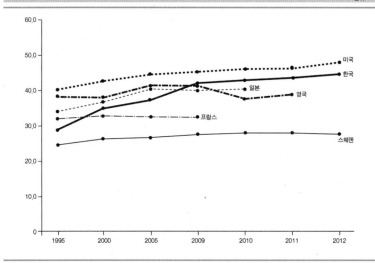

10

청년 취업과 청년들의 대응

최장집

1. 청년 문제의 등장

1990년대 초 세계경제, 특히 유럽 경제의 최대 문제는 0%에 가까운 성장률 저하였다. 2000년대에 이르러서는 청년 실업 문제가 최대의 정치·사회적 문제로 떠올랐다. 그때만 해도 상대적으로 높은 성장률을 나타내고 있었던 한국에서는 그런 문제들을 먼 나라 일로만 여겼다. 그러나 청년 문제는 이제 우리의 문제가 되었다. 시장 경쟁과 효율성의 가치, 민영화, 탈규제, 노동시장 유연화를 앞세우는 신자유주의적 경제 운영 원리, 기술발전에 의한 자동화, 중국 경제의 부상과 값싼 노동력의 대대적 공급 등 세계화의 결과들 가운데서도 부정적인 효과는 어떤 다른 사회집단보다도 청년 세대들에게 집중적으로 가해졌다. 최근 청년 실업률은 공식 통계로도 11%를 넘어섰고, 실제로 취업을 준비하거나 포기하는 사람들을 포함하는 이른바 체감 실업률은 두 배에 가깝지만, 정확한 통계조차 잡지 못하고 있는 상황이다. 최상위 대학 졸업자들조차 실업의 위협이 현실로 다가왔다.

빠르게 유동하는 세계경제적 조건하에서 세대는 직업, 직능 집단이나, 계급, 계층 못지않게 중요한 범주가 되었다. 한국을 포함해 선진 자본주의 국가들에서는 산업구조 자체가 과거 제조업 중심으로부터 고기술 첨단 정보 지식 중심 산업으로 이행하면서, 그동안 많은 고용을 흡수했던 제조업의 축소를 가져왔다. 동시에 중국 경제의 부상은 선진 산업국가들 사이에서 전통적인 산업의 축소를 더욱 가속화했다.

이제 청년 취업 문제는 그것이 장기 불황이든 단기 불황이든 어떤 일시적 성장률 둔화라는 조건과 연결시켜 생각하기보다는 자본주의 생산 체제의 구조적 문제와 결부된 저성장이라는 조건과 결부된 것이라는 인식이 필요하다. 이제 한국 사회는 지금까지와는 전혀 다른, 익숙하지 않은 사회경제적, 교육적 환경을 다루지 않으면 안 되는 시점에 이른 것이다. 지금까지 지속적인 성장을 지탱해 왔던 수출 중심의 대기업 생산 체제, 중소기업의 하청화와 성장의 제약, 일반 교육 중심의 대학 교육과 대학 서열 구조 속에서 기존의 교육 체계를 고수하는 것이 오늘의 청년 문제를 해결하는 데 얼마나 기여할 수 있을 것인가는 의문이다. 현재와 같은 대학 교육 체계와 대기업에 의존하는 경제 운영 체계가 만들어 내는 고용 구조는, 노동시장의 청년 신규 진입자들을 위해서는 크게 불리하다. 이런 조건에서는 대졸자 신규 취업 희망자들이 정부 기관이나, 공기업, 소수 대기업, 상위 서비스업 등, 좁게 열려 있는 안정적이고 장래가 보장되는 직장에 취업코자 치열한 경쟁으로 몰입하게 될 수밖에 없다. 여기에 진입하지 못하는 압도적 다수의 대졸자들은 광범한 비정규직 노동시장에서 치열하게 경쟁하지 않으면 안 되고, 거기에서 탈락한다면 전혀 예측할 수 없는 미래가 기다리고 있을 뿐이다. 즉 경쟁도 경쟁이려니와 취업 자체가 어려워진 것이다.

지금 한국의 대다수 청년들에게 불행을 안겨 주는 또 다른 요소는, 취업 경쟁에서의 불공정성이다. 취업 기회의 사다리 어디에 스스로가 위치하게 될 것인가의 문제가 동일한 출발선에서의 자유로운 경쟁의 결과는 아니라는 것이다. 대학의 서열 구조 속에서 상위 대학에 입학할 수 있는 경쟁력을 갖기 위해서는 좋은 고등학교에 가야 하고, 그것을 위해서는 중학교와 초등학교부터 투자가 필요하며, 그럼으로써 종국에는 가정환경 내지 배경의 문제까지 거슬러 올라가는 것이 오늘날의 현실이다. 요컨대 경쟁으로 들어가는 출발선이 사전에 너무 일찍 결정된다는 점이다. 그것은 노동시장 진입 이전에 불평등하고 공정하지 못한 차별이 존재함을 뜻한다.

2. 한국과 일본 청년들의 의식 세계, 그리고 두 나라의 사회경제적 조건

이런 환경에서 청년들 스스로 자신의 문제를 어떻게 생각하고 있는지는 큰 관심의 대상이 아닐 수 없다. 이 문제를 보기 위해서는 광범한 사회학적 조사와 연구가 필요하겠지만, 이런 조사 연구가 없는 상황에서 필자가 생각한 방법은, 이를 주제로 다룬 책을 통해 청년들의 의식 세계를 간접적으로나마 들여다보는 일이다. 마침 한국과 일본 청년들에 대해 비슷한 시기에 출간된 두 권의 책을 발견했는데, 두 나라의 사례는 좋은 비교의 대상이 될 수 있을 것 같다. 먼저 오찬호의『우리는 차별에 찬성합니다: 괴물이 된 이십대의 자화상』(개마고원, 2013)을 통해 나타나는 20대의 한국 청년은 부당하고 암울한 승자 독식 사회구조의 피해자이면서 동시에 가해자로서 그런 사회구조를 유지하는 데 일조하는 존재로 묘사된다. 책 제목처럼 청년들은 "괴물이 된 세상에서 살아남기 위해 괴물이 되어 버린 이십대"라는 말로 표현된다. 저자는 오늘의 20대 청년들이 이런 한국 사회의 지배구조를 재생산하는 학력의 서열화한 질서라는 "덫에 걸려" 자기 방어에 급급하고 경쟁에서 탈락한 동년배 동료들을 이해도 공감도 하지 못하는 것, 즉 체제의 피해자가 동료 피해자를 배려하지 못함을 안타깝게 생각한다. 경쟁, 시장 질서, 자본주의 체제에 대해 비판적으로 생각하지 못하고, 모든 것의 책임을 개인에게 돌리면서 열심히 노력하면 된다는 생각으로 자기 계발에 훨씬 더 큰 관심을 갖는다는 것이다. 저자는 젊은 대학생들이 우리 사회의 지배적인 가치를 무비판적으로 수용하면서 현실을 긍정하고 승인하는 인식과 태도를 보이는 것에 대해 비판적으로 말하면서, 그들이 "촛불을 들지" 않는 것에 대해 못마땅하게 여긴다.

다른 한편, 후루이치 노리토시古市憲壽의『절망의 나라의 행복한 젊은이들』(민음사, 2015)에서 저자가 묘사하는 일본 청년들의 조건은 한국과 큰 차이 없이 매우 암울해 보인다. 일본 젊은이들의 사회경제적 조건, 그들이 살아가는 방식, 그들의 정치와 사회에 대한 태도에 관한 묘사는『우리는 차별에 찬성합니다』에서 나타나는 한국 젊은이들과 일견 유사해 보인다. 그러나 그들이 처한 전체적인 상황이 비슷하다고 생각한다면 그것은 피상적인 해석임에 분명하다. 일본에 대해 저자가 말하고 있는 상황은 필자의 생각으로는 한국에 가깝다기보다는 유럽에 훨씬 더 가까운 것 같다. 1990년대 초 거품경제가 붕괴하고 장기 불황이 시작된 이래 신자유주의가 주도하는 세계화의 압력과 긴축 경제의 조건하에서 일본의 전통적인 경영 방식과 기업 구조에 뚜렷한 변화가 시작되었다. 기존의 종신 고용과 연공 서열제가 뚜렷하게 약화되거나 허물어지기 시작했고 대기업에 신규 채용될 수 있는 고용 기회 또한 좁아졌다. 그럼에도 불구하고 기존의 경영 방식이 송두리째 변한 것은 아니다. 『절망의 나라의 행복한 젊은이들』에서 저자가 말하듯이 고용 기회는 좁아졌지만 여전히 젊은이들은 대기업에 취업할 수 있는 기회를 향유하고 있다. 나아가 대기업 정규직 사원과 아르바이트생 사이의 임금격차는 거의 없다. 그것은 비정규직의 임금이 정규직의 절반 정도밖에 안 되는 한국과는 비교할 수 없이 큰 차이이다. 또한 일본 사회의 노동 수요는 넓은 저변을 갖고 있고, 그런 수요에 대응하는 대학의 인력 공급 구조는 한국과는 비교할 수 없이 접점이 넓다. 대학 서열은 훨씬 덜 위계적이고, 입시 경쟁과 취업 경쟁은 훨씬 느슨하고 덜 치열하다. 중소기업과 자영업이 널리 확산돼 있어 꼭 대학 졸업장이 필요하지도 않다. 책을 통해 느껴지는 것은, 오늘의 한국 현실과 비교할 때 일본의 사회경제적 조건이 과연 절망적인가라는 의문이다. 한국 사회에서 대학의 서열은, 취업 경쟁은 물론 사회 위계 구조에서 엘리트적 지위로 상승하는 데 엄청난 강점을 부여한다. 학교의 서열은 곧 경제학자 프레드 허쉬가 말하는 "지위적 재화"의 크기를 의미한다(Hirsch 1976). 현대사회의 모든 나라들에서 대학의 지위재적 성격이 커지고 있는 것은 사실이지만, 한국의 대학 서열만큼 지위재 또는 과두적 부의 창출자 역할을 하는 극단적인 사례는 없을 것이다.

여기에서 나는 일본 고용구조의 성격에 대해 언급할 수 있다고 생각한다. 이는 일본을 여행하거나 체재하면서 일본의 고용 문제에 대한 제도나 문화 내지는 관습에 대해 보고 느꼈던 것이기도 하다. 먼저 어떤 큰 조직이든, 예컨대 큰 연구소, 대규모 호텔이나 기업 또는 회사에서 쉽게 발견할 수 있는 것은, 일견 불필요해 보이는 인력을 쉽게 해고하지 않고 안고 간다는 것이다. 그것은 특별한 느낌이 아닐 수 없었다. 1990년대 초 나는 동경의 아시아경제연구소에서 연구원으로 체류했던 적이 있다. 아침에 출근할 때면 건물 카운터와 그 앞 현관에서 십수 명이나 됨직한 여러 명의 젊은 직원들이 나란히 서서 아침 인사를 연발하는가 하면, 연구소는 한국에서 이미 오래전에 없어진 전화교환수들을 그대로 유지하고 있었다. 최근 가고시마를 여행했을 때 묵었던 대규모 호텔에서 볼 수 있었던 인력 운영 방식도 마찬가지였다. 20여 년 전 일본 경제의 버블이 붕괴되어 위기를 맞았을 때나, 신자유주의적 세계화라는 환경에서 고용 유동화를 말하는 지금이나 고용 방식에 있어서 차이는 하나도 없었다. 교수직을 은퇴한 이후 내가 연구실을 두고 있는 서울의 한 오피스텔에서는 최근 주차장 시스템을 자동화하면서 열 명 직원 가운데 네 명을 해고했는데, 이와는 크게 대조되는 일이 아닐 수 없다. 한국식 경영 원리나 경제 가치를 내면화한 한국 사람 누군가가 일본의 고용과 인력 운영 방식을 본다면, 일본은 인력 낭비가 심하고 노동비용이 과도하게 낭비되는 극도로 비효율적인 경영 방식이라고 생각할 것이다. 저렇기 때문에 지금 일본이 발전하지 못하고, 장기 불황에서 헤어나지 못하고 있다며, 그들의 우매함에 대해 비판적으로 말하는 사람도 있을 것임에 분명하다. 그러나 나는 한국에서 경영의 역할은 사람을 줄이고 노동비용을 줄이기 위해 존재하는 데 비해, 일본의 경영은 사람을 자르지 않기 위해 존재한다는 생각을 그때 했다.

'기간제 및 단시간근로자법'이나 '파견노동자법'에 근거해 기업을 차려 비정규직 노동자들을 고용해 인력 장사를 하는 것이 가능한 한국의 고용구조와, 앞서 살펴본 것과 같은 일본의 인간 중심 고용구조 가운데 어느 것이 더 우월할까? 여기에는 물론 트레이드오프 관계가 있다. 즉 한국은 고용의 윤리 부재와 함께 노동비용 절감이라는 효율성의 가치를 최우선으로 실현하는 제도라고 할 수 있다면, 그와는 달리 일본은 윤리적 측면에 대한 강조와 함께 노동비용 감축에 있어서는 비효율성이 결합된 제도를 운영하는 것을 특징으로 한다. 나는 일본의 인간중심 고용정책과 고용구조가 현재 한국의 효율성 중심 고용구조나 노동정책보다 훨씬 더 우월하다고 생각한다. 왜냐하면 인간이 생존에 필요한 수입을 위해 고용될 권리는 가장 기본적인 사회경제적 권리이고, 그렇기 때문에 그것은 그 어떤 공리적 가치보다 상위에 있는 윤리적 가치이기 때문이다. 그러나 반드시 윤리적인 측면 때문에 그렇게 생각하는 것은 아니다. 고용이 유지됨으로써 경제적 분배에 있어서 불평등을 완화하고 또한 사회 구성원을 공동체 내로 통합하는 효과를 갖기 때문이다. 또한 소비 능력과 수요를 확대함으로써 경제성장에도 기여하기 때문이다.

그에 비해 한국은 일찍이 경험하지 않았던 높은 청년 실업률과 더불어 최상위권 엘리트 대학 졸업자들도 취업을 심각하게 고민해야 하는 상황을 무방비로 맞고 있다. 청년 취업 희망자들 대부분이 비정규직 피용자나 아르바이트 인력이 될 때 그들은 소비할 능력을 갖지 못한다. 정부가 경제 활성화를 내걸고 공적 자금을 아무리 많이 기업에 투여한다 한들, 다수의 인구가 소비 능력을 갖지 못할 때 그런 정책의 슬로건과 모토는 공염불이 되고 말 것이다. 일본 경제가 장기 불황에서 헤매고 있다 하더라도 사회는 여전히 강한 공동체적 통합력을 유지하고 있다. 아울러 사회 구성원들은 건전하고, 여전히 근면 성실하고 부패하지 않고 도덕적이다. 오늘날과 같은 경제 환경에서 사회가 성취할 수 있는 것 가운데 그 이상 무엇이 더 있겠는가? 그런 조건이 경제 순환의 상승 사이클과 다시 만난다면, 경제와 사회가 활성화될 것임은 분명하다. 젊은 세대의 사회경제적 조건에 관한 한 일본은 한국에 비해 의심의 여지 없이 선진국이다.

3. 한국과 일본 청년들의 정치적 태도

『우리는 차별에 찬성합니다』와 『절망의 나라의 행복한 젊은이들』을 통해 묘사되는 두 나라 젊은이들의 정치적 태도는 일반적인 이미지와는 크게 달라 흥미를 끈다. 보통 일본 청년들은 한국처럼 학생운동이나 시민운동이 강하지 않고 사회가 일반적으로 조용하기 때문에 다소 보수적일 것 같다는 이미지를 갖는다. 반면 한국은 젊은 세대가 주도했던 민주화 운동의 전통도 강하고, 시민운동도 강하며, 캠퍼스에서는 자주 학생들이 정치적 사회적 문제에 대해 발언하거나 시위하는 것과 연관된 진보적인 듯한 이미지를 갖는다. 국가와 젊은 세대들의 운동 사이에는 언제나 충돌이 있고, 둘 간의 관계는 매우 갈등적일 것이라는 이미지를 갖기도 쉽다. 그러나 이런 인상과는 정반대로 일본 젊은이들은 사회경제적 조건과 현실에 대해 무척 비판적인 것으로 나타나는 데 비해, 한국의 청년들은 오히려 현실 수용적이고, 오늘의 사회 현실이 요구하는 규범과 질서에 대해 적극적으로 수용적인 것으로 나타난다. 적어도 앞에서 언급한 두 권의 책을 통해 볼 때 그렇다. 『우리는 차별에 찬성합니다』에서 나타나는 한국의 학생들 내지 젊은 세대는 믿어지지 않을 정도로 현실의 지배적 가치와 규범, 경쟁의 규칙을 적극적으로 수용하는 것으로 묘사된다. 스스로가 그 질서의 희생자임에도 불구하고, 그 경쟁의 사회적 구조를 부정하고 비판하지 않으며, 경쟁의 탈락자들이 처한 상황에 공감하지도 동정을 표하지도 않는 젊은이들로 나타난다. 그래서 그들은 저자에 의해 "괴물"이라고 표현된다. 그러나 후루이치가 말하는 일본의 젊은이들은 상당히 다르다. 일본의 젊은이들은 일본 사회를 "격차格差 사회"라고 여기고, 앞으로 더 심각한 격차 사회가 도래할 수 있다고 생각한다. 그러나 일본의 젊은이들은 자신의 사회에서 사는 것을 오히려 행복한 것으로 받아들인다. 그러나 그들이 행복한 것은 그 사회의 조건과 규범을 수용해서는 아니다. 그들은 행복하기 위해 작은 공동체를 형성하는 데 적극적인 관심을 보이고, 그렇게 하려고 노력한다. 또한 이들은 일본에서 중국처럼 현대 신분제 사회를 닮은 계급사회가 출현하는 것은 막아야 한다고 생각한다. 요컨대 그들은 스스로를 격차 사회의 희생자이자 그 성원이라고 생각하지만, 그런 사회를 바꾸는 데 또한 큰 관심을 갖는다. 다만 정치적으로 무력할 뿐이다. 두 권의 책에서 각자의 나라에 대해 말하는 것이 얼마나 현실에 가까운가?

여기에서는 경제학자이자 사회 이론가이며 철학자인 앨버트 허쉬먼이 인간 행위의 패턴을 설명하기 위해 고안했던 세 개념, 즉 "이탈 또는 탈퇴"exit와 "항의 또는 비판"voice 그리고 "충성 또는 순응"loyalty을 통해 이 문제를 볼 수 있을 같다(Hirschman 1970). 이 말들은 주로 시장 경쟁이나 정치 영역에서 적용될 수 있는데, 간단히 말하면 이탈/탈퇴는 그동안 소비자가 사던 상품이 경쟁 상품보다 질이 떨어져서 다른 상품으로 교체한다든가, 한 조직에서 구성원이 자신이 속해 있던 조직에서 탈퇴한다든가, 또는 시민이 어떤 사안이나 이슈에 대해 관심을 갖지 않거나 투표하지 않는 행위 같은 것을 지칭한다. 그에 비해 항의는 그것을 생산하는 기업에 대해 자기가 구매하던 상품의 질이 떨어졌으니 개선하라고 항의하던가, 시민이나 어떤 조직의 구성원이 정부나 정당에 대해 비판이나 항의의 목소리를 내는 행위를 말한다. 탈퇴와 항의가 서로 배타적인 것만은 아니며, 서로 중첩되기도 한다. 탈퇴는 사실 문제의 개선을 바라는, 다른 방법에 의한 항의의 성격도 갖기 때문이다. 충성/순응은 상품의 질이 떨어져서 다른 선택을 하는 것이 좋겠지만 계속 그 회사를 믿고, 더 좋아질 것이라고 생각하면서 계속 원래대로 그 상품을 사는 행위를 뜻한다. 어떤 조직의 성원들이 그 조직이 더 좋아지기를 기대하면서 계속 그 조직에 성실한 성원으로 남아 있는 행위를 말할 수도 있다. 일반적인 말로 바꾸어 말하면,

사람이 어떤 상황에 대응하는 데는 가장 일반적인 두 가지 반응적 행태가 있다고 하겠는데, 하나는 지배적인 권력이나 권위, 가치나 규범에 대해 "비판의 소리"를 내는 것이고, 그렇지 않다면 다른 하나는 그에 "순응"하는 것이다. 이때 "탈퇴"는 기존의 두 가지 선택의 하나가 아니라 제3의 길을 추구하는 것을 말한다.

허쉬먼의 개념으로 볼 때, 『우리는 차별에 찬성합니다』에서 나타나는 한국 청년들의 문제가 비판의 목소리voice를 내지 않는 것이라면, 『절망의 나라의 행복한 젊은이들』에서 일본 청년들의 문제는 탈퇴exit하여 무관심을 선택하는 것이라고 할 수 있다. 그러나 비판의 목소리를 내지 않는 것을 문제라고 보는 것이 얼마나 현실을 반영하고 있는지는 확실치 않다. 얼마 전 나는 당시 인턴사원을 한 바 있고 취업 준비로 여념이 없던, 대학을 갓 졸업한 몇 명의 젊은이들과 만나 대화할 기회를 가진 적이 있다. 나는 그때 학생들이 처한 현실에 대해 어떻게 생각하는지에 대해 질문을 한 적이 있다. 그때 그들은 취업 문제가 너무나 절박해서 사회적이거나 정치적인 문제에 대해 생각할 겨를이 없다고 말하면서, 주변의 대학 친구들 사이에도 취업을 아예 포기하고 자포자기 하는 사람들이 많다고 대답했다. 우리의 청년 문제를 다르게 생각해 볼 또 다른 기회가 있었다. 2년 전 나는 당시 설립된 지 2년쯤 되었던 '청년유니온'의 간부 몇 사람과 만나 얘기를 나눈 적이 있었다. 그 당시 청년유니온은 삼사백 명쯤 되는 회원을 가진 매우 새로운 형태의 청년 노동조합이었는데, 당시 나는 한 1~2년쯤 지나면 회원 수가 상당히 불어나지 않을까 생각했다. 최근 이야기를 들으니 회원수가 1천 명에 가까워졌다고 한다. 그러나 그것은 내가 예상했던 것보다 훨씬 적은 수였다. 청년유니온의 조합원 수는 왜 크게 증가하지 않았을까? 나의 추측은 이렇다. 유니온 회원들이 고정된 작업장이나 직장 같은 일터가 아니라 비정규직 시급이거나 임시직이어서 유동성이 매우 높은 분야에서 일하는 청년들을 대상으로 한다는 점도 있겠지만, 경쟁에서 살아남지 않으면 엘리트가 되는 것은 차치하고, 사회경제적으로 생존하기조차 어려운 그들의 처지의 절박함이 사회적·정치적 문제에 대해 관심을 표명하고 조직에 참여할 수 있는 여유를 허용하지 않기 때문일 것이다. "항의/비판의 목소리"를 안 내는 것이 아니라 못 내는 것이라면 이야기는 달라진다. 그렇다면 그것은 일본의 상황과도 다른 일이 된다. 그들은 "항의의 목소리"를 내지 않는 것은 같지만, "이탈"을 선택했다는 점에서 다르기 때문이다. 『우리는 차별에 찬성합니다』에서 나타나는 한국의 청년들은 기존의 경쟁에서 살아남기 위한 규범과 가치, 규칙들을 담은 문화를 수용하는 법을 배우고 그렇게 하려고 노력한다. 그것은 일종의 강요된 문화의 습득enculturation에 가깝다. 그렇다면 한국의 청년들은 "항의"도 "이탈"도 선택할 수 없어 결국 "충성"loyalty의 선택을 강요받고 있는 것이 된다.

'이탈'과 '항의'라는 말을 쓰지 않고 다른 각도에서 문제를 볼 수도 있다. 한국 학생들과 청년들의 태도는, 보수적이면서 동시에 진보적일 수 있다. 즉 일본 젊은이들과는 달리, 한국의 그들은 현실을 인식하는 방법과 태도가 훨씬 복잡하다. 한국의 청년들이 적극적으로 현실을 긍정하고, 현실의 가치와 규범을 적극적으로 받아들인다는 점에서 그들은 보수주의자들이다. 『우리는 차별에 찬성합니다』의 저자는 이 관점에서 청년들에 대해서 말하는 듯하다. 현실의 부조리와 구조적 모순을 아는 것이 옳다고 생각하면서, 그들 스스로 현실을 변화시키는 데 앞장설 것을 강조하는 듯하다. 그렇지만 한국 젊은이들 다수가 오늘의 한국 사회체제, 구조, 경쟁의 방식, 대학의 역할 등에 대해 긍정적으로 수용한다고 말할 수는 없을 것 같다. 나의 추측으로는 그들은 극히 현실 비판적이고 미래에 대해 부정적이다. 이 점에서 그들은 진보주의자들이다. 이 점에서 그들은 모순적 존재인 것이다. 그에 비해 『절망의 나라의 행복한 젊은이들』에서 말하는 일본 젊은이들의 태도나 관념에서는 이런 이중성이 발견되지 않는다. 그들은 현실 비판적이고, 사회가 변할 것을 바라지만, 그들은 정치적으로 무력하기 때문에 정치에 참여하지 않든가 무관심을 선택한다. 그들의 인식은 지극히 합리적이다. 그런 태도는 서구의 여러 선진 민주주의 국가에서도 발견된다. 합리적 선택 이론의 개척자인 정치학자 앤서니 다운스 Anthony Downs는 민주주의에서 개인이 정치에 참여하지 않는 것이 오히려 합리적이라고 말한다(다운스 2013). 일반 투표자 수가 많아질수록 참여자들이 가질 수 있는 결정에 대한 영향력은 적어지기 때문이다. 때문에 민주주의에서 참여가 유지되려면, 단순한 효용의 논리만이 아닌 시민으로서의 책임감이 필요하다고 말한다. 그것은 민주주의에서 정치의 역할이기도 하다.

4. 청년들의 대응으로서 청년들의 결사체

무엇보다 오늘의 청년 문제는 청년 문제만으로 고립해서 생각할 수 없고, 그런 식으로 대책을 마련할 수 있는 것이 아니다. 그것은 1960년대 이후 현재에 이르는 40년 동안 유지된 성장 중심의 기본 경제정책 방향과 그것이 만들어 놓은 생산 체제 및 고용구조가 한계점에 이르렀음을 말해 주는 것으로 이해된다. 신자유주의적 경제 운용 원리와 그것을 뒷받침했던 가치의 효용성이 해결책이 아님을 말하고 있는 것이다. 모든 사회적 비용을 감수하면서도 국가의 전면적인 지원하에 경제 발전의 견인차 역할을 했던 대기업의 성장은 더 이상 고용 확대와 분배의 형평을 동반하지 않게 되었다. 즉 고용 없는 성장이 그것이다. 우리가 직면하고 있는 경제 현실은 불평등의 확대, 노동시장 양극화, 사회적 양극화와 해체, 고용조건의 악화와 실업률의 증대와 더불어, 이제 최근년에 이르러 청년 문제를 야기하게 되었다. 그러나 청년 실업을 해소할 수 있는 정부의 고용 확대 정책의 내용과 이를 뒷받침하는 이론과 관점은 과거에 비해 거의 변한 것이 없다. 정부와 대기업은 한결같이 노동시장이 충분히 유연하지 않기 때문이라고 말하고 있다. 노조가 너무 강해서 고용이 안 된다든가, 현재의 고용법이 비정규직 고용을 2년으로 제한해서 문제라며, 이를 4년으로 더 늘려야 한다고 주장한다. 고용과 해고가 거의 완전하게 자유로울 수 있는 노동시장 개혁을 말하고 있는 것이다. 그러나 정부 정책의 기본 방향과 이를 뒷받침하는 이론과 의견들이 간과하고 있는 것은, 한국의 노동시장은 이미 충분히, 아니 그 이상으로 유연화되어 있다는 것이다. 그리고 더 유연화의 극단으로 다가갈 때 사회의 공동체성이 더 이상 유지되기 어렵고, 취업에 실패한 청년들을 자포자기의 상태로 내몰 수 있으며, 취업한 청년들에게도 열악한 노동조건, 저임금, 고용 불안정으로 고통을 가중시킬 수 있다는 점이다. 그뿐만 아니라 넓게는 극단적인 자유 시장 경제, 좁게는 극단적으로 유연화된 노동시장이 창출하는 경제 활성화와 고용 효과는 오히려 사회적으로 조율되고 규제된 시장경제에 비해 그 성과가 더 열악하다는 점을 간과하는 것이다. 다시 말해 그들이 간과하고 있는 것은, 독일과 같이 기능적·계급계층적·지역적 차원에서 사회통합과 공동체적 가치를 실현하는 '사회적 시장경제'를 통해서든, 일본과 같이 전통적이고 문화적인 공동체적 가치를 구현하는 시장체제이든, 사회적으로 조율된 시장경제가 미국과 같은 극단적인 자유 시장 경제에 비해 우월하다는 점이다.[1] 그 차이는 통계 지표를 통해 충분히 예시되고 있다. 대표적으로 최근 OECD 국가들의 청년 실업(15~24세 사이의 청년)에 관한 통계 지표는 이를 잘 보여준다(*Financial Times*, 2015/03/13). 일본의 6%대는 세계 최저의 청년 실업률을 기록하고 있고, 그다음으로 독일이 근소한 차이로 뒤따르고 있다. 그에 비해 미국은 그 두 배 이상인 13%대를 기록하고 있고, 미국의 시장 경제를 교과서적으로 따르고 있는 한국에서의 청년 실업률은 미국에 육박하거나, 체감 실업률에서 볼 수 있듯 실제로는 이미 그 수준을 훨씬 넘어서고 있다.

그렇다면 한국 사회에서 청년 문제를 풀어 나갈 수 있는 힘은 어디에서 찾을 수 있나? 청년 취업을 중심으로 한 청년 문제는 고용정책의 어떤 하위 영역, 기술적인 영역이 아니라 경제정책 기조, 산업구조와 고용구조, 나아가서는 교육정책의 중심에 위치하고 있다. 이런 중대한 문제는 개인의 힘으로 개선될 수 있는 것은 아니다. 그렇다고 "촛불을 들어라"하는 식으로 해결할 수 있는 것도 아니다. 운동은 항의에는 효과적이나, 심의와 합의를 통해 대안을 실제 정책으로 만드는 데 있어서는 거의 효과가 없다. 그보다는 민주주의가 부여하는 제도의 힘을 빌지 않으면 안 된다. 개인의 고뇌에 공감하고, 치유를 강조하고, 그리고 촛불로 상징되는 운동을 강조하는 동안 말하지 않는 것이 있다. 그런 방식은 다른 건 몰라도 사회경제적 삶의 문제를 개선하는 데 있어서는 별로 효과가 없다는 것이다.

그렇다면 그 문제에 대한 해답은 무엇인가? 그것은 곧 결사의 중요성이다. 청년들이 처한 현실을 어떻게 개선할 수 있는가 하는 것은, 그 문제를 공유하는 개인들 사이의 결사체, 자유로운 결사체의 조직을 통해 수가 많든 적든 집단적으로 접근하는 방법이다. 일하는 청년들이 스스로의 문제, 특히 알바·시급·임시직과 비정규직의 고용 조건과 임금 문제를 개선

1_이 문제에 대한 연구 결과는 많다. 최근년에는 자본주의 다양성 이론이라는 분야도 나타났다. 특히 다음 문헌을 참조할 수 있다(Hall & Soskice 2001).

할 목적으로 만든 청년유니온, 그들 말대로 '당사자주의'라는 가치와 원리를 모토로 하여 결사체로서 결집한 청년유니온은 그 대표적인 사례를 제시한다. 그러나 그것만이 청년들을 대표할 수는 없다. 예컨대 거기에는 여러 청년들의 결사체가 있다. '알바노조', '민달팽이'가 대표적이다. 이들은 청년유니온보다 더 부분적이고, 구체적인 문제를 해결하기 위해 결성된 것들이다. 또 청년에만 한정되지 않고 노년, 장년층 노조인 '노년유니온'도 있다. 이 또한 제한된 목적을 갖는 결사체이다. 그리고 또 다른 조합도 있을 것이다. 이들 사이의 연대가 필요하고, 또 가능하다. 결사체의 결사체를 말하는 것이다. 그것은 유니온 연맹이 될 수도 있고, 나아가 정당과 연결될 수도 있다. 정당이란 무엇인가? 그것은 결사체들의 결사체들의 결사체라고 할 수 있을 정도로 결사체들의 연계 구조 내지는 그 전체를 가리킨다. 기존의 노동운동은 사실상 항의 집단으로 고정된 이미지를 갖고 있고, 확장적 잠재력을 잃었다. 이에 비해 새로운 세대의 노동운동을 표현하는 청년유니온은 과거와 같은 운동 방식이 아니라, 새로운 시대가 요구하는 운동에 걸맞게 구체적이고, 실제적이고, 현실적으로 문제를 접근하는 태도를 보여 준다. 새로운 형태의 일하는 사람들의 결사체는 많은 사람들이 수긍하지 않을 수 없는 새로운 방식의 결사체 운동을 개척할 수 있을 것이다. 그리고 그런 결사체들이 최종적으로 취할 핵심적인 방법은, 결집된 표의 힘을 통해 자신들의 정책 대안과 결집된 요구를 정치적으로 실현하는 것이다. 정책 결정자 또는 정당에 대해 투표 블록으로서 행위하고 요구할 수 있어야 한다는 뜻이다. 그렇게 될 때 정당과 정책 결정자들은 반응하지 않으면 안 될 것이다. 그것이 민주주의가 사회적 약자들에게 제공하는 강력한 힘이다.

11

노동시장 개혁 없이
불평등 해결 없다

이병훈

1. 사회 불평등과 노동시장 이중구조

우리 사회가 겪고 있는 심각한 불평등 문제는 다양한 요인들에 의해 야기
되는 것으로 이해할 수 있겠지만, 핵심적인 배경 원인 가운데 하나로 노동
시장 이중구조 또는 노동 양극화를 꼽을 수 있다. 〈그림 1〉에서 예시하듯
이, 1987년의 민주화 이후 기업 규모별 임금격차는 지속적으로 확대되어
5백 인 이상의 대기업 근로자에 비해 20인 미만의 영세기업을 비롯해 3백
인 미만의 중소기업과 300~499인의 중견기업에 종사하는 근로자의 임금
수준이 최근에는 50~70% 수준으로 하락해 온 것을 확인할 수 있다. 고용
형태 간의 임금격차를 살펴보면, 정규직 대비 비정규직의 월 평균임금 수
준이 2004~14년의 기간에 65.0%(비정규직 115만2천 원 vs. 정규직 177만1

그림 1 | 광공업 부문의 기업 규모별 근로자 1인당 임금 비율 추이(대기업 =100)

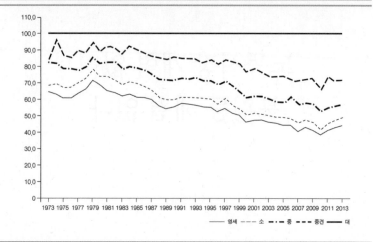

주: 영세기업 10~19인, 소기업 20~49인, 중기업 50~299인, 중견기업 300~499인, 대기업 500인 이상.
자료: 김상조(2013).

그림 2 | 고용 질의 양극화 실상

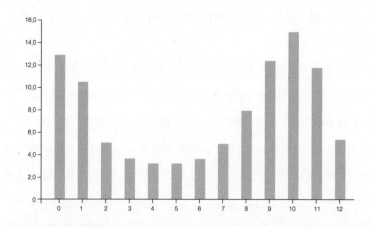

주: 고용의 질은 2007년 『경제활동인구조사』 부가 조사 자료의 관련 설문 항목 13개(법정 근로 기준 4개 항목, 사회보험 수혜
3개, 고용조건 3개, 인적 자원 관리 2개)를 종합하여 산출한 것으로 '유럽연합 저임금고용연구네트워크'(LoWER) 저임금 집
단에 대해 해당 -1점, 미해당 0점을 적용하고, 남은 12개 항목에 대해서는 해당 1점, 미해당 0점을 적용하여 합계한 점수
로 산출함으로써 최고 12점~최저 -1점으로 분포함.
자료: 이병훈(2007b).

천 원)로부터 55.8%(정규직 260만4천 원 vs. 비정규직 145만3천 원)로 10% 가까이 하락했으며, 근로시간을 감안한 시간당 임금의 경우에는 71.6%로부터 62.2%로 그 격차가 확대되고 있기도 하다(한국노동연구원 2015). 또한 노동시장의 이중구조는 노동자 집단 간의 임금격차로 그치는 것이 아니라 〈그림 2〉에서 보여 주듯이 기업 복지·사회보장·노동관계법 및 노조 보호 등을 종합해 산출한 고용 질employment quality에서도 양극화 경향을 드러내며 그 심각성을 드러내고 있기도 한다(이병훈 2007b). 또한 노동시장의 양극화 구조하에서 청년·고령자·여성 등의 취약 노동자 집단을 중심으로 불안정 고용 및 취업난, '열정 페이' 그리고 근로 빈곤에 허덕이는 노동 인권 침해의 사각지대가 광범하게 엄존하고 있다. 아울러 노동시장 양극화는 사회 불평등 구조를 고착화하고 있을 뿐만 아니라, 노동인구의 다수를 차지하는 비정규직과 중소 사업장의 취약 노동자들에게 저임금과 사회적 배제의 덫으로 작용하며 노동소득분배율의 하락세와 노동생산성 –실질임금의 격차를 갈수록 심화시키는 '노동 없는 성장'과 민생 경제 파탄으로 귀결되어 경제 전반의 활력을 심각하게 저해하는 엄중한 문제로 지목되고 있다. 결국 노동시장의 이중구조를 온전히 치유치 않고서는 우리 사회의 불평등 해소를 기대하기 난망하며, 더 나아가 저성장·고령화·사회 갈등/해체 등과 같은 사회적 난제들을 대처하기 어렵다고 해도 과언이 아니다. 그런 만큼, 우리 사회의 불평등 문제를 해결하기 위해, 그리고 사회적 통합과 경제적 지속 가능성을 성취하기 위해 노동시장 구조 개혁이 중차대한 국가적 과제로 꼽지 않을 수 없을 것이다.

2. 유연성 편향의 노동시장 개혁 정책

노동시장 구조 개혁은 문민정부 이래 정부가 추진하는 개혁 과제의 단골 메뉴로 늘 등장해 왔다. 문민정부는 노사관계개혁위원회(약칭 노개위)를 두어 노동기본권의 개선과 더불어 정리해고·파견근로제·탄력근무제 등으로 대표되는 고용 유연화를 추진했다. 1997년 말 발발한 외환 위기를 배경으로 출범한 국민의정부는 경제 위기 극복을 명분 삼아 정리해고와 파견근로제의 허용을 법제화하는 노동시장 구조 개혁을 단행했으며, 공공 부문과 금융 부문 등에 있어 전례 없는 대규모 고용 조정을 실시토록 하여 기존 고용 관행에 심대한 변화를 안겨 주었다. 국민의정부가 주도한 '신자유주의 구조 개혁'은 비정규직 고용의 양산을 초래하며 노동시장의 양극화를 현저하게 심화시켰다(이병훈 2007a). 참여정부는 사회통합적 노동정책을 펼친다고 공언했음에도 불구하고 실제로는 당시 심각해지는 비정규직 문제와 노동 양극화에 대한 실효성 있는 정책 처방을 제시·집행치 못하고 일자리 창출을 위해 규제 완화와 고용 유연화를 통한 '기업하기 좋은 나라 만들기'에 주력하는 성장주의 국정 기조에 매몰되는 한계를 보여 주었다(이병훈 2011). 이명박 정부는 노골적인 친기업적 국정 기조를 내세우며 비정규직 법의 기간제 사용 기간을 현행 2년에서 4년으로 연장하려는 법 개정을 시도했을 뿐만 아니라 당시 세계 금융 위기의 경제 침체 상황하에서 행정 인턴과 희망 근로 등의 단기적 비정규직 일자리를 대거 양산했다. 또한 이명박 정부의 노동 배제적 정책 기조하에서 쌍용차와 한진중공업 등에서 대규모 고용 조정이 단행되었으며, 노조 파괴와 산별 교섭 무력화가 공공연히 자행되어 조직 노동의 교섭력이 크게 약화되기도 했다. 박근혜 정부에 들어서는 노동시장 이중구조와 노동 양극화를 해소한다는 명분하에 노동시장 구조 개혁을 위한 노사정 정책 협의가 진행되었으나, 정부가 제시하는 정책 의제에는 기간제 사용 기간의 연장, 파견근로의 확대, 저성과자 해고와 사용자의 취업 규칙 개정 허용 등이 포함되어 고용 유연화와 노동비용 절감에 주력하는 개혁 방향을 드러내고 있어 노동계의 강한 반발에 따른 사회적 합의의 실패에 직면하고 있다. 이처럼, 민주화 이후에도 그리고 정권 교체에도 불구하고 정부는 발전 국가 관성에서 벗어나지 못한 채 특히 외환 위기 이후에는 신자유주의적 성장 담론에 경도된 경제정책 논리에 입각해 고용 유연화와 노동비용 억제를 관철하려는 친기업적 편향의 태도를 주되게 취해 옴으로써 노동시장 양극화의 문제를 해소·치유하기보다는 오히려 방치·조장하고, 결과적으로 사회 불평등을 심화시키는 정책적 난맥상을 드러냈다고 평가될 수 있다(이병훈 2015).

3. 불평등 완화를 위한 노동시장 구조 개혁의 핵심 과제

사회 불평등을 치유하기 위한 노동시장 이중구조를 개혁함에 있어서는 크게 ① 취약 노동자 집단의 근로소득 및 고용조건을 개선하는 과제와 ② 1차 노동시장과 2차 노동시장 부문의 상대적 소득 격차를 완화하는 과제, ③ 1차 노동시장에로의 취업 또는 일자리 이동 기회를 확충하는 과제로 나누어 살펴볼 수 있을 것이다. 첫째, 노동시장 이중구조를 완화하기 위해 2차 부문에 속해 있는 취약 노동자 집단의 근로소득 및 고용조건을 대폭 개선하기 위한 정책적 노력이 요구된다. 먼저 저임금 노동자 집단의 근로소득을 전반적으로 상승시키기 위해서는 법정 최저임금을 중위임금의

3분의 2 또는 평균임금의 2분의 1 수준으로 지속적으로 인상하는 것이 필요하다.[1] 법정 최저임금의 상향 조정에 더하여, 최근 일부 지자체를 중심으로 도입되고 있는 생활임금제가 취약 노동자 집단의 임금 소득 향상에 일정하게 기여할 수 있는 만큼 지자체의 사정과 여건에 따라 시행되는 생활임금제가 널리 확산되도록 장려하는 정책이 바람직하겠다.[2] 또한 취약 노동자 집단의 생계 위협과 고용의 질 악화를 낳고 있는 불법적 사각지대를 척결하기 위해 근로 감독 행정의 획기적 강화가 요망된다. 특히 이들 노동자들에 대한 최저임금 미준수와 임금체불 그리고 사회보험 및 법정 근로 기준의 미적용 등과 같은 불/탈법적 고용 관행을 뿌리 뽑기 위해 근로 감독 행정 인력을 대폭 확충함과 동시에 노조와 시민사회단체의 현장 감시/위법 고발을 보장하는 사회적 근로 감독 체제를 구축해 나가는 것이 필요하다. 취약 노동자 집단의 다수를 구성하는 비정규직과 영세 사업장 노동자들에 대한 처우 개선과 차별 시정을 실효성 있게 도모하는 정책 처

1_김유선(2015)은 최저임금이 저임금 해소, 임금격차 완화 그리고 소득 분배 구조 개선 등을 위해 5인 이상 사업체 상용직의 시간당 정액 급여의 평균값으로 산출한 평균임금의 50% 수준으로 인상할 것을 제안하고 있는데, 이는 시중 노임 단가로 책정되는 공공 부문의 최저임금에 거의 일치하고 있다. 한편, OECD가 저임금의 기준선을 전체 임금노동자의 중위임금 3분의 2 미만으로 설정하고 있다는 점에서, 저임금 해소를 위해 중위임금의 3분의 2를 최저임금의 목표 수준으로 삼자는 주장도 제기되고 있다. 참고로 2014년 3월 기준으로 우리나라는 중위임금인 190만 원의 3분의 2인 127만 원 미만의 저임금 노동자 비율이 25.0%에 해당되어 OECD 회원국 중에서 미국과 더불어 가장 높은 비중을 보이고 있다.

2_생활임금제는 광역지자체로는 서울과 경기도에서, 그리고 기초 지자체로는 서울시 노원구와 성북구, 부천시, 수원시, 광주 광산구 등으로 점차 확대되고 있으며, 이들 지자체에서 적용하는 생활임금의 수준은 대체로 최저임금의 약 130% 내외에 이르는 것으로 조사되고 있다(이병훈 2015).

방이 마련·실행되는 것이 요망된다. 비정규직의 차별 시정을 위해 차별 여부의 판정 범위 확대, 차별 제소 주체의 대리 보장(예: 노조 및 근로자 대표) 그리고 부당 차별에 대한 징벌적 손해배상 등과 같은 제도 보완이 필요하겠다. 이에 더하여, 제도적 보호의 사각지대에 놓여 있는 사내 하청 노동자와 특수 고용 종사자의 권익을 보호하기 위한 노동관계법의 제정이 조속히 이뤄져야 할 것이다. 영세 사업체의 경우에는 현행의 원하청 거래 관행이나 대리점/프랜차이즈 계약 관계에 있어 대기업의 부당한 비용 전가 강요로 인해 취약한 수익 구조에 놓임에 따라, 그들 업체에 종사하는 노동자들의 임금 및 고용조건이 매우 열악한 상태를 벗어나지 못하고 있다는 점을 감안, 산업별 불공정거래를 실효성 있게 척결할 수 있는 정책 처방이 강구되어야 한다. 아울러 대기업 노동자에 비해 비정규직-중소기업 노동자들이 간접 임금인 기업 복지의 혜택에서도 현저한 격차를 보이고 있다는 점을 고려해 주거 생활 지역(비정규직의 경우) 또는 산업단지 차원에서 이들 취약 노동자 집단에 대해 사업주 집단과 정부/지자체의 공동 출연으로 노동 복지 센터를 설립·운영해 생활 복지 수요를 충족해 나가는 것도 적극 고려할 수 있을 것이다.

둘째, 1차 부문(대기업 정규직)과 2차 부문(비정규직-중소기업 노동자)의 임금 소득 격차를 완화하기 위해 초기업 수준의 노조 교섭과 단체협약 확대 적용을 적극 지원하는 정책이 강구·시행되는 것이 요망된다. 현행 노동시장 양극화는 대기업 조직 부문의 내부자insiders와 비정규직·중소기업 미조직 부문의 외부자outsiders 사이에 엄존하는 차별화된 노사관계 이중구조와 맞물려 있으며, 이 같은 이중구조는 특히 뿌리 깊게 온존되고 있는 기업별 노사관계 관행에 의해 고착화되고 있다는 점에 유의할 필요 있다. 따라서 노동시장 이중구조를 완화하기 위해서는 내부자-외부자의 소득 격차를 낳고 있는 기업별 노사관계 체제에서 탈피해 산업별 또는 지역 수

그림 3 | 노조 조직률과 단체협약 적용률의 국제 비교

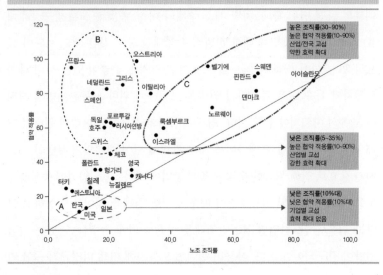

준의 임금 및 고용 조건을 평준화하는 초기업별 단체교섭 체제로의 전환

이 필수적으로 요구된다. 이를 위해, 보수 정부의 친기업적 노동정책과

대기업들의 저항으로 인해 침체 상황에 놓여 있는 산별노조의 초기업적

교섭을 촉진·안정화할 수 있는 제도적 뒷받침이나 정책적 지원이 이뤄져

야 할 것이다. 더불어, 10% 수준의 낮은 노조 조직률과 기업별 교섭 관행

으로 인해 〈그림 3〉에서 예시하듯이 우리나라의 단체협약 적용률이 국제

비교에 있어 가장 낮은 수준에 놓여 있으며, 그 결과 유노조-무노조 노동

자 집단 간에 임금 및 고용조건의 큰 격차가 유지·심화되고 있는 것이다.

따라서 (8%대의 노조 조직률에도 90% 넘는 단체 협약 적용률을 유지하는 프랑스

에서 찾아볼 수 있듯이) 낮은 노조 조직률을 보완해 미조직 노동자들의 임금

과 고용 질을 제고하기 위해 정부의 정책 방침에 따라 산별 또는 지역 수

준의 노사 단체가 체결하는 단체협약을 해당 산업/지역으로 확대 적용하

는 단체협약 집행 체계의 제도적 개편을 획기적으로 추진하는 것이 요망된다.

셋째, 1차 노동시장에로의 취업 또는 일자리 이동을 적극 확대하려는 정책적 노력이 요망된다. 우리나라의 노동시장 이중구조는 비단 1차 부문과 2차 부문 간의 임금 및 고용의 질 격차뿐만 아니라, 2차 부문으로부터 1차 부문에로의 일자리 상승이 매우 어려운 분절적인 특성을 갖고 있다는 점에서 그 문제의 심각성을 확인케 된다. 실제로, 비정규직이나 중소 사업장의 노동자들이 대기업 정규직의 좋은 일자리로 옮겨가는 경우는 매우 제한적이고, 오히려 그들의 나쁜 일자리 '덫'에서 벗어나지 못하고 있다는 점이 여러 연구를 통해 드러나고 있는 것이다. 미취업자나 취약 노동자들이 좋은 일자리로 진입·상승할 수 있는 기회를 확대하기 위해서는 대기업과 공공 부문에서 근로시간 단축과 임금피크제 도입 등을 통해 양질의 일자리 나누기가 적극 이루어질 필요가 있다. 또한 심각한 청년 취업난을 해결하기 위해 민간 대기업에 대한 청년 고용 의무 할당제를 한시적으로 도입·시행하고, 비정규직의 정규직화에 대한 제도적 강제와 정책적 지원을 좀 더 적극화하는 것이 요구된다. 아울러 실업자의 빈곤 층화를 막기 위해 이들에 대한 실업 안정망의 두터운 확충(실업급여의 지급 기간, 급여 수준, 그리고 대상 확대 등을 포괄하는)과 더불어 양질 일자리로의 재취업을 지원·관리하는 종합적인 고용 안정 서비스 체계(취업 상담-직업훈련 -직장 알선 등을 책임지는)의 구축 및 가동이 이뤄져야 할 것이다.

4. 노동시장의 진보적 구조 개혁을 위한 담보 조건들

우리 사회의 소득 불평등과 민생 경제 파탄을 치유하기 위해서는 노동시장 양극화를 해소하기 위한 구조 개혁이 필수적인 과제다. 그런데 그동안 노동시장 구조 개혁이 정부의 신자유주의적 성장 담론과 친기업적 정책 논리에 의거하여 고용 유연성을 확대·강화하는 방향으로 추진되어 결과적으로 노동 양극화를 심화시켜 왔던 것이다. 이에 대해 노조 운동은 계급적 대표성을 구현하며 사회정의의 칼sword of social justice(Flanders 1970)이라는 역할을 하기보다 (특히 대공장 노조의 경우) 조합원의 기득권 보호에 사로잡힘으로써 노동시장 이중구조를 고착화하면서 비정규직·청년 실업 등의 심각한 노동문제를 조장·방치하고 있다는 책임론에서 자유롭지 못하다. 이처럼, 사회 불평등에 직결되고 있는 노동시장 이중구조가 날로 심각해지는 데에는 고용 유연성에 경도된 정부의 구조 개혁 정책과 사용자들의 강화된 노사관계 지배력, 그리고 노동자들의 고용 안정성을 지켜줄 노조 운동의 '하염없는' 침체 및 추락이 주되게 작용해 오고 있는 것으로 진단할 수 있다.

　노동시장 이중구조를 해소·치유하는 구조 개혁이 온전하게 추진되기 위해서는 정부가 추진하는 개혁 기조의 전향적 변화와 노조 운동의 전면적 쇄신이 요망된다. 우리나라의 노사관계 지형을 감안할 때, 노동시장의 진보적 구조 개혁을 구현·도모하기 위해서는 정부의 정책 기조를 '친기업적' 성장 패러다임에서 벗어나 노동 친화성과 유연 안정성을 담보·지향하는 방향으로 재편하는 것이 무엇보다 중요하다. 서울시 등의 일부 지자체를 중심으로 진보적 단체장의 주도하에 노동자 권익을 존중·보호하는 전향적 노동정책이 형성·추진되는 최근의 예에서 확인할 수 있듯이, 1차 부문과 2차 부문의 격차 완화 및 취약 노동자 집단의 소득·고용 개선을 지향하는 노동시장 전반의 구조 개혁을 성사시키기 위해서는 이를 핵심 국정 과제로 강력하게 추진하려는 국가권력 차원의 개혁 의지가 선결적으로 요구되기 때문이다. 외환 위기 이후 그동안 신자유주의적 정책 기조에 기반을 둔 투자-부채 주도의 성장 패러다임이 노동 양극화와 고용 질 악화, 그리고 민생 경제 파탄 및 성장 동력 소실 등으로 우리 사회경제의 임계적 상황을 초래함에 따라 대안적 국정 담론으로 이른바 '소득-공정-복지 주도' 성장 패러다임이 공론화되어 부각되는 것은 다행스런 대목이라 할 수 있다. 다만 최근 논의되는 소득 주도 성장론에서 노조 운동을 경제 패러다임 개혁의 동반적 주체로 인식하기보다 그 개혁의 대상으로 간주하거나 노조 역할을 배제하는 시각을 제시하고 있는 것은 수긍하기 어렵다.[3] 왜냐하면 조직 노동의 협조나 지지 없이는 소득 주도 성장을 구현하기 위한 일자리 창출이나 소득 재분배(대기업-중소기업 수익 재분배를 통한) 그리고 복지 확충(증세와 함께) 등의 진보적인 사회경제 정책들이 사용자 집단의 저항과 노노 간 이해 갈등에 부딪쳐 힘 있게 추진되기 어려울 것이기 때문이다. 따라서 2016년 총선과 2017년 대선을 통해 집권하는 새 정부가 소득 주도 성장을 제대로 추진함과 동시에 노동시장 이중구조와 노동 없는 경제·복지의 엄중한 문제들을 치유함에 있어 노조 운동의 적극적인 참여와 협조를 이끌어 내는 것이 핵심적인 성공 조건이라 할 수 있다.

3_소득 주도 성장론을 주창하고 있는 대표적인 진보 경제학자인 홍장표·전강수(2013)와 김상조(2013)는 산별노조 운동의 실패와 기득권적 노조 활동 관행, 그리고 현행의 노사정 담합 구조 등을 문제 삼으며 노조 교섭력에 기반하는 임금 주도 성장(wage-led growth)을 대신하여 진보적인 정부 주도하에 고용 창출, 소득재분배, 복지 분배 등을 구현해 나가는 (국가 주도의) 소득 주도 성장(income-led growth)을 바람직한 사회경제 정책 모델로 제안하고 있다.

노조 운동 역시 작금의 '끝없는 추락'의 침체 국면에서 벗어나기 위해, 그리고 노동시장 이중구조와 노동 없는 민주주의·성장 체제를 온전히 바꿔 나가려는 개혁의 주체로 나서기 위해서는 '환골탈태'의 자기 성찰과 전면적 쇄신이 요망된다. 먼저 노동조합은 노조 간부/활동가와 조합원의 기득권 이익을 추구하는 활동 관성에서 벗어나 전체 노동자의 권익을 대표하고 이를 성취하는 운동을 실현해야 할 것이다. 노조 운동이 그동안 국가 정책의 공공성이나 자본의 사회적 책임성을 요구하는 것을 넘어, 자신의 공공성, 즉 미조직 노동으로서 비정규직·청년·여성·고령자·자영업자 등을 대변하려는 운동적 관점을 제대로 실천하고 있는지를 끊임없이 성찰하고 그에 걸맞게 활동하는 것이 요구된다. 이를 위해, 노조 운동은 기업별·고용 형태별·업종별·정파 등의 내부 분열을 지양함과 동시에 사회 공공성을 지향하기 위해 시민사회 운동과의 전략적 연대를 강화하는 실천을 강화해 나가야 할 것이다. 기업별 노사관계의 뿌리 깊은 관성이 노조 운동의 연대성을 가로막은 핵심적인 장애가 되고 있는 만큼, 기업별 경계를 넘어서 업종별 또는 지역 차원의 고용 복지 체제로 의식적으로 전환·구축하는 것이 연대의 운동적 기반을 확충·강화하는 관건적 과제라 할 수 있다. 또한 노조 운동이 공공성과 연대성의 운동 목표를 추구함에 있어 그동안 노조 운동의 전략 부재와 지도 집행력의 약화에 대한 적잖은 우려와 비판이 제기되어 왔음을 유념할 필요가 있다. 따라서 노조 운동은 사회적 명분과 대중적 효능감을 높일 수 있는 운동 전략의 구사와 조직적 결정에 대해 계통적으로 책임지는 지도 집행 체계의 구축이 시급한 과제로 요망된다. 당면 과제인 노동시장 이중구조의 개혁과 관련해, 정부와 자본이 지향해 온 고용 유연성 위주의 개혁 방향에 대해 노조 운동이 수세적 입장에서 벗어나 대기업 정규직의 임금 인상(고령자의 임금피크제 포함)을 양보하는 대신 그들의 노동시간을 단축함과 동시에 비정규직이나 미취업 청년들의 안정된 일자리 창출을 유도함으로써 공공성과 연대성의 사회적 명분과 위상을 제고하는 전략적 결단도 고려해 볼 만하다. 또한 산별 교섭이 대기업의 저항으로 제동이 걸린 상황을 타개하기 위한 또 다른 전략적 발상 전환으로서, 재벌 대기업 주도의 산업·경제적 여건을 감안해 업종별 공급 사슬 체계나 기업 그룹의 지배구조에서 중심적 위치를 차지하고 있는 이들 대기업을 초격·압박하는 초기업적 통합 교섭 모델을 새롭게 확립해 가는 것도 검토해 볼 수 있겠다.

노동시장 이중구조의 고착화 그리고 사회 불평등의 심화로 인해 그동안 우리 사회경제를 지배해 온 신자유주의적 국정 기조가 한계점에 봉착할 것이라는 희망 섞인 전망을 하면서 칼 폴라니(Polanyi 1944)의 진자 운동이 우리나라에서 시장만능의 시대로부터 노동 존중의 시대로 옮겨지기를 소망케 된다. 이런 소망이 현실화되기 위해서는 소득 주도 성장을 주도할 정치 세력의 집권이 이뤄지는 것과 더불어 평등 세상과 노동자 행복을 책임질 수 있는 노조 운동의 전면적인 혁신이 요구된다는 점을 아무리 강조해도 지나치지 않을 것이다.

12

젠더 불평등과 진보적 가치

장지연

1. 여성의 눈으로 본 불평등 문제

여성들은 역사적으로 오랫동안 이중 삼중으로 불리한 위치에 처한 사회적 약자로 살아왔기 때문에 불공정한 분배와 그 결과로서의 격차 문제를 사회적으로 제기하는 데 앞장서 왔다. 여성주의자들은 성장과 효율이라는 사회 주류적 원리의 대척점에 분배와 형평이라는 원리를 세우기 위해 노력했을 뿐만 아니라, 한 발 더 나아가 무엇이 진정한 평등인지를 묻고 답하는 데에서도 새롭고 예리한 시각을 제공한다. 이 글은 이런 시각에 기대어 한국의 불평등 양상에 대해 살펴보고자 한다.

먼저, 성별 격차를 몇 가지 대표적인 지표를 통해서 살펴보자. 2014년 현재, 여성 임금근로자의 월 평균임금은 남성 평균임금의 60% 수준이다.

시간당 임금으로 계산하면 여성은 남성의 65%를 받는다. 다른 나라와 비교해 보자면, 2011년에 우리나라 여성 전일제 임금노동자의 중위임금은 남성의 63%였는데, 이는 당시 성별 임금수준을 보고한 28개 OECD 국가들 가운데 가장 큰 격차였다. 참고로 두 번째로 성별 임금격차가 큰 나라는 일본으로, 일본 여성은 남성의 73%를 받았다. OECD 평균은 85%였다(OECD, Employment Outlook 2013).

보통 중위임금의 3분의 2에 미치지 못하는 임금을 받는 노동자를 저임금 노동자로 정의하는데, 한국의 저임금 노동자 비율은 25%로 미국과 함께 OECD 국가들 가운데 가장 높은 편이다. 남성 노동자 중에서 16%가 저임금 노동자인 데 비해, 여성은 40%이다(OECD 데이터베이스). 법정 최저임금 미달자의 비율은 전체 임금노동자의 12.1%로 매우 높은 편인데, 이를 다시 성별로 나누어 살펴보면, 남성 노동자의 7.4%, 여성 노동자의 18.2%가 법정 최저임금보다 낮은 임금을 받는 것으로 나타났다(통계청, 경제활동인구조사 2014년 8월 부가조사).

노동시장을 넘어서서 좀 더 넓은 사회 영역에서 성별 격차를 나타내는 지표로 『이코노미스트』The Economist가 발표하는 "유리천장지수"Glass-Ceiling Index가 있다. 우리나라는 이 지표가 발표되기 시작한 이래 3년 모두 OECD 27개 국가 가운데 최하위를 차지했다. 고등교육 기회의 성별 차이나 국가의 보육비 지원 측면에서 높은 점수를 받았음에도 불구하고, 고용률과 임금격차, 기업의 고위직 진출과 의회 진출에서는 바닥 수준을 면치 못한 것으로 나타났다. 여성이 충분히 높은 수준의 교육을 받고 있음에도 불구하고, 정치적 대표성을 획득하지 못하고 있으며, 노동시장에서도 평등한 기회를 누리지 못할 뿐만 아니라, 남성보다 낮은 보상을 받고 있다는 사실이 여실히 반영된 지표라고 볼 수 있다.

우리나라에서 성별 격차가 유난히 심하기는 하지만, 서구에서도 젠더 불평등의 역사는 길다. 성차별 해소를 주장하는 사람들은 오랫동안 다음과 같은 두 가지 도전 또는 질문과 마주하지 않을 수 없었다. 첫 번째는 시장주의자들과 주류경제학자들의 도전으로서, 현존하는 격차 가운데 차별에 기인한 부분이 얼마 만큼인지 구별해 그 부분만 해소하면 된다는 주장이다. 다음 절에서는 차별 금지, 기회균등으로 충분하다는 이 주장에 대하여 생각해 볼 것이다.

두 번째는 보수주의자뿐만 아니라 여성주의 진영에서도 가지고 있는 고민이다. 물론 질문의 의도는 서로 다르다. 우리가 추구하는 평등이란 '여성의 남성화'인가라는 질문이다. '다르지만 평등한'different but equal 상태를 지향하는 것은 불가능할 것인가? 평등의 가치를 지지하는 진보적 지식인이라고 할지라도 가구 단위 소득 불평등 해소에 주로 관심을 가지고 있을 뿐, 가구 내에서 성역할이 구분되는 것에 대해서는 불편함을 느끼지는 않는 것으로 보인다. '울스턴크레프트의 딜레마'라고 불리는 여성주의 진영의 오래된 질문은 현실에서 평등을 추구하는 '단위'에 대한 고민으로 연결된다. 제3절에서는 이 문제에 대해 논의할 것이다.

2. 기회의 균등과 결과의 평등

불평등 문제를 다룬다는 것은 일차적으로 분배의 원리와 그 결과를 따진다는 뜻이다. 노동시장 성과로 살펴본 분배의 '결과'는 앞에서 언급한 바와 같이 여성들에게 현저히 불리한 상황이다. 그렇다면 이렇게 여성의 노동시장 지위가 열악한 것은 어떤 원리로 분배가 이루어졌기 때문인가? 커다란 성별 격차는 분배 과정의 불공정성, 즉 성차별에 기인한 것은 아닌가?

미국의 주류경제학자인 게리 베커는 여성의 임금이 남성보다 낮은 이유를 이렇게 설명했다. 출산으로 인한 경력 단절을 예상하는 여성들은 상대적으로 높은 교육 수준과 숙련을 요구하지 않는 일자리를 선택하는데, 저숙련 일자리에 많은 여성들이 몰리면서 이들 일자리의 임금수준은 더욱 낮아지게 된다(Becker 1964). 결국, 여성들이 자발적으로 저임금 일자리로 몰려갔다는 이야기다. 다행스럽게도, 최근에는 직접적으로 이런 논리를 펴는 사람은 거의 없다.

하지만 많은 경제학자들은 여전히 요인 분해decomposition라는 분석 기법을 활용해, 여성의 임금이 남성보다 낮은 것은 여성 노동자가 상대적으로 근속년수가 짧고, 고용 형태가 비정규직이며, 교육 수준이 낮기 때문이라고 결론을 내린다. 이것은 불평등한 현실에 대한 설명이라기보다는 불평등한 현실을 다른 방식으로 다시 한 번 묘사하는 동어반복에 가깝다. 여성이 남성보다 더 높은 비율로 비정규직에 고용되며 같은 일자리에서 오래 일하지 못하는 현상, 그리고 출산을 전후해 노동시장에서 퇴장했다가 40대 이후에 저소득층을 중심으로 재진입하는 현상은 그 자체로 설명을 요한다.

여성은 노동시장에서 남성과 비슷한 수준의 고용 기회를 얻지 못하고 있다. 2014년 현재, 생산 가능 연령대(15~64세) 여성의 고용률은 55%로 남성 고용률 76%에 비해 21%p 낮다(통계청, 『경제활동인구조사』). 특히 우리나라에서는 30대 여성의 고용률이 20대나 40대 이후보다 낮은데, 이처럼 연령별 고용률의 M커브 현상이 남아 있는 나라는 OECD 국가 가운데 한국이 유일하다. 고용 형태별로는 남성 임금근로자 가운데 비정규직이 차지하는 비중이 26.6%인 데 비해, 여성의 경우는 40%에 달한다. 공무원이나 교사 등 일부 직종에서 여성이 높은 비율을 차지하는 것은 여성에게 더 많은 기회가 열리게 되었음을 보여 주는 사례라기보다는 상대적으로 공정한 기회를 제공하는 분야에 여성이 집중적으로 몰리는 현상을 보여줄 뿐이다.

과거처럼 채용 공고에 성별이 명시되지 않고, 출산하면 퇴직한다는 서약을 미리 강요받지 않게 되었으니, 기회균등은 실현된 것 아니냐고 말할 수 있을까? 나머지는 개인의 자발적 선택에 달린 것이니 불평등은 사라진 것인가? 그렇지 않다는 것이 '적극적 우대 조치'Affirmative Action의 개념 속에 내포된 평등의 원리다(장지연 2006).

적극적 우대 조치에는 결과의 평등을 지향하는 원리가 어느 정도 내재되어 있다. 예컨대 적극적 우대 조치는, 특별한 제약 조건을 내걸지 않는다고 해서, 그것이 그 자체로 균등한 기회를 보장하는 것은 아니라는 전제하에, 노동시장 성과가 어느 정도 엇비슷해질 때까지 그동안 불이익을 받아왔던 집단을 우선적으로 채용하라고 요구하는 정책이다. 우리나라의 적극적 우대 조치는 여성 채용 비율을 할당하는 정도의 강력한 우대 조치는 아니지만, 채용률에서 현저한 격차가 남아 있다면 이는 불평등/차별이 존재한다는 간접적 증거라는 논리를 채택하고 있다. 이에 따라 한국은 미국의 제도(미국은 1960년대부터 이런 평등 원리를 채택하고 있다)를 벤치마킹해 2006년에 '적극적 고용 개선 조치'를 남녀고용평등법에 명시하고 정책으로 도입했다.

적극적 우대 조치에 반대하는 논자들이 제일 먼저 들고나오는 비판은 이 제도가 능력주의나 업적주의Meritocracy에 위배된다는 주장이다. 달리 말하자면 이 제도는 일종의 역차별로서 오히려 공정한 경쟁을 저해한다는 것인데, 그 결과 노동시장의 효율성이 떨어져 전체 사회 수준에서 손해를 보게 된다고 주장한다. 사회적 약자를 보호하려는 취지를 가진 제도를 공격하는 시장주의자들의 전형적인 논리라고 할 수 있다.

이런 공격에 맞서 적극적 우대 조치의 지지자들은 한국 사회에서 통용되는 능력주의가 진정한 능력주의인지를 되묻는다. 경우에 따라서 '공정한 경쟁'이라는 개념은 현실을 호도하는 이데올로기적 용법으로 활용되기 때문이다. 이들은 다음과 같이 묻는다. 한국 사회에서 진정 능력에 따라 공정하게 기회와 보상이 주어졌다면, 여성에게 현저하게 적은 기회가 제공되는 오늘날의 현실에 도달했겠는가?

성별 격차 문제에 천착해 온 여성주의자들은 오랫동안 배제되어 있던 사회적 약자들에게 진정한 의미의 평등을 보장하기 위해서는 의도적인 차별을 멈추는 것만으로는 부족하며, 결과의 평등이 어느 정도 실현될 때까지 추가적인 자원의 배분이 필요하다는 논리를 우리 사회에서 관철시키기 위해 노력해 왔다. 문제는 다른 여느 차별금지법과 마찬가지로 한국에서 이 정책이 유명무실하게 돌아가고 있다는 점이다. 적극적 고용 개선 조치가 여성의 고용률과 고위직 진출 비율을 높였다는 분석 결과는 나오지 않고 있는 것이다. 그러나 이것은 정책 추진 의지와 실행력의 문제가 노정된 것이지 원리 자체의 문제는 아니다. 불평등을 해소하기 위해서는 결과의 평등을 추구하는 적극적 우대 조치가 명실상부하게 작동되어야 한다.

3. 임금 불평등과 가구 단위 소득 불평등

젠더 불평등, 즉 여성과 남성 사이에서 나타나는 사회·경제적 보상과 지위의 격차는 불평등이 나타나는 다양한 징후들 가운데 하나에 불과하다는 주장이 있다. 예를 들어, 노동시장에 내재하는 불평등은 연령 세대 간 격차나 남성과 여성 간의 격차 등 여러 가지 양상으로 나타날 수 있지만,

이것은 불평등이라는 본질이 밖으로 드러난 다양한 징후일 뿐이라는 것이다. 이 주장에 따르자면, 결국 분배의 공정성이 실현된다면 이 모든 불평등의 징후들은 사라지게 될 것이므로 젠더 불평등을 따로 고민할 필요가 없다는 결론에 도달하게 된다. 그러나 우리가 살펴보게 될 이야기는 현실이 그렇게 간단하지 않다는 것을 보여 준다. 당장 우리는 소득분배의 불평등을 어떤 단위에서 측정하고 대응해야 할 것인가라는 매우 현실적인 문제에 직면하게 된다.

다시 한 번 게리 베커를 인용하지 않을 수 없는데, 그는 여성들이 경제활동에 참여하지 않거나 시간제로 취업하는 것은 임금노동과 가사노동이 모두 필요한 상황에서 부부가 각자 상대적 비교우위가 있는 역할을 선택한 것이라고 말한다. 결국, 의사결정의 단위는 부부다(Becker 1964). 여성들은 원치 않아도, 결국 가사노동과 육아는 여성이 담당해야만 한다는 사회적 통념에서 비롯된 억압은 없는지, 여성의 경제적 의존성이 지위 하락으로 귀결되는 것은 아닌지에 대한 고민은 위와 같은 논의에서는 찾아볼 수 없다. 부부를 묶어서 하나의 단위로 생각하는 것이 어떻게 기존 질서에 대한 무비판적 수용으로 이어질 수 있는지를 단적으로 보여 주는 사례라고 할 수 있다.

불평등한 현실의 문제를 풀고자 하는 진보적 사회과학자들 중에서도 불평등을 정의하고 측정하는 단위로서 개인과 가족(또는 가구) 사이에 갈등이 존재한다는 사실을 심각하게 고민하는 이는 많지 않다. 그저 막연히 개인들 사이에 소득 불평등도 줄이고, 가구 단위의 소득 불평등도 줄여야 한다고 생각할 뿐이다. 2008년에 있었던 종합부동산세 위헌 논란이 그 전형적인 사례이다. 종합부동산세는 노무현 정부 시기였던 2005년에 도입된 것으로, 과세를 통해 부동산 투기를 막고 자산 불평등을 완화하기 위한 취지에서 나온 제도였다. 그러나 보수 진영은 부부 합산 과세라는 틈새를 공격했고, 결국 부부 합산 방식의 종합부동산세는 2008년 헌법 불합치 판결을 받고 좌초하고 말았다. 당초에 이 제도를 부부 합산 과세로 도입한 것이 부부간 명의 이전을 통한 세금 회피를 우려한 것이었다면, 개인 단위로 과세하되 과세 기준선을 낮추었어야 했다. 서구에서는 전통적으로 부부 합산 과세를 해오던 경우가 많았으나, 이를 개인 과세로 개혁하는 것을 젠더 평등을 향한 커다란 진전으로 평가하고 있다.

'일생활균형'Work-Life Balance; WLB 이슈는 현재진행형인 사회적 의제 가운데 성역할에 관한 여성주의적 고민과 소득 불평등의 문제가 응축된 주제다. 당초에 이 의제는 여성주의적 관점에서 제기된 것이었다. 출발은 '울스턴크레프트의 딜레마'다. 여성들이 적극적으로 노동시장에 참여하려고 해도 가사 책임이 면제되지 않는 차별적인 환경에 노출되다 보니, 지금 우리가 목도하고 있는 바와 같이 저임금 일자리에서 일하게 될 뿐, 경제적 독립이라는 당초의 목표를 달성하기 어렵다. 그렇다고 해서 가사노동의 가치나 모성의 의미를 주장하면서 '다르지만 평등한' 상태를 추구하자니 자본주의사회가 수용하지 않을뿐더러 결국 이등 시민의 지위를 벗어나기 힘들다. 결국 해답은 남녀 모두 노동권과 부모권을 동등하게 누리는 상태로 가자는 것, 남성의 생활양식도 함께 변해야 한다는 것이었다. 여기서 나온 것이 '일생활균형'이라는 가치다. '일생활균형'WLB 정책은 '보편적 소득자-양육자 모델'universal earner-carer model[1]을 이상적인 젠더 레짐으로 설정하고 국가가 돌봄의 사회화를 적극적으로 추진함으로써 성평등한 복지국가를 만들기 위한 방법으로 채택된다.

1_보편적 소득자-양육자 모델은 남성과 여성이 모두 노동자이면서 동시에 부모로서 자녀 양육에 참여하는 가족 모델을 일컫는다.

그림 1 | 각국의 가구소득자 유형 분포

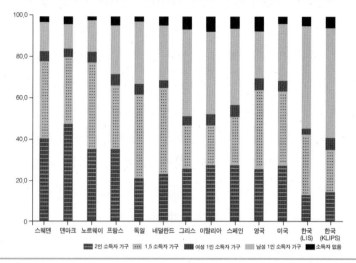

주: LIS 자료는 근로시간 정보를 제공하지 않기 때문에, 여기서 1.5 소득자 가구는 부부 중 한명이 파트타이머라는 의미가 아
니라 소득이 더 적은 쪽이 많은 쪽 소득의 10~60% 수준일 경우 1.5 소득자 가구로 정의함.
자료: LIS wave VI(2005년 전후), 가구주 연령 25~59세인 부부 가구; 장지연 외(2015).

    그러나 현실에서 이런 시도는 아주 흔히 반쪽짜리 성과를 얻는 데 그
치고 있다. 여성을 노동시장에 끌어내는 데는 성공하지만 불평등한 관계
를 개선하지는 못하는 것이다. 북유럽 국가들을 제외한, 대다수의 유럽
국가들에서조차 여성이 파트타임 노동자로 노동시장에 편입되는 비율이
매우 높으며, 월 소득은 남편 소득의 절반 정도에 머문다(장지연 외 2015).
남성은 주로 임금노동에 집중하고 여성은 파트타임 임금노동과 함께 가
정 내 돌봄 노동을 모두 수행하는 형편에 있으므로 이런 상태를 일컬어
'1.5 소득자 모델'이라고 부른다. 이를 두고 과거의 성별 분업 체계를 깨고
진일보했다고 평가하기는 어렵다. '일생활균형'이라는 가치가 당초에 성
평등을 추구했던 것임을 잊고 여성을 파트타임 노동자로 동원하는 방편

으로 전락한 것을 비판한다는 의미에서 영어권 여성학자들은 일생활균형 정책이 '길을 잃었다'고 표현하기도 한다(Jenson 2009; O'Conner 2013). 여성은 파트타임으로 일하면서 일과 가정을 양립하는 것이 좋겠다는 생각, 이것은 젠더 관점에서 보면 매우 안일한 인식이 아닐 수 없다.

한편, 남성 생계 부양자형의 젠더 레짐에서 1.5 소득자 모델이나 2인 소득자 모델, 또는 보편적 소득자-양육자 모델로 젠더 레짐이 변화한다는 것은 그 사회의 가구 단위 소득 불평등이나 계층구조의 변화에도 커다란 영향을 미친다. 에스핑-안데르센(2014)은 젠더 레짐과 소득 불평등 간의 관련성을 본격적으로 다루고 있다. 그에 따르면, 서구에서는 지금 성역할 혁명이 진행 중이다. 그런데 성역할의 변화가 모든 소득 계층에서 비슷한 속도와 양상으로 나타나는 것은 아니다. 중산층 고학력 여성이 먼저 소득 활동에 뛰어들기 때문에 가구 단위로 측정되는 소득 불평등은 증폭된다. 물론 2인 소득자 가구의 증가가 1990년대 이후 유럽 국가들에서 관찰되고 있는 소득 불평등 확대의 유일한 원인은 아니다. 탈규제화된 노동시장과 무기력한 노조, 기술 편향적인 보상 체계, 노동소득분배율의 감소, 그리고 저숙련 노동자의 고용 안정성 하락 등 개인 단위의 소득 불평등이 심화되는 원인은 다양하다. 하지만 엄밀하게 말해서 추가적으로 언급한 요인들은 모두 가구소득 불평등의 심화를 설명하는 것이 아니라 개인소득, 즉 임금 불평등을 초래하는 요인이다. 개인 임금의 불평등이 반드시 가구소득 불평등으로 귀결되는 것은 아니다. 고소득층 여성의 경제 활동 참여가 상대적으로 활발할수록, 그리고 같은 소득 계층에 속했던 이들끼리 혼인하는 동류혼Assortative Mating 풍조가 강할수록, 임금 불평등이 가구 단위 소득 불평등의 증폭으로 귀결될 가능성은 커진다.

우리나라는 선진국에 비해서 2인 소득자 가구가 적다(〈그림 1〉 참조). 유럽 국가들은 남편의 소득수준이 높은 경우에 아내의 고용률이 높은 데 비해서, 지금까지 우리나라는 그 반대의 경향이 현저하다(장지연 외 2015). 달리 말하자면, 노동시장에 나와 있는 여성의 임금이 남성 평균임금의 60%에 불과한 현실이 우리나라 가구소득 불평등을 상대적으로 완화해 주는 역할을 하고 있다는 것이 불편하지만 진실이다. 임금 불평등이 OECD 국가들 가운데 가장 크지만, 가구소득 불평등은 OECD 평균을 크게 웃돌지 않는 수준을 유지하고 있는 비결 아닌 비결이 여기에 있다. 앞으로도 고소득 계층 여성들은 노동시장에 나오지 말고, 나오더라도 시간제 일자리 정도만 하라고 말할 수 있나? 진보적 가치로서의 평등을 추구하는 사람이라면 그렇게 말할 수 없다.

4. 진보적 가치로서의 평등 개념

'평등'이라는 가치는 진보의 전유물이 아니다. 평등이나 분배와 관련된 여러 가지 개념들 중에서 보수주의자나 시장주의자도 쉽게 지지할 수 있는 것들이 있는데, 중산층 복원이나 빈곤 퇴치, 능력주의에 기초한 기회균등 등이 그것이다. 진보는 이 모든 가치들을 존중하지만, 여기에서 그치지 않고 한 발 더 나아간다. 평등이 진보적 가치를 갖기 위해서는 다음과 같은 두 가지 사안에 대해 좀 더 진지하게 고려해 보아야 한다. 첫째, 기회균등이라는 개념에 기생하기 쉬운 이데올로기적 성격을 제거하고 진정한 의미의 기회균등인지를 물어야 한다. 기회균등의 진정한 의미를 바닥까지 천착해 들어가면 '결과의 평등'을 만나게 된다. 둘째, 생활의 풍요를 엇비슷하게 누리는 상태를 '평등'이라고 간주해서는 안 된다. 가구소득 불평등이 심하지 않은 상태라고 할지라도, 그것이 일부 구성원에 대한 억압의 결과여서는 곤란하다.

'평등'이란 일차적으로 분배의 원리와 그 결과로서의 소득분포를 일컫는 말이지만, 궁극적으로는 '정의'와 같은 말이다. 여성과 남성 간에 부당한 차별이 있지만, 이것을 바로잡으면 가구 단위 소득 격차는 더 커질 수 있는 상황이라고 하자. 어떻게 할 것인가? 가구 단위 소득 격차를 줄이는 데 집중하는 것은 평등을 분배의 개념으로 축소시키는 것과 같다. 여성이 시간제나 저임금 일자리에서 일하고 있기 때문에 지니계수를 낮출 수 있다는 사실을 알고 있음에도 불구하고 여성을 이등 시민의 지위에 붙박아놓지 않는 것이 정의다.

평등을 정의의 개념으로 확대하는 것이 사회 운동적 차원에서도 바람직하다. 여성주의 관점에서 젠더 불평등을 고민해 온 사람이라면, 이 지점에서 낸시 프레이저(2014)의 '삼중 운동'이 주는 메시지를 떠올리지 않을 수 없다. 낸시 프레이저(2014)에 따르면, 오늘날 세계가 당면한 위기는 탈규제를 통해 시장을 확장하려는 세력에 의해 사회가 와해되고 있다는 점에서 1930년대의 위기와 닮았다. 하지만 20세기 전반에는 '사회를 보호'하고자 하는 세력들이 결집해 시장 확대 세력에 대항하는 전선을 형성했던 반면(칼 폴라니의 용어로 '이중 운동'), 지금은 그런 모습이 보이지 않는다. 우리 식으로 질문하자면, 소득 불평등이 이렇게 심화되는데도 왜 피해자들은 결집하지 않는 것일까? 몇 가지 설명들이 있는데, 그중에서도 오늘날 금융화된 자본과 프리케리아트(불안함을 뜻하는 영어의 프리케리어스precarious와 프롤레타리아트proletariat의 합성어로 비정규직·실업자를 가리킨다)의 모습을 띤 노동자는 과거 산업자본과 프롤레타리아와의 관계와는 다르다는 설명이 설득력을 얻고 있다. 조직 노동을 특권 집단이라고까지 보는 이들이 생기면서 자본 대 노동이 아니라 노동자들 간의 분절이 도드라져 보인다. 하지만 낸시 프레이저는 이것만으로는 충분한 설명이 되지 못한다고 말하면서, 다시 질문한다. 어째서 각종 운동 세력들은 사회를 수호하기 위한 대안적 헤게모니 기획으로 결집하지 않는 것일까?

그녀가 내놓은 대답은 과거 이중 운동의 틀에서는 자리를 찾을 수 없는 광범위한 사회적 투쟁들이 존재하는데, 반인종주의나 여성주의, 성소수자 운동과 같은 해방운동들이 제3의 세력을 형성하게 되었기 때문이라는 것이다. 이들은 정의를 요구하지만, 이들이 요구하는 정의는 재분배보다 사회적 인정recognition에 초점을 두는 경우가 더 많았다. 이들은 전통적인 사회적 보호 제도에 내재된 위계적이며 배제적인 성격을 비판하며 분배의 평등을 넘어 다양한 차원에서의 정의를 요구한다는 프레이저의 지적은 우리 사회가 경청해야 할 중요한 대목이라 할 수 있다.

다양하게 분화한 진보적 세력들을 모아 시장 확대에 대항하기 위해서는 소득분배의 기치만으로는 불충분하다. 평등을 분배의 문제로만 생각하면 자칫 일부 구성원을 억압하고 있으면서도 이를 인식하지 못할 수 있다. 해방과 인정을 포괄하는 평등이 진보가 추구하는 평등이다.

13

교육은 불평등을
치유할 수 있는가?

신명호

지금 우리 앞에 극도로 불우한 환경에 처한 한 아이가 있다고 가정해 보자. 공사장 인부였던 아버지는 사고로 죽었고 어머니는 가출했으며 유일한 혈육인 할머니가 정부에서 받는 생계비로 아이를 돌보고 있다. 이 아이가 현재의 궁핍을 벗어나 장차 행복한 시민으로 성장할 수 있는 길은 무엇일까?

이 아이가 계층 상승에 성공할 수 있는 방법을 누군가 우리에게 묻는다면, 아마 우리 중 열 명 가운데 아홉은 '열심히 공부하기'를 우선으로 꼽을 것이다. 동서고금을 막론하고 무일푼으로 입신양명에 이르는 가장 확실한 길은 지식을 쌓음으로써 돈과 지위에 대한 접근성을 높이는 것이라는 믿음이 있어 왔다.

그런데 이런 믿음과 기대가 현실에서 항상 맞아떨어졌느냐 하면, 그렇다고도, 혹은 그렇지 않다고도 할 수 있다. 여기에는 매우 주관적인 검증의 과정이 있기 때문이다.

공부와 성공의 관계는 지식을 축적하고 배움이 많았음을 입증하면 남들로부터 실력 있는 사람으로 인정받고, 따라서 높은 소득과 지위가 보장되는 직업을 갖게 된다는 식으로 정형화되어 있다. 그리하여 배고픈 어린 시절을 보내며 학업에 힘쓴 결과 경제적 성취를 이룬 사람은 순전히 공부의 힘으로 성공을 낚아챈 입지전적인 인물로 묘사된다. 반면, 비슷하게 어려운 환경에서 공부를 했지만 이렇다 하게 처지가 나아지지 않은 사람은 배움을 위해 충분히 노력하지 않은 자로 여겨진다. 그러니까 통상 후자의 경우는 공부의 효능을 의심할 만한 사례로 간주되지 않는다. 공부의 양이 신분의 변화를 가져올 수 있는 임계점에 아예 다다르지 못한 사례로 치부되고 만다.

사람들은 공부와 성공 관계의 공식이 들어맞는 경우에는 열광하고 그렇지 않은 경우는 적당히 무시해 버림으로써 그 둘의 인과관계에 대한 믿음을 굳건히 지켜 나가는 경향이 있다. 이를테면, "가난을 딛고 성공한 사람들은 열심히 공부한 사람이다. 왜냐하면 만약 열심히 공부하지 않았다면 그들은 성공하지 못했을 테니까"라고 말한다. 이것을 논리학에서는 '결론이 옳음을 가정하는 오류'라고 하는데, 이렇듯 공부와 성공의 방정식은 언제나 개천의 미꾸라지가 용이 된 감동적 사례만을 골라서 대입하기 때문에 결코 흔들리는 법이 없다.

그렇다고 교육이 계층 상승의 가능성과 전혀 무관하다는 뜻은 아니다. 위에서 언급한 가난한 아이를 위해 우리가 내린 처방이 딱히 잘못되었다고도 할 수 없다. 개인 차원에서는 학업에 매진하는 것이 빈곤 탈출의 가능성을 그나마 높이는 길이다. 그러나 열심히 공부하면 누구나 성공할 수 있다는 통속적 신앙에는 중요한 단서 하나가 빠져 있다. 통계학에 흔히 나오는 '만일 다른 모든 조건들이 동일하다면'all other things being equal이라는 전제 조건 말이다.

우리는 교육이 모두 동일한 출발선에서 뛰는 공정한 경쟁의 장이라고 착각한다. 오직 학생 개인의 지능과 노력만으로 결과가 만들어지는 평평한 지형의 경기장이라고 믿는다. 하지만 사실 교육의 장이야말로 사회경제적 구조라는 복잡한 조건들이 떠받치고 있는, 처음부터 기울어져 있는 운동장이다.

1. 가정 배경과 학업 성취의 관계

우리가 얼핏 교육을 공정한 게임이라고 생각하게 되는 것은 학습의 공간인 학교가 학생 모두에게 동일한 환경과 조건을 제공한다고 상정하기 때문이다. '같은 선생님에게서, 같은 교과서를 가지고, 같은 시간 동안 배우고 공부하므로 성적의 우열을 결정짓는 것은 오직 학생 각자가 기울이는 노력의 차이'일 것이라고 흔히들 생각한다.

그런데 만약 이 가설이 맞는다면 학업성적의 우열 분포에는 가정환경의 쏠림 현상이 나타나지 않아야 마땅하다. 즉 우등생들 가운데 유독 잘사는 집 아이들이 많다거나, 혹은 가난한 집 아이의 비율이 낮다거나 하는 편향성이 없어야 한다는 뜻이다. 비유적으로 설명하자면 이렇다.

'햇빛이 해바라기의 성장에 영향을 미치는지, 아닌지'를 판단해야 한다고 치자. 이를 확인하기 위해서 한 종류의 해바라기 씨를 햇빛이 잘 비치는 환경(A군)과 종일 해가 들지 않는 환경(B군)에 나누어 뿌린 후 성장 결과를 비교해 본다. 당연히 물과 영양분 등 다른 조건은 동일하다. A군 해바라기들의 키는 저마다 각기 다를 것이다. 같은 종자라고는 해도 보통보다 웃자란 놈도 있고 상대적으로 작은 것도 있기 마련이다. B군의 해바라기들도 마찬가지다. 어디에나 개체의 다양성은 존재한다. 문제는 A군 해바라기 개체들의 평균 신장과 B군 개체들의 평균 신장이 얼마나 다른가에 있다. A군 해바라기들의 평균 키가 B군에 비해 확실히 크다면 햇빛의 영향이 분명 있는 것이고, 만약 별 차이가 없다면 해바라기의 키를 결정하는 것은 오직 개개의 씨앗 안에 존재하는 소인素因의 차이다.

이와 마찬가지로 공부에 쏟는 노력 및 지능의 차이가 오직 학생 자신의 차원에서만 결정된다면, 공부를 열심히 하는 똑똑한 아이와 그렇지 않은 학생의 분포는 어느 사회계층에서나 확률적으로 동일하게 나타나야 할 것이다. 그래야 비로소 학업 성취는 순전히 학생 개인의 노력과 능력에 의해서만 좌우된다고 말할 수 있다.

그렇다면 과연 현실은 어떠한가? 오늘날 대체로 잘사는 집 아이들이 공부를 잘하는 경향이 있다는 것은 이미 널리 알려진 사실이다. 각종 조사 연구 자료들은 저소득층 아이들의 학업 성취도가 평균적으로 낮음을 보여 주고 있다. 좀 더 구체적으로 표현하면, 부모의 교육 수준과 소득, 직업적 지위가 높을수록 자녀의 학업성적도 높은 경향을 나타내는 반면, 부모의 사회경제적 지위가 낮은 가정의 자녀들은 학업 성취도가 상대적으로 낮은 편이다.

물론 이는 어디까지나 경향성이므로 반대의 경우들도 더러 있다. 중산층 가정 자녀 가운데도 열등생들이 있는가 하면, 저학력의 노동자 부모를 둔 학생 중에도 명문 대학을 간 사례들이 있다. 하지만 이런 경우는 빈번하게 일어나지 않는다.

부모의 사회경제적 지위와 자녀의 학업 성취 간에는 절대적이지는 않지만 어느 정도 상관관계가 있음을 부인할 수 없다. 이를 경험으로 알아챈 세상 사람들은 '요새는 개천에서 용 나기가 힘들어졌다'고 말한다.

이런 현상의 이유에 관해서는 뒤에서 차차 밝히기로 하되, 여기서 짚어야 할 점은 학교 공간에서의 학습 조건이 동일해 보인다고 해서 공정한 경쟁이 이루어지는 것은 아니라는 점이다.

이런 현상은 비단 우리나라에만 국한된 것도 아니다. 정도의 차이가 있을 뿐, 미국과 유럽, 일본에서도 부모의 학력과 소득이 높은 계층의 아이들이 공부를 잘하는 경향이 있다. 따라서 학생 개인의 학력 수준이 각자의 노력에 의해서뿐만 아니라 가정 배경에 의해 좌우된다는 사실은 세계 공통의 현상이고, 그 메커니즘의 규명은 지금까지 교육사회학의 오래된 연구 주제였다.

2. 교육은 불평등 구조를 반영한다

교육 시스템이 애초부터 기울어진 운동장이란 점을 본격적으로 언급한 이는 프랑스의 사회학자 피에르 부르디외P. Bourdieu였다. 그는 학교 제도가 엘리트 계급의 문화를 교육 내용과 평가의 표준으로 채택하고 있기 때문에, 가정에서부터 그것에 익숙한 상류층 아이들이 학교에서 두각을 나타내는 것이 당연하다고 설명한다. 그는 상류층의 생활양식에 깃들어 있는 어휘·억양, 고급예술에 대한 지식과 태도 등을 '문화자본'이라 지칭했다. 눈에 보이지 않는 속성들에 대해 굳이 '자본'이란 표현을 쓴 것은 부모의 계급적 지위를 자녀 세대로 세습시키는 가치 증식의 효과 면에서 종래의 경제 자본과 다를 바 없다는 뜻으로 한 말이었다. 즉 옛날에는 부모가 높은 지위를 물려주기 위해 재산(경제 자본)을 직접 자식에게 쥐어 주었다면, 그것이 점차 세간의 눈총을 사는 시대가 되면서부터는 우월한 문화적 성향을 통해 부모 세대의 계급이 재생산되고 있다는 것이다.

　교육과정과 평가 방식이 유럽과 다른 우리나라에 문화자본 이론을 그대로 적용하는 것은 무리가 있다. 하지만 세계 대부분 나라에서 발견되는 교육 기회의 불평등 현상과 관련해, 부르디외의 이론은 중요한 시사점을 던진다. 즉 교육의 장은 그 나라의 사회경제적 불평등 구조가 그대로 투영되어 나타나는 공간이라는 점이다. 달리 말하면, 학교와 가정을 막론하고 일어나는 학생의 총체적 공부 활동에는 부모의 계급적 처지가 강한 영향을 미치고 있는 것이다. 배움이 적고 가난한 노동자 부모의 자녀와 전문 고위직 부모의 자녀가 학교생활과 진학 과정에서 어떤 유·불리함의 차이를 겪을지 상상해 보면 쉽게 수긍이 간다.

　교육이 계층 상승의 기회를 불러오고, 따라서 불평등을 완화해 줄 것으로 기대하는 우리에게 이상의 사실은 참으로 실망스러운 소식이 아닐 수 없다. 교육이 불평등을 해소하는 게 아니라 오히려 불평등 구조를 온존시키고 있다니 말이다.

　하지만 이것이 일반적 경향이기는 해도 교육 성취에 미치는 가정 배경의 영향을 최소화하기 위한 정책적 노력은 나라마다 다르다. 교육이 경제적 불평등 자체를 줄이지는 못해도 어떤 교육정책을 펴느냐에 따라 경쟁의 불공정성을 줄일 수는 있다. 바람직한 개선책을 찾기 위해서는 교육 기회의 격차가 일어나는 원인에 관해 좀 더 살펴볼 필요가 있다.

3. 공부를 더 많이 하는데도 날로 심해지는 경제 불평등

1970~90년대에 빈주먹으로 중산층이 된 수많은 사례들을 기억하는 (혹은 몸소 체험한) 독자들은 교육이 불평등을 해소하기 어렵다는 필자의 주장에 여전히 의구심을 가질 것이다.

상당수의 청소년이 학교에 '월사금'을 낼 수 없어 진학을 포기하고, 대신 공장 노동이나 식모살이를 택해야 했던 시절이 분명 있었다. 당시 학업의 기회를 결정하는 것은 전적으로 부모의 소득과 가정 형편이었다. 이런 절대 빈곤의 시대를 뒤로 하고 사반세기에 걸쳐 빠른 경제성장과 국민소득의 증가가 이어졌다. 이와 더불어 교육 수요 역시 폭발적으로 증가했고, 무상교육이 단계적으로 도입되면서 돈이 없어 학교에 못 가는 경우는 현격히 줄어들었다.

〈그림 1〉은 우리나라의 교육이 확대되어 온 추이를 보여 준다. 중학생의 고등학교 진학률은 1980년대 중반에 이미 90%대에 들어섰고, 전문대학 이상 대학교 진학률은 1990년대 중반, 50%를 넘어섰다.

이런 교육의 확대는 눈부신 경제성장 및 국민소득의 증가와 거의 동시에 일어났으므로, 이 과정에서 빈곤한 가정 출신이 열심히 학교를 다녀 마침내 화이트칼라가 되는 성공 사례들이 도처에서 생겨났다. 그리고 이런 연유로 '열심히 공부했더니 가난을 극복했다'는 명제가 진리로 자리 잡기 시작한다.

게다가 너 나 없이 가난했던 절대 빈곤 시대 — 1인당 국민(명목)소득이 1천 달러를 넘어선 것은 1977년 이후였음 — 에는 학교의 우등생들이 저소득 가정에 속할 확률이 당연히 높았던 것인데, 이런 통계학적 진실은 묘하게도 '가난한 집 아이가 공부를 더 잘 한다'는 착시를 불러일으키기도 했다.

그림 1 | 상급 학교 진학률 및 1인당 국민소득 변화 추이

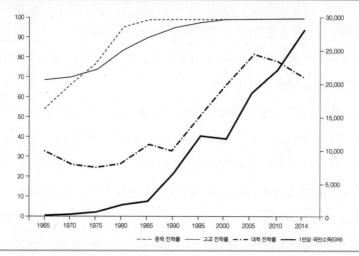

자료: 한국교육개발원 교육통계분석 자료집(2011) 및 교육통계서비스(http://kess.kedi.re.kr/index), 한국은행 경제통계시스템 (http://ecos.bok.or.kr).

여기서 우리는 좀 더 엄밀해질 필요가 있다. 계층 상승의 성공 사례들을 만들어 낸 근본적 힘이 과연 뜨거운 향학열이었을까? 만약 20세기 중후반에 우리나라에서 높은 경제성장이 일어나지 않았더라도, 단지 교육체계만을 확대함으로써 광범위한 빈곤 탈출을 이룰 수 있었을까?

사실 경제성장이 없는 교육의 확대란 애초에 불가능하기 때문에 이런 가정 자체가 어리석은 질문이다. 하지만 이런 우문愚問을 무릅쓰는 까닭은 교육과 계층 상승의 상관관계를, 경제구조 및 고용 시장의 문제와 무관한, 마치 둘만의 인과관계인 양 잘못 해석하는 오류를 드러내기 위해서다.

1990년대 중반까지 30여 년 동안 우리나라의 절대 빈곤이 사라지고 중산층이 두텁게 형성될 수 있었던 데는 산업화로 인한 경제 발전이 불평등의 격차를 크게 벌리지 않으면서 이루어졌기 때문이다. 제조업이 견인

그림 2 | 경제성장률과 지니계수의 변화 추이

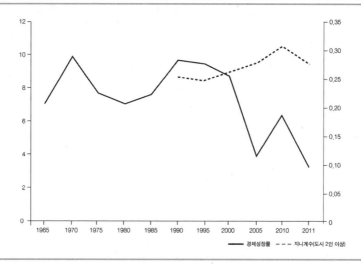

자료: 한국은행 경제통계시스템(http://ecos.bok.or.kr), 통계청 소득분배지표(http://kosis.kr, 도시 2인 이상 가구의 처분 가능 소득으로 계산한 지니계수).

하는 경제성장은 괜찮은 일자리를 많이 만들어 냈고, 교육은 그런 일자리가 요구하는 인력들을 길러 내는 역할을 했다. 뒤집어 말하면, 산업구조와 노동시장이 임금 소득이 증가할 수 있는 여건을 허락하지 않았다면, 교육의 증대만으로 소득의 증대를 불러올 수는 없었다는 뜻이다.

이는 상대 빈곤율이 높아지고 소득 불평등이 심화되는 최근 20년간의 추세를 보면 더욱 명확해진다. 한국의 경제성장률은 2000년대 들어 급격히 떨어지기 시작했고 고용 시장의 환경 역시 악화일로에 있다. 한편, 1980년대까지 양호한 수준을 보이던 소득의 불평등[1] 정도는 1990년대 이후 꾸준히 높아지는 추세이고, 실업 문제 역시 호전될 기미를 보이지 않는다.

그런데 경제성장이 둔화되고 불평등이 심해지는 1990년 이후의 기간에도 〈그림 1〉에서 보는 바와 같이, 우리나라의 교육은 줄곧 확대되어 왔다. 중·고교 진학률은 진작부터 100%에 육박했고, 대학에 가는 학생들의 비율은 특히 1990년 이후 급격히 증가해서 현재는 약 71%에 달한다. 이런 수치는 OECD 국가 내 최고 수준인데, 이와 함께 우리나라는 소득 불평등의 정도에서도 OECD 내 상위권에 속한다. 고등교육을 받는 청소년의 비율은 높지만, 그들 간의 소득 격차는 매우 크다는 얘기다. 이는 가령 대학 진학률이 40%대에 불과한 독일이 불평등 지수에서는 우리보다 훨씬 낮은 것과 대조를 이룬다. 대학 교육을 받지 않은 인구가 절반을 넘을 정도로 많지만 독일 국민의 소득수준은 우리에 비해 높고 고른 편이다. 결국 평균 학력 수준이 높은 것과 국민소득 및 소득 불평등의 수준 사이에는 아무런 관계가 없다는 뜻이다. 오늘날 우리는 단군 이래 최고의, 그리고 당대 최고의 교육 수준을 자랑하고 있지만, 실업률은 고공 행진 중이고 불평등의 골은 깊어지고 있다.

4. 학력은 높은 지위 확보를 위한 수단

부모들이 생각하는 자녀 교육의 목적은 '더 좋은 직업을 가질 수 있는 능

1_소득의 불평등도는 〈그림 2〉의 지니계수로 표현되는데, 수치가 높을수록 개인소득 간의 불평등 정도가 심한 것이다. 1990년 이전의 상황이 표시되지 않은 것은 공식 통계자료가 없기 때문이다.

력 기르기'로 수렴된다. 가끔 인격의 도야나 민주 시민의 자질 함양 같은 '고상한' 목적에도 고개를 주억거릴 수는 있겠지만, 그것이 좋은 일자리를 향한 학력 성취보다 더 우선한다고 믿는 부모는 극히 드물 것이다.

그런데 앞에서 보았듯이, 예전보다 더 오랫동안 공부하고, 더 상급의 학교를 다녔다고 해서 괜찮은 일자리를 얻을 가능성이 더 높아지는 것은 아니라는 점이 점차 분명해지고 있다.

고도의 작업을 처리할 수 있는 지식과 기술, 근로 능력 등을 '인적자 본'human capital이라 일컬었던 일군의 이론가들은, 교육 수준이 높은 사람은 이런 인적자본이 풍부하기 때문에 생산성이 높고 회사에 더 많은 이윤을 가져다주게 되어 더 높은 보수와 대우를 받는 것이라고 주장했다. 그리하여 1960년대부터 미국 정부는 빈곤을 퇴치하기 위한 프로그램(일명 '빈곤과의 전쟁')으로 저소득층 아이들에게 집중적으로 교육 서비스를 제공하는 정책들을 펴기 시작했다.

하지만 이런 정책들은 가난의 세습을 끊는 데 기대만큼의 효과를 내지 못했다. 그것은 가난한 집 아이들의 인적자본이 증가하는 동안, 계층의 사다리 위쪽에 있는 중·상류층 아이들이 그냥 손가락만 빨며 놀고 있던 것은 아니었기 때문이다. 더 많은 인적자본, 그러니까 더 높은 학업 성취가 경제적 성공의 열쇠가 된다는 사실을 모를 리 없는 중산층 부모들 역시, 자녀 교육에 전력투구를 하기 마련이었다.

교육이 사회경제적 불평등을 해소하지 못하는 사정의 근저에는 바로 계층 간의 경쟁이라는 엄혹한 상황이 존재한다. 모두가 원하는 소위 '괜찮은 일자리'는 마냥 만들어 낼 수 있는 자원이 아니다. 더구나 작금의 글로벌 경제체제에서는 오히려 그 수가 줄어들고 있는 제한된 기회 요소다. 그러니 좋은 일자리 시장에서는 언제나 치열한 경쟁이 일어나고, 그것을 선취하는 데 유력한 수단이 되는 학력 자본 역시 경쟁의 대상물이 된다.

치열한 경쟁 구도에서 '빈곤과의 전쟁'류의 정부 프로그램이 가난한 집 아이들의 뒤처진 순위를 끌어올리는 데는 근본적으로 한계가 있었다. 중·상 계층 선수들의 손발을 묶어 놓고 하는 경주가 아닌 이상, 한정된 지원 프로그램으로 전체 순위를 뒤바꿔 놓을 수는 없었다.

그러니 교육의 계층 상승 효과는 공부하는 기간에 비례해서 저절로 높아지는 게 아니라, 그 사회 전체의 경쟁 체제에서 각자가 차지하고 있는 순위의 상대성에 의해서 결정된다고 할 수 있다. 과거에 비해 대학 졸업자의 비율은 높고 좋은 일자리의 수는 적은 상황에서, 좀 더 위력적인 학력 자본을 선취하기 위한 경쟁이 날로 치열해지고 있는 이유다.

5. 가정 배경이 교육 성취의 차이를 가져오는 이유

가정 배경에 따라 자녀의 학업 성취도가 달라지는 이유에 관해서는 지금까지 수많은 국내외의 연구들이 있어 왔다. 종합해 보면, 부모의 낮은 소득 내지 빈곤한 환경, 가족 구조 등이 자녀의 학업 성취를 저해하는 요인으로 작용한다. 빈곤은 학습에 요긴한 각종 교육 자원 — 예컨대 책이나 견학 기회, 사교육 서비스 등 — 의 결핍으로 이어지고, 한부모 가정의 결손 역시 공부에 유리한 조건이 될 리는 없다. 아버지의 술주정을 들으며 단칸방에서 잠을 청해야 하는 청소년과 독립 공간을 가진 그의 중산층 친구가 겪는 공부 환경의 차이는 크다.

그러나 이런 물리적·정서적 환경의 차이 못지않게, 자녀의 학습에 관여하는 부모의 태도와 양육 방식의 차이도 학업성적에 영향을 준다. 대체로 사회경제적 지위가 높은 부모들은 자녀의 학습 행위에 관여하고 개입하는 양육 습관을 가진 데 비해, 저학력의 노동자 부모들은 자녀들에게 일임하는 자유 방임형 문화를 구사한다고 알려져 있다.

이런 양육 문화의 차이는 부모가 가진 지식과 정보, 경험의 차이에서 비롯되는 것이기도 하고, 현재의 계급적 지위를 지키고자 하는 열망(혹은 위기의식)의 차이에서 오는 것이기도 하다. 고등교육의 경험이 없는 노동자 부모는 자녀의 학업 과정에 관여하고 싶어도 무엇을, 어떻게 해야 할지 모른다. 교육을 통한 계층 상승의 전략을 짜기에는 정보도, 인맥도, 자원도, 시간도 없다.

반면, 고학력의 중산층 부모들은 자신이 누리고 있는 지위가 자녀 대代에서 추락하면 안 된다는 위기의식이 강하다. 그래서 자신들의 넉넉한 자원을 활용해 자녀가 오직 공부에만 매진하도록 다양한 방법들을 구사한다. 학력 자본으로서 명문 대학 졸업장의 가치를 잘 알고 있는 그들은 자신의 강한 학벌주의 가치관을 자녀에게도 심고자 노력한다. 또한 자녀의 학업 열의를 북돋기 위해 일상적인 의식화를 시도하고, 일찍이 공부 습관을 들이고자 자녀의 생활을 통제하며, 학업 전술과 진로 선택의 전략을 수립한다.

가히 '계급적 본능'이라 불러도 좋을 만큼 집요한 이 같은 양육 관행은 중산층 가정 아이들의 학업 성취도를 평균적으로 높이는 결과를 가져온다. 이런 과정은 매우 자연스럽고 무의식적으로 일어나기 때문에 우리는 이것이 교육 불평등의 한 구조적 원인임을 눈치 채지 못한다.

여기에 시장 원리를 도입한 정부의 소위 수월성秀越性 교육정책은 가정 배경의 영향을 더욱 부채질한다. 국제중학교, 특수목적고(특목고), 자율형 사립고(자사고) 등이 교육 수요자의 선택권 존중이라는 명분하에 확대되어 왔는데, 결국 이들 학교는 넉넉한 집안의 성적 우수자들을 고스란히 걸어 올리는 뜰채의 역할을 하고 있다.

국제중의 1년 학비는 1천5백만 원 수준이고, 서울의 자사고도 성적이 상위 50% 안에 들면서 일반고 세 배 수준의 납입금을 감당할 수 있는 계층만 갈 수 있다. 그러니 취약계층을 위한답시고 만든 '사회적 배려 대상자 전형'(현재는 사회통합 전형)은 늘 미달일 수밖에 없어, 재벌가 손자들의 몫으로 둔갑하는 웃지 못할 사태가 벌어지곤 했다.

최근의 한 연구 보고서는 이처럼 특별한 학교에 모여 있는 중산층 가정 자녀들이 명문대에 더 많이 입학하고 있음을 보여 준다(김희삼 근간). 가구 월 소득이 5백만 원을 넘는 가정의 학생 비율은 특목고에서 50.4%, 자사고에서 41.9%, 일반고에서 19.2%인 것으로 밝혀졌다. 또한 서울 출신의 서울대 입학생들 가운데 특목고 출신은 40.5%(2011년)로, 9년 전의 22.8%에 비해 거의 두 배가량 높아진 것으로 나타났다.

6. 사회경제적으로 평등해져야 교육도 평등해진다

경쟁은 태어나는 순간부터 시작된다. 야심 있는 부모 밑에서 태어난 아이들은 최고의 사립초등학교, 고등학교, 대학교, 그리고 유명 기업에 들어가기 위해 맹렬히 경쟁하도록 강요받는다. 한편으로는 불안한 마음에, 또 한편으로는 아이들을 위해 최선을 다해야 한다는 도덕적 의무감 때문에 어떤 부모들은 경쟁에서 아이들이 우위를 점할 수 있도록 필사적인 수단을 강구하기도 한다(브라운·로더·애쉬턴 2013, 26).

위의 구절을 읽은 독자들은 아마 현재의 한국 상황을 묘사한 글일 것이라고 짐작할지 모르겠는데, 실은 다른 나라들의 이야기다. 미국, 유럽, 동아시아의 여러 나라들을 조사한 후 쓴 외국 학자들의 책에서 발췌한 대목이다.

저자들은 아무리 교육을 많이 받는다 하더라도 대부분의 사람들은 극소수가 누리는 것을 가질 수 없다고 말하면서, "글로벌 노동시장은 이미 잘 교육받은 저임금 노동자들로 포화상태이기 때문에 임금격차는 교육이나 기술 습득으로 좁혀질 수 없다"고 단언한다.

또한 "교육에 투자한 사람들에게 걸맞은 양질의 일자리가 끝없이 생겨나리라는 믿음은 종교와도 같은" 망상이며, 최근의 세계 경제 위기가 이 같은 믿음의 허상을 드러냈음에도 여전히 많은 사람들이 이에 사로잡혀 있다고 우려한다.

실상이 이러함에도 '누구나 공부하면 잘살 수 있다'는 미신이 우리나라, 외국 할 것 없이 팽배한 이유는, 1970~80년대 한국의 경우에서 보듯이, 고도의 경제성장과 교육의 확대가 동시에 일어나는 시기를 경험했기 때문이다. 예전의 황금기를 추억하면서 과거와 크게 달라진 경제 환경의 배신을 깨닫지 못하는 것이다.

외국의 또 다른 연구는 이 점을 더욱 체계적으로 입증하고 있다(Wells 2006). 1980년부터 2000년까지 세계 각국의 관련 통계자료를 분석한 한 논문은, 과거시기에 고등교육이 확대되고 불평등이 감소했던 것은 경제성장의 효과였으며, 경제성장이라는 변수를 동일하게 처리하면 교육이 불평등 감소에 미친 영향은 아주 미미해진다고 보고했다. 특히 주목할 점은, 신자유주의 정책을 강하게 추진하게 되면 소득 불평등을 완화하는 경제성장과 교육의 효과가 거의 사라져 버린다는 것이다. 다시 말해서, 공공 부문의 지출을 줄이고 교육에 시장 원리를 도입하면 취약계층은 처음부터 경쟁의 낙오자가 되고, 웬만큼 경제성장이 일어나도 소득 불평등은 더 깊어질 수밖에 없다는 것이다.

이상의 사실들은 한 치의 어긋남 없이 오늘날 우리나라에도 적용된다. 노동시장에서의 일자리 경쟁은 격화되고 빈부 격차는 커지고 있으며, 교육제도 역시 경쟁과 서열화를 부추기고 있다. 이런 구조적 힘에 포박당한 청소년들에게 공부를 잘 해 빈곤에서 벗어나라고 내모는 것은 참으로 시대착오적이다. 예외적 성공 사례를 무슨 법칙인 양 일반화하고, 계층 상승의 실패를 개인의 노력 부족이라고 윽박지르는 것은 차라리 폭력적이다.

이제까지 전 세계의 교육 불평등 연구에서 확인된 사실 한 가지가 있다. 교육을 통해서 사회경제적 불평등이 해소되는 게 아니라, 사회경제적으로 평등해져야 교육 기회의 평등도 이루어진다는 것이다.

무엇보다 경제적 평등을 지향하는 사회정책이 우선되어야 한다. 그리고 교육정책 역시 수월성 교육이라는 미명하에 끊임없이 솎아 내고 차별화하는 짓을 중단해야 한다. 북유럽 같은 이른바 교육 선진국들에서 우리가 배워야 할 것은 그들의 교육이 평등의 가치를 소중히 했다는 점이다.

14

건강 불평등의 현상과 의미

김창엽

10여 년의 시간 동안 건강 불평등 담론이 꽤 확산되었음에도 공통된 이해 기반은 그리 튼튼하지 못한 것 같다. 이 분야의 전문가가 아니면 크게 관심을 두기 어려운 개념과 논리에 기초한 것이 한 가지 원인으로 작용하지 않나 싶다. 따라서 이를 명확하게 하는 것이 이해와 대화를 촉진하는 데에 도움이 될 것으로 생각한다.

먼저 건강, 그리고 보건이나 의료(이하 '보건의료'라 한다)가 무엇을 뜻 하는가를 구분하는 것이 필요하다. 간단하게 말하면, 보건의료는 인간의 사회적 활동인 반면 건강은 그 활동의 결과물이다. 이 둘 사이에는 밀접한 관련이 있지만, 보건의료는 건강이라는 결과물을 산출하는 데에 영향을 미치는 여러 요소 가운데 하나일 뿐이다. 건강 불평등과 보건의료 불평등 은 당연히 내용과 의미가 다를 수밖에 없다.

건강과 보건의료를 구분하는 것 못지않게 중요한 것이 무엇이 건강을 결정하는가 (또는 영향을 미치는가) 하는 질문이다. 건강은 생물학적 요인의 산물이라는 것이 지금까지의 주류 설명이었다. 유전을 비롯한 타고난 소질은 물론, 여기에 기초한 신체의 여러 생물학적 특성과 변화가 건강을 결정한다는 것이다. 이처럼 건강과 질병을 생물학적 요인으로 설명하려 하는 건강의 생의학적biomedical 모형은 인체를 정교한 기계로 그리고 질병은 그런 기계가 고장난 것으로 이해한다. 고장을 찾아내고 고치는 역할을 하는 것이 보건의료다.

생의학적 모형은 개인이 어떤 병에 걸리거나 회복되는 경험을 잘 설명하고 이와 관련된 보건의료 또한 당연하게 받아들이게 만든다. 어떤 이유에서 시작되고 어떤 경로를 거치든 질병은 최종적으로 각자의 신체에서 발현되기 때문이다. 이제 각자의 몸은 하나의 기계가 되어 자기공명영상법MRI과 같은 의학 기술로 고장을 진단하고 약을 써서 고치는 것을 합리적인 것으로 여긴다.

개인 차원에서도 생의학적 모형만으로는 설명할 수 없는 부분이 많지만, 집단과 사회현상으로서의 건강은 더욱더 그렇다. 개인들이 정확하게 같은 생물학적 조건을 갖추어도 사회 환경과 조건이 다르면 그 개인들의 건강 결과는 판이하게 다르다. 효과적인 예방 방법이 확립된 많은 질병이 여전히 유행하고 있다는 것 한 가지만 보더라도 생의학적 모형은 만능이 아니다. 생물학적 요인만으로는 저소득 국가에서 설사, 말라리아, 위험한 출산이 아직도 중요한 사망 원인이라는 것을 설명하지 못한다.

최근 소득이나 교육, 노동과 같은 건강의 '사회적 결정 요인'이 주목을 받는 것은 이 때문이다. 한 나라 안에서 또 국가 사이에 사회적 결정 요인의 차이에 따른 건강 수준의 차이는 일관되고 뚜렷하다. 건강 현상과 문제는 물론이고 그것의 해결 가능성이 정치·경제·사회의 변화와 촘촘하게 결합되어 있기 때문이다. 생의학적 모형이 개인의 건강을 잘 설명하는 경우라도 여기에서 다시 사회적 결정 요인과 만날 수밖에 없다. 예를 들어, 빈곤은 집단과 사회 전체의 건강을 위협하는 사회적 요인이지만, 동시에 개인의 건강 수준에도 영향을 미친다. 따라서 건강에 관심을 갖는다면 보건의료뿐만 아니라 사회적 결정 요인을 포함한 좀 더 넓은 범위에서 접근해야 한다.

이런 맥락에서 건강 불평등은 주로 사회적 결정 요인을 문제 삼는다. 생물학적 요인이 타고나고 주어진 것인 데 비해, 소득과 교육, 노동 등의 사회적 요인은 인간 활동의 산물이기 때문이다. 공정성(정의)을 묻고 변화를 모색할 수 있다는 점에서 사회적 요인으로 인한 불평등은 자연적(생물학적) 요인으로 인한 불평등과 구분된다.[1]

이 글에서는 건강과 보건의료의 불평등 현상을 간단하게 살펴보고 한국 사회의 여러 불평등이 어떻게 건강으로 발현되는지 설명할 것이다. 아울러 건강과 보건의료의 불평등을 통해 불평등 전반에 대한 이해를 확장하고, 건강과 보건의료 불평등을 줄이기 위해 어떤 접근과 실천이 가능할지를 논의하고자 한다.

1_생물학적 요인과 사회적 요인은 생각만큼 명확하게 구분되지 않는다. 대표적인 생물학적 요인인 유전은 결혼에 의해 가장 큰 영향을 받는데, 사회제도로서의 결혼은 또한 사회적 요인이기도 하다. 동질혼을 생각해 보라.

1. 건강과 보건의료의 불평등 현상

불평등은 어느 시대 어느 사회에서나 나타나는 보편적 현상이다. 그중에서도 어떤 불평등 현상을 문제로 삼는지 이해하기 위해서는 건강과 보건의료에서 불평등이 무엇을 뜻하는지 조금 더 명확하게 규정할 필요가 있다. 특히 보건 영역에서는 단순한 차이disparity, inequality와 불평등inequity을 구분한다는 것을 주목해야 한다.

건강 불평등은 사회적으로 유·불리가 다른 집단 사이에 체계적으로 나타나는 공정하지 못한 건강의 차이를 뜻한다. '불평등이 아닌 차이'와 '불평등인 차이'를 구분한다고 해도 좋다. 나르게는, 불필요하고, 피할 수 있으며, 공정하지 못한 건강 차이를 가리킨다(가장 유명한 정의다). 예를 들어, 여성과 남성 사이에는 평균수명의 차이가 있지만(대부분 여성이 더 오래 산다) 그냥 차이라고 하지 불평등하다고 하지 않는다. 공정하지 못한 차이가 아니기 때문이다.

'체계적'이란 말에는 좀 더 설명이 필요한데, 이는 어떤 차이가 사회구조적 요인 때문에 일관되게 나타난다는 것을 뜻한다. 개인 사이의 (우연한) 차이가 아니라 사회적인 처지가 다른 집단 사이의 차이를 문제 삼는다는 것도 맥락이 비슷하다. 미국에서 흑인과 백인 간에 나타나는 평균수명의 차이, 한국의 저학력 계층과 고학력 계층 사이에 존재하는 저체중 출산의 확률 차이, 이런 것들이 건강 불평등의 전형적인 예다.

이런 개념을 기초에 두고 한국에서 나타나는 건강과 보건의료의 불평등 현상을 살펴보자. 먼저 이 문제가 사소하거나 당연하다고 넘길 수 있는 문제가 아니라는 점이 중요하다. 특히 서로 다른 계급 또는 계층 사이에서 나타나는 뚜렷하고 일관된 격차를 주목해야 한다.

건강 불평등에 비해 개인과 가정이 더욱 생생하게 경험할 수 있는 것이 보건의료의 불평등이다. 비용 부담 때문에 치료를 포기하거나 의료 기관이 너무 멀어 가지 못하는 것, 결혼 이주 여성이 말이 잘 통하지 않아 제대로 진료를 받지 못하는 것 등의 경험이 불평등의 구체적 모습이라고 할 수 있다.

전체 상황을 요약해서 나타내기 어려우므로 몇 가지 연구 결과를 제시하는 것으로 대신한다. 보건의료 이용의 불평등을 나타내는 대표적인 지표가 이른바 '미충족 필요'unmet need라는 것이다. 의학적 치료가 필요함에도 충족되지 않은 경우를 말한다. 2013년 한국보건사회연구원이 소비자 인식을 조사한 결과를 보면, 한국인 네 명 가운데 한 명 꼴로 자신이나 가족이 아플 때 미충족 필요의 경험이 있었다. 진료비 부담과 생계 활동 때문이라는 이유를 합하면 55%가량이 경제적 이유다.

한국 상황에서는 노인의 보건 의료 불평등에 특별한 관심을 가져야 한다. 이 문제는 노인인구가 크게 늘어날 미래에 나타날 것이라고만 할 수 없다. 전국적으로 실시되는 국민건강영양조사 자료를 활용해 노인의 의료 이용을 분석한 결과는 노인의 의료 불평등이 이미 심각한 상태에 이르렀다는 것을 잘 보여 준다.

개인 단위에서 외래와 입원 모두 경제적 상위 계층에 유리한 불평등이 나타나고, 집단별로도 교육 수준과 소득이 낮을수록 의료 이용이 불리하다. 한마디로, 사회경제적 계층에 따라 노인의 의료 이용은 뚜렷한 불평등 현상을 보인다.

특히 노인의 의료 이용 불평등에 관심을 갖는 이유는 상세하게 설명할 필요가 없을 정도로 당연하다. 노령 인구에서 의료 이용의 필요(니즈 needs)가 더 크다는 것은 두말 할 것도 없다. 노인인구가 급증하고 소득 보장이 충실하지 않은 가운데에 의료 이용의 불평등이 크다는 것은 앞으로 중요한 사회적 과제이자 도전이 되리라는 것을 뜻한다.

개인이 직접 경험하긴 어려워도 건강의 불평등 역시 심각성이 덜하다고 할 수 없다. 사실 건강의 거의 모든 영역과 측면에서 사회적 유·불리가 다른 집단 사이의 불평등은 일관되게 나타난다. 그중에서도 사회경제적 차이(소득, 교육, 직업적 지위 등)에 따른 건강 불평등이 가장 두드러진다. 건강 결과뿐만 아니라 흡연이나 음주와 같이 건강에 영향을 미치는 위험 요소들의 불평등도 분명하다.

수많은 연구와 분석 결과가 있지만 대표적인 지표를 한 가지만 들자. 한국보건사회연구원이 내놓은 자료에 2010년 한 해 동안 30~44세 연령의 사망률을 분석한 것이 있다. 남성에서 중졸 이하 집단은 대졸 이상인 집단보다 사망률이 8.4배 높았고, 고졸 집단은 대졸 이상에 비해 사망률이 2.2배 높았다. 같은 연령집단의 여성 사망률도 대졸 이상 집단에 비해 중졸 이하는 8.1배, 고졸은 1.8배 높았다.

시간이 경과함에 따라 불평등이 증가하는 것도 주목할 만하다. 앞서 인용한 자료를 보면, 1995~2010년의 기간 동안 대부분의 연령집단에서 교육 수준별 사망률의 상대적 불평등이 증가하는 양상을 보였다.

2. 건강 불평등과 사회적 요인

지금까지 연구 결과를 종합하면, 소득과 빈곤, 교육 불평등, 노동조건, 고용 불안정, 지역 간 불평등 따위가 건강 불평등을 만들어 내는 중대한 요인들이다. 한국 사회에서 건강에 영향을 미치는 이런 요인의 현상과 추세는 분명하다. 일부는 이 책의 다른 장에서 자세하게 다뤄지겠지만, 보건의 불평등은 그중에서도 어떤 요인에 더 관심을 갖는지 설명하는 것은 나름대로의 의의가 있을 것이다.

건강 불평등을 유발하는 요인들

건강 불평등은 빈곤과 소득 불평등에 큰 관심을 갖는다. 현재까지의 지식으로는 건강 불평등에 가장 강력한 영향을 미치는 요인 가운데 하나가 소득을 비롯한 '부'wealth이기 때문이다.

의식주를 비롯한 물질적 조건이 나쁘면 건강이 부정적 영향을 받는 것은 당연하다. 빈곤 계층의 건강이 상대적으로 더 나쁜 것은 소득과 물질적 조건의 중요성을 나타내는 대표적인 현상이다. 범위를 넓혀 국제적 시각에서 보면 물질적 조건이 건강과 정正(+)의 관계를 맺는다는 것이 더 명확하게 드러난다. 국가 간의 건강 불평등 역시 물질적 조건의 불평등으로 가장 잘 설명할 수 있다.

건강 불평등을 유발하는 요인으로서의 소득 불평등은 빈곤이나 소득 양극화로 환원되지 않는다는 사실을 강조하고자 한다. 빈곤은 일정 수준 이하 집단의 문제이며, 양극화는 엄밀하게는 소득분포가 양쪽 극단으로 갈리는 현상을 말한다. 건강 불평등의 관점에서 소득은 전체 범위에 걸쳐 기울기gradient에 따라 부정적인 영향을 미친다. 이는 일정 수준 이상의 소득을 가진다고 해서(기본을 해결하면) 부정적 건강 효과가 사라지는 것이 아니라는 뜻이다. 소득이 높더라도 좀 더 높은(또는 좀 더 낮은) 소득 계층과 건강 수준에 차이가 나기 때문에 소득에 따른 건강 불평등은 모든 범위에 걸친 연속적 현성이다. 이는 고소득층을 포함해 모든 사람이 예외 없이 영향을 받는다는 뜻이기도 하다.

또 한 가지 특징은 소득수준뿐만 아니라 소득의 불평등이 영향을 미친다는 것이다. 여러 나라를 비교한 연구에 따르면 같은 소득을 가진 국가들이라도 소득 불평등 정도가 더 심한 나라에서 건강 수준이 더 나빴다. 건강이 물질적 조건뿐만 아니라 불평등 그 자체(사회심리적 요인이 작용한다고도 볼 수 있다)에 영향을 받는다는 것이다.

교육도 건강과 보건의료의 불평등을 결정하는 중요한 요인이다. 교육이 건강에 영향을 미치는 첫 번째 경로는 노동과 소득을 통한 것이다. 교육의 양과 질이 노동시장에서의 '성과'를 결정하고 이에 기초한 소득과 부가 물질적 조건을 결정한다. 교육의 불평등이 건강의 불평등으로 이어지는 것이다.

교육은 그 자체로도 건강과 보건의료에 큰 영향을 미친다. 건강 행태와 생활 습관에는 인지적 요소가 중요하게 개입하는데, 교육이 이런 인지적 요소를 긍정적으로 형성하는 데에 결정적으로 기여한다. 같은 소득에서도 교육 수준이 높으면 건강 수준이 향상된다는 많은 연구는 교육이 건강에 독립적으로 영향을 미친다는 사실을 잘 보여 준다.

세대 간에 불평등이 이전된다는 점에서 특히 교육 불평등의 중요성을 강조하고자 한다. 소득과 건강 수준, 교육, 노동시장에서의 성과는 흔히 세대 간에 연결 고리를 만들고 때로 악순환의 원인과 결과로 작용한다. 소득수준이 낮은 계층 어린이의 건강 수준이 낮고, 이로 인해 인지 기능과 교육 성취도가 떨어지는 것을 흔히 볼 수 있다. 이로써 고등교육의 가능성이 낮아지고 이는 낮은 임금과 낮은 소득으로 연결되며, 가난과 낮은 건강 수준이 이어지는 것이다. 이는 '사회적 유전'이라고 불릴 만한 세대 간 이전이라 할 수 있다.

소득이나 교육에 비하면 좀 더 미시적이지만, 노동과 작업환경도 따로 언급할 필요가 있다. 비정규직 문제를 포함해 작업환경과 노동조건은 건강 불평등을 초래하는 중요한 요소다. 더 나쁜 조건(예를 들어, 유해 물질이나 인간공학적 환경, 교대 근무 등)에서 더 오랜 시간 근무해야 하는 노동조건이 건강에 미치는 영향은 직접적이다.

물리적 환경뿐만 아니라 스트레스와 같은 사회심리적 요인에도 주의를 기울여야 한다. 특히 최근의 변화된 노동과정 때문에 사회심리적 스트레스의 위험은 더 커졌다. 비정규 노동은 임금수준을 정규직과 동일하게 하더라도 더 높은 건강 위험과 더 낮은 건강 수준을 나타내는 경우가 많다. 고용 불안과 노동을 통한 자기 성취와 같은 사회심리적 요인이 작용한다는 뜻이다. 아울러 사회심리적 스트레스는 노동 조직과 과정에 직접 연관된 것으로, 미시적인 접근뿐만 아니라 노동과정에 대한 참여 또는 자기 결정권이라는 문제를 동시에 제기한다.

이상과 같은 요인 이외에도 건강과 보건의료 불평등은 주거 조건, 지역사회의 특성, 환경적 요인 등과도 관련된다. 나아가 불평등에 영향을 미치는 요인들은 보건의료를 비롯한 정책, 정치적 참여, 사회 관계망 등 넓은 범위에 걸쳐 있다. 예를 들어, 차별은 건강을 위협하는 중요한 정치·사회적 요인이자 매개물이다. 인종차별이 심한 사회에서는 사회경제적 조건이 불리하지 않은 집단에서도(예를 들어, 고소득 전문직인 소수 인종) 건강 불평등이 나타난다. 이는 건강과 보건의료의 불평등이 좀 더 뿌리 깊은 사회 체계와 질서와 긴밀하게 연결되어 있다는 것을 뜻한다.

건강은 사회적 불평등이 '몸'으로 드러난 것

지금까지 다양한 사회적 요인들이 건강 불평등에 어떤 영향을 미치는지를 살펴보았지만, 건강 불평등이 사회의 여러 불평등과 어떤 관련을 맺고 있는지는 건강과 그 결정 요인의 관계 이상이다.

먼저 사회적 불평등이 흔히 건강, 즉 몸으로 발현된다는 것을 지적해야 하겠다. 소득 불평등이나 교육 불평등, 노동조건의 불평등은 잘 알려진 사회적 불평등이지만, 개인적으로는 물론 사회적으로도 통계를 통해서야 포착될 정도로 추상적이다. 이런 추상적인 불평등은 건강(몸)을 통해 비로소 구체적인 모습을 드러낸다. 달리 말하면, 몸이 소득이나 교육 불평등을 표현하는 것이다.

윤리와 정의의 측면에서는 건강이 다른 사회적 불평등을 해석하게 하는 기초로 작용한다는 것을 빼놓을 수 없다. 소득이나 교육은 그 자체로는 정당함과 부당함, 정의와 부정의의 근거를 제시하는 데에 한계가 있는, 일종의 도구적 가치들이다. 이에 비해 건강은 (부분적이지만) 내재적 가치를 가지는 삶의 한 측면으로 볼 수 있다. 행복이나 안녕, '좋은' 삶과 마찬가지로 건강은 내재적 가치를 구성하는 한 요소로, (도구적) 인간 활동의 정당성을 판단하는 한 가지 잣대로 쓰이는 것이다. 모든 사람이 공평하게 누려야 하는 건강의 권리를 차별한다는 점에서 건강 불평등으로 소득 불평등의 부당함과 부정의를 이끌어 낼 수 있다.

건강 불평등 현상을 통해 사회적 요인들의 본질을 더 잘 이해할 수 있다는 것도 중요한데, 대표적인 예가 비정규 노동이다. 비정규 노동의 문제를 해결하는 핵심 대안으로 '동일노동 동일임금'을 말하는 경우가 많으나, 이는 경제나 고용, 노동만 고려했다는 비판을 피하기 어렵다.

건강 불평등의 시각에서 보면, 정규 노동과 비정규 노동 사이에는 소득이나 물질적 조건을 동일하게 만든(조정한) 이후에도 건강 불평등이 나타난다. 비정규 노동이 상대적으로 더 낮은 임금의 문제를 넘는다는 뜻이다. 건강 현상을 통해 비정규 노동의 본질을 더 잘 이해할 수 있고 이는 비정규 노동을 둘러싼 정책과 실천이 어떠해야 하는지도 영향을 미친다.

앞서 말한 소득 불평등과 빈곤의 차이도 마찬가지다. 건강을 통해 소득 불평등과 빈곤의 의미는 다르게 나타난다. 빈곤에 초점을 두면 비빈곤 상태에 있는 사람의 건강에는 관심을 둘 필요가 없다. 그러나 소득 불평등의 관점에서는 소득수준에 따라 연속적으로 건강 불평등이 존재하고, 이는 빈곤을 벗어난 사람들 사이에서도 건강 불평등이 존재한다는 것을 뜻한다(이 또한 정의롭지 못하다). 결과적으로 빈곤은 일부 계층이나 집단(빈곤층)의 문제인 반면, 소득 불평등은 모든 계층과 집단에 연관된 체제 수준의 문제가 된다.

3. 더 평등한 건강과 보건의료를 위한 접근

건강 불평등 담론이 확산되었다고 했지만, 한국 사회의 현실은 문제의 진단이나 처방을 구별할 것 없이 첫걸음을 내디딘 정도다. 엄중한 현실에 비해 인식과 의제화가 늦어지고 있는 것을 부인하기 어렵다.

문제가 생기는 경로를 포함해서 현상을 파악하고 이해하는 것조차 아주 미흡한 수준에 있다는 것을 우선 지적한다. 다른 어떤 과제보다, 사회 구성원 전체가 문제를 이해하고 중요성을 인식하는 것이 시급하다. 나아가 정책이나 프로그램의 개입이 가능할 정도로 근거가 축적되기 위해서는 여러 주체들이 더 많은 노력을 기울여야 한다.

세계적 흐름과 비교하면 한국 사회의 지체 현상이 더 두드러져 보인다. 세계보건기구 산하 '건강의 사회적 결정 요인 위원회'Commission on Social Determinants of Health; CSDH의 활동과 결과물을 참고하면 더욱더 그렇다. 이들이 국제적 동향을 정리해 2008년에 낸 『한 세대 안에 격차 줄이기』Closing the gap in a generation라는 보고서에는 원론적 지향과 현상 진단뿐만 아니라 구체적인 실천 방안이 폭 넓게 담겨 있다. 방대한 근거에 기초해서 세 가지 총괄 권고와 16개 영역에 걸친 56개의 권고를 제시했는데, 한국 사회에 바로 적용되어야 할 것도 한두 가지가 아니다.

보고서의 핵심이랄 수 있는 3대 총괄 권고는 포괄적이고 통합적인 중재(개입intervention)를 강조한다. 첫 번째 권고는 건강 불평등을 해결하기 위해서 일상적인 삶의 조건을 개선하라는 것이다. 저소득, 위험한 노동환경, 열악한 주거 등 건강을 위협하는 일상의 조건이 불평등하고 이 속에서 살아가는 사람들의 취약성(건강 상태, 저항력, 장애 유무 등) 또한 평등하지 못하다. 이런 상황을 개선하기 위해서는 모든 사람을 포함하는 보편적 접근 전략이 강조된다. 구체적인 영역이자 대상으로는 삶의 평등한 출발, 건강한 공간 만들기, 공정한 고용과 괜찮은 일자리, 생애과정에 걸친 사회적 보호, 보편적 보건의료 서비스 등을 포함한다.

두 번째 권고는 권력·돈·자원의 불공평한 분포를 개선해야 한다는 것으로, 이는 좀 더 근본적인 요인에 대한 개입과 중재를 가리킨다. 건강 형평성을 모든 정책과 사업에 통합시키기, 공정한 재원 조달, 시장의 책임성, 젠더 형평성, 정치적 역량 강화, 양질의 국제 거버넌스 등을 망라하고 있다.

마지막 세 번째 권고는 문제를 측정하고 이해하며, 활동/중재의 영향을 평가해야 한다는 것이다. 어렵고 복잡한 과제이므로 관행이나 의견, 직관이 아니라 과학적 근거가 필요하고, 이를 위해서는 문제를 정확하고 파악하고 이해하는 것이 선행되어야 한다.

이런 권고들은 전반적으로 한국에서 바로 실천될 수 있는 수준을 훨씬 넘는다. 특히 전통적인 건강과 보건의료 정책의 범위에 한정되지 않는다는 점에서 도전적이고 논쟁적이다. 우리에게 익숙한 칸막이식 접근, 섹터별 구분, 폭 좁은 전문 영역별 정책으로는 할 수 없는 일이 대부분이다. 다만 원론으로라도 사회적 결정 요인을 폭넓게 고려한 통합적 접근이 중요하다는 지향은 가볍게 보아 넘기기 어렵다.

국제적인 흐름을 참고하면서도 구체적인 실천은 한국의 맥락에 맞출 수밖에 없다. 세계보건기구의 보고서를 비롯한 국제 사회와 세계 여러 나라의 문제의식과 노력을 창조적으로 수용하고 활용하는 것이 중요하다. 이런 맥락에서 결론을 겸해 한국 사회가 특히 관심을 가지고 노력해야 할 과제 몇 가지를 제시한다.

첫째, 건강 불평등 문제에 접근하는 인식과 문제 설정의 지평을 크게 넓힐 필요가 있다. 세계보건기구의 보고서가 누누이 지적하는 것처럼 개인과 집단의 건강은 사회적 결정 요인에서 자유롭지 않다. 이는 단지 문제의 원인을 탐구하는 데에 그치는 것이 아니라, 중재와 정책 대안을 모색하는 데에도 적용된다. 소득, 교육, 노동과 고용, 주거, 물리적 환경, 지역사회, 정치·사회적 참여 등 건강 불평등에 관련되는 여러 요인들에 대해 개별 영역을 넘는 포괄적 접근이 필요하다. 참고로, 보건 분야에서는 "모든 정책에 건강을 고려하자"Health in All Policies는 목소리가 커지고 있다.

둘째, 사회적 결정 요인과 건강/보건의료를 연결하는 인과관계를 더욱 넓고 깊게 이해하는 것이 단기 과제다. 여기에는 세계보건기구의 보고서가 권고하듯이 측정과 이해, 영향 평가가 모두 포함된다. 문제의 이해와 영향의 평가는 이론적인 의미에 그치는 것이 아니라 문제 해결을 위한 실질적 기반을 제공한다.

어린이의 사고 사망을 예로 들어보자. 어린이가 사고로 사망할 가능성은 저소득층일수록 그리고 저소득 지역일수록 더 높은데, 이것만으로는 사망을 줄이기 위해 무엇을 해야 하는지 명확하지 않다. 안전시설 때문인지, 부모와 가정이 이유인지, 교육과 보육이 중요한지, 어린이 돌보기와 관련되는지 잘 알 수 없다는 것이다. 이 상태에서는 경험과 직관에 의존해야 하고 그것만으로는 효과적이고 구체적인 조치를 취하기 어렵다. 이런 결과가 초래되는 경로와 기전을 정확하게 이해해야 비로소 어느 부분에서 조치를 취하고 무엇을 고칠지 찾을 수 있다.

셋째, 건강 불평등을 우선순위가 높은 의제agenda로 만들어 가야 한다. 사회적 가치로서의 건강과 보건의료는 여전히 우선순위가 낮고 건강 불평등을 그 하위개념으로 받아들이면 더 말할 필요도 없을 정도다. 학술과 연구 활동에서도 마찬가지이고, 공공의 정책이나 민간 부문에서도 크게 다르지 않다.

그러나 건강 불평등 완화는 사회정의의 가치이자 지속적인 사회 발전을 위한 중요 과제로, 사회정책과 건강 정책이 지향해야 할 핵심 목표 가운데 하나다. 사회 불평등이 몸으로 드러난 것이란 점에서 불평등 논의를 촉발하고 매개하는 의의도 무시할 수 없다. 먼저 연구와 학술 활동이 계기가 되어야 하겠지만, 이를 적극적으로 공공화·공론화하는publicize 것이 의제로서의 우선순위를 높이는 첫걸음이 될 것이다.

15

만들어진 불평등, 지역격차

조명래

1. 공간과 격차: 지역격차란?

인간의 존재being적 삶은 시간과 공간의 교직 속에서 설정된다. 그중 현존의 삶은 시간 보다 공간에 의해 더 의미 있게 규정된다. 따라서 공간으로 이해할 때 우리는 삶의 '존재론적 깊이를 회복'recovery of ontological depth해 낼 수 있게 된다(조명래 2013b).

인간은 '공간적인 동물'이라 부를 정도로 터place를 만들고 영역region을 만들며 영토territory를 만든 뒤, 각 공간 단위의 안과 밖으로 삶의 복잡한 역학 관계를 구축한다. 전통적인 삶이 장소에 터한 일원적 삶이라면 탈근대인 오늘날의 삶은 지구 전역으로 확장되어 있지만, 그 속엔 다양한 삶의 공간적 층위가 중층적으로 포섭되어 있는 다차원적 삶이다. 이를 '다규모적multi-scalar 삶'이라 부르기도 한다.

다양한 삶의 공간적 단위는 각각의 삶의 방식과 관계를 담고 있다. 그 공간적 단위는 '내(주체)'가 사회적 관계를 통해 만들어 내기도 하지만, '사회(구조)'가 제도나 관계망 등을 통해 만들어 내기도 한다. 그런 만큼 각 단위 공간 사이에는 연결과 결합만 아니라 대립과 배척의 역학 관계가 놓여진다. 그래서 가령 '잘사는 지역'이 있는 반면, '못사는 지역'이 있는 것인데, 이는 '잘사는 사람'과 '못사는 사람'의 사회적 (역학) 관계가 공간적으로 구획되어 드러난 것이다.

인간 사회의 다양한 차이는 살아가는 공간에 그대로 투영된다. 차이를 받아 내는 공간은 거꾸로 인간 사회의 다양한 차이를 지속시키면서 동시에 바꾸기도 한다. 이런 차이가 어떤 기준에 의해 차등으로 이해될 때, 이는 곧 격차로 읽혀진다. 공간 격차의 대표적인 예가 지역격차다. 집단 간, 부문 간, 계층 간 불평등이 있듯이 지역 간 격차는 늘 존재한다. 즉 지역격차는 불평등의 공간적 표현 혹은 양식이라 할 수 있다.

지역격차regional difference; regional differentiation는 일반적으로 지역 불균형으로 표현된다. '사회적 불평등'social inequality이 집단 간, 계층 간, 부문 간 사회적 기회·자원·권력이 불공평하게 배분된 상태를 지칭한다면, '지역격차'regional difference; regional disequilibrium or imbalance는 사회적 기회·자원·권력이 지역 간에 골고루evenly 분포하지 못해 현격한 차이가 발생하는 상태를 지칭한다. 지역격차는 사회적 불평등을 포함해, 지역이라는 공간 범주를 기준으로 해서 나타나는 포괄적인 차이 혹은 불균형을 의미한다.

지역격차가 문제가 되는 것은 기회·자원·권력의 지역 간 불균등 분포로 말미암아 지역을 범주로 하는 집단 그리고 그 구성원이 '불필요하고 부당하게' 삶의 기회를 박탈당하는 것을 겪기 때문이다. 또한 심각한 지역격차 는 지역 간 갈등을 유발해 사회적 자원의 적정 활용을 어렵게 하고, 나아가 사회적 통합을 가로막아, 사회의 안정적 발전을 그만큼 방해하게 된다. 가령 한국이 지난 15여 년간 소득 1만 달러 대에 갇혔던 것(이를 중진국 함정론이라 부름)은 한국 사회 내의 심각한 지역 불균형 혹은 불균등한 공간 발전 체제와 무관치 않다.

2. 지역격차의 양상·이유·재생산

우리나라에서 지역격차를 말할 때에는 흔히 영호남 격차, 수도권과 비수도권 격차, 강남북 격차, 압구정동과 구로동 격차 등이 대표적으로 거론된다.

영호남을 예로 든다면, 양 지역 간 격차가 발생한 까닭으로는 지리적 요인(예, 영호남의 지리적 이격성), 역사적 요인(예, 영호남의 상이한 역사적 배경), 정치적 요인(예, 영남 출신 정치인들에 의한 호남 출신 정치인의 배제), 경제적 요인(예, 국가 주도적 산업화 과정에서 주요 산업 시설이 영남에 입지하면서 영남은 산업 지역으로, 반면 호남은 산업 입지 정책에서 배제된 채 전통적인 소농 중심의 농업 지역으로 특화), 문화적 요인(예, 영남의 권력 지향적 문화, 호남의 예술 지향적 문화), 이념적 요인(예, 있는 자의 지역으로서 보수성, 없는 자의 지역으로서 진보성) 등을 들 수 있다.

지역격차의 이런 요인은 동시에 결과이기도 하다. 말하자면, 지역격차는 어떤 한 요인에 의해서라기보다 여러 요인이 복합적으로 작용해서 나타나고, 그러면서 역사적 관성을 가진 채 시대 상황에 따라 양상과 특성을 달리하면서 지속적으로 나타난다. 이렇게 해서 지역격차는 각 시대의 지배적인 사회체제가 갖는 규정력에 의해 재정의되면서 과거와 다른 양상으로 재생산된다.

현대에 와서 우리가 목격하는 한국 사회의 지역격차는 근대화(국가 주도적 산업화, 산업주의적 산업화 등) 과정에서 생산된 것으로, 그 내포적 깊이와 성질은 역사적으로 누적된 요인들이 근대사회(혹은 자본주의 체제)의 구조적 조건들과 맞물려 새롭게 규정된 것이다. 사회적으로 (재)생산되는 것이란 점에서 지역격차는 '만들어진 것'이라고 할 수 있다.

3. 한국에서 지역격차의 역사성

한반도에서 지역region은 역사적으로 삼국(고구려, 백제, 신라)을 원형으로 한다. 이는 한반도란 공간적 스케일에서 형성될 수 있는 권력의 공간적 분립성과 정합성을 반영한다. 한반도의 공간 역사는 이 삼국형 지역 분립을 근간으로 통합과 분리를 반복해 왔다. 삼국형 지역 세력은 집권 체제하에서는 지역주의 지배 분파로, 분권 체제하에서는 지역 국가(세력)로 반복적으로 나타났다(자세한 논의는 조명래 1994; Cho 1991 참조).

한반도 내에서 권력의 공간 분립이 삼국형을 중심으로 하는 것은 한반도란 공간적 스케일이 '중앙집권을 지속시키기에는 다소 공간(땅)이 커서 분권을 일정하게 허용하는 반면, 역으로 분권을 지속시키기에는 공간(땅)이 다소 작아 중앙집권을 일정하게 허용하는 두 공간적 경향의 대립 결과다. 즉 집권화와 분권화 혹은 집중화와 탈집중화의 힘이 상호 교차하면서 한반도 내 지역 공간의 분할은 정합성이 강한 삼국형 지역 분립을 근간으로 해왔던 것이다.

현재의 남북 분단도 고구려와 신라/백제 지역으로 나누어진 상태고,

남한 내에서 영호남의 대립은 신라와 백제 지역 간 분립을 바탕으로 하고 있다.

　남한 내에서 영호남으로 대표되는 지역 분립과 대립은 각 역사 체제가 규정하는 형태와 방식으로 계속 재생산되어 온 것이다. 가령 이조시대 영남은 '패권적 엘리트의 지역'이었다면, 호남은 '주변화된 엘리트의 지역'으로, 일제강점기 동안 영남은 '식민지 산업화의 지역'이었다면 호남은 '식민지 농업 수탈의 지역'으로, 해방과 전쟁을 거치는 동안 영남은 '일제가 남긴 적산 시설이 전쟁을 거치면서도 온전히 남겨지고, 또한 해방 후 징용 인력(기술 인력)이 귀환하는 지역'이었다면 호남은 '전쟁 기간 전쟁 비용을 상대적으로 가장 많이 부담하는 지역'이었다. 전쟁 후 산업화가 본격 시작된 전 영남은 '초기 상업적 자본축적의 지역[1]'이었다면, 호남은 '토지개혁에 의한 영세 농업의 지역'으로 각각 특성화되어 왔다. 양 지역의 현재 모습은 1960대 이후 국가 주도적 산업화 과정에 의해 특성화된 것이다. 즉 영남이 국가 주도적 산업화의 수혜 지역이었다면, 호남은 국가 주도적 산업화 과정에서 배제된 지역으로 차별을 겪었다. 이는 지역의 산업 구조에서부터 지역 주민들의 일상 관계, 나아가 지역 특유의 정치의식에까지 강한 흔적을 남기고 있다.

1_한국 50대 재벌의 반은 1950년대 영남을 기반으로 상업활동(방출된 전쟁원조물을 활용한 이른바 3백 산업) 하면서 태동했다. 대표적인 예가 오늘날 삼성그룹이다.

4. 국가 주도적 산업화와 지역격차:
구지역주의와 구지역 불균형

5·16 군사 쿠데타를 통해 등장한 박정희 군부 세력은 새로운 근대화의 세력이 되어 국가 주도적 산업화를 본격적으로 추진하게 된다. 이때, 국가 주도적 산업화는 두 가지 정치경제적 차원을 갖는다. 하나는 국가 형성 과정이고, 다른 하나는 자본주의적 시장경제를 구축하는 과정이다.

국가 형성 과정은 국가조직을 형성하고 국가 역할을 작동시키는 가운데 새로운 지배 권력 집단을 구축하고, 이들의 주관하에 국가 재원의 동원과 배분이 이루어졌다. 국가 형성 과정은 대개 사회(정치) 세력 간의 권력투쟁을 통해 이루어지는데, 우리의 경우, 지역이 중요한 지배 분파 및 지지 기반 형성의 토대로 작용하게 되었다. 그래서 지역을 '사회적 관계의 형성자'maker of social relations라 부른다.

국가 주도적 근대화 과정에 우리의 전통적인 사회관계 형성자라 할 수 있는 지역(지역주의)이 중요한 기제로 작용하게 되면서, 박정희 정권은 영남 사람과 영남이란 지역을 기반으로 지배 체제를 구축했다. 반면, 경쟁 관계에 있던 호남 사람과 호남이란 지역은 이 과정에서 상대적으로 배제되는 공간적 역학 관계에 놓이게 되었다.

이 같은 지역주의적 권력관계의 형성과 작동으로 파워 엘리트의 구성과 국가 자원의 배분 과정에 영남의 지역주의가 우월하게 반영되는 반면, 호남의 지역주의는 상대적으로 배제되었다. 한국 지배 엘리트 구성(관료, 정치인, 경제인 등)에서 영남 출신이 가장 많고, 영남 출신 정치인이 구성한 정권의 수가 가장 많은 것은 영남 지역주의가 패권 세력의 이념과 동일함을 극명히 보여 준다. 파워 엘리트 집단 내에서 영남 출신 엘리트는 헤게모니 권력 부문인 정치, 경제, 노동 등의 분야에 집중되어 있는 반면, 호남 출신은 주변부 권력 부인 문화, 교육, 법 등의 분야에 상대적으로 더 집중되어 있었다.

국가의 지배 권력(층)이 영남 지역주의를 표방하면서, 국가 주도적 산업화 과정에서 중요한 산업 투자 및 기업의 형성도 영남의 이해관계를 우선적으로 반영하는 것으로 이루어졌다. 가령 중화학 산업화를 추진할 때 국가 공단의 대표적인 예인 중화학 기지의 대부분은 영남 지역에 조성되었던 데(7개 중 6개) 반해, 호남 지역엔 지배의 정당성 확보를 위해(호남 지역의 불만을 달래기 위해) 최소한의 것만(예, 여천공단, 호남고속도로) 이루어졌다.

이로써 국내총생산GDP에서 수도권이 40~50%, 영남이 30~40%를 차지하는, 수도권-영남 두 권역으로 성장과 발전이 집중되는 국토 구조의 양극화가 초래되었다. 이런 구조에서 호남과 강원을 연결하는 축은 저발전 축으로 지금까지 남아 있다. 현재와 같은 국토의 양극화 구조는 기실 일제강점기 초기부터 생겨났고, 해방 후 국가 주도적 산업화 과정을 거쳐 지금까지 지속되고 있으며, 최근 들어 더욱 강화되고 있다.

국가 주도적 산업화 과정에서 사회적 자원과 기회가 지역주의 방식으로 배분됨에 따라 영남과 호남으로 대표되는 양 지역주의의 대립과 갈등은 일상생활 전역으로 침투 확산되었으며(군대, 직장, 학교, 동네 등), 이를 통해 양 지역의 경쟁과 대립 구조가 사회 전반에서 재생산되고 있다. 영호남 격차로 대표되는 한국의 지역격차는 이렇듯 정치적으로 만들어진 격차의 전형을 이루고 있다.

5. 신자유주의적 분권화와 지역격차: 신 지역주의와 신 지역 불균형

1980년대 후반에서 1990년대 초반에 이르는 민주화(직선제 실시 등)와 문민정부의 등장(개발 국가 유산의 청산), 지방자치제의 복원, 도시 중산층 및 시민사회(운동)의 등장, 산업구조의 첨단화(중화학 중심에서 전자 산업/생산자 서비스업 중심으로 재편), 소비문화의 확산 등의 여파로 한국의 정치체제나 경제 체질에 의미 있는 변화가 나타나기 시작했다(조명래 2013a).

이 중에서 대표적인 것은 민주화와 지방자치제의 실시 및 경제구조의 첨단화를 들 수 있다. 전자는 국가권력이 중앙에서 지방으로 분산되는 분권화를, 후자는 중후장대형 생산(포디즘)에서 다품종 소량 생산(포스트포디즘)으로 축적 체제가 유연화되는 정치경제적 변화를 초래했다. 이는 기존의 지역격차 혹은 불균형 패턴에 지각 변화를 불러오는 원인이 되었다. 1980년대 후반을 지나면서,[2] 영남의 성장세와 집중도는 상대적으로 둔화되었고, 이를 막기 위한 개입주의 공간 정책도 약화되었다. 그러면서 수도권 지역으로 경쟁력 있는 산업 및 경제활동이 (재)집중하고, 동시에 IT 산업과 첨단 서비스산업을 중심으로 수도권 산업구조가 첨단화(지방의 낙후 산업구조와 차별화)되면서 수도권 일극 경제구조가 구축되기 시작했다. 1998년 IMF 위기를 겪으면서 두드러진 수도권과 비수도권 격차는 정치적 기제로 규정되던 영호남 격차(구지역격차)를 대신하는 국토의 새로운 불균형으로 떠올랐다. 그러면서 중앙 정치에서 지역주의 분파 간 권력 갈

2_가령 서울 인구는 1992년 최고(1,080만 명)에 달한 뒤 그 후 성장 둔화와 함께 주변 지역으로 확산되면서, 20여 년 이상 1천만대를 유지하고 있다.

등은 민주화와 분권화 추세와 맞물러 약화되는 반면, 중앙과 지방 간 격차 내지 갈등, 그리고 지방자치 공간 내에서 미시 지역 내지 장소 간 갈등으로 지역격차 혹은 불균형의 공간적 스케일이 다양하게 분화하는 경향도 동시에 나타났다. 수도권-비수도권 간 격차 혹은 중앙과 지방과의 격차가 '지역 간 격차'의 새로운 양상이라면(김은경 2012: 변창흠 2012: 홍철 2012), 도시와 농촌, 구도심과 신시가지, 개발 지역과 낙후 지역 간의 격차는 '지역 내 격차'의 새로운 양상으로 나타나고 있는 것이다(조명래 2013c).

탈규제, 시장 경쟁 등 신자유주의 바람이 1990년대 들어 본격 불기 시작하면서, 영호남 격차로 상징되는 구지역격차(불균형)는 중앙과 지방, 수도권과 비수도권, 첨단 산업 지역과 전통 산업 지역, 신개발지와 구개발지, 신산업의 지역(예, 강남구) 및 사양 산업의 지역(예, 구로구), 신중산층 지역(예, 강남)과 구도심 지역(예, 강북), 개발 지역과 보전 지역 간 격차 등 새로운 유형의 지역격차(불균형)로 바뀌고 있다.

이 같은 새로운 격차 혹은 불균형은 경쟁력이 있는 수도권과 그렇지 않은 비수도권으로 나누어지는 '광역적 지역 간 격차', 생활 관계나 개발 가치가 장소 간에 분화되고 차등화되는 '미시 지역 간 격차' 등 다층적 양상을 띠고 있다. 외양적으로 대채롭지만, 새로운 공간 격차의 이면엔 하나같이 권력의 탈중앙화와 지방화, 그리고 신자유주의화의 논리가 깔려 있다. 새로운 격차 양상이 본격 등장한 것은 1998년 IMF 위기 이후다. IMF 위기를 거치면서 그동안 줄던 지역 간 격차도 다시 확대되는 경향이 나타났다. 이는 신자유주의의 영향으로 우리 사회 전반에 양극화가 심화되는 것의 공간적 반영이라 할 수 있다(조명래 2013c).

2009년에 나온 OECD 보고서("Region at Glance")는 국제 비교 관점에서 한국의 지역격차가 어떠하고, 어느 정도인지를 확인시켜 준다. 이 보고서에 드러난 한국의 지역격차가 갖는 주요 특징을 정리하면 다음과 같다(이덕재 2009).

① GDP가 전 국토에서 차지하는 비중이 10%를 넘어서는 지역들의 합계(예, 서울, 부산 등의 비중 합계)가 한국의 경우 35%로 OECD 27개국 중 10위였다. 이를 두고 KDI 등 주류경제학자들은 우리나라의 지역격차가 선진국에 비해 결코 심하지 않다고 주장하고 있다.

② 그러나 소득 및 인구의 공간 집중도를 보면, 한국은 전체 27개 중 4위로 집중도가 높은 것을 알 수 있다. 이는 지역격차가 심하다는 것을 의미한다. 특히 한국은 27개 OECD 국가 가운데 인구의 공간 집중도가 소득의 공간 집중도를 앞서는 유일한 나라인 데, 이는 사람이 많이 모여 있어도 소득이 상대적으로 적은 것, 즉 인당 생산성과 경쟁력이 굉장히 낮다는 것을 뜻한다.

③ 한편, 1인당 지역내총생산GRDP는 위기 이후 확대되어 2005년 현재, 27개 국 중 7위로 일인당 지역 생산액 측면에서는 지역 간 격차가 크다는 것을 알 수 있다.

④ 특히 이를 다시 근로자 1인당 GRDP로 계산해 보면, 전체 27개국에서 3위를 차지하고 있는데, 이는 근로자 생산성의 지역 간 격차가 심하다는 것을 보여 준다.

⑤ 경제활동이 지역 간에 편중되어 있고, 생산성이 크게 차이 난다는 것을 알 수 있는데, 이는 도시 농촌 공간의 차이에서도 나타난다. 도시와 농촌의 경제활동 참가율 격차는 우리나라가 27개국 중 스위스 다음으로 2위인데, 스위스는 작은 국가로 농축산업이 비중이 큰 나라인 점을 감안할 때, 농촌 경제활동 참가율이 높은 것은 당연한 것이다. 이러한 스위스를 제외하면 실제 세계 최고라 할 수 있다.

⑥ 이렇듯 우리나라는 지역의 절대 생산액 기준의 격차는 그렇게 현격하지 않다 하더라도 인구와 소득 활동의 집중도 격차는 아주 심한 편이

다. 이는 수도권으로 인구와 경제활동이 집중되어(과밀화되어) 있지만, 생산성이 상대적으로 낮다(과밀의 비용 발생)는 것을 의미한다. 수도권 재집중은 1998년 IMF 위기 이후 다시 가속화되어 왔다. 문제는 집중되더라도 생산성이 높아 국가 전체의 부를 총체적으로 증진시켜 주고, 또한 수도권 집중(성장)의 과실이 비수도권으로 골고루 나눠져야 하지만, 그렇지 않다는 데 심각한 문제가 있다.

⑦ 가령 2002~06년 사이에 전국적으로 새로 만들어진 일자리의 98%가 수도권에서 창출되었다. 이렇듯 일자리가 수도권에 많이 모여 있지만 경쟁력과 생산성은 형편없이 낮다. 2006년 OECD 보고서에 따르면, 수도권의 국제경쟁력은 76개 주요 광역 경제권 가운데 69위에 불과한 것으로 드러났다. 서울의 도시 생산성은 도쿄, 뉴욕, 런던의 2분 1 내지 3분의 1 수준이다.

⑧ 한편, 수도권 일극이 강화되는 추세 속에서 지역 간 근로자 생산성 격차는 크다. 지역 간 자본 집약화와 그 생산성이 크다는 것을 의미하는데, 이는 주로 대기업 현지 생산 시설이 집적되어 있는 곳과 그렇지 않은 곳의 차이가 크다는 것을 함의한다. 도시 농촌 격차가 OECD 국가 중 가장 크다는 데서 알 수 있는 것은, 도시지역과 농촌지역의 경제활동이 현저하게 차이가 난다는 사실이다.

⑨ 전반적으로 보면, 단위 지역 간 생산성 격차가 현격하여 생산 활동의 기회가 고르지 못한 상태(도시 농촌 격차 포함)에서, 수도권 집중의 가속화로 과밀 비용 문제와 더불어 비수도권의 구조적 저발전(위축) 문제가 겹쳐 있는 게 현 단계 우리나라 지역격차의 특징이다. 이는 한마디로 국토 공간 자원이 대단히 불균등하게 이용되고 있음을 뜻한다. 이런 상태는 한국 자본주의가 지속 가능한 공간 발전 체제를 내부화하고 있지 않음을 말해 준다.

⑩ 전체적으로 드러나는 현 단계 지역격차는 수도권과 비수도권의 격차로 대표된다. 수도권은 가면 갈수록 집중화되고 광역화되는 반면, 비수도권의 일부 광역도시를 제외하면 전반적으로 위축되고 있다. 특히 인구 20만 이하 중소도시의 90% 이상이 인구의 지속적 감소를 겪고 있다. 이런 인구 위축은 수도권 중소도시의 인구 증가로 나타나고 있다. 성장의 공간적 패턴이 이젠 일종의 제로섬zero-sum적 양상을 띠고 있는 것이다.

이처럼 거시적으로 보면 최근의 지역격차(신불균형)는 수도권과 비수도권을 기본축으로 하여 나타나고 있다. 이와 함께, 미시적으로는 경쟁적 국토 상황에서 지방자치제와 맞물려 지역 내 장소나 작은 지역 간 격차와 대립도 빈발하고 있다. 이 경우 소지역주의가 중요한 까닭이 된다. 또한 단위 지역 내에서 지역 간, 장소 간, 용도지역 간 격차가 심화되고 있다. 이를테면, 서울에서 강남북 격차가 대표적인 예가 된다. 이는 한국 사회 전반에 나타나고 있는 양극화의 메커니즘이 공간적으로 작동하면서 그것이 미시 공간 스케일에서 나타나는 현상이라 할 수 있다.

따라서 최근의 격차 현상은 격차의 정도보다 격차의 양상에서 더 두드러진 특징을 보여 주고 있다(조명래 2013c). 한국사회학회·한국지역학회(2011)의 "지역 간 격차와 해소 방안 연구"에 따르면, 지역격차의 정도는 '도시-농촌 격차'가 가장 심하고(52.42%), 다음으로 '수도권-비수도권 격차'(32.45%), '영남-호남 격차'(10.86%), '광역자치단체 격차'(4.27%) 등으로 이어지고 있다. 지역격차의 주된 양상이 영·호남 격차에서 수도권-비수도권 격차, 도농 격차로 옮아가고 있는 것으로 해석된다. 이는 지역격차가 전통적인 지역 갈등이나 지역 차별 등 정치적 차원의 문제로 바라보기보다 지역 간 생활수준, 경제력, 복지, 의료, 문화, 교육 등 생활상의 격차 문제로 인지되고 있음을 말해 준다. 이는 동시에 '도농 격차로 표출되는 교육, 의료 서비스, 문화 등 삶의 질의 불평등', '수도권-비수도권 격차로 표현되는 일자리·산업의 불균형', '영호남 격차로 상징되는 정치 이념적 대립' 등 지역격차가 다양화·다원화되고 있음을 뜻하기도 하다. 격차에 대한 인식에서도, 지역격차는 그간 개선되었다기보다 그렇지 않다는 인식이 더 두드러지고(63%), 개선될 것이라기보다 그렇지 않을 것이란 전망도 더 두드러진다. 이렇듯 지역격차는 한국 사회 불평등 구조에 깊숙이 침전되어 있다.

이런 격차 양상과 인식은 최근의 다른 연구에서도 확인되고 있다. 전국시도연구원협의회의 연구 결과(2012)에 의하면 새로운 지역격차 양상은 크게 세 가지 특징을 가지고 있다. 첫째, 지역 불균형의 현상이 수도권-비수도권, 경부축-비경부축, 도시-농촌, 광역도-광역시, 대도시-중소도시, 거점 도시-주변 지역 간 다양화되고 있다. 둘째, 격차의 내용에서도 인구·산업·기반 시설 등의 격차에서 복지·의료·교육·문화 등 삶의 질 격차에 관한 것으로 옮겨가고 있다. 셋째, 이 두 경향의 합으로, 지역 간 격차보다 역내 권역 간, 장소 간 격차가 더 두드러지게 인지되고 있다.

지역격차의 지속은 차별받지 않고 인간답게 살 수 있는 기회가 지역 간에 차등화됨으로써 국민들의 삶의 질 저하를 초래한다. 삶의 기회 및 권력 자원의 불평등과 결부될 때, 지역격차는 지역을 범주로 하는 사회집단 간 대립과 갈등을 부추겨 사회적 안정과 통합을 심각하게 저해한다. 또한 지역격차는 지역별 인적·물적 자원의 부적절한(비효율적) 활용을 초래해 국토 전체의 생산성을 떨어뜨려 선진적 공간 발전 시스템으로의 전환을 가로막는다. 이런 지역격차는 시장 요인(기업 투자, 노동시장 등)보다 정부의 부절적한 정책에 의해 야기되고 지속된다고 보는 게 국민들의 일반적인 인식이다. 헌법 제120조는 '국가는 지역 간의 균형 있는 발전을 위하여 지역 경제를 육성할 의무를 가진다'고 명시하고 있어 지역 균형 발전의 국가의 책무임을 분명히 하고 있다(조명래 2013c).

6. 탈근대화와 신체적 공간으로서 지역격차

오늘날을 탈근대의 시대로 본다면, 탈근대성postmodernity이 사회적으로 전면화되는 현상을 탈근대화postmodernization라 부른다. 이의 가장 중요한 특질 가운데 하나는 삶의 관계나 단위가 전에 없이 분절되고 개인화되는 현상이다. 그것은, 근대의 사회적 결속(예, 계급 관계) 해체, 파편화된 서비스 노동의 확산, 하비투스적 탈물질 소비(예, 이미지, 기호, 의미의 소비)의 탐닉, 사이버스페이스를 통한 유목민적 상호작용, 개성적 정체성 추구, 몸에 대한 관심 증대 등의 결과다(조명래 2013b).

이런 탈근대적 삶의 확산은 그에 상응하는 공간 현상과 그 의미의 변화를 수반한다. 대표적인 것 가운데 하나는 '신체적 공간'corporeal space에 대한 관심과 중요성의 증가다. 신체적 공간은 '몸body의 사회학'적 의미가 부각되고 강조되는 공간을 말한다. 근대의 주체가 사회적으로 규정된 신분이나 계층을 중심으로 한다면, 탈근대의 주체는 사회적으로 덧씌워진 껍데기(허울)가 벗겨진, 사회가 직접 와닿고 반응하는 '몸'을 중심으로 한다.

사회적으로 부유하거나 가난함은 내 몸의 몸매, 건강, 질환 등으로 체현된다. 따라서 탈근대 시대 '의미화의 공간'space of signification은 몸의 기호 code들이 개별적으로, 집합적으로 드러나면서 차별화된다. 후자, 즉 집합적인 경우는, 가령 '건강의 지역 간 불평등'이란 현상으로 확인된다.

환경 정의론의 관점에서 볼 때, 미국에서, 사회계층적으로 낮은 집단인 저소득층이면서 인종적(생물적)으로도 약자인 흑인이란 조건이 동시에 결합된 인구 집단은 그렇지 않은 집단에 비해 환경적으로 박탈된 지역에 살면서, 그로 인한 환경 질환의 높은 빈도를 나타낸다. 가령 도시 외곽 흑인 거주 지역의 천식 유발률이 일반(백인) 주거지역에 비해 30%가 높다.

우리나라에서도 근자에 들어, 사회적 약자들이 집단적으로 거주하는 지역의 경우, 환경의 질이 상대적으로 더 나빠, 환경 질환이나 환경 재해에 대한 집단적 노출과 피해가 더 크다. 가령 지하 셋방 가구원 중 어린이이나 노인(사회적 약자로서 주거 약자이면서 생물 약자)들은 유해한 위생 환경(곰팡이 서식), 오염된 실내 공간, 침수, 소음 등으로 인해 건강 피해를 상대적으로 더 많이 겪는 것으로 조사 보고되고 있다.

몸매와 건강성이 개인의 정체성과 사회적 신분을 표현하는 중요한 기호가 되면서 지역 간 격차도 이런 신체 관련 기호들을 표출하는 공간의 차이로 인지되거나 표현된다. 잘살거나 못사는, 혹은 발전되거나 낙후된 지역 간 차이는 더 이상 권력, 생산성, 소득, 시설 역량 등의 지표로 측정되는 것이 아니라, 몸의 건강성을 차등화하는 사회적 질의 차이로 측정된 것이다. 이는 탈근대 시대 신체 공간의 차이로 표현되는 지역격차를 의미한다. 그 격차는 체제와 제도에 의해 규정된 '거시 공간의 지역'이 아니라 신체 관계를 미세하게 규정하는 '미시 공간의 지역' 간 관계를 반영한다. 따라서 그 해결도, 가령 산업 도시 정책이 아니라 건강 도시 정책과 같이, 몸의 현상과 의미를 중심으로 하는 미시적 공간 정책을 필요로 한다.

7. 지역격차의 문제

국토 전역에 국민들이 차별받지 않고 인간답게 살 수 있는 기회가 지역 간에 차등화됨으로써 국민들의 삶의 질 저하를 총체적으로 초래한다. 과밀은 과밀 지역대로 삶의 질 저하를 겪고, 과소 지역은 과소 지역대로 삶의 질 저하를 겪고 있다.

과밀 지역(발전 지역)에서는 토지 등 공간 자원을 과도하게 이용함으로써 그에 따른 환경 파괴, 오염 및 혼잡비용의 발생이 이루어지고, 반면 과소 지역(저발전 지역) 인구나 토지 등의 자원을 적절하게 이용하지 못한 채 방치하거나 비효율적으로 이용함으로써, 그에 따른 비용이 이중적으로 발생한다.

지역 간 격차는 지역 주민들 간의 경쟁과 대립을 부추겨 사회 전반의 갈등을 확산시킨다. 행정 중심 복합 도시를 둘러싼 수도권과 비수도권과 대립, 국책 사업 입지(예, 신공항, 과학 벨트)를 둘러싼 지역 간 대립, 지방자치단체 내에서 개발 지역과 정체 지역 간의 갈등은 모두가 크게는 한국 사회 전반, 작게는 지역사회 내 전반에 갈등으로 확산되어, 사회적 공공성이나 민주주의적 가치의 발현을 가로막는다.

심각한 지역격차가 발생하는 공간적 발전 시스템으로는 선진국이 될 수 없다. 가령 OECD 국가 중 가장 잘사는 나라 가운데 수위 도시의 비중이 10%(인구 비중)을 넘어서는 나라는 없다. 이는 수위 도시가 아닌 지역에서도 인구와 경제활동이 상대적으로 활발하게 이루어져, 국토 공간 전체의 생산성을 높여 낸다는 것을 의미한다. 반면 우리는 수도권 일극으로 몰려 있지만, 생산성이 높지 않고, 반면 비수도권은 생산성 자체가 떨어진 결과, 국가 전체의 통합적 생산성이 그만큼 떨어지게 된다. 이것은 한국 경제가 15년 이상 중진국 함정에 빠져 있게 된 까닭의 하나가 된다.

잘사는 지역과 못사는 지역, 발전 지역과 저발전 지역, 중심 지역과 주변 지역 간의 차이는 단순한 몇몇 지표상의 차이가 아니라 지역의 총합적 구성 차이를 의미한다. 따라서 총합적 구성으로 지역 공간은 그 공간에 속하는 구성원들에 대해 지역을 범주로 하는 집단적 정향성 내지 정체성을 형성하게 하고, 이로 인해 타 지역의 것과 대립·경쟁·갈등을 빚게 된다. 그 결과 지역은 범계급적para-class 범주로서의 기능과 힘을 갖게 된다. 지역의 이런 범계급성이 강화되면 될수록, 타 지역과의 적대를 넘어 타 지역과 단절을 추구하게 되어 국가 사회 전반의 통합성 약화를 초래한다.

8. 지역격차의 해소 방안

지역이 진정한 자율권과 자치권을 가져야 한다. 지역이 갖게 된 자율권/자치권이 해당 지역의 구성원들 사이의 민주적 협치를 통해 지역의 내생적, 자율적 발전을 도모하는 것으로 행사된다면, 지역사회의 권력적 쟁점과 관심은 지역 내부의 것으로 모아들게 된다.

중앙집권 체제하에서, 그리고 전국화된 경쟁 구도 속에서는 모든 지역이 다른 지역을 능가하려고 하지만, 현실에서는 경쟁력 있는 지역과 그렇지 않은 지역은 늘 나누어지기 마련이다. 이 경우, 지역 간 선의의 경쟁을 허용한다 하더라도, 경쟁이란 기준으로 모든 지역을 획일화하는 게 아니라, 지역별 개성이 차별화되어 그 자체가 지역의 경쟁력이 되도록 해야 한다. 이를 위해선 지역의 주체들이 지역의 내생 자원을 이용해 스스로가 발전할 수 있는 시스템(예컨대 인력 공급, 자본 조달, 기술개발, 교육 서비스 제공 등)을 갖추도록 해야 하고, 중앙은 이를 도와주는 것을 국토/지방 정책의 근간으로 삼아야 한다(문정호 2011).

전국의 모든 지역이 최소한의 인간다운 삶을 살 수 있는 전국적·지역적 최저 기준(소득수준, 서비스 접근성, 자치권 등)을 정해, 이를 충족시키는 국토 지역 정책이 시행되도록 해야 한다. 특히 전국적으로는 내셔널 미니엄을 정해 이 이하의 저발전 지역에 대해선 중앙정부가 공간적 분배정의란 측면에서 보호하고 육성하는 정책을 차별적으로 실시해야 한다.

몇몇의 재벌 기업(독점자본)이 국가 경제뿐만 아니라 공간 경제까지 장악하고 지배하게 된다면, 정치적으로 분권이 이루어지더라도, 경제적으로 지역의 종속은 계속될 수밖에 없다. 따라서 대자본에 의한 지방 경제의 종속화와 예속화를 막기 위해서는 대자본의 지방 진출 내지 지방에서의 사업 방식을 지방자치단체가 중심이 되어 일정하게 규율하고 통제할 수 있어야 한다. 또한 지방 경제의 내생적 육성을 위해서 지방자치단체가 나서서 지방 산업과 지방 기업의 영역을 보호하고 관리하는 법제도적 장치가 마련되어야 한다.

개별 도시나 지역 내에서 미시 지역 내지 장소 간 격차를 줄이기 위해서는 사회적 혼합social mix을 도모하는 다양한 도시계획사업이 실시되어야 한다. 특히 특정 지역이 게토화되는 것을 막기 위해선 사회적으로 약자인 저소득층이 더불어 살 수 있는 주거 시설이 공공에 의해 정책적으로 확보되도록 해야 한다(재건축 시 소형 평수, 임대주택 공급 의무를 확대하는 등의 방안).

제2부

대안

16

불평등 해소를 위한
경제 모델

김형기

21세기 초 자본주의의 최대 문제는 아마도 불평등의 심화일 것이다. 불평등 해소는 지금 가장 중요한 세계적 의제로 부상해 있다. 그래서 당대 자본주의의 불평등 문제를 역사적으로, 이론적으로, 정책적으로 심도 있게 다룬 피케티의 『21세기 자본』이 선풍적 인기를 끌고 있는 까닭도 이런 시대 상황과 관련되어 있음은 두말할 필요가 없다.

불평등을 초래하는 원인은 여러 가지가 있다. 불평등의 주된 요인 가운데 하나는 경제 발전 모델이다. 이 글은 같은 자본주의라도 경제 발전 모델의 차이에 따라 불평등 정도가 다르다는 것을 보이고, 나아가 한국에서 불평등을 해소하기 위한 경제 모델 정립의 방향을 제시하고자 한다.

1. 불평등의 원인

개별 경제주체들 간에 소득과 부의 불평등을 낳는 근본적 요인은 경제활동 속에서 경제주체들이 놓인 지위의 차이다. 경제주체들의 지위 차이는 소유 격차, 지식 격차, 권력 격차에서 비롯된다고 할 수 있다.

첫째, 소유 격차는 생산수단의 소유 여부와 소유량의 차이에서 발생한다. 생산을 통해 소득을 창출하는 생산수단(기계·공장·사무실·토지 등)의 소유 여부는 자본주의에서 불평등을 초래하는 가장 근본적 요인이다. 생산수단의 소유 여부에 따라 경제주체들은 자본가(고용주), 자영업자, 임금노동자로 구분되는데, 이런 종사상 지위의 차이가 소득분배 나아가 부의 분배를 결정하는 가장 일차적 요인이다. 다음으로 재산 혹은 자산 소유의 차이가 불평등을 초래하는 주된 요인이다. 금융자산과 부동산 소유의 차이가 자본소득의 불평등을 낳는다.

둘째, 지식 격차는 생산 활동과 관련된 지식, 좀 더 포괄적으로 말하자면 경제주체들의 학력과 기술 수준과 경력의 차이에서 비롯된다. 노동자들의 경우 학력·숙련·경력에 따른 임금격차가 임금 소득 불평등을 낳는다. 자본가들의 경우 특허권 등 지적재산권의 소유 정도와 기업 특수 기술의 수준 등이 자본소득의 불평등을 낳는다.

셋째, 권력 격차는 근본적으로 소유 격차에서 비롯되지만 거래 주체들의 조직화 정도에 달려 있다. 자본소득과 노동소득 간의 분배는 상당 정도 노사 간의 교섭력에 의해 좌우된다. 노동조합 조직률과 단체교섭 수준(기업별 교섭, 산업별 교섭, 전국 중앙 교섭)이 노조의 교섭력에 영향을 미친다. 사용자 단체의 조직 수준은 사용자의 교섭력에 영향을 미친다. 대기업과 중소기업 간의 권력 비대칭성은 대기업에 납품하는 중소기업의 이윤 수준과 임금 수준에 영향을 미쳐 소득분배에 영향을 미친다.

이런 기본적 요인 외에도 시장 구조와 제도 특성이 불평등에 영향을 미친다. 시장 구조는 시장에서 독점이 지배하느냐 경쟁이 지배하느냐, 공정 경쟁이 이루어지느냐 아니면 불공정 경쟁이 이루어지느냐, 시장이 단일한가 분단되어 있는가에 따라 소득분배의 양상이 달라진다.

제품 시장에서 독점이 지배할 경우 독점 대기업은 독점적 초과이윤을 획득하고 부등가 교환을 통해 비독점 중소기업이나 자영업자로부터 가치를 수탈하여 더 많은 이윤을 확보할 수 있다. 노동시장에서는 수요독점 시장, 쌍방 독점 시장, 경쟁 시장 여하에 따라 자본소득과 노동소득 간의 분배가 영향을 받는다. 또한 노동시장이 분단되어 있을 경우에는 단일한 노동시장일 경우보다 임금 소득의 불평등이 더 커질 것이다.

제도 특성은 헌법, 법률, 협약 등이 소유 격차, 지식 격차, 권력 격차, 시장 구조에 작용하는 정도에 따라서 불평등에 영향을 미친다. 재산권과 지적재산권을 보장하고 제한하는 법률들, 사회적 강자를 규제하고 사회적 약자를 보호하는 법률들, 노동 3권 관계법들, 조세제도와 재정 제도, 실업 보호 제도, 고용 보호 제도, 최저임금제와 생활임금제 등이 부와 소득분배에 작용하여 불평등에 영향을 미친다.

2. 발전 모델의 차이와 불평등

위에서 본, 불평등을 발생시키는 요인, 즉 소유 격차, 지식 격차, 권력 격차, 시장 구조, 제도 특성은 자본주의 발전 모델의 차이에 따라 다르게 나타난다. 경제주체들의 소유 격차, 지식 격차, 권력 격차가 큰 국가보다 작은 국가가, 독점기업의 지배력이 강한 시장 구조를 가진 나라보다 약한 시장 구조를 가진 나라가, 약자와 빈자 보호가 약한 나라보다 강한 나라가 각각 불평등 정도가 작게 나타날 것이다.

일반적으로 자유시장경제liberal market economy를 가진 나라가 조정시장경제coordinated market economy를 가진 나라보다 불평등이 심하다. 자유주의 국가보다 사회국가에서, 발전 국가보다 복지국가에서 불평등 정도가 낮다.

선진국 자본주의의 발전 모델은 보통 영미형Anglo-American Model, 라인형Rhine Model, 노르딕형Nordic Model, 지중해형Mediterranean Model으로 나뉜다. 여기에다 동아시아형East Asian Model을 추가할 수 있다. 기존의 분석 결과를 보면, 대체로 영미형은 고용 보호와 실업 보호[1]가 모두 낮으며, 노르딕형은 고용 호보가 중간 수준이고 실업 보호가 높다. 라인형은 고용 보호와 실업 보호가 모두 높으며, 지중해형은 고용 보호가 높은 반면 실업 보호가 낮다(Hall and Soskice 2001, 162-169).

이제 이런 발전 모델의 차이에 따라 소득 불평등이 어떠한지를 보기로 하자. OECD 국가의 발전 모델을 다섯 가지 유형, 즉 ① 영미형, ② 라인형, ③ 노르딕형, ④ 지중해형, ⑤ 동아시아형으로 나누고, 각 발전 모델의 특성을 나타내 주는 세 가지 지표인 정부 규모 지수,[2] 고용보호입법EPL 지수, 공적 사회 지출 비율을 선택하여, 이 지표들의 차이에 따른 소득 불평등의 정도를 지니계수를 통해 본 것이 〈표 1〉이다.

1_해고를 제한하는 것을 고용 보호, 실업급여 지급과 실업자 재취업 훈련 실시를 실업 보호라 한다.

2_정부 규모 지수는 총소비 중 정부 소비 비중, GDP에 대한 이전지출 및 보조금 비율, 공기업 및 정부 투자 비중, 최고 한계세율 등을 종합하여 만든 것이다.

표 1 | 발전 모델의 특성과 불평등

발전 모델	정부 규모 지수	고용보호입법지수	공적 사회 지출 비율	지니계수
① 영미형	6.4	1.56	19.3	0.343
② 라인형	5.1	2.58	25.7	0.278
③ 노르딕형	4.4	2.34	29.7	0.262
④ 지중해형	5.4	2.54	26.5	0.336
⑤ 동아시아형	6.4	2.13	16.1	0.322

주: 1) ① 영미형(호주·캐나다·영국·미국), ② 라인형(오스트리아·벨기에·프랑스·독일·프랑스·아일랜드·네덜란드·스위스), ③ 노르딕형(덴마크·핀란드·스웨덴), ④ 지중해형(그리스·이탈리아·포르투갈·스페인), ⑤ 동아시아형(일본·한국)
2) OECD 국가들의 발전 모델 유형화는 Amable(2003)의 분석 결과를 따랐다. 단, 발전 모델 명칭은 일반 용례에 따라 필자가 바꾸었다. 정부 규모 지수(2012년)는 경제적 자유 지수(Economic Freedom Index)의 일부로서 그 수치가 클수록 '작은 정부'를 나타낸다. 고용보호입법(EPL) 지수(2013년)는 개인적 및 집단적 해고에 대한 상용 노동자 보호 지수이다. 공적 사회 지출 비율(GDP에 대한 %)은 2013년 자료다(단, 동아시아형은 2011년 자료). 지니계수는 2011년 자료다.
자료: OECD database; Gwartney & Lawson & Hall(2014).

미국 등 영미형 모델이 가장 '작은 정부'를 가지고 있고 스웨덴 등 노르딕 모델이 가장 '큰 정부'를 가지고 있다. 한국이 포함된 동아시아형 모델이 영미형 만큼 '작은 정부'임이 주목된다. 해고를 법적으로 제한하는 정도를 나타내는 고용보호입법지수는 라인형이 가장 높고 다음으로 지중해형, 노르딕형, 동아시아형 순이며 영미형이 가장 낮다. GDP에 대한 공적 사회 지출(즉 사회복지 지출) 비율은 노르딕형이 가장 높고 다음으로 지중해형, 라인형, 영미형 순이며 동아시아형이 가장 낮다.[3]

이렇게 해서 '큰 정부', 중간 수준의 고용 보호, 높은 공적 사회 지출 비율을 가진 노르딕형 국가에서 소득 불평등도가 가장 낮게 나타났다. 반면, '작은 정부', 낮은 고용 보호, 낮은 공적 사회 지출 비율을 가진 영미형 국가에서 소득 불평등도가 가장 높게 나타났다. 발전 모델별 소득 불평등도

3_한국은 정부 규모 지수 6.9, 고용 보호 지수 2.17, 공적 사회 지출 비율 10.2(2013년 기준), 지니계수 0.307로 나타났다. 한국의 불평등도는 영미형, 지중해형보다는 낮았지만 노르딕형과 라인형보다는 높았다.

표 2 | 지니계수: 시장소득과 가처분소득

		1995	2000	2005	2010
미국	시장소득(A)	0.48	0.48	0.49	0.51
	가처분소득(B)	0.36	0.36	0.38	0.38
	A-B	0.12	0.12	0.11	0.13
독일	시장소득(A)	0.46	0.47	0.50	0.49
	가처분소득(B)	0.27	0.26	0.30	0.29
	A-B	0.19	0.21	0.20	0.20
스웨덴	시장소득(A)	0.44	0.45	0.43	0.44
	가처분소득(B)	0.21	0.24	0.23	0.27
	A-B	0.23	0.21	0.20	0.17
한국	시장소득(A)			0.33	0.34
	가처분소득(B)			0.31	0.31
	A-B			0.02	0.03

주: 독일과 스웨덴의 2005년 수치는 2004년 자료이고, 한국의 2005년 수치는 2006년 자료임.
자료: OECD database.

를 종합하면, '영미형 〉 지중해형 〉 동아시아형 〉 라인형 〉 노르딕형' 순으로 소득 불평등도가 높게 나타났다.

〈표 1〉로부터, 자유시장경제와 주주자본주의를 가진 영미형 국가에서 불평등도가 가장 높으며 조정시장경제와 이해관계자 자본주의를 가진 노르딕형 및 라인형 국가에서 불평등도가 낮음을 알 수 있다.

한편, 정부의 조세와 이전지출을 통해 불평등을 줄이는 정도는 어떤가? 시장소득(조세와 이전지출 이전)의 지니계수와 가처분소득(조세와 이전지출 이후)의 지니계수의 차이를 〈표 2〉에서 보면, 노르딕형의 대표 국가인 스웨덴과 라인형의 대표 국가인 독일은 크고, 영미형의 대표 국가인 미국은 작다. 한국은 그 차이가 아주 작다. 미국, 독일, 스웨덴 3국 간에 시장소득의 지니계수는 큰 차이가 없는데 가처분소득의 지니계수가 크게 차이가 나는 것은 결국 정부가 조세와 이전지출을 통해 실시하는 소득재분배 정책의 차이 때문이다. 이는 세 나라의 정부 역할 차이 즉 '작은 정부냐 큰 정부냐'에서 비롯된다. 한국은 소득재분배를 위해 정부가 하는 역할이

표 3 | 최고 한계세율 기준 '경제적 자유 지수' 추세

	1980	1990	2000	2005	2010	2012
미국	0,0	6,5	7,0	7,5	7,0	7,5
독일	2,0	4,0	3,0	6,0	5,0	5,0
스웨덴	0,0	0,0	1,0	1,5	1,0	1,0
한국	0,0	1,5	5,0	6,0	6,0	6,0

자료: Gwartney & Lawson & Hall(2014).

아주 미약함을 알 수 있다.

한국은 1987년 시민항쟁과 노동자대투쟁 이후 소득 불평등이 완화되다가 1997년 외환 위기 이후 크게 증가했다. 1987년 이후 소득 불평등 완화는 노조 조직률의 증가와 노조의 단체교섭력 증대에 따른 임금 상승에 기인한다. 1997년 이후 비정규직과 영세 자영업자의 증가, 실질임금이 노동생산성 증가율을 하회함으로 인한 노동소득분배율의 감소, 대기업-중소기업 간의 생산성 격차와 임금격차의 확대 등은 소득 불평등 증가의 주된 요인이었다.

소득세 통계를 활용하여 한국의 소득 불평등 추이를 분석한 김낙년(2013)의 연구에 따르면, 한국의 소득 불평등(상위 1%의 소득 집중도)은 1990년대 중엽까지 불평등도가 상대적으로 낮은 유럽·일본형의 수준을 유지하다가 1997년 외환 위기 이후 급등하여 불평등도가 높은 영미형으로 접근하는 양상을 보이고 있다. 상위 1% 최상층의 소득이 상대적으로 빠르게 높아진 원인은 외환 위기 이후 기업 경영에서 성과주의 보수 체계가 확산되고, 1980년대 이후 상위 소득자에게 적용된 한계세율이 지속적으로 하락했기 때문이라고 주장했다(김낙년 2013).

〈표 3〉에서 보는 것처럼 한국은 1990년과 2000년 사이에 최고 한계세율top marginal tax rate기준으로 본 '경제적 자유 지수'가 크게 높아지고 이

후 더욱 높은 수준으로 유지되고 있다. 이는 소득세 최고 한계세율이 1983년 55%에서 1996년 40%로 대폭 하락했기 때문이다. 미국은 1980년에서 1990년 사이에 최고 한계세율을 기준으로 본 '경제적 자유 지수'가 크게 높아졌으며, 2000년대 이후 계속 매우 높은 수준[4]을 유지하고 있다. 이는 미국이 1980년대 레이건 정부 시절에 신자유주의적 감세 정책 즉 부자 감세를 실시하여 최고 한계세율을 크게 낮추었기 때문이다. 반면 스웨덴은 높은 최고 한계세율을 거의 그대로 유지했다. 독일은 완만하게 최고 한계세율을 낮추어 가다가 2000년대 후반에는 다시 약간 높였음을 알 수 있다.

토마 피케티가 지적한 것처럼, 1980년대 영미권 국가들에서의 최고 한계세율의 대폭 인하가 최상위 소득의 폭발적 증가로 이어졌고, 그 결과 이들 국가의 소득 불평등이 크게 증대한 것이다(피케티 2014, 402). 미국에서와 마찬가지로 한국에서도 1990년대 이후 한계 소득세율이 크게 하락했기 때문에 김낙년(2013)의 연구 결과가 보여 주는 대로 소득 불평등이 크게 증대한 것이다. 피케티도 한국이 최고 한계세율을 지나치게 인하했기 때문에 소득 불평등이 증대했다고 지적한 바 있다. 스웨덴은 세계적 신자유주의 물결에도 불구하고 높은 최고 한계세율을 유지한 결과 소득 불평등도를 낮게 유지할 수 있었다. 결국 발전 모델의 차이에 따른 조세정책의 차이가 소득 불평등도의 차이를 낳은 것이다.

4_OECD 국가 중에서 스위스가 8.0으로 가장 높고 그다음이 미국이다.

3. 평등 지향적 경제 모델을 위한 정책 과제

위에서 분석한 발전 모델의 차이에 따른 소득 불평등이 시사하는 바는 다음과 같다. 즉 좀 더 평등 지향적 경제 모델을 정립하려면 자유시장경제보다는 조정시장경제를, 주주자본주의보다는 이해관계자 자본주의를, '작은 정부'보다는 '큰 정부'를 지향하면서 높은 최고 한계세율, 적절한 고용 보호, 높은 공적 사회 지출 비율을 유지해야 한다.

조정시장경제, '큰 정부', 이해관계자 자본주의는 불평등을 낳는 근본 요인인 소유 격차, 지식 격차, 권력 격차를 줄이는 방향으로 작용한다. 부자 증세와 빈자에 대한 이전지출 증대는 부자와 빈자 간의 소유 격차와 지식 격차를 줄일 수 있다. 공적 사회 지출 비율 증대와 빈자에 대한 공공 교육 지출 증대는 지식 격차를 줄일 수 있다.

제품 시장에 대한 정부의 독점 규제적 개입은 독점기업의 지배력을 줄이고 경쟁적 중소기업의 교섭력을 증대시킬 수 있다. 노동시장에 대한 정부의 친노동적 개입은 노동조합의 교섭력을 증대시킬 수 있다. 이는 시장에서의 독점 대기업과 경쟁적 중소기업 간 권력 격차를 줄이게 될 것이다.

그런데 〈표 1〉에서 본 것처럼 한국은 1997년 외환 위기 이후 영미형 경제 모델, 즉 자유시장경제, '작은 정부', 주주자본주의의 방향으로 급격히 기울었다. 특히 〈표 4〉에서 보는 것처럼 자본자유화는 독일과 스웨덴은 물론이고 미국보다 더 진전되어 있다. 한국은 1997년 외환 위기 직후 자본통제를 엄격히 했으나 외환 위기를 벗어나자 점차 자본자유화를 추진했다. 1997년 아시아 외환 위기 이후 자본통제를 강화해 온 미국, 독일, 스웨덴과는 반대로 한국은 자본자유화를 급격히 추진했다. 이는 특히 2008년 세계 경제 위기 이후 자본통제를 급격히 강화한 미국과 큰 대조를

표 4 | 자본자유화 지수 추세

	1980	1990	2000	2005	2010	2012
미국	8.00	8.00	6.92	6.15	3.85	3.85
독일	8.00	10.00	9.23	3.85	3.85	3.85
스웨덴	2.00	10.00	5.38	3.08	3.08	3.08
한국	0.00	5.00	0.00	1.54	7.69	6.92

자료: Gwartney & Lawson & Hall(2014).

이룬다.

자본자유화로 인한 외국인 주식 소유 비중의 증대[5]는 한국 기업들이 주주자본주의적 기업지배구조를 갖추게 만들었다. 그로 인해 한국 기업들이 주주가치의 극대화를 위해 노동소득을 낮추는 대신 자본소득을 증대시키고, 상시적 구조조정을 하여 실업자와 비정규직을 양산하게 만들었다. 그 결과 소득 불평등이 증대한 것이다.

따라서 한국이 불평등을 해소하는 평등 지향적 경제 모델을 정립하려면, 앞에서도 말했듯이 자유시장경제로부터 조정시장경제로, 주주자본주의로부터 이해관계자 자본주의로, '작은 정부'로부터 '큰 정부'로 나아가야 한다. 특히 자본통제를 강화하여 지나친 자본자유화가 초래할 제2 외환 위기의 위험을 피하고 소득 불평등의 증대를 막아야 할 것이다. 아울러 최고 한계세율을 높이는 조세정책, 즉 부자 증세를 추진해야 한다.

여기에 더하여, 한국적 특수성을 가지며 계층 간 및 지역 간 불평등을 심화시키는 요인인 재벌 지배 체제, 수도권 집중 체제, 수도권 일극 발전 체제를 개혁하는 합리적 정책이 필요하다. 기업 의사결정에 주주 대표만

5_외국인 주식 소유 비중은 1997년 14% 수준에서 2012년 35% 수준으로 크게 증대했다.

이 아니라 노동자 대표도 참가하는 이해관계자 자본주의로의 재벌 기업 지배구조 개혁, 대기업과 중소기업 간 공생적 관계 수립, 수도권 집중 완화 정책, 수도권 일극 발전 체제를 지역 다극 발전 체제로 전환시키는 정책을 수립해야 한다.

대기업과 중소기업 간의 공생관계 수립을 위해서는 거래에서의 권력 비대칭성을 해소해야 하는데, 이를 위해서는 중소기업의 집단 거래를 허용하는 방향으로 공정거래법 19조를 반드시 개정해야 한다.[6] 그래서 부당한 단가 인하를 통해 중소 하청 기업으로부터 원청 대기업으로 가치가 이전하는 것을 막아야 대기업-중소기업 간 양극화를 해소하여 불평등을 줄일 수 있을 것이다.

한편, 결과적 평등을 추구하여 사후적 소득 불평등을 해소하려는 "소득 기반 평등주의"income-based egalitarianism뿐만 아니라, 과정적 평등을 추구하며 시장 교환에 들어가기 전에 사전적으로 소득 불평등을 완화하려는 "자산 기반 평등주의"asset-based egalitarianism(Bowles and Gintis 1998)를 실현하는 경제 모델을 정립해야 한다. 소득 불평등보다 자산 불평등이 훨씬 더 심한 한국 상황에서 자산 기반 평등주의는 불평등 해소에 더욱 중요한 의미를 가진다. 존 롤스가 제안한바, 개인이 서로 자유롭고 대등하게 협력할 수 있는데 충분한 생산수단을 소유하게 되는 "재산 소유 민주주의"property-owning democracy를 지향해야 한다(Rawls 1985, 223-251).

자산 불평등을 줄이기 위해서는 피케티가 제안한 글로벌 자본세global

6_"독점규제 및 공정거래에 관한 법률" 제19조는 경쟁을 제한하는 협정과 같은 부당한 공동 행위를 금지하고 있다. 독일의 경우처럼 대기업에 납품하는 중소기업이 협동조합을 통해 납품 단가를 공동으로 교섭할 수 있도록 허용해야 한다는 것이다.

capital tax의 도입이나 자산제의 신설을 검토할 필요가 있다. 아울러 노동자와 빈민에 대한 교육 훈련을 실시하여 일반 노동자를 지식 노동자로 양성하는 인적자원개발 투자를 크게 강화하는 정책을 실시해야 한다. 이와 관련하여 임금 평등을 추구하는 연대 임금 정책solidaristic wage policy뿐만 아니라 노동자들 간의 지식 평등을 추구하는 연대 지식 정책solidaristic knowledge policy이 필요하다(Kim 2011, 267-279).

단순노동이 중심인 대량 생산 경제에서는 동일노동 동일임금을 목표로 하는 연대 임금 정책이 임금 불평등을 해소하는 데 효과적일 수 있지만, 지식 노동이 중심인 지식 기반 경제에서는 노동자들 간의 지식 격차를 줄이는 연대 지식 정책이 임금 불평등을 해소하는 효과적 정책이 될 수 있다. 무엇보다 교육 불평등을 줄이는 것이 가장 확실한 연대 지식 정책이 될 것이다.

평등 지향적 경제 모델을 정립하려면 사회적 합의가 필수적이다. 이해관계자 자본주의 원리 도입, 불평등 해소를 위한 부자 증세와 보편적 복지에 대해 진보와 보수 간에 비전을 공유하고 기본 정책에 합의해야 불평등 해소를 위한 경제 모델을 구현할 수 있다.

17

불평등과 특권

김윤상

1. 불평등을 낳는 원인

세상은 평등하지 않지만, 정당한 원인에 의한 것이라면 단지 결과가 균등하지 않다는 이유만으로 불평할 수는 없다는 것이 상식이다. 그러나 정당한 원인이 무엇인지에 대해서는 의견이 다양하다. 이 글에서는 국민이 공통적으로 부당하다고 공감하는 원인만 해소하더라도 불평등이 낳는 문제를 대폭 해소할 수 있다는 사실을 보이려고 한다.

결과에는 소득과 같은 이익만이 아니라 손실이나 처벌과 같은 불이익도 있는데, 정당성 판단 기준은 이익이든 불이익이든 일관되게 적용되어야 한다. 다만 설명의 편의를 위해 이 글에서는 일단 소득을 중심으로 논의를 전개한다. 또한 소득에는 자신이 직접 얻은 1차 소득만이 아니라 타

그림 1 | 소득의 원인과 결과

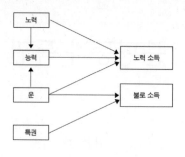

인이 형성한 소득과 재산을 상속 또는 수증하여 생긴 2차 소득이 있지만, 2차 소득은 일단 논의에서 제외한다.

소득의 불평등을 낳는 원인에는 노력, 능력, 운이 있고 그 밖에 특권도 있다. 노력은 당사자가 의도적 선택에 의해 자신의 심신을 투입하는 행위인 반면 운은 인간의 의도나 선택과 무관하게 우연히 발생하는 원인이다. 능력은 노력과 운이 결합하여 만들어 내는 이차적인 원인이다. 능력은 당사자의 노력에 의해 형성되는 부분과 선천적 자질이나 생장 환경처럼 운에 의해 형성되는 부분으로 구성되기 때문이다. 그러나 상식적인 이해를 위해 이 글에서는 능력도 별도의 원인으로 다루기로 한다.

특권은 노력, 능력, 운이 같더라도 남보다 더 많은 이익을 얻거나 더 적은 불이익을 받을 수 있는 권한 또는 지위이다. 예를 들어, 농구의 골에는 2점짜리와 3점짜리가 있는데, 특정 팀에게는 모든 골에 3점을 부여한다면 그 팀이 특권을 갖게 된다. 동일한 일을 하는데도 정규직 사원을 우대한다면 정규직 사원이 특권을 갖게 된다. 당사자의 노력에 비례하지 않는 결과를 낳는다는 점에서 특권과 운은 닮은꼴이지만, 인간의 통제 바깥

표 1 | 원인과 발생 경위

원인	발생 경위
노력	본인이 선택
능력(노력)	
능력(운)	여건으로 주어짐
운(노력 소득)	
운(불로소득)	
특권	사회가 설정 또는 방치

에 존재하는 운과 달리 특권은 사회가 만들어 내는 원인이며 타인에 대한 차별을 동반한다는 점에서 다르다. 차별이란 특권을 제외한 다른 원인에서는 동등한 사람이 불리한 대우를 받는 것을 말한다.

한편, 소득에는 노력 소득과 불로소득이 있다. 이 글에서는 노력 소득을 넓게 정의해, 노력과 운이 결합하여 발생하는 소득도 노력 소득에 포함시키기로 한다. 불로소득은 노력과 결합하지 않고 생기는 소득으로서 운과 특권에 의해 생긴다. 원인과 소득과의 관계를 〈그림 1〉과 같이 나타낼 수 있다.

원인을 소득의 발생 경위에 따라 분류할 수도 있다. 첫째로, 본인의 선택에 의해, 즉 현재 쏟는 노력과 과거에 노력하여 기른 능력에 의해 소득이 발생한다. 둘째로, 인간의 선택과 무관하게 주어지는 원인인 운에 의해 발생한다. 셋째로, 특권에 의해 발생하기도 한다. 특권은 사회가 의도적으로 설정하기도 하고 관습이나 역사적 우연에 의해 발생한 특권을 사회가 방치함으로 존속하기도 한다. 이를 정리하면 〈표 1〉과 같다. 이 표에서 '능력(노력)'은 노력으로 형성한 능력, '능력(운)'은 운에 의해 주어진 능력이라는 뜻이다. 또 '운(노력 소득)'은 노력과 결합해 소득을 낳는 운이고 '운(불로소득)'은 노력과 결합하지 않고 소득을 낳는 운을 말한다.

2. 좋은 놈, 나쁜 놈, 이상한 놈

위에서 불평등을 낳는 여러 원인을 보았는데, 원인의 정당성에 대한 판단은 세계관에 따라 다를 수 있다. 우리 사회에 흔히 존재하는 대표적인 세 입장을 들어 보자.

평등을 중시하는 입장에서는 이렇게 말할 것이다.

[평등 중시] 본인의 선택과 무관한 원인에 의해 인생이 달라지는 것은 정당하지 않다고 봅니다. 따라서 특권이 부당한 것은 물론이고, 여건으로 주어지는 원인인 운도 부당합니다. 다만 운 가운데 인간의 천부적 자질처럼 체화된 능력(운)의 경우에는 두 가지 이유에서 판단이 쉽지 않습니다. 하나의 이유는 운에 의해 형성된 능력이라고 하더라도 그런 능력을 활용하려는 본인의 의지와 결합하여야만 결과를 낳기 때문입니다. 또 하나는 처벌과 같은 불이익의 경우와 일관성을 유지하기 어려운 점이 있기 때문입니다. 선천적으로 힘이 센 사람과 약한 사람이 같은 의도를 가지고 나름대로 힘껏 상대방에게 가격한다고 할 때 힘 센 사람이 야기하는 피해가 더클 것입니다. 이런 경우에 타고난 체력이라는 운의 영향을 배제한다면 두 사람을 동일하게 처벌해야 하는데, 피해가 다른데도 같은 처벌을 하는 것이 옳은지 확신이 서질 않습니다.

반면 자유를 중시하는 입장에서는 이렇게 말할 것이다.

[자유 중시] 인간의 평등한 존엄성을 전제한다면 특권이 부당하다는 점에서는 [평등 중시]의 입장과 같습니다. 그러나 운에 대해서는 견해가 다릅니다. 한 사람의 운은 다른 사람의 운에 영향을 주지 않습니다. 그러므로

운의 결과를 당사자에게 귀속시킨다고 해서 다른 사람이 억울하게 손해 보는 경우는 없습니다. 운에 의해 많은 소득을 얻는 사람이 소득을 자발적으로 사회에 환원한다면 물론 아름답고 권장할 일이지만, 정부가 공권력을 발휘해서 재분배를 강제해서는 안 된다고 봅니다. 다만 본인의 노력과 전혀 결합하지 않는 운(불로소득)에 대해서는 다른 입장과 절충할 용의도 있습니다.

또한 두 견해의 절충적인 입장도 있다.

[절충] 저는 두 입장의 중간으로서, 능력(운)은 정당한 원인으로 인정하는 것이 좋다고 봅니다. 능력(운)은 인간에게 체화되어 인격의 일부를 이루고 있는 만큼 그에 대해 사회가 간섭한다면 인간의 존엄성을 해칠 수 있기 때문입니다. 폭행치상의 경우에도 힘이 센 사람은 자신의 행위가 더 큰 피해를 입힐 수 있다는 사실을 알고 있으므로 약한 사람보다 더 많은 주의를 해야 한다고 봅니다. 다만 운(노력 소득)에 대해서는 판단이 어렵습니다. 운(노력 소득)의 정당성을 부정하더라도 인간의 존엄성을 훼손하지는 않지만, 동시에 좋은 날씨 덕에 풍작이 되었을 때 수확 전체를 본인에게 귀속시키더라도 부당하다고 비난하기는 어렵다는 생각도 듭니다.

이런 세 견해를 정리하면 〈표 2〉와 같다. 확실한 결론을 내지 않은 부분은 삼각형으로 표시했다.

세 견해를 살펴보면 노력은 정당한 원인이고 특권은 부당한 원인이라는 데는 의견이 일치하는 반면, 운에 대해서는 판단이 엇갈린다. 영화 제목에 비유하자면 노력은 '좋은 놈', 특권은 '나쁜 놈', 운은 '이상한 놈'이라고 할까?

표 2 | 원인의 정당성 판단

원인 \ 입장	평등 중시	절충	자유 중시
노력	○	○	○
능력(노력)	○	○	○
능력(운)	△	○	○
운(노력 소득)	×	△	○
운(불로소득)	×	×	△
특권	×	×	×

주: ○은 정당, ×은 부당, △는 불확실

3. 특권을 어떻게 할 것인가?

어떤 세계관을 가진 사람도 특권을 공개적으로 옹호하는 사람은 없다. 그렇다면 특권을 어떻게 할 것인가?

앞에서도 언급했듯이 특권에는 사회가 의도적으로 설정한 특권도 있고 의도하지는 않았으나 현실적으로 존재하는 특권도 있다. 또 특권에는 존재량이 물리적으로 고정되어 있거나 사회경제적으로 단기간 증감되기 어려워서 누군가 일부를 차지하면 다른 사람이 배제될 수밖에 없는 경우도 있고, 배제가 불가피하지는 않은 경우도 있다. 특권의 유형을 분류하고 대표적인 예를 들면 〈표 3〉과 같다.

특권을 가진 사람의 소득 중 특권이 없을 경우에 얻을 수 있는 소득을 초과하는 부분을 '특권 이익'이라고 부르기로 한다. 특권 이익은 토지 지대와 성질상 다르지 않다는 이유에서 경제학에서는 지대rent라고 하고, 이런 이익을 얻으려는 행위를 지대추구rent-seeking 행위라고 한다. 지대의 사유화는 분배정의에 위배될 뿐만 아니라 경제효율에도 지장을 준다. 지대의 존재는 사회 전체의 생산과는 무관한데, 지대의 사유화를 허용하면 지

표 3 | 특권의 유형과 예

모습 \ 의도 여부	의도적 설정	현실적 존재
물리적 배제	자연 특권	학벌 특권, 전관예우 특권
사회적 배제	독점권	수도권 특권, 남성 특권

대를 획득하기 위한 소모적 경쟁이 발생해 사회 비용만 증가한다는 것이다. 이런 사실은 털록Gordon Tullock의 선구적 연구 이래 통설로 인정되어 왔다(Tullock 1967; Stiglitz 2012, 39-40). 그뿐만 아니라 2008년에 시작된 미국발 금융 위기에서도 보듯이 지대추구가 심할 경우에는 사회의 파국을 초래하기도 한다.

그렇다면 특권을 어떻게 할 것인가? 다음과 같은 세 원칙을 제시한다.

첫째로, 꼭 필요한 최소한도의 특권만 인정한다.

둘째로, 특권 취득의 기회를 균등하게 보장한다.

셋째로, 특권 이익을 환수하여 공평하게 처리한다.

특권은 가급적 존재하지 않는 것이 바람직하므로 첫 번째 원칙은 당연하다. 특권을 인정할 경우에는 그것이 공익을 위해 불가피하다는 점을 적극적으로 입증해야 하며, 현실적으로 존재하는 특권도 없앨 수 있으면 없애는 것이 옳다. 그러나 어떤 이유에서든 존재하게 된 특권에 대해서는 취득 기회라도 모든 사람에게 균등하게 보장해야 한다는 것이 두 번째 원칙이다. 취득 기회가 균등하지 않다면 그 자체로 특권과 차별이 발생하기 때문이다. 그러나 이 정도로는 충분하지 않다. 특권 취득 기회가 형식적으로 균등하다고 하더라도 특권의 존속 기간이 길면 취득자와 비취득자의 삶에 상당한 불평등이 발생한다. 예를 들어, 비옥도가 다른 농지를 무상으로 취득한 사람들 사이에는 시간이 지날수록 빈부 격차가 심해지고 결국 신분제도와 다름없는 결과를 낳게 된다. 그러므로 농지의 배타적 사용과 사용 기간의 장기화가 바람직하다면 세 번째 원칙이 필요하게 된다. 즉 농지 소유자의 특권 이익을 환수해 공평하게 처리해야 한다는 것이다. 공평한 처리로는, 환수한 특권 이익을 모든 구성원에게 균등하게 나누어 주는 방법도 있고 환수액을 우선적인 정부 재원으로 삼아 공익을 위해 사용하는 방법도 있을 것이다.

4. 토지 특권과 자연평등주의

여러 가지 특권 중에서 자연에 관한 특권, 그중에서도 토지소유권은 인류 역사상 가장 큰 관심의 대상이 되어 왔다. 토지는 인간의 생존, 생활, 생산의 터전으로서 농경 사회에서는 농지 소유가 인간의 사회경제적 신분을 결정하다시피 했고 산업화가 이루어진 오늘날에도 토지는 개인 자산 가운데 가장 커다란 비중을 차지하고 있다. 우리나라의 경우 2012년 말 현재 토지가 국가 자산의 거의 반(44.8%)을 차지하며, 가계 자산의 80% 가량이 부동산이다.

토지 소유 제도에 관해서는 여러 입장이 있지만 인간의 자유로운 선택을 가장 중시하고 따라서 토지 사유제에 대해 가장 관용적인 최대자유주의 혹은 자유지상주의libertarianism의 입장에서 생각해 보자. 최대자유주의가 토지와 관련해 특권 대책 3원칙을 수용할 수 있다면 그보다 평등 지향적인 입장에서는 당연히 수용할 것이기 때문이다.

현실의 최대자유주의 진영에서는 토지 소유에 대한 정부의 간섭에 큰 거부감을 갖고 있지만, 최대자유주의가 이론상 토지 사유제를 조건 없이 지지하는 것은 아니다. 대표적인 최대자유주의 철학자인 로버트 노직의 견해를 보자. 토지는 인간의 생산물이 아니고 그 면적과 위치가 고정되어 있기 때문에 어떤 토지를 누군가 차지하면 다른 사람이 취득할 수 있는 토지는 그만큼 줄어든다. 이런 특성을 감안해 존 로크는 '대등한 품질의 토지가 충분히 남아 있는 경우'에는 사용자가 토지를 소유할 수 있다고 했다. 그러나 이런 로크의 단서Lockean Proviso를 엄격히 적용하면 오늘날 토지의 소유는 거의 불가능하기 때문에, 노직은 다른 사람의 사정을 악화시키지 않는다면 토지를 소유할 수 있다고 완화했다(Nozick 1974, 178). 그러면서 노직은 토지 사유제가 사회의 생산을 증가시키고 소유자가 창의를 발휘할 수 있게 하는 등의 사회적 이익이 있어 다른 사람의 사정을 악화시키지 않으므로 토지 사유제가 허용된다고 했다(Nozick 1974, 177). 그러나 노직이 제시한 이유는 '사회'가 토지 사유제를 채택하는 이유가 될 수는 있지만 '개인'의 토지 소유를 정당화하는 근거가 될 수는 없다.

　　노직은 또 다른 사람의 사정이 악화되지 않도록 보상을 한다면 토지를 소유할 수 있다고도 했다(Nozick 1974, 178). 노직의 기대처럼 토지 사유제가 사회 전체에 이익을 준다고 하더라도 특정 토지에서 배제된 타인에 대한 보상이라고는 할 수 없다. 한편, 미국의 토지 개혁가인 헨리 조지Henry George(1839~97)는 이런 문제를 해결하는 방법으로 지대조세제land value taxation을 제안했다. 지대조세제는 토지의 임대 가치인 지대를 환수하여 공공 목적에 사용하는 제도이며, 토지 소유자는 특권 이익을 내놓고 모든 사람이 이를 공유함으로써 환수와 보상이 깔끔하게 이루어진다. 그러나 노직은 이런 사실을 이해하지 못하고 지대조세제가 토지문제에 관한 적절한 해법이 될 수 없다고 했다(Nozick 1974, 175). 이렇듯 노직이 사회의 입장과 개인의 입장을 혼동하고 지대조세제를 부정적으로 인식한 것

은 자유방임주의에 지나치게 경도되어 스스로 제시한 토지 소유의 조건
에 대해 깊이 생각하지 않았기 때문으로 추측된다.

　최대자유주의 진영 내에서 노직의 이런 실수를 시정하는 입장인 최대
자유주의좌파left-libertarianism가 최근 주목을 받고 있다.[1] 이 글에서는 이를
'자연평등주의'라고 부르기로 한다. 자연평등주의는 인간의 자기 소유권
을 지지하고 개인에게 최대의 자유를 보장해야 한다는 점에서는 보통의
최대자유주의와 같지만, 자연에 대해서는 평등성을 강조한다는 점에서
차이가 있다. 자연평등주의의 대표적 이론가 피터 발렌타인의 표현을 인
용해 보자.

> 자연평등주의 정의 이론은, 인간은 완전한 자기 소유권을 가지며 천연자원은
> 어떤 식으로든 평등하게 소유되어야 한다는 입장을 취한다. 자연평등주의는
> 일반적인 평등주의와는 달리 완전한 자기 소유권을 존중하며 따라서 인간이
> 다른 인간에게 상대방의 동의 없이 할 수 있는 행위에 특정한 제한을 둔다. 또
> 자연평등주의는 잘 알려진 최대자유주의와 달리, 인간의 선택의 결과가 아니
> 면서 인간의 모든 행위에 필수적인 천연자원을 사적으로 소유하려면 사회 구
> 성원들의 허락을 받거나 그들에게 상당한 대가를 지불해야 한다는 입장을 취
> 한다"(Vallentyne 2000, 1)

1_노직과 같은 최대자유주의자(libertarian)는 우파로 분류되지만, 자연평등주의자들은
　최대자유주의라는 큰 테두리 내에서 자연에 관한 평등을 강조한다는 의미에서 스스로
　를 최대자유주의좌파(left-libertarian)라고 부른다. 이들의 주장이 헨리 조지의 사상과
　일치한다고 하여 토지최대자유주의자(geo-libertarian) 또는 조지스트(Georgist)라고
　부르는 사람도 있다.

헨리 조지의 지대조세제는 "사회 구성원에게 상당한 대가를 지불"하는 제도이며, 발렌타인 등 자연평등주의자들도 이 점을 분명히 인정하고 있다.

5. 불평등 시뮬레이션[2]

앞에서 불평등의 원인 중 노력은 '좋은 놈', 특권은 '나쁜 놈', 운은 '이상한 놈'이라고 했다. 여기에서는 시뮬레이션을 통해, 세 가지 원인이 어느 정도의 불평등을 야기하는지 그리고 이를 해소하는 방안으로서 특권 이익을 환수해 균등하게 분배하면 어떤 결과가 나오는지를 살펴보기로 한다. 특권의 예로는 우리 생활에 가까이 있는 토지소유권을 들었다.

5백 명의 주민이 각기 동일한 면적의 필지를 하나씩 차지하고 사는 마을을 가정하고 각 주민이 노력, 운, 지대에 의해 소득을 얻는다고 할 때 소득 불평등도를 계산한다. 노력과 운과 지대는 각각 아래와 같은 정규분포 또는 지대 곡선에 의해 결정된다.

노력 ~ $N(100, 30^2)$

운 ~ $N(1, 0.3^2)$

지대 = 중심지의 지대 × exp(−0.5 × 중심지에서 그 필지까지의 거리)

2_시뮬레이션 소스코드와 자세한 해설은 포탈사이트 〈다음〉의 인터넷카페 〈지공주의연구실〉 내 자료실에 있다.

그림 2 | 시뮬레이션 화면 예시

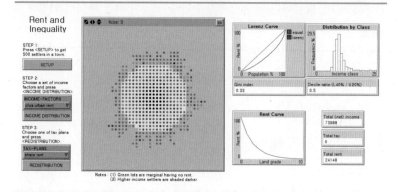

지대는 그 필지의 생산과 한계 토지의 생산 간의 차이인데, 중심지의 지대는 지대를 제외한 노력 소득 평균의 10배 즉, 1000으로 하고 중심지로부터의 거리가 10이 되는 곳을 한계 토지로 설정한다. 이럴 경우 총지대는 총소득의 3분의 1 정도 된다. 지대 곡선의 모습은 〈그림 2〉의 오른쪽 아래에 있는 차트 '지대 곡선'Rent Curve과 같다.

소득은 다음 식에 의해 결정된다.

$$소득 = 노력 \times 운 + 지대$$

소득 불평등도는 지니계수와 십분위분배율로 나타낸다. 지니계수는 0에서 1사이의 값으로서, 1에 가까울수록 불평등도가 높다. 예를 들어, 모든 주민의 소득이 동일하다면 0이 되고 단 한 명이 모든 소득을 독차지한다면 1이 된다. 십분위분배율은 하위 40% 소득을 상위 20% 소득으로 나눈 값이다. 십분위분배율은 0에서 2사이의 값으로서, 0에 가까울수록 불

표 4 | 원인별 불평등도

	지니계수	십분위분배율
노력	0.166	1.016
노력 × 운	0.240	0.731
노력 × 운 + 지대	0.331	0.491
지대 균등 분배	0.160	1.023
총소득 = 74,080, 총지대 = 24,116 (총소득의 32.6%)		

평등도가 높다. 예를 들어, 하위 40%의 소득이 전무하다면 0이 될 것이고 모든 주민의 소득이 동일하다면 2가 된다.

개인별 소득이 다 배정된 후에는 지대를 환수해 모든 주민에게 균등하게 분배한다.

시뮬레이션 화면을 예시하면 〈그림 2〉와 같다.

이상과 같은 방식으로 시뮬레이션을 20회 실시하여 얻은 중요 지표의 평균값이 〈표 4〉에 있다.

이를 통해 알 수 있는 점을 요약하면 다음과 같다. 노력 외에 운이 곱하기로 작용하면 불평등이 커지고, 지대 소득은 불평등을 그보다 더 확대한다. 그러나 지대를 균등하게 분배하면 불평등이 대폭 줄어든다. 위 시뮬레이션의 경우에는 노력의 차이에 의해 나타나는 불평등과 비슷하거나 약간 적어진다. 그렇다면, '나쁜 놈'인 특권의 이익만 공평하게 처리하면 '이상한 놈'인 운을 손보지 않더라도 '좋은 놈'인 노력에 의한 분배와 비슷한 상태를 만들어 낼 수 있다.

6. "내 돈 돌리도!"

지금까지, 불평등을 낳는 원인 중 특권이 부당하다는 점에 대해서는 거의 만장일치로 합의할 것으로 예상하고 특권 대책으로 3원칙을 제시했다. 3원칙은 불평등을 둘러싼 세상의 갈등을 대폭 줄일 수 있다. 우리 사회의 최대 쟁점에 속하는 복지를 예로 들어 보자. 먼저 3원칙에 따라 특권을 최소화하고 부득이한 특권은 취득 기회를 균등하게 보장하는 동시에 특권 이익을 공유하면 부당한 불평등과 극심한 빈곤이 크게 줄어든다. 그러므로 정부가 나서서 복지 정책을 펼 필요성도 그만큼 줄어든다.

또 복지 정책을 펼 경우에도 복지 확대를 원하는 복지주의 진영과 시장을 중시하는 시장주의 진영 간 갈등의 소지가 대폭 줄어든다. 사회연대를 중시하는 복지주의 진영에서는 대체로 재원의 성격에 대해서는 별 신경을 쓰지 않는다. 재원을 마련하기 위해 '부자 증세'를 하면 된다고 쉽게 생각하는 경향이 있다. 그러나 자기 책임을 중시하는 시장주의 진영에서는 복지는 개미가 베짱이에게 베푸는 강요된 자선이라고 인식한다. 단지 세금을 더 낼 여력이 있다는 이유만으로 세금을 더 많이 내야 하는 '부자 증세'는 개미에 대한 역차별이라고 항변한다.

그러나 모든 국민이 동등한 지분을 가지는 특권 이익을 복지 재원으로 삼으면 이런 갈등이 생기지 않는다. 조세를 재원을 삼는 복지와는 달리 남에게 의지하는 것이 아니므로 개미와 베짱이의 비유가 성립되지 않는다. '사람은 자기 밥숟가락을 물고 태어난다'는 우리 속담이 문자 그대로 현실이 된다. 복지가 국민을 나태하게 만든다는 일부의 비판도 무의미하게 된다. 자기 돈으로 먹고 산다는데 게으름을 피운들 무슨 시비 꺼리가 될 것인가? 여기서 자기 돈이란 물론 특권 이익에 대한 각 국민의 지분을 말한다.

이런 접근법을 필자는 좌도우기左道右器라고 표현한다. 사회연대를 좌파의 특징으로, 자기 책임을 우파의 특징으로 본다면 특권 이익을 재원으로 삼는 복지는 좌파의 가치를 우파의 방법으로, 즉 좌도우기로 해결한다는 것이다. 그러므로 국민 화합을 원하는 사람이라면 이렇게 외쳐야 한다. (필자의 연고 지역인 경상도 사투리로) "내 돈 돌리도!"

끝으로 한 가지만 언급해 두고 싶다. 특권 이익 중 가장 중요한 것이 토지 가치인데 이미 토지가 사유화되어 있는 상태에서는 곧바로 토지에서 많은 재원을 확보할 수 있는 것은 아니다. 또 다른 특권 이익을 과세 대상으로 삼더라도 현실에서 세제 개편은 점진적으로 하는 수밖에 없다. 이런 과도기에는 특권 이익만으로 정부 재정을 충당하기 어려울 수 있고 또 과도기가 지나더라도 특권 이익 환수액에 비해 정부 재정 수요가 더 많을 수도 있을 것이다. 어느 경우든 세제 개편을 한다면 그 방향은 〈표 2〉처럼 다수가 부당하다고 여기는 원인에 의한 이익부터 순차적으로 과세하면 갈등을 줄일 수 있다. 즉 특권 이익 다음으로는 운(불로소득)의 이익을 과세 대상으로 삼고 혹 그래도 부족하다면 국민의 합의를 거쳐 운(노력 소득), 능력(운)의 순서로 그 이익을 과세 대상으로 삼자는 것이다.

18

헨리 조지와 토마 피케티,
그리고 종합부동산세

전강수

1. 토마 피케티와 헨리 조지

2014년 세계 경제학계의 최대 사건은 토마 피케티의 『21세기 자본』 출간
이라 해도 과언이 아니다. 피케티가 직접 쓴 프랑스어판은 큰 주목을 받지
못했는데, 2014년 4월 하버드대 출판부가 영어 번역판을 발간하자마자
수십만 권이 팔리면서 갑자기 전 세계에 '피케티 열풍'이 불기 시작했다.
노벨경제학상 수상자 폴 크루그먼과 조지프 스티글리츠는 이 책에 대해
극찬을 아끼지 않았고, 피케티의 도발적인 주장에 충격을 받은 그레고리
맨큐 등 신고전학파 경제학자들은 앞 다투어 비판을 가했다. 가히 '피케티
신드롬', '피케티 패닉'이라 부를 만한 상황이 전개되었고, 그 바람에 피케
티는 '경제학계의 록스타'로 부상했다.

『21세기 자본』이 이처럼 관심을 끈 이유는 수십 년간 주류경제학자들이 마구 유포한 분배 낙관론의 내용과는 달리, 현실에서 불평등이 심화되고 있음을 전 세계 대중이 피부로 느끼고 있던 차에 그런 대중의 인식과 경제학 이론 간의 괴리를 메우는 탁월한 연구가 혜성처럼 출현했기 때문이다. 자본주의의 고도화는 분배 불평등을 감소시킨다고 했던 쿠츠네츠의 낙관론과 모든 생산요소는 스스로 기여한 만큼 분배받는다고 보는 한계 생산력설은 『21세기 자본』의 등장으로 뿌리째 흔들리게 되었다. 더욱이 피케티는 주류경제학자들이라면 꿈도 못 꿀, 300여 년에 걸친 장기 통계, 그것도 여러 나라의 통계를 정리·분석하여 불평등의 추이를 보여 주는 놀라운 방법을 사용했다. 늘 수학적 모형만으로 장난감 놀이 하듯 연구를 해온 주류경제학자들로서는 충격을 받을 만한 연구 방법이다.

마르크스를 의식해서 정한 책 제목 때문에 피케티가 마르크스 이론을 부활시키려는 것 아닌가 의심을 살 수 있지만, 내용을 보면 피케티는 마르크스와는 별 공통점이 없다. 마르크스의 자본주의 예언이 비현실적이라고 말하는가 하면 지엽적이고 비체계적인 통계 사용 방식으로 성급한 결론을 내렸다고 비판하는 등(피케티 2014, 18-19), 피케티는 마르크스를 존중하지 않는다. 그는 공산주의 체제에 애정이나 향수를 느낀 적이 없으며 자신의 작업이 불평등이나 자본주의 자체를 비난할 목적을 갖고 있지 않다는 점을 분명히 밝히고 있다(피케티 2014, 44-45).

그런 입장 표명을 제쳐 두고라도, 피케티와 마르크스 사이에는 이론적 유사성이 거의 발견되지 않는다. 마르크스는 자본을 사회적 관계로 파악하는 반면, 피케티는 자산 혹은 부로 파악한다.[1] 마르크스는 생산과정 내 자본-노동 관계에서 분석을 시작하는 반면, 피케티는 소득분배 이후부터 시작한다. 또 마르크스는 잉여가치의 정당성을 부정하는 반면, 피케티는 자본소득의 정당성을 인정한다. 피케티가 경계하는 것은 자본소득의 지나친 편중이다. 마르크스의 대안은 계급투쟁인 반면, 피케티의 대안은 누진적 소득세·상속세와 글로벌 자본세 도입이다. 이쯤 되면 마르크스와 피케티 사이에는 근본 철학의 차이가 존재한다고 봐야 한다.

이론 내용만 놓고 보면 피케티는 19세기 후반의 위대한 사회 개혁가 헨리 조지와 비슷하다. 이 점은 이정우 교수가 『21세기 자본』 한국어판 해제에서 지적했고, 『워싱턴 포스트』*The Washington Post* 등 외국 언론에서도 언급한 바 있다. 피케티와 조지는 묘하게도 거대 금융 위기 발발 6년 후에 경제학 책으로 세계적인 베스트셀러 작가 반열에 올랐다는 공통점이 있다(Lane 2014). 그 외에도 자본주의 시장경제를 인정하는 바탕 위에서 공정한 자본주의를 추구하고, 불평등 분석에 전력투구하며, 조세를 통한 문제 해결을 도모한다는 점에서 두 사람은 유사하다. 하지만 둘 사이에는 큰 차이도 존재하는데, 결정적인 것은 토지와 토지 가치를 다루는 방식이다.

이상하게도 피케티는 『21세기 자본』에서 조지에 대해 한 번도 언급하지 않는다. 자신의 논지를 전개하는 데 리카도보다는 조지를 평가하는 것이 더 나았을 텐데도 피케티는 리카도 이론을 잠깐 다룬 후에 바로 마르크스로 넘어간다. 피케티는 책 곳곳에서 무리한 논리 전개와 통계 해석을 보이고 있는데 그가 조지를 깊이 탐구했더라면 피할 수 있었던 것들이다. 피케티를 평가할 때 조지의 시각은 매우 중요하다. 피케티가 간과한 중요한 논점들과 피케티 이론의 결함을 메울 요소들이 조지의 이론 속에 고스란히 들어 있기 때문이다.

1_피케티는 자본을 "시장에서 소유와 교환이 가능한 비인적 자산의 총계"(피케티 2014, 61)로 정의함으로써 자본재 외에 부동산과 금융자산, 그리고 심지어 노예제도하의 노예까지 자본 범주에 포함시킨다. 피케티의 자본은 자산 혹은 부와 가까운 개념이다.

2. 헨리 조지의 분배 이론

헨리 조지는 진보 속의 빈곤이라는 시대의 수수께끼를 풀고 그 문제를 해결하기 위해 평생을 바친 경제학자이자 사회 개혁가다. 1879년에 출간된 그의 책『진보와 빈곤』*Progress and Poverty*은 19세기 말까지 수백만 권이 팔려 논픽션 분야에서 성경 다음가는 베스트셀러가 되었다고 한다. 조지가 이 책에서 펼치는 이론은 분배 이론, 불황 이론, 정책 처방 세 가지인데, 그중에서 가장 역점을 둔 것은 분배 이론이었다.

진보 속의 빈곤을 설명하면서 조지가 주목한 근본 원인은 토지 가치의 상승이었다. 아무리 물질적 진보가 이루어진다고 하더라도 그 과정에서 지대가 그보다 더 빠른 속도로 상승한다면, 지주는 부유해지지만 대중은 상대적으로(심한 경우 절대적으로) 빈곤해진다는 것이 그의 생각이었다. 이제 그의 분배 이론을 간단히 살펴보기로 하자.

생산물은 생산요소 제공자들에게 임금, 지대, 이자[2]로 분배되기 때문에 다음과 같은 항등식이 성립한다.

생산량＝임금＋이자＋지대
생산량－지대＝임금＋이자

많은 사람들이 물질적 진보에 의해 생산량이 증가하면 모든 소득이 증가해서 모두가 더 잘살게 될 것으로 생각하지만, 그것은 착각이다. 위

2_헨리 조지에게 이자란 자본 사용의 대가를 총칭하는 용어다.

의 두 번째 항등식에서 알 수 있듯이, 생산량이 증가하더라도 지대가 더 빠른 속도로 증가한다면, 임금과 이자의 합계는 생산량보다 느린 속도로 증가하거나 아니면 감소하게 된다. 임금과 이자의 합계가 이런 양상을 보인다는 것은 대중이 상대적으로 혹은 심한 경우 절대적으로까지 빈곤해진다는 이야기다.

관건은 물질적 진보에 의해 생산량이 증가할 때 과연 지대가 그보다 더 빠른 속도로 증가하는가다. 『진보와 빈곤』의 백미로 평가되는 제4권은 이를 논증할 목적으로 집필되었다. 여기서 조지는 물질적 진보를 특징짓는 경제 현상으로서 인구 증가, 기술 개선, 미래 토지 가치 상승에 대한 기대를 들고, 이 세 현상이 지대의 크기와 소득분배에 각각 어떤 영향을 미치는지 분석했다.

이때 그가 주로 의존했던 이론은 차액 지대론인데, 그 이론에 의하면 지대와 '임금+이자'의 분배는 각 토지의 생산량과 한계지의 생산량에 의해서 결정된다. 각 토지의 생산량과 한계지 생산량의 차액은 높은 수익을 노리는 생산자 간의 경쟁 때문에 생산자의 수중에 머물 수 없고 지주에게 지대로 흘러 들어간다. 각 토지의 생산량과 한계지 생산량의 차액이 지대가 되므로 나머지는 자연히 '임금+이자'로 분배된다. 따라서 어느 토지의 생산량이 많을수록, 그리고 한계지의 생산량이 적을수록, 지대의 비중은 커지는 대신 '임금+이자'의 비중은 작아진다. 조지에 따르면, 인구 증가와 기술 개선은 기존 토지의 생산량을 늘리고 한계지를 밖으로 밀어내서 지대의 상대적 비중을 증가시킨다. 토지 가치 상승에 대한 기대도 토지의 투기적 보유와 유휴화를 초래하여 한계지를 밖으로 밀어내는데, 그 또한 지대의 비중을 증가시킨다. 진보 속의 빈곤이 발생하는 이유는 이처럼 지대가 빠른 속도로 증가해서 물질적 진보의 성과를 몽땅 차지해 버리기 때문이다. 지주가 지대를 가만히 앉아서 전유하도록 허용하는 한 진보 속의 빈곤은 해결할 수 없다는 것이 조지의 결론이다. 조지의 대안은 토지가치세를 도입하여 지대를 대부분 환수하고 그 수입을 국민들을 위해 공평하게 사용하자는 것이다.

조지의 분배 이론에는 지나친 부분이 있다. 그는 인구 증가, 기술 개선, 토지 가치 상승에 대한 기대 세 가지 모두 분배를 악화시키는 작용을 한다고 주장했지만, 반드시 그렇게 된다는 보장이 없다. 특히 기술 개선이 지대의 상대적 크기를 증가시킨다고 단정한 데 대해서는 동의할 수 없다. 하지만 한 가지는 분명히 드러났다. 토지 가치의 빠른 상승은 분배 악화의 주범이 될 수 있다는 사실 말이다.

3. 토마 피케티의 불평등 분석

피케티의 불평등 분석은 크게 두 가지 주제로 나뉜다. 하나는 자본소득과 노동소득 간 불평등이고 다른 하나는 소득 계층 간 불평등이다. 자본소득과 노동소득 간 불평등을 다루기 위해 피케티가 취한 방법은 자본소득분배율(α)을 자본수익률(r)과 자본/소득비율(β)로 분해해서 양자의 동향을 각각 살피는 것이었다. 이를 위해 그는 $\alpha = r \times \beta$ 공식을 만들고 거기에 '자본주의의 제1법칙'이라는 이름을 붙였다. 거창한 이름이 붙었지만, 사실 이 공식은 초등학생도 이해할 수 있는 간단한 수학에 의해 만들어진 항등식이다. 자본소득분배율=자본소득/국민소득=(자본소득/자본액)×(자본액/국민소득)인데, 마지막 곱셈식에서 전자가 r이고 후자가 β 이다.

이 공식을 제시한 후 피케티는 β값 변동의 추이를 집중적으로 분석한다. β값은 한 나라의 자산액이 그 나라의 국민소득의 몇 배인지를 나타내는 수치인데 이 값이 올라가면 그만큼 자산의 힘이 커진다. 그가 정리한 통계에 의하면, 유럽 선진국의 β값은 1700~1910년에 600% 내지 700%라는 매우 높은 수준으로 유지되다가, 1913~50년에 200% 내지 300% 수준으로 급락한다. 피케티는 그 원인으로 전쟁으로 인한 자본 파괴, 해외 자산 가치의 급락, 낮은 저축률, 규제로 인해 낮아진 자산 가격 등을 꼽는다. 하지만 β값은 1970년 이후 재상승해 500% 내지 600% 수준을 회복한다. 20세기에 유럽 선진국의 β값은 강한 U자형 커브를 그리는 것이다. 피케티는 1970년 이후에 β값이 빠른 속도로 상승하는 현상에 특히 주목한다. 자본이 귀환하고 있다는 것이다.

피케티가 이와 같은 β값 변동의 추이를 논증하기 위해 사용하는 것은 그가 '자본주의의 제2법칙'이라 부른 $\beta = \frac{s}{g}$ 공식이다. 이것은 해로드-도마의 성장 모형에서 나왔는데, 제1법칙과는 달리 항등식은 아니고 균형성장의 조건식이다. 이 공식은 장기에만, 축적 가능한 자산(즉, 자본재)을 대상으로 할 때에만, 자산 가격이 소비자물가와 같은 비율로 변화하는 경우에만 유효하다는 점에 유의할 필요가 있다(피케티 2014, 204-205). 피케티는 $\beta = \frac{s}{g}$ 공식을 이용하여 자신의 장기 통계 정리 결과를 설명한 후에 21세기 말의 β값을 예측하는데, 결과는 프랑스에서 불평등이 극심했던 벨 에포크 시대의 수준인 700%에 도달한다는 내용이다. s가 일정한 경우 g가 하락하면 β가 상승하는 것이 이유이다. 21세기에는 인구 증가가 정체되고 기술 진보에도 한계가 있을 것이기 때문에 g는 하락할 공산이 크다.

하지만 자본소득과 노동소득 간 불평등은 β값이 아니라 α값의 추이에서 직접적으로 드러난다. 즉 α값이 올라가야 자본소득과 노동소득 간 불평등이 심해진다고 말할 수 있다. 피케티가 영국과 프랑스를 대상으로 정리한 통계에 의하면, α값도 U자형 커브의 변동을 보인다. 18세기 후반부터 19세기 후반까지 α 값은 35~40%였는데, 20세기 중반에는 20~25%로 하락했고 20세기 말과 21세기 초에는 25~30%로 상승했다(피케티 2014, 241). 단, α 값의 U자형 변동은 그 정도가 β 값에 비해 미약하다. 피케티는 그 이유를 r과 β 가 반대 방향으로 움직인다는 데서 찾는다. 즉 β 값이 올라갈 때 r이 떨어지기 때문에, α 값은 β 값과 같은 속도로 올라가지는 않는다는 것이다. β 값이 올라갈 때 r이 떨어지는 것은 자본의 양이 많아져서 그 한계 생산성이 하락하기 때문이다. 물론 이때 r이 떨어지는 속도가 β 값이 올라가는 속도보다 빠르면, β 값이 아무리 많이 오른다 하더라도 α 값은 하락할 수밖에 없다. 여기서 피케티는 β 값의 변화 속도가 r의 변화 속도보다 빠르다는 가설을 제시한다. 즉 β 값이 올라갈 때 r이 하락하지만, 그 하락 속도는 β 값의 상승 속도보다 느리다는 것이다. 이를 입증하기 위해 피케티가 동원하는 논리는 자본과 노동의 대체 탄력성(σ)이 1보다 크다는 또 하나의 가설이다. 이 가설은 다른 경제학자들의 지지를 받지 못했고 그 자신도 명확하게 근거를 밝히지 않아서 논란의 대상이 되고 있다.

분배 이론은 기능별 분배 이론과 계층별 분배 이론으로 나뉘는데, 위의 내용은 전자에 해당한다. 기능별 분배 이론이 자본·노동·토지의 소유자 간에 소득이 어떻게 분배되는가를 분석하는 이론이라면, 계층별 분배 이론은 모든 가계를 원천에 관계없이 소득의 크기에 따라 차례로 배열한 후 각 소득 계층의 소득이 전체 소득 중에서 차지하는 비율을 분석하는 이론이다(이 이론은 소득뿐 아니라 자산에도 적용할 수 있다). 피케티는『21세기 자본』3부에서 소득과 자산의 계층별 분배, 즉 계층 간 불평등을 다룬다.

우선, 피케티는 프랑스와 미국을 대상으로 하여 소득 계층 간 불평등의 추이를 분석한다. 두 나라는 대조적인 양상을 드러내는데, 20세기에 프랑스에서는 상위층의 자본소득 감소(자본소득자의 몰락)로 인해 소득 불평등이 상당히 축소된 반면, 미국에서는 1950~1980년에 소득 계층 간 소득 불평등이 최저 수준으로 떨어졌다가, 1980년부터 폭발적으로 증가한다. 1980년 이후 미국에서 소득 계층 간 소득 불평등이 급증한 최대 원인은 슈퍼 경영자의 부상浮上이다. 피케티는 프랑스와 미국 사이의 이런 대조적인 양상이 전체 유럽과 미국 사이에도 똑같이 발견된다는 사실을 밝힌 후에, 자본 소유의 계층 간 불평등도 분석하는데, 자본 소유의 불평등이 1백 년 전보다 상당히 완화되었고(특히 유럽에서), 그와 함께 세습 중산층이라는 새로운 계층이 등장했음을 보여 준다.

책 앞부분의 내용을 읽고 소득과 자산의 계층 간 불평등이 심해졌을 것이라 짐작한 독자들은 여기서 적잖이 당황할 법하다. 1970년대 이후 β 값의 급상승을 놓고 생각하면 마치 큰 일이 날 것 같았는데, 실제 드러난 계층 간 불평등의 양상은 (적어도 유럽에서는) 피케티가 암시한 것만큼 심각하지는 않기 때문이다. 또 피케티는 소득 불평등이 주로 자본소득에서 비롯된다는 인식을 심어 주었지만 1980년대 이후의 계층 간 소득 불평등은 노동소득 불평등에 기인하는 바가 크다는 사실도 당황스럽기는 마찬가지일 것이다.

피케티가 이 괴리감을 해소하기 위해 동원하는 열쇠는 $r > g$라고 하는 또 하나의 공식이다. 그는 이 부등식에도 '자본주의의 가장 중요한 모순'(피케티 2104, 689)이라는 거창한 이름을 부여하는데, 자본수익률이 경제성장률보다 높으면(정확하게는 자본수익률과 경제성장률의 차이, 즉 $r - g$가 커지면), 자본 소유의 계층 간 불평등이 증가하고, 자본소득에 의한 자산 형성이 노동소득에 의한 자산 형성보다 빨라지며, 저축 자산에 대한 상속 자산의 우위가 강화된다고 주장한다. "과거가 미래를 잡아먹는"(피케티 2014, 452) 현상이 생긴다는 것이다. 결과는 세습 자본주의의 부활이다.

20세기에 자본 소유의 불평등이 완화된 이유를 피케티는 부등식 방향의 역전에서 찾는다. $r > g$의 부등호 방향이 바뀐 것은 두 차례 세계대전으로 인한 자본 파괴, 강도 높은 누진세 정책, 제2차 세계대전 후 30년 동안의 이례적인 성장이 겹쳐진 결과다. 현재까지도 자본 소유의 불평등은 100년 전보다 상당히 완화된 상태를 유지하고 있는데, 이는 1945년 이후 시간이 충분히 흐르지 않았고 20세기의 자본 및 자본소득에 대한 중과세 정책의 효과가 남아 있기 때문이다.

하지만 $g > r$인 상태가 나타난 것은 역사적으로 예외라는 것이 피케티의 생각이다. 장기적으로 보면 r은 거의 일정하게 4~5% 수준을 유지하며, g는 20세기 중반을 제외하면 그보다 훨씬 낮았다는 것이다. 인구 증가와 기술 진보가 한계에 도달했기 때문에 21세기에 경제성장률이 높아질 가능성은 거의 없다. 아직까지는 $r - g$ 증가의 효력이 본격화하지 않았지만 21세기를 지나면서 자본 소유의 불평등이 심화되고 세습 자본주의가 재도래하는 것은 필연적이라고 피케티는 결론짓는다.

4. 헨리 조지의 관점에서 본 토마 피케티

만일 오늘날 헨리 조지가 살아온다면, 자기처럼 불평등 문제를 본격적으로 다룬 경제학 책으로 베스트셀러 작가 반열에 오른 피케티에게 깊은 동류의식을 느낄 것이다. 조지가 자신의 사후 지금까지 주류 신고전학파 경제학이 어떻게 흘러왔는지 듣는다면 동류의식은 더 강해질지 모른다. 3백 년이 넘는 기간을 대상으로 방대한 통계자료를 수집·정리해서 불평등의 실태와 역사적 추이를 보여 주었고, 역사의 무대 뒤로 사라졌던 '상대적 분배율 이론'(앞에서 말한 기능별 분배 이론)을 일거에 복권시켰으며, 조세를 통한 불평등 해소를 단지 사후적 교정에 그치지 않고 사전적 차단의 수단으로 제시했다는 점을 들어 조지는 피케티에게 박수를 보낼 것 같다.

하지만 조지가 마냥 칭찬만 할 것이라 예상하는 것은 착각이다. 조지의 눈으로 보면 피케티는 몇 가지 부분에서 치명적인 오류를 범하고 있기 때문이다.

피케티는 노력 소득과 불로소득을 구분했던 고전학파의 전통을 무시한 채 단지 노동에 비해 자본이 소득의 많은 부분을 가져가고 그것이 상위층에 집중되면 부당하다고 간주한다. 소득과 부가 일부 계층에 집중되는 것이 불평등인데, 그것이 심하게 나타나면 부당하고 그렇지 않으면 정당하다고 평가하는 것은 적절한 기준 적용으로 보기 어렵다. 고전학파와 조지는 소득을 노력 소득과 불로소득으로 구분하고 후자에 의한 불평등은 정당하지 않음을 명확히 했다. 조지에게 노동소득과 생산적 자본에 돌아가는 소득은 노력 소득, 지대와 토지 자본이득은 불로소득이었다. 미국의 조지스트 허드슨은 불로소득의 범주에 자연 자원에 대한 지대, 독점 지대, 특권 이익, 자산 가격 상승과 금융 투기에 의한 이익 등을 추가한다. 그는 피케티가 불로 자산 및 불로소득과 생산적 자본 및 노력 소득을 구분하지 않는 몰가치적 개념을 채택하는 바람에 불평등이 마치 생산적 이윤에서 발생한 것이라는 착각을 불러일으켰고, 결국 자본 전체에 과세하는 글로벌 자본세라고 하는 부적절한 대안을 제시하게 되었다고 비판한다 (Hudson 2014, 123).

피케티가 범한 더 심각한 오류는, 서로 본질적인 차이를 갖고 있어서 도저히 융합 불가능한 토지와 자본을 하나의 범주 속에 포함시켰다는 점이다. 토지는 천부성, 공급 고정성, 위치 고정성, 연접성, 영속성 등 인공물인 자본이 갖지 않는 특수한 성질을 여럿 가지고 있기 때문에 가치 결정 메커니즘이나 경제적 효과가 자본과 전혀 다른데도 그렇게 한 것이다. 그러고는 순수한 토지 가치와 개량의 가치를 구분하기 어렵다는 근거 없는 주장을 펼치다가 그로부터 갑자기 순수 토지는 전체 자본에서 아주 작은 부분만 차지하며 β값의 상승은 순수 도시 토지의 가치 증가로는 설명할 수 없다는 결론을 도출한다. 토지를 농경지로 축소시키는가 하면, 주택과 건물 아래 토지는 마치 존재하지 않는 것처럼 취급해서 토지와 토지 가치의 존재 의미를 애써 축소하기도 한다. 토지 가치 상승의 결과임이 분명한 β값 상승을 놓고 해석이 오락가락하기도 한다.

사실 토지의 특수성을 부정하고 토지와 자본을 융합시킨 것은 피케티가 처음이 아니다. 그는 클라크를 비롯한 초기 미국 신고전학파 경제학자들의 '작전'과 현대 주류경제학의 지배적인 경향을 답습하고 있을 뿐이다. 미국 신고전학파의 조상들은 조지의 이론을 경제학에서 추방하기 위해 일종의 '작전'을 전개했는데, 그때 그들이 동원했던 방법은 토지와 자본의 차이를 제거하여 자연스럽게 토지 이론이 경제학에서 사라지게 만드는 것이었다. 그들의 작전은 성공을 거두어 결국 토지도, 조지의 '토지 중심의 경제학'도 경제학 교과서에서 자취를 감추고 말았다.

신고전학파 경제학자들이 수학적 모형에 과도하게 의존하는 것을 비판하면서 정치와 도덕과 역사의 중요성을 강조하는 피케티가, 토지와 자본을 융합하는 신고전학파의 잘못된 관행을 무비판적으로 수용한 것은 이해하기 어렵다. 피케티가 사회 발달에 따라 순수 토지의 가치가 상승하며 토지 가치와 인공물(자본재와 건물 등) 가치가 다르게 변한다는 사실을 인식하지 못하고, 주택 가치 상승의 상당 부분이 토지 가치 상승에 기인한다는 것을 인정하지 않는 것은 바로 토지와 자본을 구분하지 않았기 때문이다.

피케티와는 달리 자산의 구성을 주택(토지 가치 제외), 기타 건물 및 구조물(토지 가치 제외), 기계 및 설비, 토지로 구분해서 프랑스의 경우를 분석한 한 연구에 의하면(Homburg 2015), 1978~2012년 사이에 전통적 의미의 자본 대 소득의 비율은 거의 변하지 않았다. 전통적 의미의 자본에 주택 건물을 추가할 경우 자본/소득비율은 약간 상승하며, 거기다 토지 가치를 더할 경우 자본/소득비율은 큰 폭으로 올라간다. 이는 이 시기 β 값의 급격한 상승이 토지 가치의 급격한 상승에 기인했음을 보여 주는 분명한 증거다.

만일 조지가 살아와서 피케티의 통계를 본다면 즉각 다음과 같은 해석을 내놓을 것이다. 토지가 포함된 자본으로 계산한 β 값이 상승한 데는 틀림없이 지가 상승의 역할이 컸을 것이다. 지가는 지대뿐만 아니라 이자율과 미래 지가 상승에 대한 기대에 의해 결정되므로[3] 자본축적과 무관하게 변동할 수 있기 때문이다. α 값 변동에 대해서도 조지는 자신 있는 해석을 내놓을 것이다. 앞에서 살펴보았지만, 물질적 진보가 일어나서 인구 증가, 기술 개선, 미래 토지 가치에 대한 기대와 같은 현상이 출현하면 지대가 '임금+이자'보다 빠른 속도로 증가할 수 있다. 그러므로 피케티의 자본 중에서 토지 부분만 가려내서 계산할 경우 β 값과 α 값이 같은 방향으로 움직이는 것은 얼마든지 가능한 일이다. 물론 피케티의 자본 중에는 토지 외에 자본재나 주택 건물도 있기 때문에 다른 설명도 필요하다. 하지만 그렇다고 해서 피케티처럼 자본과 노동의 대체 탄력성이 1보다 크다는 엉뚱한 가설에 의존해야 하는 것은 아니다.

피케티가 토지의 중요성과 특수성을 중시하는 조지의 관점을 받아들인다면, 기존의 논거로는 제대로 설명되지 않던 여러 내용들을 깔끔하게

3_지가 결정 공식 $P=\dfrac{R}{i-a}$ 을 기억하라. 여기서 P는 지가, R은 지대, i는 이자율, a는 미래 지가 상승률이다.

정리할 수 있을 것이며 놀라운 통계적 발견을 놓고 해석이 오락가락하는 모습도 탈피할 수 있을 것이다. 그렇게 한다면 이준구 교수 말대로 그는 정말 "경제학의 지평에 일대 변혁을 가져올" 구원자의 역할을 하게 될 가능성이 높다.

5. 한국적 대안으로서 종합부동산세의 필요성

피케티가 자본주의의 구조적 모순($r > g$)을 강조한 것은 글로벌 자본세를 주장하기 위한 포석이었는지 모른다. 세금으로 r을 떨어뜨려 불평등을 완화하려고 생각했다면 미리 $r > g$를 강조하는 것은 자연스러운 일이다. 그가 세금으로 r을 떨어뜨리는 것을 염두에 두었다고 해서 자본소득에 대한 무차별적인 중과세를 주장했다고 생각하면 안 된다. 그렇게 할 경우 자본축적이 둔화되고 성장률이 떨어질 수 있다는 이유로 그는 반대 의사를 표했다.

그렇다면 피케티의 해법은 무엇일까? 매우 높은 한계세율을 적용하는 누진소득세 및 누진상속세와 함께 비교적 낮은 세율의 글로벌 자본세를 도입하는 것이다.

피케티는 규모가 더 큰 자산에 더 무거운 세금을 부과할 것을 주장하면서도 금융자산과 부동산을 다르게 취급하는 제도(예컨대 영미권 국가의 재산세와 프랑스의 토지세)에는 반대한다(피케티 2014, 620). 2014년 9월 방한했을 때 피케티는 이정우 교수로부터 헨리 조지 식으로 토지에 대한 세금과 자본재 또는 금융자산에 대한 세금을 구분해서 토지에 더 무거운 세금을 매기고 자본재나 금융자산에 대해서는 그보다 낮은 세율을 적용하는 방안을 소개받았다. 그때 그는 토지 가치의 비중이 작다는 이유로, 토지를 금융자산과 구분해 더 많은 과세를 할 이유가 없다고 잘라 말했다 (『경향신문』 2014/09/21).

피케티의 글로벌 자본세는 노력 자산과 불로 자산을 구분하지 않는다는 점에서 정의롭지 않다. 또 무겁게 부과할 경우 자본 원본이 감소할 뿐만 아니라 자본 중 동산動産은 세금을 피해 나가 버릴 것이기 때문에 높은 세율을 적용하기 어렵고 전 세계적으로(적어도 유럽연합 정도의 광역권에서) 동시에 시행해야만 한다는 기술적 난점을 안고 있다. 사실 글로벌 자본세는 일국 차원에서 과세하기도 만만치 않은 세금인데 여러 국가가 함께 시행하는 것은 현실적으로 기대하기 어렵다.

반면 조지의 토지가치세, 즉 토지보유세는 과세 후에도 토지가 감소하거나 도피할 수 없기 때문에 높은 세율을 적용할 수 있고, 일국 차원에서도 얼마든지 시행할 수 있다는 장점이 있다. 토지가치세는 제대로 부과할 경우 중립성, 투명성, 공평성, 경제성 등을 발휘하는 좋은 세금이며, 노력 소득의 원천인 실물 자본에는 과세하지 않고 불로소득의 원천인 토지에 과세한다는 점에서 정의로운 세금이다. 게다가 이 세금은 각종 자연 자원(환경, 지하자원, 주파수대 등)에 부과하는 자연세로 발전시킬 수도 있고, 그것이 불로소득을 정조준하고 있다는 사실이 알려져 각종 특권 이익에 대한 과세를 촉발할 수도 있다.

종합부동산세는 이정우 교수가 참여정부 초대 청와대 정책실장으로서 마련한 한국판 토지가치세이다. 이 세금은 개별 부동산 소유자가 전국에 소유하고 있는 부동산을 주택, 나대지, 빌딩 부속 토지 별로 합산한 후 일정 기준 이상의 소유자를 대상으로 누진 과세하는 국세이다. 보유세 강화라는 우리나라 부동산 정책의 숙제를 해결한 세금이기도 하고, 토지 가치 상승에 기인하는 β 값과 α 값의 상승을 정밀 타격할 수 있는 강력한 무기이기도 하다. 근로소득과 비근로소득 간 조세부담의 형평성이 결여되어 있다는 한국 소득세 제도의 고질병을 치유할 수 있는 좋은 치료제이기도 하다.

하지만 유감스럽게도 이명박 정부 집권 후 종합부동산세는 유명무실한 세금으로 전락하고 말았다. 이명박 정부가 'ABR'Anything but Roh을 내세우며 종합부동산세 무력화를 끝까지 밀어붙였고 헌법재판소가 종합부동산세법 일부 조항에 대한 위헌 및 헌법 불합치 판정을 내려서 이명박 정부를 지원했기 때문이다.

한국은 다른 선진국에 비해 β값과 α값이 매우 높고 계층별 소득 불평등도는 세계 최고 수준이다. 여기에는 지가와 지대의 상승이 어떤 요인보다도 더 큰 영향을 미쳤을 것이다. 그렇다면 한국에서 불평등 해소의 첫걸음은 부동산 불로소득의 차단 및 환수에서 시작되어야 한다. 그것을 가능하게 하는 수단을 우리는 이미 10년 전에 도입했던 적이 있다. 종합부동산세가 복원되고 강화되어야 할 이유는 분명하며 그것이 가능함은 역사가 증명한다.

19

기로에 선 주거 불평등 문제와 개선 과제

변창흠

1. 또다시 부동산 투자 열풍 속으로 가나?

최근 부동산 시장이 심상치 않다. 부동산 거래량이 2006년 말 이래 최대치를 기록하고 있으며, 주택 담보대출이 늘어나고, 주택 가격과 분양가 상승이 본격화될 조짐이다. 전세 가격이 급등하고 월세화가 급격하게 진전되고 있는 가운데 초저금리라는 금융 여건과 정부의 부동산 시장 활성화 정책이 맞물리면서 주택 구매 수요가 급증한 탓이다. 자칫 심리적 추격 요소까지 가미된다면, 부동산 시장을 살려서 전세 문제를 해소하겠다는 정부의 의도와 달리 부동산 가격 급등으로 주거 불안정을 유발할 우려가 커지고 있다.

오랫동안 우리나라에서 주택 문제는 건설 산업의 관점과 주거 안정의 관점이 대립해 왔다. 건설 산업의 관점에서 보면, 주택 시장의 팽창이나 주택 거래의 활성화는 시장이 제대로 작동하고 있다는 신호이고, 부동산 가격의 안정이나 거래의 위축 현상은 부동산 산업의 침체로 해석한다. 그러나 주거 안정의 관점에서 보면, 완전히 다르다. 주택 가격 상승이나 과도한 주택 거래는 부동산 투기와 주거 불안정을 유발하는 심각한 문제인 반면, 주택 가격의 안정은 바람직한 것으로 본다.

2008년 세계 금융 위기 이후 우리나라의 부동산 정책은 한마디로 적극적인 부동산 시장 활성화를 목표로 설정해 왔다. 일본과 미국, 유럽의 주택 가격 폭락 경험을 반면교사로 삼아 오로지 부동산 가격 상승과 거래 활성화를 유도하는 데 역점을 두어 왔다. 그러나 현재의 부동산 시장은 전환기이며, 부동산 정책도 근본적인 전환이 필요한 시기다. 이미 만성적인 공급 부족을 넘어 국지적으로 공급 과잉 현상이 나타나고 있지만, 특정 지역과 연령, 계층별로는 적정한 주거 공간이 부족하여 심각한 사회적인 문제가 되고 있다. 주택 가격은 하락세를 멈추고 상승 기조로 돌아서면서 무주택자들에게는 주택 구입이나 임대료 수준에서 추가적인 부담으로 작용하게 되었다.

그러나 이러한 여건 변화를 고려하지 않은 채 부동산 시장 활성화에 초점을 맞춘 주택 정책은 기존의 주거 불평등을 더욱 확대할 뿐만 아니라 새로운 문제를 유발하고 있다. 그중 가장 부담스러운 것이 주거 불평등 현상이다. 주거 불평등 현상은 그동안 주택 시장과 주택 정책이 만들어 낸 결과이기도 하지만 앞으로 새로운 사회적 불평등을 유발하는 원인이 될 수 있다. 따라서 부동산 시장과 부동산 정책이 지역별로, 계층별로, 점유 형태별로 어떻게 차등적으로 작동하는지 그 원리와 효과를 체계적으로 검토할 필요가 있다.

2. 주거 불평등은 특별한가?

불평등 해소 정책의 정치성

세계 금융 위기 이후 전 세계적으로 불평등의 문제에 대한 관심이 높아지기 시작했다. 많은 학자들은 불평등의 원인으로 경제의 세계화를 들고 있으며, 승자 독식winner takes all의 구조가 불평등을 더욱 확산시키고 있다고 본다. 더 나아가 불평등은 세계 금융 구조가 낳은 결과물일 뿐만 아니라 세계 금융 위기 이후부터는 불평등 자체가 세계 금융 위기의 원인이라는 평가가 나타나기 시작했다. 이에 따라 불평등 문제를 해소하지 않고는 경제 위기를 극복하기 힘들다는 권고가 잇따르게 되었다(Stiglitz 2013; Reich 2010).

우리나라에서도 대기업 중심의 산업구조, 수출 주도의 개방형 산업 체제 때문에 세계적인 경쟁에 노출될 수밖에 없었고 그 결과 소득 계층 간, 산업 부문 간, 중소기업과 대기업 간, 지역 간 격차가 확대되었다. 이런 구조는 IMF 경제 위기와 세계 금융 위기를 극복하면서 더욱 심화되었다. 결국 우리나라에서도 이른바 8 대 2의 사회, 99 대 1의 사회에·대한 준엄한 비판과 이를 해소하기 위한 개혁 방안이 정치적인 이슈로 등장하게 된 것이다. 지난 대선과 총선에서 복지국가, 무상 급식, 무상 보육, 공공임대주택 확대 등이 다른 어떤 공약보다 선거 결과를 좌우하는 이슈가 된 것도 이 때문이다.

그런데 불평등과 차등을 해소하기 위해서는 공공의 적극적인 개입과 정부의 재정적인 지출 확대가 필수적이다. 그런데 우리나라의 사회경제적 불평등은 세계적인 경쟁 체제나 국내의 대기업 위주의 산업구조, 이를 지원하는 재정과 조세 시스템에서 비롯되지만, 이런 구조와 시스템을 교정하지 않은 채 복지 시설 확충이나 수당 신설과 같은 외형적인 공약을 강조하는 경향이 있다. 그 결과 경기 침체 및 그로 말미암아 더욱 두드러지게 나타나는 불평등 현상은 종종 무능한 진보 정당과 현실성이 부족한 진보 정책의 탓으로 돌려지게 된다. 반면, 경제 활성화와 경쟁력 강화라는 슬로건으로 포장된 보수주의와 신자유주의 정당은 정치적 선거에서 선택되고 불평등 구조는 더욱 공고해지게 된다.

주거 불평등의 정치성

우리나라에서 다른 불평등 문제와는 달리 주거 불평등 문제의 해소에 대해서는 오랫동안 사회적인 합의가 이루어져 왔다. 대규모 개발 사업이나 철거 재개발 사업이 이루어지는 과정에 오랫동안 세입자들의 주거권 실현을 위한 저항운동이 전개되어 온 덕분이다. 심지어 보수와 진보 정당들도 경쟁적으로 공공임대주택 확대 정책을 발표해 왔을 뿐만 아니라 영구임대주택이나 주거 급여와 같은 보편적인 주거 복지 정책이 모두 보수적인 정당이 집권한 시기에 제안되고 채택되었다. 1989년 노태우 정부는 토지공개념 정책과 200만호 신도시 건설을 추진했을 뿐만 아니라 우리나라 최초로 영구임대주택 제도를 도입했다. 박근혜 정부도 대통령 선거의 공약으로 주거 급여 제도를 채택했고 올해 본격적인 시행을 앞두고 있다.

주택 정책이 정치화되어 주거 불평등 해소를 위한 정책 수단이 인기 있는 정책으로 채택되는 경우도 있지만, 그동안 대부분의 경우는 정치적인 목적을 위해 부동산 경기 활성화를 정책 목표로 설정해 왔다. 단기적인 부동산 가격 상승은 부동산 거래 활성화를 수반하거나 주택 건설 촉진을 통해 건설 산업 활성화를 유도하기 때문에 선호된다. 주택 가격 상승으로 부담이 커질 미래 세대나 세입자는 발언권이 약하거나 드러나지 않는 반면, 건설 산업 활성화나 주택 가격 상승으로 이익을 보는 현 세대는 투표를 통해 즉각 지지를 확인한다. 그 결과 주거 불평등을 악화시키는 부동산 시장 부양 정책이 지속적으로 발표되고 추진되고 있다.

기본권으로서 주거권

주택 문제가 경제나 산업의 문제, 정치의 문제로 인식되는 순간 다른 정책의 수단으로 동원될 우려가 크다. 경기순환의 흐름에 따라 좌우되거나 경기 활성화의 수단으로 활용되고, 때로는 정치적인 선거 자원으로 동원되기도 한다.

주거 불평등은 많은 경우 경제적 불평등이나 지역 불평등의 결과이지만, 이 불평등이 고착되는 경우 다른 사회적 불평등을 고착시키는 원인이 된다. 인종 문제까지 겹친 미국 대도시의 슬럼가나 프랑스의 외곽 신도시 등에서 종종 폭동이 일어나는 것이 바로 그 때문이다. 따라서 주거 불평등 해소를 순수한 주택 문제로만 인식할 것이 아니라, 직업의 창출과 사회적 계층 상승을 위한 정책 수단으로 활용할 필요가 있다.

주거 불평등과 관련해 또 하나 고려해야 할 사항은 주택은 단순히 시장에서 생산되고 거래되는 상품의 하나일 뿐만 아니라 인간의 주거권을 보장하기 위한 최종적인 수단이라는 점이다. 따라서 주택을 공급하는 것만으로는 주거 불평등이 해소되지 않고, 무주택자가 주택을 구입하도록 유도한다고 주거 불평등이 완화되는 것도 아니다. 더욱 심각한 문제는 주택을 공급하거나 구매를 촉진하는 과정에 주거 불평등이 더욱 심해질 수 있다는 점이다. 가장 빈번한 예가 주택 공급을 위해 철거나 퇴거를 강요함으로써 주거권을 훼손하는 것이다. 이계수(2011)는 주거 점유권을 재산권적 기본권으로 보고 주거의 존속성에 대한 권리를 보장해야 한다고 주장하고 있는데, 이는 시사하는 바가 매우 크다.

3. 날로 악화되고 있는 주거 불평등의 실태

과거와 달라진 주택 문제

그동안 우리나라에서 가장 중요한 주택 문제는 공급 부족과 그로 인한 가격 상승이었다. 급속한 인구 집중과 소득 증가로 주택 수요가 급증하면서 나타난 어쩔 수 없는 현상이었다. 그러나 지난해 주택보급률이 103%에 이르고 정부가 공공 분양 주택의 공급량을 의도적으로 축소할 만큼 주택의 절대 부족 문제는 대부분 해소되었다. 1인당 주거 면적은 2000년 20.2m²에서 2014년 28.2m²로 확대되었고, 최저주거기준 미달 가구도 2006년 전체 가구의 16.6%인 268만5천 가구에서 2014년 5.3%인 97만8천 가구로 줄어들었다(국토교통부, "2014 주거실태조사").

그렇다고 대부분 가구의 주거 상황이 반드시 과거보다 개선되었다고 보기 어려운 측면도 있다. 최근 2년 내 이사 경험이 있는 가구 비율은 36.6%로 오히려 2년 전에 비해 4.4%p 증가했으며, 월소득 대비 임대료비율RIR도 2006년 18.7%에서 2014년 20.3%로 증가했다. 특히 최근 들어 고소득층의 월소득 대비 임대료비율은 감소한 반면, 저소득층의 비율은 크게 증가해 주거 불안정이 차별적으로 나타나고 있음을 알 수 있다.

주택 가격의 평준화와 지역 간 주거 불평등 해소

그동안 우리나라의 주택 문제는 대부분 수도권, 특히 서울의 주택 문제였고 그 내용은 주택 부족과 높은 주택 가격이었다. 반면, 지방이나 서울의 강북 지역의 주택 문제는 낮은 주택 가격 때문에 생기는 상대적인 박탈감이나 수익성 부족으로 인한 재정비 사업의 부진이 주로 거론되어 왔다.

사실 수도권의 주택 가격은 2007년 이후 정체되어 온 반면, 지방의 주택 가격은 그 이후부터 지속적으로 상승해 수도권과 지방 간의 주택 가격 차이는 상당 부분 해소되었다. 또한 1인당 주택 면적, 최저주거기준 미달 가구, 주택보유율 등에서 지역 간 격차도 크지 않는 것으로 나타났다.

그러나 주택의 양이나 질이 아니라 자산의 관점에서 보면 지역 간 격차는 확연하게 드러난다. 한국은행이 발표하는 『가계금융조사』에 따르면, 수도권 가계의 가구당 순자산은 3억2,527만 원인 데 비해 비수도권은 2억2,689만 원으로 수도권 가계 순자산의 69.8%에 불과하다. 비수도권의 자산은 가장 순자산이 많은 서울의 60%에도 미치지 못하는 것으로 나타났다.

수도권과 서울은 그동안 주택 공급 부족과 열악한 주택 사정 때문에 시달렸다는 점을 고려하면 우리나라에서는 지역 간 주택의 물리적인 격차는 크지 않았지만, 주택이란 자산의 보유 여부와 소재 지역에 따른 지역 간 격차는 여전히 큰 것으로 나타났다. 순자산의 지역 간 격차는 이주를 통해 해소되는 소득 격차보다 구조적이기 때문에 미래 세대에까지 영향을 미치게 된다.

소득 계층 간 주거 불평등과 자산 격차

다른 나라와 달리 우리나라의 주거 불평등 문제는 소득 계층 간에서는 뚜렷하게 나타나지 않는다. 2014년 주거실태조사에 따르면, 전체 가구 중에서 자신이 소유한 주택에 거주하고 있는 가구의 비율은 53.6%인데 고소득층은 69.5%이고 저소득층은 47.5%로 22.0%의 차이를 보이고 있다. 전체 가구 중에서 자신의 주택을 보유한 가구의 비율은 고소득층은 77.7%이고 저소득층은 50.0%로 자기 집에 거주하는 가구의 비율보다 더 높게

표 1 | 소득 계층별 자가보유율 추이

단위: %

구분	2006	2008	2010	2012	2014
전체	61.0	60.9	60.3	58.4	58.0
저소득층	52.6	54.2	49.4	52.9	50.0
중소득층	61.0	59.4	60.8	56.8	56.4
고소득층	76.8	78.1	80.8	72.8	77.7

자료: 국토교통부. 『주거실태조사』, 각년도.

나타났다. 고소득층도 교육 등의 목적 때문에 전세를 사는 경우가 많기 때문이다. 다른 지역에 비해 고소득층이 많이 거주하는 서울에서 자신이 소유한 주택에 거주하는 가구의 비율이 40.2%인 점을 고려하면, 저소득층이라고 해서 자신이 소유한 주택에 거주하는 가구의 비율이 특히 낮다고볼 수도 없다.

1인당 주거 면적은 오히려 고소득층보다 저소득층이 더 넓다. 2014년 기준으로 저소득층은 $40.0m^2$인 반면, 고소득층은 $30.1m^2$에 불과하고, 수도권은 $31.3m^2$인 반면, 도 지역은 $36.2m^2$로 훨씬 넓다. 이런 통계 결과를 보면, 우리나라에서는 주택의 소유나 점유, 주거 면적 등에서 소득 계층 간에는 큰 격차가 없는 것으로 보인다. 저소득층이 주로 주택 가격이 아주 저렴한 농촌이나 소도시에 거주하기 때문에 주택보유율이 높고 주거 면적도 넓은 탓이다.

그러나 최근 정부가 부동산 시장 활성화를 위해 세제나 금융상의 규제를 완화하고 다양한 지원 조치를 확대함에 따라 정책의 효과가 소득 계층별로 역진적으로 나타난 점은 심각한 문제다. "2014년 주거실태조사"에서 저소득층의 자가점유율은 47.5%로 2년 전보다 3%p 하락하고 자가보유율은 50.0%로 2.9%p 떨어진 반면, 같은 기간에 고소득층의 자가점유율은 64.6%에서 69.5%로, 자가보유율은 72.8%에서 77.7%로 2년 전보

표 2 | 순자산 순위별 소득과 순자산액 현황

	경상소득	순자산액
자산 분위	4,676.1	27,370.2
순자산 1분위	2,058	834.4
순자산 2분위	3109.8	7,208.4
순자산 3분위	4,207.7	15,671.8
순자산 4분위	5,555.0	28,987.7
순자산 5분위	8,448.7	84,137.8

출처: 통계청, "2014 가계금융복지조사".

다 4.9%p씩 상승했다.

소득 계층 간 주거 격차는 주택의 점유율이나 보유율보다는 주택을 포함한 순자산의 크기에서 훨씬 분명하게 드러난다. 통계청이 발표하는 "2014 가계금융복지조사"에 따르면, 2014년 기준 가계 순자산 1분위의 순자산액은 835만 원에 불과한 반면, 순자산 5분위의 순자산액은 8억 4,138만 원으로 무려 100.8배에 이른다. 이 수치는 순자산 2분위의 순자산액 7,208만 원과 비교해도 11.7배에 이른다.

자금 동원 능력이 있는 고소득층은 정부의 자가주택 촉진 정책과 부동산 시장 활성화 정책을 주택을 구입할 기회로 활용한 반면, 저소득층은 실업과 자영업의 침체 등으로 주택을 구입할 여력을 갖지 못한 것으로 보인다. 결국 정부가 전세란 극복을 위해 시작한 부동산 시장 활성화 정책이 거꾸로 주택 소유에서 양극화 현상을 더욱 심화시킨 결과가 되었다.

주택 정책의 세대 간 주거 불평등 효과와 정치적 관점

우리나라에서는 전반적으로 가구주 연령이 높을수록 자가주택보유율이 높다. 2014년 기준으로 40세 미만 가구의 자가주택보유율은 32.8%에 불과한 반면, 60세 이상 가구의 자가주택보유율은 73.9%에 이른다. 자가주택보유율이 높을수록 주택 가격 하락에 저항하는 보수적 성향을 띨 확률이 높다. 우리나라에서 고령자일수록 보수정당 지지율이 높은 이유가 과거의 경제성장 경험과 지역 기반 네트워크 등에 의해서도 영향을 받기도 하지만, 보수정당일수록 각종 개발 사업과 규제 완화를 적극적으로 추진하기 때문에 자신들의 주택 자산 가치를 상승시킬 수 있을 것이라고 기대하기 때문이기도 하다. 이들은 재산세나 소득세 증세를 통한 복지 비용 확대를 주장하는 진보 정당보다는 자산의 80% 이상을 차지하는 부동산으로부터 발생하는 자산 차익이나 임대료 수입으로 안정적인 노후 복지 비용을 조달하도록 지원하는 데 적극적인 보수정당을 선호한다.

현 시기에 노인 세대보다 주거 문제로 더 큰 고통을 받고 있는 세대는 바로 청년층이다. 청년층이 주로 거주하는 도시형 생활 주택이나 원룸, 고시원 등은 단위 면적당 임대료가 강남 지역의 고급 아파트보다 더 높은 수준이다. 더구나 이들이 주로 거주하는 주택 유형은 가장 빨리 전세에서 월세로 전환될 뿐만 아니라, 월세 전환율이 가장 높기 때문에 가장 소득이 낮으면서도 가장 높은 주거비를 부담하고 있다.

청년층의 열악한 주거 실태는 여러 조사를 통해 확인할 수 있다. 가계동향 조사에 따르면, 1분위 청년 가구는 보증금을 임대료로 환산해 포함하는 경우 소득의 55.8%(RIR 지표), 가계 지출의 37.8%(슈바베Schwabe 지수)를 주거비로 사용해 과도한 부담을 하고 있다. 반면, 청년층은 무주택 기간이나 가족 수, 장애 정도 등으로 우선순위가 정해지는 공공임대주택에 입주할 기회는 매우 적다. 서울시 공공임대주택 중 0.5%가 0세 이상 세대주에게 공급되고 있다. 최근 서울시에서 청년주택협동조합이나 희망하우징 등 맞춤형 임대주택을 공급하고 있지만, 여전히 공공임대주택에 거주하는 청년층의 비중은 5%가 되지 않는다.

청년층의 주거비 부담 과다는 복지 측면에서 접근해야 하는 노령 세대의 주거 문제보다 훨씬 더 심각하다. 이들이 과도한 주거비 부담으로 자신과 미래에 대한 투자에 소홀해질 경우 현재의 계층별 격차는 고착되고 사회적 이동성은 위축될 수밖에 없기 때문이다. 우리가 세대별 주거 불평등에 주목하는 이유도 점차 고령화되는 현시점에 주택 정책이 과도하게 정치적인 지지에 의존하는 경우 청년층 주거 문제는 우선순위에서 배제될 수 있기 때문이다.

반드시 보호되어야 할 임차인의 주거권

2010년 "인구주택총조사" 보고에 따르면 전국 가구의 54.2%, 서울 가구의 41.1%, 2014년 주거실태조사 보고에 따르더라도 전국 가구의 53.6%, 서울 가구의 40.2%만이 자가주택에 거주하고 있다. 그러나 공공임대주택, 국민임대주택, 매입임대주택 등 공공 부문이 직접 공급하는 임대주택은 전체 가구의 약 4%에 불과하기 때문에 전체 임차 가구의 80% 이상은 민간 부문이 임대하는 주택에 거주하고 있다.

이런 사정을 고려하면, 어느 나라보다 세입자의 안정적인 주거를 위한 제도적 기반을 마련해야 함에도 불구하고 현행 '주택임대차보호법'에서는 민간 부문의 전·월세 입주자를 보호하기 위한 제도가 충분히 마련되어 있지 않다. 세입자의 주거권보다는 임대인의 재산권 보호에 초점을 맞추고 있기 때문이다. 그 결과 세입자들은 항상 주거의 불안정 상태에 노출되어 있다.

임차권은 확정일자 등록 제도를 통해 임차 일자만 등록될 뿐, 임대차 항목 전체를 행정관청이나 법원에 신고할 의무가 없다. 신고되지 않는 임차권은 보호되지 못하고 공시되지 않기 때문에 임대차 정보로 활용되지도 못한다. 현행 임대차보호법 제4조는 임대차 기간을 2년으로 정하고 있지만, 계약 갱신 시에는 임대인의 갱신 거절권만 인정하고 임차인의 갱신 청구권은 인정하고 있지 않고 있다. 임대료 인상도 계약 기간 내 5% 이내로 제한하고 있지만, 새로운 계약 체결시나 계약 연장시에는 적용되지 않고 있을 뿐만 아니라 계약 기간 동안에도 임대인이 이를 위반하는 경우에도 처벌하지 않고 있다.

이에 따라 임차인은 2년마다 이사해야 하는 부담, 예측할 수 없는 임대료 인상의 부담, 전세 보증금 등의 임대 보증금 미반환의 가능성, 임대인과 주택 수선 유지비 부담을 둘러싼 갈등 등의 어려움을 겪고 있다. 자가 가구와 전세·월세 등 임차 가구의 평균 거주 기간을 보면 2014년 자가 가구는 11.2년인 데 비해 임대 가구는 3.5년에 불과해 이사가 훨씬 잦은 것으로 나타났다.

전세 가구와 월세 가구 간의 차별적 부담

최근 임대주택 시장의 특성은 전세 가격 급등, 전세 주택의 월세나 반전세 주택으로의 전환, 저가 전세 주택의 급속한 소멸로 요약할 수 있다. 이에 따라 임차인들은 자신들이 선호하는 전세 주택을 확보하지 못해 도시 외곽으로 이동하거나 부담이 커진 반전세나 월세 주택을 선택하고 있다. 그나마 다행인 것은 세입자들의 부담 능력 부족과 급속한 월세 주택의 공급 확대로 월세 전환율과 월세가 하락하고 있다는 점이다.

2014년 주거실태조사 결과에 따르면, 임차 가구 중 월세 가구의 비중이 급속하게 높아지고 있다. 전체 임차 가구 가운데 전세 가구의 비중은 2006년 54.2%에서 2014년 45.0%로 9.2%p 감소한 반면, 월세 가구의 비중은 같은 기간 동안 45.8%에서 55.0%로 급증했다. 서울시가 2013년부터 분기별로 공개하는 전월세 전환율 자료를 보면, 서울시의 평균 전월세 전환율은 2015년 1분기에 6.7%로 나타났다. 한국은행 고시 기준금리가 1.75%에 불과하고, 1~2%대 담보대출 금리 상품이 출시된 것을 고려하면, 월세 세입자들이 과도하게 높은 금리를 부담하고 있는 것이다. 더욱 심각한 문제는 전월세 전환율이 주택 가격이 낮을수록, 주택 유형별로 아파트가 아닌 다가구 주택이나 원룸일수록, 지역별로는 비강남 지역일수록 높게 나타난다는 점이다.

결국 월세화가 진행되면서 높은 월세 전환율 때문에 저소득층이 가장 큰 부담을 안게 된다는 것을 보여 주고 있는 것이다. 이런 월세화라는 임차 가구의 구성 비중의 변화는 임대차 시장의 선진화라는 정부의 기대와는 달리 가장 취약한 월세 가구에게는 임대료의 가중이라는 부담을 낳고 있다.

4. 주거 불평등 해소를 위한 과제

주거 불평등의 부작용

부동산 시장에서의 불평등은 부동산 개발, 소유, 개발 이익의 향유, 조세 등에서 일관성 있게 나타나고 있다. 대기업이나 대토지 소유자들은 규제 완화를 통해 자산 가치 상승으로 인한 이익을 독차지하며, 이를 통해 자산 격차를 더욱 확대시킨다. 수많은 지역에서 개발이 진행됨에 따라, 규제 완화와 개발을 기대하며, 미래의 개발 예정지를 미리 확보해 왔던 토지 소유주들이 막대한 지대 차익을 향유해 왔다. 그 결과는 소득 계층별 자산 격차를 통해 확인되고 있다.

시장에 방치한 부동산 임대 시장과 세입자 보호 장치 부족도 주거 불평등을 유발했다. 현행 임대차보호법에서는 임대료 인상률 상한 제도가 규정되어 있지만, 2년간의 임대계약 기간 동안에만 유효할 뿐이다. 토지소유자나 이들로 구성된 정비 조합에 내맡긴 재정비 사업도 주거 불안정과 주거 불평등을 유발하는 원인이 되고 있다. 정비 사업은 도심에서 노후불량 주거지역이지만 저렴한 임대료를 부담하면서 거주하던 세입자들을 내몰고 대규모로 아파트를 공급하는 건설 사업이라고 요약할 수 있다. 이 과정에서 기존 세입자들의 대부분은 축출되고, 신규 주택을 구입할 능력이 없는 가옥주마저 외곽지역으로 밀려날 수밖에 없게 된다.

주거 불평등은 여러 가지 부작용을 낳는다. 먼저 자산이나 소득의 격차로 인한 불평등이 주거 불평등으로 인해 더욱 고착되거나 오히려 악화되고 있다. 이런 문제는 앞서 소득 계층별로 주거 불안정이 더욱 심화되고 있는 현실을 통해 확인한 바 있다. 저소득층이 전체 가계 지출이나 소득 중에서 주거비로 지출하는 비중이 다른 계층에 대해 특히 높은 반면, 계층 상승이나 개인적인 발전을 위해 필요한 교육이나 문화생활과 같은 지출은 훨씬 적기 때문에 계층 간 불평등을 고착시키는 결과가 된다. 결국 주거 불평등이 계층 간 불평등을 고착화시키거나 강화시키는 원인으로 작용하고 있는 것이다.

둘째, 계층별로 주거비 부담이 차별화됨에 따라 경제 활성화에 장애요소가 된다. 가계 지출의 많은 부분을 주거비로 지출함에 따라 다른 부문에 대한 지출이 축소되어 경기 활성화를 어렵게 만드는 요인이 된다.

셋째, 주거 불평등은 사회적 불안정의 원인이 된다. 청년층이나 연금소득이 없는 노년층들은 기초적인 생존과 관련된 주거 문제조차 해결하지 못하는 반면, 고소득층은 주택 가격 상승과 임대주택의 월세화로 부동산 자산 이익, 임대소득을 향유하게 됨에 따라 상대적 박탈감이 확대되고 있다. 불로소득을 통한 과도한 자산소득이나 임대소득이 집중함에 따라 사회통합성을 악화시킬 우려가 있다.

주거 불평등 해소를 위한 정책 제안

우리나라는 근대화와 경제성장 과정에서 국가가 주도적인 역할을 하는 발전주의 국가 기간 동안 주택의 생산과 공급 과정에서 국가와 공공 부문이 주도적인 역할을 담당해 왔다. 이 과정에서 국가는, 경제성장과 사회 기반시설 투자를 위해 막대한 재정지출을 부담해야 하는 현실 때문에, 불가피하게 택지와 토지를 민간에 매각하는 공영 개발 방식을 취해 왔다. 공공 택지와 공공 주택이 주로 분양 상품의 형태로 공급되었기 때문에 저렴한 공공 분양 상품을 구매할 능력과 기회를 가진 계층과 그렇지 못한 계층 간의 주거 수준과 자산 격차는 커질 수밖에 없었다. 고도 성장기 동안 공공 주택 정책이 저렴한 주택 공급을 통해 주거의 형평성을 제고하면서도, 기회의 접근성의 차이 때문에 새로운 자산과 주거의 격차를 낳게 되었다.

최근 저성장 시대, 저출산·고령화 시대가 도래하면서 주거 문제 해결을 위한 공공의 적극적인 역할을 요구하고 있다. 그동안 주택 문제를 책임지거나 분담했던 가족 공동체가 해체되고 개별 가구들의 부담 능력이 떨어짐에 따라, 노인과 청년의 주택 문제에 대한 사회적인 해결을 요구하고 있는 것이다. 그러나 국가와 지방자치단체로서는 더 이상 이 문제를 해결할 재정적인 능력을 갖지 못함에 따라 새로운 대안을 찾을 수밖에 없게 되었다. 민간 자본에 의한 임대주택의 공급과 관리가 한 가지 대안이고, 주택 협동조합이나 사회적 기업 등이 참여하는 사회 주택이 또 다른 대안이다.

우리나라에서는 세입자의 부담 능력에 비해 주택 가격이 지나치게 높기 때문에 민간 임대 사업자에게 특별한 혜택을 부여하지 않는 한 민간 임대주택 사업에서 수익성을 확보하기 어렵다. 민간 임대 사업자의 수익성을 보장해 주기 위해서는 임대료 상한제나 임대계약 갱신청구권과 같은 세입자의 안정적인 주거권은 더욱 보장해 주기 힘들다. 이런 현실을 고려하면, 최근 서울시에서 조례로 제정해 추진하고 있는 사회 주택이나, 새로운 주택 유형으로 시범 사업으로 추진하고 있는 공동체 주택은 주거 불평등을 해소할 수 있는 좋은 대안이 될 수 있다.

그러나 주거 불평등 문제를 근본적으로 해결하기 위해서는 무엇보다도 저소득층의 주거권을 기본적인 권리로 인식하고 이를 보장하기 위해 노력해야 한다. 주거권에 대한 보장 선언은 일찍이 유엔UN 세계인권선언 등에서 보장된 이래 국내에서도 2003년 주택법이 제정될 당시에 최저주거기준 조항과 함께 주택법에 명문화되었다. 최근에는 주거기본법이 제정되면서 주거권 보장 규정이 구체적으로 표현되기에 이르렀다. 그러나 선언에 그치는 명문 조항보다는 이를 실행할 수 있는 명확한 목표 설정과 이를 실행할 수 있는 재원과 제도, 실행 기관을 분명하게 제시하는 것이 중요하다.

주거 불평등으로 인한 어려움을 겪고 있는 주민들의 대부분이 세입자라는 점에서 주거권 보장은 곧바로 세입자의 권리 보장을 통해 실현될 수 있다. 현재 우리나라 법체계에서 소유권은 과도하게 보호되는 반면, 임차인의 주거권은 여전히 소극적으로만 보호되고 있다. 이계수(2011)는 주거점유권을 재산권적 기본권으로 보고 주거의 존속성에 대한 권리를 보장해야 한다고 주장한다. 이런 관점에서 보면, 임차인의 계약 갱신청구권은 임대인의 계약 거절권에 맞서 임차인이 민법상 임대인과 대등한 권리를 가질 수 있도록 하는 데 필수적인 조치라 할 수 있다.

세대 간 주거 형평성 문제를 해결하기 위해서는 맞춤형 주택 정책이 필요하다. 과거 주택 공급량이 절대적으로 부족했던 시대에는 주택의 총량을 충분히 공급하는 것이 주택 정책에서 가장 중요한 목표였지만, 주택 공급 부족 문제가 어느 정도 해결된 현 시점에는 지역별로, 소득 계층별로, 연령별로 차별화된 주택 공급을 요구하고 있다. 양이 아니라 맞춤형 주택 공급이 절실히 필요하다. 공공임대주택의 우선순위에서 뒤쳐지는 신혼부부, 사회 초년생, 청년층을 위해서는 공공 주택의 일정 비율을 할당하는 정책이 필요하다. 나아가 주거 문제를 개별적으로 해결하기보다는 주거 문제뿐만 아니라 육아 문제나 일자리 문제를 공동으로 해결할 수 있도록 각 연령층에 맞는 맞춤형 주택이 충분히 공급되어야 한다.

20

재정의 시선으로 본
한국의 불평등

윤영진

1. 들어가는 말

불평등 문제를 재정의 시선으로 바라보기 위해서는 먼저 재정에 대한 이해가 필요하다. 정부 재정은 국가의 목적과 의지라는 목표와 그것을 달성하기 위한 정책과 사업, 그리고 재정 자원이라는 수단으로 구성되어 있다. 노무현 전 대통령은 『진보의 미래』(2009)에서 "모든 길은 로마로 통하듯이 모든 정책은 재정으로 통한다"고 말한 바 있다. 모든 정책은 재정이 뒷받침되어야 한다는 의미로서 재정의 본질이 그것으로 추진하고자 하는 정책임을 밝힌 것이다.

그런데 자원은 한정되어 있다. 공공 욕구는 무한한 데 반해 공공 자원은 한정되어 있다. 재정은 희소성의 피조물이다. 최근에는 공공 부문에서의 희소성을 절대적이고 객관적인 개념으로 보지 않고 상대적이고 주관적인 개념으로 받아들인다. 희소성은 수요와 공급을 어떻게 인식하느냐에 의해 결정된다. 박근혜 정부의 연속된 세수 결손과 '증세 없는 복지' 정책은 자원 동원의 능력과 의지가 약함을 보여 준 주관적 희소성의 전형적인 예다.

재정은 목표이면서 수단이다. 재정은 비전이면서 제약 조건이다. 재정은 국민의 삶의 질을 높이고 행복을 추구하는 고차원의 방법론이다. 재정은 국민들에게 행복을 나눠주는 것이며, 꿈을 심어 주는 것이다.

불평등은 국민 행복의 가장 큰 걸림돌이다. 우리나라의 불평등 구조는 심각하다. 재정은 불평등이라는 국민 행복의 걸림돌을 제거해야 할 책무를 갖고 있다. 불평등 구조는 세입 기반을 취약하게 할 뿐만 아니라 재정 수요를 크게 유발한다는 점에서 재정 정책 및 관리에서 최우선시 해야 할 문제다. 재정을 통한 소득분배 개선은 복지 재정 수요를 줄이게 된다. 재정을 통한 불평등의 완화가 곧 복지의 실현이며, 경제성장의 견인차 역할을 수행한다.

불평등을 개선할 재정 수단은 조세와 이전지출이다. 조세와 이전지출의 구조를 어떻게 설계하느냐에 따라 조세의 재분배 효과, 즉 불평등 개선 효과는 달라진다. 그런데 조세와 이전지출 외에 재정 총량이 어느 정도이냐에 따라서도 불평등 개선 효과는 달라진다.

여기서는 재정 규모, 재정지출, 조세의 세 영역을 중심으로 재분배 실태와 효과를 살펴보고자 한다. 우리나라 재정의 위상을 살펴보기 위해서는 외국과 비교해 보는 방법이 유용하다. 불평등 관점에서 우리나라 재정의 위상을 살펴보되 필요한 경우 OECD 국가들과 비교하는 방식을 활용할 것이다.

2. 재정의 소득재분배 기능

재정과 소득 불평등의 관계

최근 급증하는 복지 재정 수요는 근본적으로 불평등 구조에서 유발된다. 복지 재정 수요를 줄이는 방법은 평등을 추구하는 '일차적 재분배 정책'을 시행하는 것이다. '일차적 재분배 정책'이란 재정 수단을 사용하기 전 단계의 불평등 구조에서 나오는 복지 재정 수요를 줄이기 위한 정책을 의미한다(윤영진 2012). 물론 재정 사업이 포함되긴 하지만 원칙적으로 비재정적 정책을 통해 복지 재정 수요를 줄이는 것이다. 예를 들면, 불평등 구조의 핵심 원인이 되고 있는 비정규직과 실업 등에 대한 정책이 여기에 속한다. 재정을 통한 소득재분배 정책은 '이차적 재분배 정책'이다.

재정의 소득재분배 기능의 핵심 정책 수단은 조세와 이전지출transfers 이다. 재분배 효과는 일반적으로 조세와 이전지출의 전단계와 후단계의 소득을 비교하는 방식으로 측정한다. 일반적으로 재정의 소득분배 효과를 측정하는 방식은 '시장소득'과 '가처분소득'의 지니계수를 비교하는 방식을 많이 사용한다. 빈곤율의 감소 등도 측정치로 이용된다.

우리나라 재정의 소득재분배 기여도

OECD 국가들의 2008년 지니계수를 이용한 소득분배 개선 기여도를 보면 〈표 1〉과 같다. 스칸디나비아 국가들과 유럽 대륙 국가들의 재정의 재분배 효과는 매우 크다. 스웨덴, 덴마크, 프랑스, 독일은 개선 기여도가 40%를 넘는다. 영연방 국가들은 상대적으로 개선 기여도가 낮다. 미국의 재분배 효과는 16.6%로서 극히 미흡하다.

유형	국가명	시장소득 지니계수	가처분소득 지니계수	개선 기여도(%)
스칸디나비아	스웨덴	0.432	0.234	45.8
	덴마크	0.417	0.232	44.4
	핀란드	0.386	0.269	30.3
유럽 대륙	프랑스	0.482	0.281	41.7
	독일	0.507	0.298	41.2
	오스트리아	0.433	0.265	38.8
남유럽	이탈리아	0.557	0.352	36.8
	스페인	0.338	0.319	5.6
	그리스	0.454	0.321	29.3
영연방	영국	0.460	0.335	27.2
	캐나다	0.436	0.317	27.3
	호주	0.458	0.301	34.3
비교 대상	미국	0.457	0.381	16.6
	일본	0.443	0.321	27.5
	한국	0.338	0.312	7.7
OECD 평균		0.448	0.311	30.6

자료: OECD Factbook 2010: Economic, Environmental and Social Statistics에서 계산(윤영진 2012에서 재인용).

재분배 효과가 큰 국가들은 가처분소득 지니계수가 0.2대 수준인 데 반해 영연방 국가와 남유럽 국가들은 재정 이후의 지니계수가 0.3대를 기록해 불평등이 더 심한 것을 알 수 있다. 특히 미국의 경우 재정의 재분배 효과 이후에도 지니계수가 0.381로 매우 높은 수준을 유지하고 있다.

우리나라 재정의 불평등 개선 기여도는 미국보다 낮은 7.7% 수준에 불과하다. 재정의 소득재분배 기능이 거의 작동되지 않고 있음을 의미한다. 그나마 시장소득의 지니계수가 낮아 재정 이후 지니계수가 0.312로 OECD 평균(0.311) 수준을 유지하고 있다.

OECD 국가 재정의 재분배 효과를 심층 분석한 OECD 보고서가 2012년 발표되었는데 우리에게 유익한 시사점을 제공해 준다. 이자벨 주마 외(Joumard et. al. 2012)는 조세와 이전지출 체제를 통해 OECD 개별 국가들의 재분배 효과를 분석하고 네 가지 국가 유형으로 분류한 바 있다. 분류 기준으로 조세 및 이전지출의 규모, 구성mix, 누진성에 대한 정책 지

그림 1 | 한국의 조세 및 이전지출의 재분배 효과

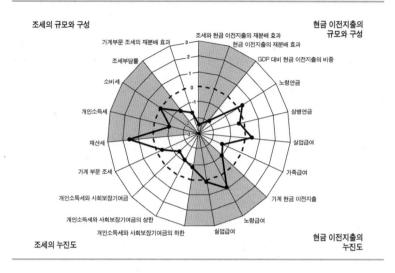

표를 이용했다.

그들의 분석에서 재미있는 사실은 재정의 재분배 효과가 OECD 평균을 넘는 호주와 독일의 경우 정책 조합이 다르다는 것이다. 호주는 조세와 이전지출의 규모가 평균보다 작지만 조세 및 이전지출이 더 누진적이기 때문에 재분배 효과가 크다. 반면에 독일은 조세 및 이전지출의 누진성이 평균보다 낮지만 규모가 크기 때문에 재분배 효과가 크다. 조세 및 이전지출의 누진성과 규모 중 어느 하나라도 정책 설계를 잘한다면 재정의 재분배 효과를 높일 수 있다는 사실을 시사한 것이다. 그들이 밝힌 또 하나의 사실은 현금 이전지출이 조세보다 불균등 완화 효과가 더 크다는 것이다. 평균적으로 불평등 감소의 4분의 3은 이전지출 덕분이며, 나머지는 조세 때문이다. 복지 지출을 확대해야 할 논거를 제시한 것이다.

그렇다면 한국은 어떨까? 주마 외(Joumard et.al. 2012)가 분석한 한국의 조세 및 이전지출의 재분배 효과를 보면 〈그림 1〉과 같다. 이 그림의 가운데 점선은 OECD 평균 수준이며, 원중심으로 갈수록 재분배 효과가 작고 밖으로 갈수록 재분배 효과가 크다는 것을 의미한다.

한국의 조세 및 이전지출의 재분배 효과는 극히 미미해 거의 원중심 가까이 위치해 있다. 현금 이전지출의 재분배 효과는 원중심에 가까이 위치하고, 조세의 재분배 효과는 그보다는 조금 더 떨어졌지만 OECD 평균보다 한참 아래에 위치한다. 개별 지표로 볼 때 개인소득세PIT와 사회보장기여금SSC의 누진도가 매우 낮고 조세부담률 및 개인소득세 부담과 현금이전지출 규모가 매우 작다. 누진성 및 규모가 모두 작기 때문에 우리나라재정의 소득재분배 효과는 극히 미미한 것이다. 다만 노령연금과 재산세의 누진도가 평균 수준을 약간 상회한다.

이런 분석 결과를 토대로 한국에의 정책적 시사점을 도출할 수 있다. 재정의 재분배 효과를 높이기 위해서는 조세와 이전지출의 규모를 확대하고 개인소득세와 사회보장기여금의 누진도를 높여야 한다는 것이다.

3. 재정지출의 불평등 구조

재정 규모의 변동과 불평등

재정 규모는 불평등에 대해 중립적인 것으로 생각하기 쉽지만 그렇지 않다. 재정 규모가 클수록 불평등을 완화하게 된다. 재정 규모가 크다는 것은 재정을 통해 교육, SOC, 보육, 일자리, 노령연금, 고용보험 등의 많은 사업을 하고 있다는 의미이며, 그만큼 불평등을 완화하게 된다. 재정 규

표 2 | OECD 국가의 일반 정부 총지출 규모

단위: %, 대 GDP 비율

유형	국가명	2013	2014	2015
스칸디나비아	스웨덴	53.0	52.7	51.6
	덴마크	57.7	57.5	56.8
	핀란드	58.4	58.6	58.1
유럽 대륙	프랑스	57.0	56.8	56.1
	독일	44.5	44.5	44.4
	오스트리아	51.8	51.5	50.8
남유럽	이탈리아	51.4	51.0	50.4
	스페인	43.5	42.5	41.3
	그리스	47.9	47.9	47.2
영연방	영국	47.2	45.6	44.2
	캐나다	41.4	40.8	40.2
	호주	35.4	35.6	35.2
비교 대상	미국	38.7	37.3	35.9
	일본	42.9	41.4	40.2
	한국	30.4	30.3	29.8
OECD 평균		41.7	40.8	39.7

주: 일반 정부 부문 기준으로, 중앙정부, 주 및 지방 정부, 사회보장기금 등을 포함.
자료: OECD Economic Outlook 94 database(2013, 11).

모가 작다는 것은 정부보다는 민간 부문(시장)에 맡기는 부분이 많음을 의미한다. 시장은 도덕과 무관amoral하기 때문에 불평등 문제 해결에 도움이 되지 않으며 오히려 불평등을 악화시키게 된다.

우리나라의 재정 규모는 큰 편일까 작은 편일까? OECD에서는 매년 회원국의 '일반 정부 총지출 규모'를 발표하고 있다. 일반 정부 총지출 규모를 보면 복지국가라고 부르는 스칸디나비아 국가들과 프랑스, 오스트리아는 GDP 대비 50%가 넘는 수준이다. 이탈리아, 그리스, 독일, 영국 등이 40% 수준을 넘고 있다. 영연방 국가들의 재정 규모가 상대적으로 작은 편이며, 특히 미국은 OECD 국가 평균보다 낮은 수준이다. 미국을 복지 후진국 또는 빈곤 대국이라고 부르는 것과 관련이 있다.

우리나라는 30% 수준으로 OECD 평균보다 10%p 낮은 매우 작은 재정 규모다. 스칸디나비아 국가 및 프랑스 등과는 20%p 이상 차이가 난다. 복지국가의 건설이라는 시대적 과제를 염두에 둘 때 매우 작은 재정지출 규모로는 국민 행복을 보장할 복지 수준을 유지하기가 쉽지 않다는 것을 의미한다. 복지국가의 건설은 재정지출 규모를 늘리려는 생각에서부터 출발해야 한다.

그런데 우리나라의 재정 규모는 1990년대에 GDP 대비 20%대 초반에서 2000년대 후반 20%대 후반으로 상승해 현재 30% 수준을 유지하고 있다. 노무현 정부 시기에 지속적으로 재정 규모가 확대되었으며, 이명박 정부와 박근혜 정부 시기에는 증가율이 정체되고 있다. 특히 박근혜 정부 시기에는 폭이 크지는 않지만 재정 규모가 오히려 감소하고 있다. 연속된 세수 결손과 증세 없는 복지 정책을 추진한 결과다. 복지국가를 정착시켜야 하는 시대적 과제를 염두에 둘 때 이명박 정부와 박근혜 정부는 시대적 소명을 외면한 것으로 볼 수 있다.

재정 규모가 정체되거나 축소되는 것은 불평등 구조의 완화에 역행하는 것이다. 불평등의 확대는 복지 재정 수요를 유발한다는 점에서, 불평등을 줄이기 위한 재정의 역할이 확대되어야 한다. 최소한 OECD 국가의 평균 수준(40%)까지 확대되어야 할 것이다. 현재 GDP 대비 30% 수준의 재정 규모를 OECD 평균 수준인 40%까지 10%p 올린다면, 2014년 기준 148조 원 정도의 추가 재정이 확보된다. 추가적 재정 수요는 재정 규모의 확대를 통하지 않고는 해결하기 어렵다. 이를 위해서는 총 조세부담률을 인상해야 한다. 증세 없이는 달성하기 어려운 것이다.

재정지출 구조와 불평등

재정지출의 기능별 배분
과거 개발 연대 시절에는 물적 자본에 대한 투자에 역점을 두었다. 노동과 자본의 요소 투입형 성장 전략에 따라 물적 자본 투자가 크게 증가했다. 1970~2000년의 30년 동안 일인당 물적 자본축적이 12.5배 증가했다. 반면, 기술 및 인적자본축적은 각각 1.7배 및 1.4배에 불과했다(윤영진 외 2006, 76). SOC 등 물적 자본에 대한 투자는 그 혜택이 기업에 돌아가고 일반 국민은 간접적 혜택을 누리게 된다. 재정의 물적 자본에의 투자는 상대적으로 복지 지출을 소홀히 한다는 점에서 불평등 구조 완화에는 불리한 영향을 미친다. 그럼에도 불구하고 개발 연대 시절에는 경제성장의 과실이 낙수효과로 인해 일반 국민에게 돌아간 것이 불평등 악화를 상쇄했다.

이제 물적 자본에 대한 투자는 한계에 왔으며, 인적자본과 기술혁신을 위한 투자를 할 때다. 교육과 복지에 대한 재정지출은 인적자본에 대한 투자이며, R&D 및 지식 스톡에 대한 투자는 기술혁신에 대한 투자다. 최근 복지에 대한 투자는 빈곤과 질병이라는 기존 사회 위험뿐만 아니라 고용 불안, 저출산·고령화, 가족 관계의 변화 등의 새로운 사회 위험에 대비한 투자다. 새로운 시대 흐름에 부응한 복지 지출이 요구되는 것이다.

중앙정부 총지출의 기능별 배분(2015년)을 보면 보건·복지·노동 분야가 30.8%로 가장 큰 비중을 차지한다. 최근 5년간(2011~15년) 분야별 증가율을 보면 보건·복지·노동 분야가 7.6%로 매우 높은 증가율을 보이고 있다. 보건·복지·노동 분야의 증가율이 줄곧 재정 증가율보다 높은 수준을 유지하는 것은 이전지출 측면에서의 재분배 효과가 커지는 것으로 해석할 수 있다.

그런데 재정의 기능별 비중을 OECD 국가와 비교하면 우리나라 재정지출의 재분배 효과는 극히 낮다. 재정지출의 재분배 효과는 총 재정 중 복지 재정(보건+사회복지)의 비중이 클수록 크다. 복지국가라고 부르는 스칸디나비아 국가와 유럽 대륙 국가들은 전체 재정에서 차지하는 복지

표 3 | 중앙정부 총지출의 기능별 배분

단위: 조 원, %

구분	2011 금액	2011 비중	2012 금액	2012 비중	2013 금액	2013 비중	2014 금액	2014 비중	2015 금액	2015 비중	5년 평균 증가율
보건·복지·노동	86.4	28.0	92.6	28.5	99.3	28.5	106.4	29.9	115.7	30.8	7.6
일반 공공 행정	52.4	17.0	55.1	16.9	56.2	16.1	57.2	16.1	58.0	15.5	2.6
교육	41.2	13.3	45.5	14.0	49.9	14.3	50.7	14.2	52.9	14.1	6.5
국방(일반 회계)	31.4	10.2	33.0	10.1	34.5	9.9	35.7	10.0	37.5	10.0	4.5
SOC	24.4	7.9	23.1	7.1	25.0	7.2	23.7	6.7	24.8	6.6	0.6
농림·수산·식품	17.6	5.7	18.1	5.6	18.9	5.4	18.7	5.3	19.3	5.1	2.4
R&D	14.9	4.8	16.0	4.9	17.1	4.9	17.8	5.0	18.9	5.0	6.1
산업·중소기업·에너지	15.2	4.9	15.1	4.6	16.7	4.8	15.4	4.3	16.4	4.4	2.2
공공질서·안전	13.7	4.4	14.5	4.5	15.2	4.4	15.8	4.4	16.9	4.5	5.4
환경	5.8	1.9	6.0	1.8	6.5	1.9	6.5	1.8	6.8	1.8	4.1
문화·체육·관광	4.2	1.4	4.6	1.4	5.1	1.5	5.4	1.5	6.1	1.6	9.8
외교·통일	3.7	1.2	3.9	1.2	4.1	1.2	4.2	1.2	4.5	1.2	5.0
총지출	309.1	100	325.4	100	349.0	100	355.8	100	375.4	100	5.0

주: 예산(추경) 기준.
자료: 국회예산정책처, 2015 대한민국 재정.

재정의 비중이 50%를 넘어 60%에 근접한다. 미국은 OECD 평균(50.1%)에 미치지 못하는 42.7%에 불과해 복지 후진국임을 보여 준다.

우리나라는 복지 재정 비중이 28.3%에 불과해 부끄러운 수준이다. 이렇게 작은 복지 지출 규모로는 재정의 재분배 효과를 기대하기 어렵다. 반면에 경제 사업비는 20.1%로서 OECD 평균(10.5%)의 두 배에 이른다. 아직도 재정 운용 방식은 개발 연대 시기에서 벗어나지 못하고 있다.

현 재정 규모를 유지한 상태에서 복지 재정 규모를 늘리는 방법은 경제 사업비를 복지 재정으로 전환하는 방법이다. 소위 '삽과 빵'의 상쇄 관계를 이용하는 것이다. 2001~11년 기능별 지출 변화율을 보면 복지 재정이 7.4% 증가한 반면, 경제 사업비가 3.2%로 가장 많이 감소했다. 2001~08년에는 경제 사업비(-0.7%)보다 국방비(-2.9%) 감소율이 더 컸으나 이후 경제 사업비가 더 크게 감소하는 추세로 전환되었다. 이 추세는 지속되어야 한다.

표 4 | OECD 국가 재정 기능의 전체 재정에서 차지하는 비중(2011년)

단위: %

국가명		일반 행정	국방	경제 사업	교육	보건 (A)	사회복지 (B)	A+B
스칸디나비아	스웨덴	14.4	2.9	8.2	13.3	13.7	40.5	54.2
	덴마크	13.7	2.4	6.1	13.5	14.5	43.8	58.3
	핀란드	13.3	2.6	8.8	11.6	14.2	43.1	57.3
유럽 대륙	프랑스	11.5	3.2	6.3	10.8	14.7	42.6	57.3
	독일	13.6	2.4	7.8	9.4	15.5	43.3	58.8
	오스트리아	13.1	1.4	10.5	11.0	15.3	41.6	56.9
남유럽	이탈리아	17.3	3.0	7.1	8.5	14.7	41.0	55.7
	스페인	12.5	2.3	11.6	10.5	14.1	37.4	51.5
	그리스	24.6	4.6	6.2	7.9	11.6	39.3	50.9
영연방	영국	11.6	5.1	5.3	13.4	16.5	36.8	53.3
	호주	12.5	4.1	11.4	14.5	19.2	27.1	46.3
비교 대상	미국	12.4	11.7	9.4	15.5	21.4	21.3	42.7
	일본	11.0	2.2	9.8	8.4	17.3	42.7	60.0
	한국	15.2	8.6	20.1	15.8	15.2	13.1	28.3
OECD 평균		13.6	3.6	10.5	12.5	14.5	35.6	50.1

주: 1) 기능 중 공공질서와 안전, 환경보호, 주택 및 지역개발, 여가·문화·종교 분야는 생략함.
   2) 캐나다, 칠레, 멕시코, 뉴질랜드 자료 없으며, OECD 평균은 30개국 대상임.
자료: OECD. Government at a Glance 2013, National Accounts Statistics.

복지 지출과 불평등 개선 효과

공공사회지출 비중이 높은 국가들의 경우에도 그 내용은 차이가 있다. 유럽 대륙 국가들과 남유럽 국가들은 연금 비중이 높으며, 스칸디나비아 국가들은 노동인구에 대한 소득 지지와 보건을 제외한 사회서비스 비중이 높다. 스칸디나비아 국가들의 재분배 효과가 큰 것은 이런 복지 지출의 특성과도 관련이 있다.

우리나라는 공공사회지출 비중이 OECD 국가 평균의 절반에도 못 미치는 낮은 수준이며, 특히 현금 급여 비중이 상대적으로 더 낮다. 사회서비스 비중도 낮아 복지 지출의 재분배 효과도 극히 미미한 수준임을 추정할 수 있다.

성명재(2011, 88)에 의하면 정책 수단 가운데 재분배 효과가 가장 큰

표 5 | 사회 지출의 사회정책 영역별 비중

단위: %, GDP 대비

| 유형 | 국가명 | 공공 사회 지출 | 현금급여 | | 서비스 | |
			A (연금)	B (소득 지지)	C (보건)	D (보건 외 서비스)
스칸디나비아	스웨덴	27.2	7.4	4.5	6.7	7.5
	덴마크	30.1	6.2	7.9	6.7	7.0
	핀란드	28.3	10.3	6.5	5.7	4.8
유럽 대륙	프랑스	31.0	13.8	4.7	8.6	3.0
	독일	25.5	10.6	3.8	8.0	2.4
	오스트리아	27.7	13.2	5.1	6.7	1.9
남유럽	이탈리아	27.5	15.8	3.3	7.0	1.0
	스페인	26.8	10.5	6.5	6.8	2.2
	그리스	25.7	14.5	3.0	6.6	1.3
영연방	영국	22.7	5.6	5.1	7.7	3.9
	캐나다	17.4	4.5	4.6	7.2	0.9
	호주	18.3	3.6	4.8	6.1	3.5
비교 대상	미국	18.7	6.7	2.4	8.0	1.4
	일본	23.1	10.2	2.3	7.7	2.7
	한국	9.6	2.5	1.1	4.1	1.7
OECD 평균		21.4	7.9	4.4	6.2	2.4

주: 1) OECD의 사회 지출 분류에 따라 A, B, C, D에는 다음 항목이 포함됨. A(연금)에는 노령·유족, B(노동인구에 대한 소득 지지)에는 무능력 관련 급여, 가족 현금급여, 실업 및 기타 영역, C에는 보건, D에는 보건 외 서비스.

　　2) 적극적 노동시장 프로그램은 현금급여와 서비스로 구분이 곤란하므로 전체 사회 지출에만 포함함.

　　3) 호주, 캐나다, 미국, 한국은 2012년, 그 외 국가는 2011년 자료임.

자료: OECD, Social Expenditure Update(November 2014).

항목은 현물급여(6.30%p)다. 현물급여는 돌봄 서비스와 같은 사회서비스가 중심을 이루며, 사회서비스를 위한 재정지출의 재분배 효과가 가장 큼을 보여 준다. 이것은 사회복지 중에서도 사회서비스 중심의 복지 정책을 시행하는 것이 재분배 측면에서 효과적임을 의미한다.

　　우리나라 복지 지출 비중은 〈표 6〉에서 보듯이 꾸준히 증가하고 있지만 그 내용을 보면 건강보험과 공적연금이 압도적 비중을 차지한다. 건강보험, 공적연금, 고용보험, 산재보험을 합한 비중이 64%(2012년)에 이른다. 주택 부문까지 합하면 거의 80% 수준에 이른다. 보육 여성 가족, 노인, 청소년 등 사회서비스 부문 지출이 최근 증가하고 있지만 그 비중이 아직 낮은 수준이다. 이들 사회서비스 부문 지출도 현금성 급여 부분이 절

표 6 | 중앙정부 복지 지출 추이(지출액, 중앙정부 총지출 대비 비중)

단위: 10억 원, %

	2008		2009		2010		2011		2012	
	지출	비중	지출	비중	지출	비중	지출	비중	지출	비중
정부 총지출	283,153		314,267		323,963		343,115		362,778	
복지 지출 총계	87,988	100	103,605	100	113,059	100	120,855	100	129,964	100
기초생활보장	7,264	8.3	7,135	6.9	7,297	6.5	7,517	6.2	7,903	6.1
취약계층	827	0.9	909	0.9	1,366	1.2	1,297	1.1	1,345	1.0
보육 여성 가족	1,656	1.9	1,939	1.9	2,418	2.1	2,816	2.3	3,358	2.6
노인	2,404	2.7	4,586	4.4	5,547	4.9	6,252	5.2	6,702	5.2
청소년	138	0.2	135	0.1	153	0.1	147	0.1	153	0.1
노동 기타	1,434	1.6	1,940	1.9	1,724	1.5	1,901	1.6	2,257	1.7
보훈	3,039	3.5	3,270	3.2	3,544	3.1	3,796	3.1	3,944	3.0
주택	8,468	9.6	10,951	10.6	16,806	14.9	18,043	14.9	18,936	14.6
사회복지 일반	368	0.4	383	0.4	451	0.4	519	0.4	561	0.4
보건의료	1,301	1.5	1,673	1.6	1,956	1.7	1,782	1.5	1,820	1.4
건강보험	30,184	34.3	34,219	33.0	34,515	30.5	37,204	30.8	40,604	31.2
공적연금	21,377	24.3	24,439	23.6	26,737	23.6	28,875	23.9	31,529	24.3
고용보험	5,206	5.9	7,652	7.4	5,917	5.2	6,047	5.0	6,103	4.7
산재보험	4,321	4.9	4,373	4.2	4,627	4.1	4,659	3.9	4,751	3.7

주: 1) 지출은 중앙정부 지출 외에 건강보험공단의 건강보험 지출도 포함함.
　　2) 중앙정부 총지출에 건강보험공단의 건강보험 지출을 포함한 액수임.
자료: 각 부처의 연도별 예산 및 기금 운용 계획서, 건강보험공단 통계연보, 국가재정 통계연보; 최성은(2013). 복지재정과 재원조달. 『재정학연구』 6(1), 61.

반 가까이 차지하기 때문에 순수한 사회서비스 비중은 매우 낮다.[1] 우리 나라는 공공사회지출 비중이 절대적으로 낮고 사회서비스 비중도 낮다는 점에서 복지 지출의 재분배 효과도 극히 낮다고 평가된다.

1_ 김은정(2012)은 2011년 보건복지부 주요 분야별 예산 비중을 분석한 결과 사회서비스 예산은 약 7조3천4백억 원(21.8%)인데 그중 노인 부문의 기초노령연금, 보육·저출산 부문의 시설 미이용 아동수당, 아동·장애인 부문의 장애연금, 장애수당 등의 현금성 급여를 제외하면 사회서비스 예산은 그것의 약 54%에 불과하다고 한다.

재분배의 역설

복지 지출과 관련하여 선별 복지와 보편 복지 간에 재분배 효과가 다르다는 주장이 제기된 바 있다. 코르피와 팔메(Korpi and Palme 1998)는 국가 간 이전소득의 집중도와 소득재분배 간 관계를 분석한 결과 저소득층에 이전소득을 집중하는 선별 복지보다 보편 복지의 경우 재분배 효과가 크다는 '재분배의 역설'paradox of redistribution을 주장했다. 일반적으로 저소득층 현금 이전 방식인 선별 복지가 재분배 효과가 클 것으로 예측하지만 반대 현상이 밝혀진 것이다.

분석 결과를 보면 저소득층 집중화 지수가 플러스인 보편 복지를 시행하는 스웨덴과 프랑스, 네덜란드 등의 재분배 효과가 더 큰 것으로 나타난다. 반면에 집중화 지수가 마이너스인 선별 복지를 시행하는 호주, 스위스, 미국, 캐나다 등은 재분배 효과가 낮다.

'재분배 역설'이 나타나는 이유는 저소득층에게 집중하는 정도와 재분배 규모와의 관계로 설명된다. 선별 복지의 재분배 효과가 커지는 경우는 재분배 규모가 일정할 때 저소득층에게 집중하는 정도가 큰 경우다. 그런데 저소득층에게 집중하는 정도와 재분배 규모는 상쇄trade off 관계의 경향이 있다. 가난한 사람에게 집중할수록 중산층과 상류층은 재분배 규모를 확대하는 것에 반대하기 때문이다. 이런 현상은 세금 내는 사람과 복지급여 받는 사람이 뚜렷이 구분되는 이중 사회dual society일수록 더 심하다.

반대로 저소득층 집중도가 낮은 보편 복지이더라도 재분배 규모가 크면 재분배 효과는 커진다. 휠러 외(Hoeller et. al. 2012)에 의하면 노르딕 국가들이 보편적 현금 이전지출 및 높지 않은 조세 누진도를 갖고 있지만 지출 및 조세의 규모가 크기 때문에 재분배 효과가 큰 것으로 평가한다. 이것도 '재분배 역설' 현상에 해당한다.

그림 2 | 재분배의 역설

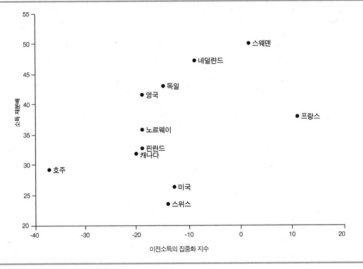

주: 이전소득의 집중화 지수는 음수일수록 저소득층에 더 집중함을 의미
자료: Korpi and Palme(1998)

4. 조세의 불평등 구조

조세부담 규모의 불평등에의 영향

불평등에 미치는 조세의 영향은 조세제도의 설계방식에 의존한다. 총조세 규모, 직접세 비중, 누진율 구조, 조세 감면 방식 등은 조세의 재분배 효과에 다양한 수준의 영향을 미친다. 그런데 조세의 재분배 효과에 대해서는 '체계성'의 관점에서 접근해야 한다. 체계성이란 세제 개혁시 조세제도를 하나의 큰 틀로 보고 접근해야 함을 의미한다.[2] 개별 세금 하나하나

그림 3 | 조세의 소득재분배 효과 (2011년 기준)

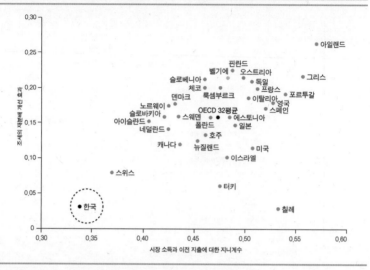

주: 1) 조세의 소득재분배 개선 효과는 세전 지니계수와 세후 지니계수의 차이를 말함.
　　2) 미국·호주·한국·네덜란드·핀란드는 2012년 자료, 일본은 2009년 자료, 벨기에는 2010년 자료임.
　　3) 지니계수는 0=완전 평등, 1=완전 불평등을 의미함.
자료: OECD, Divided We Stand: Inequality Keeps Rising(2001, 272)를 토대로 재구성.

에 집착하지 말고 전체 조세 체계를 하나의 그림으로 보자는 것이다. 조세 제도가 전반적으로 누진적인 형식을 갖추고 있다면 모든 조세 항목이 누진적인 성격을 가지고 있지 않아도 된다고 주장한다. 개별 조세의 누진성도 중요하지만 조세 총량의 재분배 효과가 더 중요함을 강조한 것이다.

　　우리나라 조세의 재분배 개선 효과를 OECD 국가들과 비교하면 〈그림 3〉과 같이 칠레와 더불어 최하위권으로 극히 미미한 수준이다. 대부분

2_영국의 멀리스 리뷰(The Mirrlees Review)는 이상적인 조세제도의 요건으로 '체계성', '중립성', '누진성'의 세 가지 요건을 들고 있다(김재진, 2012).

의 OECD 국가들은 평균치 근처에 위치하고 있으나, 우리나라는 왼쪽 하단에 외롭게 위치해 있다. 그나마 시장소득과 이전소득의 분배 상태가 상대적으로 좋은 편이어서 불평등 구조가 덜한 편이다.

조세의 소득재분배 효과가 낮은 것은 소득세와 사회보장기여금의 누진성이 작은 데다 소득세 등의 직접세와 사회보장기여금의 비중이 작기 때문이다. 우리나라는 직접세 비중이 낮고 간접세 비중이 높다. 그만큼 재분배 효과가 약하다는 의미다. 간접세는 국민부담률이 비슷한 미국(4.6%) 및 일본(5.1%)과 비교할 때 매우 높은 수준(8.4%)이다.

다만 법인세 비중이 다른 나라보다 높은 이유는 과세표준인 법인소득의 비중이 압도적으로 크기 때문이다. 1975~97년에는 가계소득과 기업소득이 비슷하게 증가했으나 2000년 이후 기업소득이 가계소득의 일곱 배 정도 더 많이 증가했다. 2007년 이후 격차는 더욱 심화되어 기업소득/가계소득 비율은 2008년 이래 매년 사상 최고 기록을 경신중이다. 국가 간 비교를 보아도 2000~10년간 가계와 기업 간 소득 증가율 격차는 한국이 OECD 국가 중 두 번째로 크다.

그러나 개별 기업의 실효세율은 상대적으로 낮은 편이다. 2012년 법인의 실효세율이 미국 22.2%, 일본 22.1%, 영국 22.5%인 데 반해 우리나라는 16.8%에 불과하다(김유찬 2015). 국가 전체적으로 법인소득이 압도적으로 많기 때문에 법인세 비중이 상대적으로 높은 편이지만 정작 개별 기업들의 법인세 부담은 적은 편에 속한다.

특히 사회보장기여금 부담 규모는 OECD 평균이 GDP 대비 9.0%인 데 반해 우리나라는 5.8%에 불과하다. 그중에서도 법인 부담분이 OECD 평균(5.2%)의 절반 수준인 2.8%에 불과하다. 법인소득 증가분을 고려할 때 법인의 사회보장기여금은 너무 낮은 수준이다.

우리나라 조세의 재분배 효과가 극히 낮은 이유는 조세 구조의 낮은

표 7 | 주요 국가의 세입 구조(2008년)

단위: GDP 대비 비중, %

		한국	일본	미국	독일	스웨덴	OECD 평균
총 세입		26,5(100)	28,2(100)	26,1(100)	37,0(100)	46,3(100)	34,8(100)
직접세	총 부담	8,2(30,9)	9,5(33,7)	11,8(45,2)	11,5(31,1)	16,8(36,3)	12,4(35,6)
	개인	4,0(15,1)	5,6(19,9)	9,9(37,9)	9,6(26,0)	13,8(29,8)	9,0(25,9)
	법인	4,2(15,8)	3,9(13,8)	1,8(6,9)	1,9(5,1)	3,0(6,5)	3,5(10,1)
간접세	총 부담	8,4(31,7)	5,1(18,1)	4,6(17,6)	10,6(28,6)	12,8(27,6)	10,8(31,0)
사회보장 기여금	총 부담	5,8(21,9)	10,9(38,7)	6,5(24,9)	13,9(37,6)	11,5(24,8)	9,0(25,9)
	개인	2,4(9,1)	4,8(17,0)	2,9(11,1)	6,1(16,5)	2,7(5,8)	3,3(9,5)
	법인	2,8(9,8)	5,0(17,7)	3,3(12,6)	6,5(17,6)	8,7(18,8)	5,2(14,9)
	자영업자	0,9(3,4)	1,0(3,5)	0,4(1,5)	1,2(3,2)	0,2(0,4)	1,0(2,9)
기타	총 부담	4,1(15,5)	2,7(9,6)	3,2(12,3)	1,0(2,7)	5,2(11,2)	2,6(7,5)

주: ( )는 총 세입에 대한 비중임.
자료: OECD Revenue Statistics; 최성은(2013: 74)에서 발췌.

누진성에도 원인이 있지만 무엇보다도 총 조세부담 규모가 작기 때문이다. 조세부담률은 1990년 17.5%에서 2007년 19.6%까지 증가했으나 2008년 금융 위기 이후 소폭 하락해, 2013년 현재, 17.9% 수준에 머물고 있다. OECD 평균 25.0%(2011년)와 비교해 현저히 낮은 수준이다.

국민부담률은 1999년 19.5%에서 지속적으로 증가해 2007년 24.8% 수준이었으나 2013년 현재, 24.3% 수준이다. 국민부담률 역시 OECD 평균 34.1%(2011년)와 비교해 매우 낮은 수준이다. 이렇게 국민부담률이 낮은 것이 조세의 소득재분배 효과를 제약하는 요인으로 작용하고 있다.

개별 조세의 재분배 효과

조세 중 재분배 효과가 가장 큰 것은 소득세다. 우리나라 소득세의 세율 구조는 5단계이며, 최고 세율은 지방 소득세까지 합할 경우 41.8%에 이른다. 그러나 우리나라 소득세 최고 세율은 영국과 일본 50.0%, 독일, 프랑스, 호주 등이 46~47%대인 것과 비교할 때 낮은 수준에 속한다. OECD

표 8 | 2007~11년 실효세율 증감 변화

	2007	2011	증감
상위 1%	22.19	20.94	-1.25
상위 5% 이내	14.70	13.72	-0.98
상위 10% 이내	11.84	10.95	-0.89
상위 20% 이내	9.29	8.51	-0.78
중위 20%	1.58	1.18	-0.40
하위 20%	0.36	0.31	-0.05

주: 중위 20%는 상위 41~60%, 하위 20%는 상위 81~100%.
자료: 홍종학 의원실, 국세청 제공 2007~11년 근로소득 100분위를 토대로 참여연대 분석.

보고서에도 우리나라 소득세의 누진성은 매우 낮은 것으로 평가하고 있다.

그런데 재분배 효과의 측정에는 명목 세율보다 실효세율이 더 의미가 있다. 실효세율은 소득 대비 실제 부담한 세액 비율을 말한다. 참여연대가 이명박 정부의 감세 정책 효과를 분석한 결과를 보면 고소득층일수록 더 많은 감세 혜택을 누린 것으로 밝혀졌다. 상위 1% 그룹은 1.25%, 상위 5% 이내 그룹은 0.98%의 혜택을 누린 반면 하위 20% 그룹은 0.05%, 중위 20% 그룹은 0.40%의 혜택에 그쳤다. 하위 20%와 상위 1%의 감세 혜택을 비교할 경우 무려 25배의 차이가 난다. 당시 이명박 정부는 소득세 세율을 소득 단계별로 동일한 2%p 인하한다는 계획을 발표하면서 소득세 감세가 저소득층에 더 많은 혜택이 돌아간다고 주장한 바 있다. 그러나 이명박 정부는 결국 국민들에게 거짓말을 한 셈이다.

법인세 최고 세율도 미국과 일본 39%대, 프랑스 34.4%, 독일 30.2%인 것에 비해 우리나라는 24.2%에 불과하다. 법인세율 구조 자체는 누진율 적용이 제한적이지만 최고 세율이 낮은 것은 그만큼 재분배 효과가 적다는 것을 의미한다. 더욱이 법인세 감세는 재분배에 역행하는 효과를 초래한다. 김승래·류덕현(2010)은 이명박 정부의 법인세 감세(최고 세율 25

→ 22%)로 소비자보다는 대부분 생산자에게 혜택이 귀속된 것으로 평가한 바 있다. 법인세 감세로 소비자 잉여 변화는 1.23조 원, 생산자 잉여 변화는 6.55조 원이며, 소비자보다 생산자에게 다섯 배 이상의 혜택이 돌아간다는 것이다.

실효세율 관점에서 볼 때에도 중소기업보다 대기업의 실효세율(총부담세액/과세표준)이 더 낮다. 2009년 삼성전자, 현대자동차, 포스코 등 3개 기업의 실효세율은 12.8%에 그쳤다. 반면에 20만 개가 넘는 전체 중소기업의 실효세율은 13.1%로 대기업보다 오히려 더 높다.

더욱이 우리나라는 소득세와 법인세 세율 간 격차를 이용해 세 부담을 줄이려는 노력을 기울이는 경향이 나타나고 있다. 대주주가 법인의 이익을 배당하지 않고 기업에 유보해 둠으로서 소득세 최고 세율보다 훨씬 낮은 법인세율 수준의 세금만을 부담하면서 실제적으로는 경영권을 이용하여 사적인 재산처럼 기업 자산을 행사하는 행태를 흔하게 보게 되는 것이다(김유찬 2015).

그런데 조세의 재분배 효과는 세율 구조 못지않게 세부담 규모가 큰 영향을 미친다. 소득세의 재분배 효과가 낮은 것은 세율 구조의 누진성에 있다기보다 소득세 부담 규모가 상대적으로 작은 데에 기인한 바 크다. 세담 규모의 변화를 분석한 자료를 보면 노무현 정부 때 소득세(48.5%)와 법인세(33.5%)의 증가폭이 가장 컸다(양재진 2015). 이 시기에 조세부담률(10.5%) 증가도 가장 컸다. 그만큼 조세의 재분배 효과도 컸을 것으로 추정된다. 김대중 정부 시기에는 소득세수는 감소한 반면 법인세수는 46.%로 가장 많이 증가했다. 이명박 정부 때는 감세 정책으로 인해 소득세와 법인세 모두 감소했다. 조세부담률과 국민부담률도 감소해 이 시기에 재분배 효과가 가장 작은 것으로 추정된다.

또 하나 조세의 재분배 효과와 관련해 세원 포착이 잘 안 되고 있는 점도 재분배 효과를 제약하는 요소다. 봉급생활자들의 소득 파악률이 100%인 데 반해 개인 사업자들의 사업·임대 소득은 2012년 기준으로 62.7%만 파악되고 있다. 그만큼 자영업자의 세금 탈루가 많다는 뜻이다. 조세의 재분배 효과를 높이기 위해서는 과세 사각지대를 해소해 과세 기반을 확대하고, 개인 또는 개인 사업자의 소득을 정확하게 파악해 소득수준에 따른 적정 세부담 구조로 전환하는 것이 필요하다.

5. 맺음말

한국 경제사회의 위기가 불평등 구조에서 출발한다고 본다면 재정의 역할은 불평등 구조를 개선하는 것에 정책의 최우선 순위를 두어야 한다. OECD 보고서들은 우리나라 재정의 위상을 정확하게 분석하고 있다. 우리나라는 재정 규모와 총 조세부담률이 너무 작고 재정지출 및 조세의 누진성이 미약해 재정의 재분배 기능이 거의 작동하지 않는 것으로 밝혀졌다.

불평등을 완화하기 위한 조세 및 재정 정책의 방향은 이론의 여지가 없을 만큼 명확하다. 총 조세부담률을 높여 재정 규모를 확대하고, 재정지출 및 조세의 누진성을 높이는 방향으로 제도 개혁을 추진해야 한다. 조세정책은 '넓은 세원과 적정 세율' 원칙을 천명하고, '선先부자 증세, 후後보편 증세'의 단계적 전략을 구사하는 것이 바람직하다. 가계소득에 비해 기업소득이 급증하는 경제사회적 문제 유발 지점을 조세정책으로 풀어야 한다. 또한 '재분배의 역설'에서 보듯이 재정 규모 및 복지 지출을 늘리고 사회서비스 분야를 강화하는 방향으로 보편 복지의 설계를 할 필요가 있다.

문제는 조세 및 재정 배분이 이념의 최전선에 위치해 있다는 점이다. 결국 정책 방향과 정책 수단의 선택은 정치적 선택의 문제다. 오늘날 한국 경제사회의 위기는 정치 위기와 밀접하게 맞물려 있는 셈이다. 정치 역량이 위기의 실타래를 푸는 해결의 열쇠가 될 것이다.

21

불평등 해소를 위한
세제 개혁

강병구

우리 사회에서 낙수효과는 더 이상 작동하지 않는다. 오히려 노동소득분배율의 하락과 소득 및 부의 불평등한 분배가 내수 기반을 위축시키고 국민경제의 불안정성을 증폭시키고 있다. 노동소득분배율이 지속적으로 낮아지고 증대된 기업소득은 생산적인 투자로 이어지지 못해 가계 부채의 증대와 양극화, 내수 부족과 저성장의 늪으로 빠져들고 있다. 더욱이 자산의 불평등한 분배는 세대 간 불평등 구조를 심화시킬 뿐만 아니라 자원의 효율적 이용을 가로막는다. 재벌 대기업으로의 경제력 집중 또한 국민경제의 균형 발전을 저해하여 양극화와 불평등 구조를 확대시키고 있다.

자유로운 시장경제 체제의 분배 기능이 국민경제의 안정적 성장과 복지국가의 발전을 보장할 수 없다면 적극적인 재분배 수단을 활용하는 것이 합리적 선택이며, 공평과세와 조세 정의를 위한 세제 개혁은 그 출발점이라고 할 수 있다. 이에 본 글에서는 우리나라 조세 체계의 특징을 간략히 살펴본 후 불평등 해소를 위한 세제 개혁 방안을 모색한다.

1. 조세 체계의 미약한 재분배 기능

소득과 부의 불평등한 분배 구조가 심화됨에도 불구하고, 우리나라 조세 및 이전지출의 재분배 기능은 매우 취약한 상태에 있다. 가처분소득은 시장소득에서 세금은 빼고 이전지출은 더하여 산출된 소득이기 때문에 그 차이를 통해 정부의 재분배 기능을 가늠할 수 있다. 지니계수는 0과 1 사이의 값을 가지며, 1에 가까울수록 분배 구조는 더욱 불평등하다는 것을 의미한다. 〈표 1〉에서 보듯이 시장소득으로 측정한 한국의 지니계수 0.342는 가처분 소득으로 측정할 경우 0.311로 낮아져 조세 및 이전지출에 의한 재분배 효과가 9.1%에 불과하다.[1] 이는 비교되는 OECD 회원국 중 칠레 다음으로 낮은 수준이다. 더욱이 조세 및 이전지출의 빈곤율 감소 효과는 가장 낮아 OECD 회원국의 평균 60.8%에 크게 미치지 못하는 12.1%를 기록하고 있다. 조세의 재분배 효과는 공적 이전에 비해 작은 것으로 추정된다.[2]

1_우리나라 가구소득의 불평등도를 측정하는 "가계동향조사" 자료는 상위 소득자의 누락과 금융소득의 과소 보고로 인해 지니계수를 과소 추정하는 것으로 평가된다.
2_조세와 공적 이전의 재분배 효과 비교는 여유진(2009) 참조.

표 1 | 조세·이전 지출의 재분배 및 빈곤율 감소 효과(2011년)

	지니계수			빈곤율		
	시장소득	가처분소득	감소 비율(%)	시장소득	가처분소득	감소 비율(%)
자유주의 복지국가	0.498	0.335	32.2	29.9	11.5	61.4
사민주의 복지국가	0.443	0.260	41.1	27.2	7.7	71.7
보수주의 복지국가	0.505	0.295	41.6	33.2	8.6	74.2
한국	0.342	0.311	9.1	17.3	15.2	12.1
OECD 평균	0.474	0.312	34.0	28.4	11.2	60.8

주: 호주·벨기에·헝가리·일본·멕시코·네덜란드는 자료의 부재로 제외. 빈곤율은 중위소득 50% 기준. 자유주의 복지국가(미국·영국·캐나다·호주·뉴질랜드·아일랜드), 사민주의 복지국가(스웨덴·덴마크·노르웨이·핀란드), 보수주의(프랑스·독일·오스트리아·벨기에·네덜란드).
자료: www.oecd.org/statistics

조세 및 이전지출의 재분배 효과가 작은 이유는 무엇보다도 조세부담의 규모가 작고 과세 공평성이 취약하기 때문이다. 기본적으로 세수 규모가 작기 때문에 정부는 적극적인 재분배 정책을 취할 수 있는 여력이 부족하다. 세수 구조에 있어서도 소득세, 법인세, 재산세 등 직접세보다는 역진성을 갖는 소비세와 사회보장기여금의 비중이 높기 때문에 조세체계의 재분배 기능이 낮다.

2. 왜 조세부담률이 낮은가?

우리나라의 2012년 조세부담률은 18.7%로 OECD 회원국의 평균(24.7%)에 비해 낮고, 세금과 사회보장기여금의 합이 국내총생산GDP에서 차지하는 비중, 즉 국민부담률(24.8%) 역시 멕시코(19.5%)와 칠레(21.2%)에 이어 OECD 회원국 가운데 세 번째로 낮은 수준이다. 우리나라의 조세부담률과 국민부담률은 자유주의 복지국가에 비해서도 낮다.

조세부담률이 낮은 이유는 기본적으로 세율이 낮을 뿐만 아니라 다양한 비과세감면제도와 지하경제로 인해 과세 기반이 취약하기 때문이다. 2014년에 지방세를 포함한 소득세 최고 세율은 41.8%로 OECD 회원국 평균(43.6%)은 물론 일본(50.84%), 미국(46.25%), 프랑스(54.5%), 독일(47.5%), 스웨덴(56.86%), 덴마크(60.4%) 등 주요 선진국에 비해 크게 낮은 수준이다. 최고 세율이 최초로 적용되는 과세표준은 제조업 정규직 성인 근로자 평균임금의 4.4배를 기록하여 OECD 회원국 평균(5.2배)보다 낮지만, 자유주의 복지국가(3.6배)와 북유럽 사민주의 복지국가(1.7배)에 비해서는 높은 편이다. 이는 곧 최고 세율이 적용되는 과세 대상자가 이들 복지국가에 비해 작다는 것을 의미한다. 특히 사민주의 복지국가의 경우 최고 세율도 높지만 이를 적용받는 과세 대상자가 많아 소득 세수의 비중이 크다.

지방세를 포함한 법인세 최고 세율은 24.2%로 영국(21.0%)과 스웨덴(22.0%)보다는 높지만, OECD 회원국 평균(25.3%)은 물론 일본(37.0%), 미국(39.1%), 프랑스(34.4%), 독일(30.2%), 덴마크(24.5%)보다는 낮다. 또한 부가가치세 기준 세율 10%는 캐나다(5%), 일본(8%), 스위스(8%) 다음으로 낮은 수준이고, OECD 회원국 평균 19.2%에 비해 크게 낮은 수준이다. 다만 대부분의 OECD 회원국에서는 경감세율을 적용하고 있기 때문에 기준 세율만으로 세 부담의 크기를 비교하기 어렵다. 예를 들면, 스웨덴의 경우 기준 세율은 25%로 높지만, 0%, 6%, 12%의 3단계 경감 세율을 적용하고 있다. 우리나라도 일부 생활필수품에 대해서는 면세를 적용하고 있으며, 사치재에 대해서는 10% 이상의 높은 개별소비세율을 적용하여 부가가치세의 역진성을 완화하고 있다. 고용주와 근로자가 부담하는 사회보험료율 18.63%는 OECD 회원국 평균 30.68%에 비해 크게 낮고, 특히 고용주 부담의 사회보험료율이 낮다.

한편 우리나라의 조세체계는 다양한 비과세감면제도로 인해 과세 기반이 매우 취약한 상태에 있다. 과거 소득 탈루율이 높은 자영업자와의 과세 공평성을 고려해 근로소득의 일부를 과세대상 소득에서 빼주는 근로소득공제를 도입하고, 개발 시대 이후 저임금 체제를 지원하기 위해 다양한 소득공제 항목을 추가했다. 『국세통계연보』에 따르면 2012년도 귀속분 근로소득 신고자의 32.7%가 과세 미달자이며, 이들의 급여가 전체 급여 총액에서 차지하는 비중은 9.5%에 달했다. 또한 기업의 투자와 고용을 유인하기 위해 법인세 공제·감면 제도를 운용하고 있지만 그 효과는 미약할 뿐만 아니라, 오히려 과세 기반을 취약하게 만들고 있다. 더욱이 부가가치세 간이 과세 제도와 면세 제도는 직접적으로 과세 기반을 침식할 뿐만 아니라 거래 당사자의 매출액을 누락시키는 유인을 제공해 과세 투명성을 약화시키고 있다. 특히 이명박 정부에서 대규모의 감세 정책을 취했음에도 비과세 감면 조항에 대한 정비는 미흡하여 과세 기반이 더욱 위축되었다. 2007년 23.0조 원에 달하던 국세 감면액이 2013년 33.8조 원으로 증가했다.

낮은 세율과 비과세감면제도로 인해 개인과 법인의 실질적인 조세부담은 낮은 수준에 있다. KPMG에 따르면 2012년에 미화 10만 달러의 소득이 있는 독신 근로자의 조세 감면 전 과세 대상 소득 대비 개인소득세의 비율은 17.1%로, OECD 회원국 평균 26.0%에 크게 미치지 못했다(KPMG 2012). 또한 2012년 우리나라의 법인세 실효세율 16.8%는 일본(22.1%), 미국(22.2%), 영국(22.5%), 캐나다(24.3%)에 비해 크게 낮은 수준이다(김유찬 2015).

우리 사회에 광범위하게 퍼져 있는 지하경제는 세수 기반을 침식해 조세부담률을 낮추는 요인으로 작용한다. 넓은 의미에서 지하경제는 탈세와 정부의 각종 규제를 회피할 목적으로 행하는 경제활동이며, 그 양태는 불법 사금융, 부동산 차명 등기, 차명계좌, 매출액 누락 신고, 이전 가격 조작, 역외 탈세 등 금융 부문과 실물 부문에 걸쳐 다양하고도 복잡하게 나타난다. 또한 국내외에서 조성된 비자금이 사채시장은 물론 세계의 조세 피난처를 넘나들면서 지하경제를 형성하고, 차명계좌를 매개로 사채시장과 제도권 금융기관이 연계되어 불법 자금의 세탁도 이루어진다. 더욱이 고용주는 사회보험료 부담을 기피하기 위해 근로소득을 기타 소득으로 신고하거나 급여를 현금으로 지급하고, 고용 인원을 축소해 보고하기도 한다. 그 결과 탈세 행위는 물론 영세기업 종사자와 저임금·비정규직 노동자를 중심으로 사회보험의 사각지대가 폭넓게 발생하고 있다. 우리나라의 지하경제 규모는 1999년부터 2007년의 기간에 GDP 대비 26.8%로 OECD 회원국 가운데 일곱번 째로 높은 국가로 추정된다.[3]

3. 조세부담은 공평한가?

능력설에 입각한 공평과세는 수평적 공평과 수직적 공평의 두 차원으로 구분되는데, 전자는 같은 능력을 가진 사람은 같은 금액의 조세를 납부해야 한다는 것이고, 후자는 다른 능력을 가진 사람은 다른 금액의 조세를 부담해야 한다는 것이다. 그러나 조세부담에서 수직적 공평성이 당위적으로 요구된다고 할지라도, 소득이 증가함에 따라 얼마나 더 부담해야 하는지, 즉 조세부담의 누진성을 결정하는 것은 매우 어려운 문제다. 왜냐

3_지하경제의 규모에 대해서는 Schneider & Buehn & Montenegro(2010) 참조.

하면 수평적 공평은 보편적으로 받아들일 수 있는 사회의 원칙이지만, 수직적 공평은 적정 수준의 분배 상태에 대한 가치판단이 요구되기 때문이다.[4]

일반적으로 소비세와 사회보장기여금은 비례세의 형태를 취하기 때문에 소득세, 법인세, 재산세 등 직접세에 비해 역진적이다. 즉 소득의 증가에 따라 세 부담이 증가하는 정도가 약하기 때문에 조세의 재분배 효과가 낮다. 더욱이 소비세에 경감 세율을 적용하지 않거나 사회보장기여금에 대해 상한제를 적용할 경우 역진적인 특성은 한층 확대된다. 물론 조세 체계가 다소 역진적일지라도 재정지출 국면에서 재분배 기능을 강화하면 전반적인 재정의 재분배 효과는 높아질 수 있다. 그럼에도 조세 체계가 안고 있는 역진적인 성격이 사라지는 것은 아니다.

세목별 세수 비중을 보면 OECD 회원국 평균에 비해 개인소득세와 일반소비세의 비중은 낮지만 법인세수와 개별소비세의 비중은 높다. 〈표 2〉에서 보듯이 2012년 총 조세수입에서 일반소비세와 개별소비세가 차지하는 비중은 29.2%로 OECD 회원국 평균보다는 다소 낮지만 자유주의와 사민주의 그리고 서유럽 보수주의 복지국가들에 비해 높다. 또한 금융·자본 거래세의 비중이 커서 전반적으로 재산세의 비중이 크지만 부동산 보유세의 비중은 낮다. 사회보장기여금의 경우 종업원과 자영자 기여금은 평균을 상회하지만 고용주 기여금(10.8%)은 OECD 회원국 평균(14.6%)보다 크게 낮다. 조세수입에서 사회보장기여금이 차지하는 비중은 자유주의 및 사민주의 복지국가보다 높은 수준이다.

4_공평과세의 원칙에 대해서는 강병구(2014) 참조.

표 2 | OECD 주요 국가의 세목별 세수 비중(2012년)

단위: %

	소득세		소비세		재산세		사회보장기여금		
	개인 소득세	법인 소득세	일반 소비세	개별 소비세	부동산 보유세	금융자본 거래세	종업원	고용주	자영자
자유주의 복지국가	35.3	11.5	17.9	9.0	7.6	1.3	4.3	7.2	0.5
사민주의 복지국가	32.9	10.5	20.3	8.4	1.7	0.6	5.6	13.0	1.0
보수주의 복지국가	22.9	5.5	17.6	7.7	2.4	1.1	13.5	18.6	4.5
한국	15.0	14.9	17.2	12.0	3.0	6.4	10.4	10.8	3.4
OECD 평균	24.5	8.5	20.2	10.7	3.3	1.2	9.7	14.6	2.8

자료: www.oecd.org/statistics.

조세수입에서 법인세수가 차지하는 비중이 높다는 사실이 곧 개별 기업의 세 부담이 크다는 것을 의미하지 않는다. 우리나라의 법인세수 비중이 높은 것은 낮은 노동소득분배율, 재벌 대기업으로의 경제력 집중, 법인세율과 소득세율의 차이로 인한 법인의 선호, 제조업의 높은 비중 등으로 법인세 과세 대상이 크기 때문이지 실제로 우리나라 개별 기업이 부담하는 세 부담은 주요 선진국들에 비해 낮다.[5]

더욱이 법인세 공제·감면 혜택이 대기업에 집중되어 있기 때문에 과세 공평성의 문제를 일으키고 있다. 국세청에 따르면 전체 법인세 공제·감면액에서 대기업이 차지하는 비중은 2008년 66.7%에서 2013년 76.9%로 증가했다. 또한 대기업의 경우 세액 공제액의 38.1%와 세액 감면액의 92.7%에 대해 최저한세율의 적용을 받지 않기 때문에 실질적인 세 부담이 법에서 정한 최저한의 수준을 밑도는 경우도 있다.

이명박 정부에서 추진된 법인세 인하의 혜택도 대기업에 집중되었다.

5_2012년 GDP 대비 과세표준의 비율은 한국(18.33%), 영국(12.08%), 미국(6.4%), 캐나다(13.37%), 일본(8.79%)의 분포를 보이고 있다. 김유찬(2015) 참조.

외국납부세액공제를 포함할 경우 2009~12년 사이에 법인세 감세 규모는 총 29조 3,699억 원에 달하고, 그중 대기업과 상위 10대 기업이 각각 74.5%와 15.8%를 차지했다. 그 결과 2012년 우리나라 매출액 기준 상위 10대 기업의 법인세 실효세율은 외국납부세액공제를 포함할 경우 13.0%로 대기업 평균(17.3%)은 물론 중소기업 평균(13.3%)보다 낮았다. 외국납부세액공제를 제외할 경우 상위 10대 기업의 실효세율은 15.9%로 올라가지만 전체 기업 평균 17.9%에 비해서 여전히 낮은 수준이다.[6]

한편 소득세의 경우 고소득자에 대한 비과세 감면혜택이 크고, 자본소득은 근로소득에 비해 낮은 세율을 적용받는다. 먼저 근로소득의 경우 세 부담의 상위 소득 집중도가 크지만 소득공제는 상대적으로 고루 분포되어 있다. 2012년 과세 미달자를 제외한 근로소득의 100분위별 분포를 보면 상위 20%가 총 급여의 44.0%를 차지하고, 근로소득세의 81.3%를 부담하며, 이들에게 제공된 소득공제는 33.0%(80.2조 원)에 달했다. 하위 80%가 총 급여의 56.0%를 차지하지만 근로소득세의 18.7%를 부담하고 67.0%(162.9조 원)의 소득공제를 받았다. 그러나 6~38%의 누진세율을 갖는 소득 세제에서 동일한 금액의 소득공제는 고소득층에게 보다 큰 조세 감면을 의미하기 때문에 중상위 소득층에서 세제 혜택이 더 클 수 있다.

또한 이자·배당·임대료 등 자본소득의 경우 근로소득에 비해 낮은 세율을 적용하거나 비과세됨으로써 과세 공평성의 문제를 일으키고 있다. 먼저 현행의 금융소득 종합과세에 의하면 1인당 2천만 원(부부 합산 4천만 원)까지의 금융소득(이자+배당)에 대해서는 14%로 분리과세된다. 금융

6_전순옥 의원실(2014/09/22) 참조.

소득 이외의 다른 소득이 존재하는 고소득자의 경우 분리과세로 소득세 최고 세율 38%와의 차이에 해당하는 만큼 세금 혜택을 볼 수 있지만, 금융소득만 2천만 원이 존재하는 경우 종합소득세에 비해 세 부담이 더 늘어날 수 있다. 2013년 기준, 이자 및 배당소득은 각각 36.1조 원과 14조 원으로 총 50.1조 원에 달하지만 약 25%만 종합과세되고 있다.

2014년에 사내 유보금에 대한 과세 차원에서 3년간 한시적으로 도입된 '배당소득 증대세제'는 고배당 주식의 배당소득 원천징수율을 기존의 14%에서 9%로 낮추고 금융소득 종합과세 대상자의 경우 25%의 단일 세율을 적용하는 것을 주된 내용으로 하고 있다. 『국세통계연보』에 따르면 2012년 배당소득자(47,828명) 중 99명을 제외한 대다수는 배당소득이 2천만 원 이상이기 때문에 통상적인 배당수익률 1%를 적용할 경우 배당소득자의 대부분은 시가총액 20억 원 이상의 주식을 보유하고 있는 고액 자산가들로 추정된다. 국세청에 따르면 2012년 과세대상 배당소득 72.1%와 이자소득 44.8%를 상위 1% 집단이 차지했고,[7] 2015년 2월 말 현재 코스피 시장 시가총액 기준으로 외국인 보유 비율은 31.1%에 달한다. 결국 가계소득을 증대시켜 내수 활성화를 도모한다는 취지에서 도입된 '배당소득 증대세제'는 근로자와 서민·중산층의 가계소득보다는 고액 자산가와 외국인 주주의 주머니를 채우는 역할에 그칠 것으로 전망된다.

정부의 임대소득 분리과세 방안에 따르면 2017년부터 연간 2천만 원 이하의 임대소득에 대해서 필요 경비율 60%를 인정하고 나머지에 대해 14%의 단일 세율이 적용된다. 또한 분리과세 주택 임대소득을 제외한 해

7_홍종학 의원실(2014) 참조.

당 과세기간의 종합소득 금액이 2천만 원 이하인 경우에는 추가로 기본공제를 4백만 원 인정받기 때문에 2천만 원의 임대소득에 대한 실효세율은 3.08%에 불과하다. 그러나 연간 임대소득이 2천만 원 이하지만 사업소득·금융소득·근로소득 등이 많은 고소득자의 경우 동일한 과세표준에 속하는 순수 근로소득자에 비해 세 부담이 적을 수 있다. 현행 세제하에서는 임대소득 2천만 원을 분리과세할 때 종합과세하는 경우에 비해 최대 713만 원의 세금 혜택을 볼 수 있다.

상장주식 양도차익에 대해서는 대주주에게만 20%의 단일 세율을 적용하고 중소기업에 대해서는 10%를 적용하지만 1년 미만 보유 기간에 대해서는 30%를 과세한다. 비상장주식의 양도차익에 대해서는 소액주주에 대해 중소기업 10%, 그 외의 주식에 대해서는 20%를 과세한다. 부동산 양도차익에 대해서는 전면 과세하면서 상장주식 양도차익에 대해 대주주에 대해서만 저율 과세하는 것은 소득 간 과세 공평성의 관점에서 바람직하지 않다. 상장주식 및 파생상품의 양도차익에 대한 비과세는 은행권보다 주식시장으로 자금이 쏠리는 현상을 초래할 뿐만 아니라 투기적인 주식 투자를 조장함으로써 주식시장의 건전한 발전을 저해하고 자원배분의 왜곡을 초래할 수 있다. 정부는 2016년 1월부터 파생상품 양도차익에 대해서 과세하기로 했다.

일감 몰아주기에 대한 증여세 과세 제도는 변칙적인 증여 행위에 대해 지배주주 일가의 개인에게 과세하는 것으로 '증여세 완전 포괄주의'에도 부합한다. 그럼에도 불구하고 증여의제이익을 계산함에 있어서 30%를 정상 거래의 명목으로 특수 관계인과의 거래 비율에서 공제하고, 3%의 한계 보유 비율을 주식 보유 비율에서 빼주고 있다. 2013년 1월 1일 '상속세 및 증여세법' 개정을 통해 정상 거래 비율(30%)의 절반인 15%로 공제 비율을 낮춘 것은 바람직하지만, 2014년 2월 21일 법 개정을 통해 중소기업 또는 중견기업에 적용하는 정상 거래 비율과 한계 보유 비율을 각각 50%와 10%로 상향 조정했다. 그 결과 세무상 실효세율과 실제의 실효세율은 큰 차이를 보이고 있으며, 그 차이는 재벌 그룹 소속 기업에서 더 크게 나타나고 있다. 일감 몰아주기 과세에서 정상 거래 비율과 한계 보유 비율을 기본공제율로 적용하는 것은 '소득 있는 곳에 세금 있다'는 과세의 기본 원칙에 어긋나는 것이고 공평과세의 관점에서도 바람직하지 않다(채이배 2013).

가업 상속 공제 제도는 1997년에 1억 원의 공제 한도액으로 처음 도입된 이후 공제 대상과 공제 한도액이 지속적으로 확대되어 2015년 현재, 매출액 3천억 원 미만의 중소·중견기업에 대해 상속재산 가액의 100%(5백억 원 한도)를 공제할 수 있게 되었다. 2014년 세법 개정안에서는 공제 대상을 기존의 매출액 3천억 원에서 5천억 원으로 확대하고 공제 대상 가업 요건과 사후 관리 의무를 대폭 완화하려 했지만 국회를 통과하지 못했다. 탈루 소득의 규모가 크고 자본소득과 자본이득에 대한 세 부담이 적을 경우에 상속세 및 증여세는 소득세에 대한 보완적인 조세로서 역할을 한다. 1997년 헌법재판소의 선고에서도 상속세 제도는 재산상속을 통한 부의 영원한 세습과 집중을 완화해 국민의 경제적 균등을 도모하려는 데 목적이 있음을 명시적으로 밝히고 있다.[8] 더욱이 최근 독일에서 가업 상속 공제가 지나친 특혜라는 이유로 위헌판결을 내렸다는 사실을 고려할 때, 가업 상속 공제 제도의 확대는 바람직하지 않다.

조세 도피처를 이용한 역외 탈세는 조세 정의를 훼손할 뿐만 아니라

8_헌법재판소 1997.12.24.선고, 96헌가19 결정.

분배 구조를 악화시킨다. 2012년 조세정의네트워크는 1970년대부터 2010년 말까지 조세 도피처로 흘러 들어간 금융자산 누적 액이 최소 21조 달러에서 최대 32조 달러에 이르고, 한국의 부자들이 약 888조 원에 달하는 거액을 조세 도피처에 숨겨 두고 있다고 밝힌 바 있다. 2008년 경제 위기 이후에도 주요 조세 도피처와 홍콩으로 흘러 들어간 국내 법인과 개인의 투자 잔액은 지속적으로 증가했다. 더욱이 역외 거래로 조성된 비자금은 차명계좌를 통해 자사주 매입에 지출됨으로써 기업의 지배구조를 더욱 강화하는 수단이 되어 경제민주화에도 역행한다. 검찰은 2013년 7월 이재현 CJ그룹 회장을 횡령과 배임, 탈세 혐의로 구속했다. 검찰의 발표에 따르면 이 회장은 조세 도피 지역인 영국령 버진 아일랜드의 페이퍼 컴퍼니 일곱 곳을 통해 자사주를 차명 거래하며 시세 차익을 남기거나 배당금을 챙기고 세금을 포탈한 혐의를 받았다(『쿠키뉴스』 2013/07/18).

4. 세제 개혁의 방향

우리 사회에서 소득과 부의 불평등이 심화되고 있지만 조세정책은 제대로 대응을 하지 못하고 있다. 조세부담률이 낮을 뿐만 아니라 역진적인 소비세 및 사회보장기여금의 높은 세수 비중, 자본소득과 자본이득에 대한 비과세 및 저율 과세, 변칙적인 상속 및 증여 행위에 대한 미흡한 과세, 지나치게 관대한 가업 상속 공제, 조세 도피처를 이용한 역외 탈세 등으로 과세 공평성이 매우 취약한 상태에 있다.

불평등 해소를 위해서는 일차적으로 시장소득의 공평한 분배가 요구되지만, 낙수효과가 작동하지 않는 현실에서 정부는 적극적인 재분배 정책을 수행해야 한다. 증세를 추진함에 있어서도 효율성과 공평성을 균형 있게 고려해야 하지만 역진적인 조세 체계에서는 공평과세가 우선되어야 한다. 특히 법인세 인하의 투자 및 고용 효과가 매우 미약하고, 사내 유보 금이 쌓여만 가는 상황에서 법인세 감세 정책을 지속할 이유가 없다. 대기 업과 중소기업 간 격차의 심화, 대기업의 간접 고용과 비정규직, 저임금 의 문제가 우리 사회의 불평등과 양극화를 심화시키는 주된 원인이기 때 문에 대기업에 대한 과세 강화를 통해 복지 재원의 일부를 마련하는 것은 정당화될 수 있다.

또한 자본소득을 종합과세하고 모든 종류의 자본이득에 대해 양도소 득세를 부과해야 한다. 근로소득에 비해 지나치게 관대한 자본소득 과세 는 소득세수 비중을 낮추는 원인이기도 하다. 자본소득에 대한 낮은 세율 과 근로소득에 대한 높은 세율은 자본 이탈에 대응하기 위해 1980년대 이 후 노르딕 국가에서 도입된 이원적 소득세dual income tax의 기본 골격이다. 그러나 덴마크는 두 소득 간의 세율 격차가 경제에 미치는 부정적 효과에 대응해 일부 자본소득에 대해 누진적인 근로소득세를 적용하는 방식으로 전환했다. 노르웨이는 2006년부터 정상 수준을 초과하는 배당소득과 주 식 양도차익에 대해 근로소득세 최고 세율에 준하는 세금을 부과하기 시 작했다. 한편 일감 몰아주기 과세에 대해서는 정상 거래 비율과 한계 보유 비율을 폐지해 '증여세 완전 포괄주의'를 실질적으로 적용하고, 가업 상속 공제의 경우도 적용 대상과 공제 한도액을 대폭 축소해야 한다. 조세 도피 처를 이용한 역외 탈세는 조세 정의는 물론 사회정의의 차원에서 그 처벌 을 강화해야 한다.

불평등 시대에 세제 개편의 방향은 공평과세와 조세 정의를 실현하는 것이어야 한다. 세수의 후생 손실이 적을 뿐만 아니라 지출을 통해 재분배 기능을 강화하면 분배 구조가 개선될 것이라는 이유로 소비세의 인상이 주장되기도 한다. 그러나 과세 공평성이 취약한 현실에서 소비세 인상을 통한 재분배 정책은 바람직하지도 않고 국민적 동의를 얻기도 힘들다. 소비세 인상 이전에 재벌 대기업, 고소득자 및 고액 자산가, 자본소득 및 자본이득에 대한 과세를 강화해야 한다. 그래야만 국민들의 조세 저항을 불러일으키지 않으면서 복지국가 시대에 필요한 세수를 확충할 수 있다.

22

한국의 불평등과
사회적 경제

정태인

1. 한국의 불평등

40대 중반의 젊은 프랑스 경제학자가 창조한 '21세기 자본'이라는 유령이 2014년에 한국에도 나타났다. 피케티에 대한 비판과 찬사는 '찻잔 속의 태풍'이었는지 모르지만 불평등에 대한 관심은 여전히 유령처럼 한국 사회를 어슬렁거린다. 피케티의 오랜 학문적 동지, 그러나 70대의 경제학자 앤서니 앳킨슨Anthony B. Atkinson의 책, 『불평등을 넘어』*Inequality: What Can Be Done* (글항아리, 2015)도 영어판과 한국어판이 동시에 발간됐다.

사실 주류경제학은 분배 문제를 거의 다루지 않는다. 수학적으로 보면 일정한 조건(실은 완전경쟁시장과 1차동차 생산함수라는 대단히 비현실적인 조건)이 만족된다면, 각 생산요소에 돌아가는 분배 몫은 한계 생산성에 의해 결정된다. 아서 보울리Arthur Bowley는 실제로 이 분배 몫이 일정하다고 주장했고('보울리의 법칙'), 사이먼 쿠즈네츠Simon Kuznets는 한 걸음 더 나아가서 자본주의 발전 초기에는 분배가 악화되지만 일정 단계가 지나면 개선될 것으로 예언했다('역U자 가설'). 이에 따라 성장에만 신경 쓰면 그만이고, 섣불리 분배 문제를 건드렸다가는 상황만 악화시킬 거라는 주장은 지금도 주류경제학의 신조에 속한다. 이런 주장은 케네디 대통령의 "밀물이 오면 모든 배가 떠오른다"는 정치적 구호로 표현됐고, 지금도 한국의 성장론자들이 신봉하는 교의의 밑바닥에 깔려 있다.

피케티는 이 모든 주장과 구호를 단숨에 엎어 버렸다. 그의 무기는, 어느 누구도 쉽사리 부정할 수 없는 장기 통계, 즉 역사적 사실이다. 그가 초점을 맞춘 수치는 "어떤 시점의 한 나라 순자산(피케티의 '자본')을 그해의 국민소득으로 나누면 얼마나 될까?"(β =W/Y, W는 민간 순자산, Y는 국민소득)이다. 예컨대 2014년 한국에서 민간이 가지고 있는 부(순자산)를 국민소득으로 표현하면 몇 배나 될까를 표현하는 수치다. β 에 자산수익률을 곱하면 그해 자산 소유자들이 가져간 몫이 될 것이다(α =rβ). 그는 이 회계적 항등식에 '자본주의의 제1 근본 법칙'이라는 어마어마한 이름을 붙였다. 그는 자본수익률(r)이 경제성장률(g)보다 지속적으로 크다면 불평등은 더욱 심화할 것이라며 음울한 미래를 예고한다. 현재는 19세기 말과 같은 '세습 자본주의'로 나아가고 있다는 것이다.

작년 5월 14일 한국은행과 통계청이 아주 중요한 보고서, "국민 대차대조표 공동 개발 결과(잠정)"를 펴냈다. 이 두 기관은 국민계정 통계의 최고 단계에 도달하기 위해 "국민 대차대조표"(세계적으로도 이 표를 만들기 시작한 건 10년밖에 되지 않는다)를 만들고 있다. 피케티의 자료 중 기능별 분배(자본 몫과 노동 몫의 분할) 역시 국민계정에 의존하기 때문에 한국은행과 통계청의 자료는 바로 피케티 지표들과 비교할 수 있다.

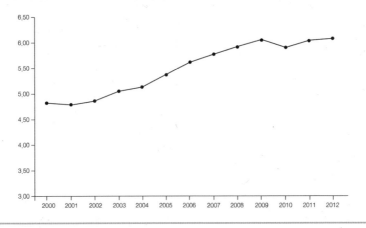

그림 1 | 한국의 β(=민간 순자산/국민총소득) 추이

주: 명목가격 기준, 비금융 순자산 기준(정부 순자산 2000~2004년까지는 전체 순자산 증가율로 추정).
자료: 한국은행, 국민대차대조표 잠정 결과.

이번 자료에서 직접 나온 수치는 피케티 β 값의 근사치다. 한국은행과 통계청은 우리나라의 국민 순자산(국부)은 1경630조 원으로 국내총생산(1,378조 원)의 7.7배로 추계되었다고 밝혔다. 이 수치를 피케티의 비율로 바꾸려면, ① 분자의 국민 순자산에서 정부의 자산을 빼서 민간 순자산을 계산하고, ② 분모의 국내총생산을 국민소득(국내총생산-감가상각+해외 순수취소득)으로 바꾸면 된다. 현재 한국은행과 통계청이 발표한 자료(부록과 한국은행 통계 데이터베이스)로는 2000년에서 2012년까지 추계가 가능하다. 그 결과가 〈그림 1〉이다.

하지만 현재 한국은행과 통계청이 발표한 자료에서 민간과 정부의 금융 순자산의 시계열은 최근 몇 년밖에 찾을 수 없다. 민간의 금융 순자산은 현실적으로 0에 가까울 것이고(외국에서 빌려온 돈을 제외하고 차입과 대출을 합하면 0일 것이다), 정부는 마이너스겠지만(정부가 채권을 발행한 만큼)

그림 2 | 세계 각국의 β 값 추이

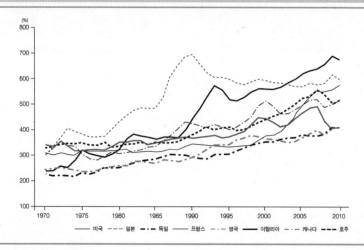

자료: Piketty & Zucman(2014).

표 1 | 한국의 자산 분배

구분	순자산 지니계수	순자산 점유율									
		1분위	2분위	3분위	4분위	5분위	6분위	7분위	8분위	9분위	10분위
2013년	0,605	-0,4	0,8	1,9	3,2	4,6	6,5	8,9	12,2	17,7	44,7
2014년	0,596	-0,2	0,8	2,0	3,3	4,8	6,6	8,9	12,3	17,8	43,7
전년차	-0,009	0,2	0,1	0,1	0,1	0,2	0,2	0,1	0,1	0,0	-1,0

자료: 통계청·금융감독원·한국은행, 2015, "가계 금융, 복지 조사 결과."

어쩔 수 없이 금융자산은 제외했다. 그러므로 금융자산까지 포함하면 β 값은 〈그림 1〉보다 조금 더 커질 것이다.

〈그림 1〉과, 〈그림 2〉의 2000년 이후 각국의 β 값 추이를 비교해 보면 한국의 수치는 선진국 어느 나라보다도 높은 수준에서 시작해서 대단히 빠른 속도로 증가했다는 것을 알 수 있다. 오직 이탈리아만 한국과 비견될 정도다.

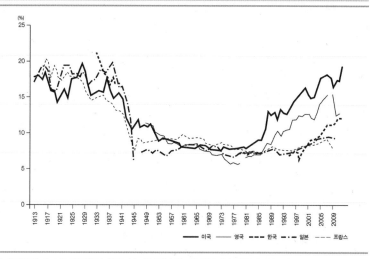

그림 3 ｜ 우리나라 최상위 1%의 소득 비중

주: 1) 전전의 높은 수준, 전후의 급락, 1980년대 이후 급상승하는 영미형과 이전 수준을 유지하고 있는 유럽 일본형으로 분화.
　　2) 한국은 크게 보아 U자형의 양상을 보이고 있으며, 1990년대 중엽 이후 영미형으로 빠르게 접근하고 있다.
자료: 김낙년(2014).

β값이 크면 클수록 부의 집적이 이뤄진 것이다. 하지만 이 수치 자체가 분배 상황을 말해 주지는 않는다. 국민 모두 똑같은 양의 부동산과 생산 자본, 금융자산을 가지고 있을 수도 있다.

하지만 우리나라 자산의 집중도는 선진국 수준이며(〈표 1〉, 상위 10%가 전체 자산의 45% 정도를 차지하고 있지만, 센서스 자료가 아니라 세금 자료로 계산한다면 영국 수준인 70% 정도일지도 모른다), 〈그림 3〉에서 보듯이 우리나라도 미국처럼 최상위 1% 임금이 노동소득에서 차지하는 몫도 급증하고 있다.

그렇다면 피케티가 강조하는 자산수익률(r)과 실질국민소득 증가율(g)은 어떤 관계에 있을까?

지금 선진국들도, 한국도 인구 증가율이 떨어지고 있기 때문에 g가 점

그림 4 | 한국의 자본(자산) 수익률과 실질국민소득 증가율

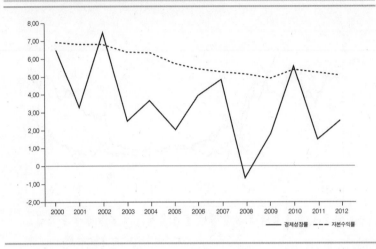

점 낮아질 것임은 미루어 짐작할 수 있다. 위에서 구한 r과 g(한국은행 통계에서 실질 국민총소득 증가율을 택했다)를 비교해 보면 한국의 불평등이 어떤 방향으로 나아갈지 알 수 있다.

〈그림 4〉에서 보듯이 한국의 자산수익률은 전체적으로 경제성장률을 상회하고 있다. 자산 분배가 점점 더 악화된다는 얘기다. 장기 통계가 없어서 단언할 수는 없지만 1960년대 한국은 세계에서 가장 평등한 나라들 가운데 하나였을 것이다. 해방 후 농지개혁을 한 데다 한국전쟁으로 지주계급이 거의 소멸했기 때문이다. 지주들에게 돈 대신 지급한 지가 증권이 전시 인플레이션으로 휴지조각으로 바뀌었다. 지주계급이 산업자본이나 금융자본까지 모두 장악한 동남아나 중남미와 비교할 때 동아시아가 경제성장이 빨랐던 이유 중 하나다.

또한 1970~80년대에는 높은 경제성장률 때문에 자산 불평등은 그렇

게 빨리 진행되지 않았을 것이다. 하지만 외환 위기 이후 앞의 그림들에서 확인한 것처럼 자산과 소득의 불평등이 심각해지고 있으며 다른 선진국들에 비해 빠른 속도로 악화하고 있다. 피케티가 책 곳곳에서 되풀이한 경구대로 "과거가 미래를 먹어 치운다."

2. 사회적 경제는 불평등을 해소할 수 있을까?

피케티는 현재의 불평등을 시정하기 위한 정책으로 글로벌 자본세에 의한 재분배를 제시했다. 한편 국제노동기구ILO 등이 주도하고 있는 소득 주도 성장론은 시장에서의 분배 개선을 강조하고 있다. 그렇다면 사회적 경제는 불평등의 시정과 어떤 관계를 맺고 있을까? 한마디로 사회적 경제는 분배 상황에 직접 관여하며(1차 분배), 복지를 제공함으로써 2차 분배도 개선할 수 있다. 전자는 시장과의 관계에서, 후자는 공공경제와의 관계에서 실현된다.

최근 전 세계에서 사회적 경제 열풍이 일어나고 있는 것은 결코 우연이 아니다. 1980년대 신자유주의가 출현한 이래 사회적 양극화가 급진전되면서 나타난 현상이다. 특히 유럽연합이 1990년대부터 사회적 경제에 관심을 집중한 직접적 이유는 복지국가의 한계에 있다. 즉 세계화에 따른 압력, 경제의 서비스화에 따른 생산성 저하, 그리고 출산율 저하와 노인 인구의 증가로 인한 고령화, 이 모든 현실의 귀결로서 전후 사회시스템의 위기는 사회/사회적 경제의 '부활'과 밀접한 연관이 있다. 첫째로 가난과 사회적 배제 문제를 해결해야 했고, 둘째로 시장과 국가가 아닌 영역에서 새로운 기회를 창출해야 한다는 점에서 사회적 경제는 각광을 받고 있다.

한국은 실업과 재정 적자라는 면에서는 서구보다 낫지만 기본적인 복지도 갖춰지지 못한 상황에서 불평등이 빠른 속도로 진행되었고, 세계 최저의 출산율을 보이고 있다는 점에서 마찬가지 처지에 놓여 있다.

특히 최근의 금융 위기는 칼 폴라니의 진단을 돌아보게 만든다. 시장만능의 정책으로 사회가 분열되면 이에 대응하는 운동이 발생한다. 결국 21세기 들어 더욱 활발해진 사회적 경제(운동)는 신자유주의로 인한 '완전한 파괴'에 대한 대응이라고 볼 수 있을 것이다. 한국에서도 최근 진보 운동에 대한 반성이 일고 특히 '지역공동체'라든가 '생활 정치'라는 말이 자주 오르내리면서 협동조합 등 '사회적 경제'에 대한 관심이 폭발적으로 증가하고 있다.

사회적 경제는 인간의 상호성에 기초하여 공정성의 원리에 따라 연대라는 가치를 달성하도록 조직된 경제 형태다. 자본주의사회에서는 시장경제가 인간 간의 관계를 규율하는 유일한 원리인 것처럼 받아들여지고 있지만, 역사상 나타난 순서로 본다면 사회적 경제가 가장 오래된 시스템이다. 인류의 역사에서 가장 오랜 기간을 차지하는 수렵 채취 시대에 신체적 능력으로 보아 가장 연약한 종에 속한 인간이 살아남기 위해 협동의 사회를 만들었기 때문이다. 그 이후 사회적 딜레마(개인의 이익과 사회적 이익이 일치하지 않아 이기적 인간이라면 해결할 수 없는 사회적 문제, 공공재, 공유지의 비극, 죄수의 딜레마 등이 유명하며 인간 사회는 사회적 딜레마로 가득 차 있다)를 해결하기 위해 국가가 나타났으며, 이어서 인간 간의 관계를 시장가격으로 단순화함으로써 원격과 익명의 교류를 가능하게 만든 시장이 출현했다고 할 수 있을 것이다.

신뢰와 협동을 어떻게 이룰 수 있을까? 마틴 노박은 게임이론을 이용하여 협동이 일어나는 5가지 조건을 추출했고(Nowak 2006; Nowak 2012), 엘러너 오스트롬은 전 세계의 공유 자원(공동으로 이용하는 숲이라든

표 2 | 신뢰와 협동에 관한 규칙들

협동조합연맹, 협동조합의 7원칙	오스트롬, 공유 자원 관리의 8가지 규칙	노박, 인간 협동 진화의 5가지 규칙
1. 공유와 공동 이용	1. 경계 확정	1. 혈연 선택
2. 민주적 의사결정	2. 참여에 의한 규칙 제정	2. 직접 상호성=단골
3. 참여	3. 규칙에 대한 동의	3. 간접 상호성=평판
4. 자율성	4. 감시와 제재(응징)	4. 네트워크 상호성
5. 교육	5. 점증하는 제재	5. 집단 선택
6. 협동조합의 네트워크	6. 갈등 해결 메커니즘	
7. 공동체에 대한 기여	7. 당국의 규칙 인정	+이후 행동/실험 경제학, 진화
	8. 더 넓은 거버넌스의 존재	생물학이 찾아낸 협동의 촉진 수단
		1. 소통−민주주의
	+협동 촉진의 미시 상황 변수	2. 집단 정체성
	1. 의사소통	3. 사회규범의 내면화
	2. 평판	
	3. 한계 수익 제고	
	4. 진입 또는 퇴장 능력	
	5. 장기 시야	

자료: 정태인·이수연(2013).

가 강) 관리 사례를 경험적으로 연구해서 8가지 규칙을 찾아낸 공로로 노벨경제학상을 받았다(Ostrom 2010). 협동조합연맹ICA의 7원칙은 1840년대 로치데일Rochdale의 경험 이래 그동안 쌓인 수많은 성공과 실패의 경험을 정리한 조직·운영 원리다. 〈표 2〉는 이들을 병렬한 것인데 자세히 들여다보면 논리와 경험에서 추론된 여러 차원의 지혜가 일맥상통한다는 것을 발견할 수 있다.

즉 이 표는 협동에 관한 인류의 지혜를 총집결한 것이라고 할 수 있을 것이다. 예컨대 협동조합의 제1원칙인 공유와 공동 이용은 협동조합에 오스트롬의 8가지 규칙이 적용된다는 것을 의미한다. 민주적 의사결정(그리고 참여와 교육) 원칙은 자본주의적 기업의 경영에 비해 굼뜨고 중구난방이 되어 비효율적일 것 같지만, 오스트롬과 노박의 규칙에서 협동을 촉진하는 필수적 수단들임을 알 수 있다. 협동조합이 돈과 사람을 동원하는 데 취약하다는 점을 보완하는 데 필수적인 제6원칙, 협동조합의 네트워크는 오스트롬의 더 넓은 거버넌스의 존재, 그리고 노박의 네트워크 상호성과 집단 선택(집단 정체성)과 긴밀하게 연결되어 있다. 물론 공유 자원 관리의 핵심 주체인 지역공동체는 또한 혈연 선택과 집단 선택이 일어나는 공간이기도 하므로 협동조합의 생존에 필수적이다.

사회적 경제의 발전에 시장경제 및 공공경제와의 관계는 결정적으로 중요하다. 사회적 경제는 그 비중이 작으므로 시장가격의 영향을 강하게 받을 수밖에 없다. 그러나 사회적 경제의 비중이 커지는 경우 시장가격을 억제하는 역할을 할 수 있을 것이다. 사회적 경제는 사회적 자본을 공급하므로 시장경제의 생산성을 높일 수 있다. 소비자협동조합은 제품의 질을 보장함으로써 소비자 교육과 보호의 역할을 수행할 수 있다. 즉 사회적 경제는 가격이라는 면에서 시장경제에 의존할 수밖에 없지만, 시장경제에 대해서 대안적 경영의 준거가 될 수 있다. 실제로 유럽의 소비자 협동조합은 대단히 강해서 월마트나 까르푸, 테스코 등이 약탈 가격 등을 통해 발붙이기 어렵다.

한편 자본주의 역사가 증명하듯 강력한 이윤 동기는 여러 측면의 혁신을 이뤄 낸다. 이에 비해 '연대 동기'는 새로운 수요, 새로운 상품의 창출이라는 측면에서는 시장경제에 뒤질 수 있다. 따라서 시장경제에서 일어난 기술 및 제도 혁신을 사회적 경제로 수용하는 일은 대단히 중요하다. 사회적 경제가 강한 지역으로 거론되는 스페인의 몬드라곤Mondragon, 이탈리아의 에밀리아 로마냐Emilia-Romagna가 연구·개발R&D이나 교육을 강조하고, 네트워크의 핵심 조직으로 대학과 연구소를 세우는 것은 이런 점과 무관하지 않다. 즉 사회적 경제는 시장경제와 분리된 존재가 아니라 동행하거나 보완하는 존재이며 시장경제의 불평등화 경향을 억제할 수 있다.

몬드라곤, 에밀리아 로마냐, 그리고 캐나다의 퀘벡 지역은 이들 나라 평균과 비교가 안 될 정도로 실업률이 낮고 소득이 평등하다. 위기가 발생했을 때 고용조정보다 임금조정으로 대응하고 기업 내 임금격차도 일정한 비율(대체로 1 대 6) 이하로 제한되기 때문이다. 또한 사회적 경제는 소규모 중소기업이 네트워크를 이루는 형태를 취하기 때문에 기업 간 임금 격차도 적을 수밖에 없다.

사회적 경제는 자본주의 경제가 만족시킬 수 없는 인간의 본성이 표현된 것이라고 할 수 있을 것이고, 현실적으로는 자본주의의 원리로 사회가 일원화할 때 발생할 수밖에 없는 '완전한 파괴'(폴라니)에 대응하는 것으로서 형성되고 발전했다고 할 수 있다.

특히 사회적 서비스는 관계재relational goods, 연대 서비스solidarity service, 친밀 서비스proximity service로 불리는데, 이들 서비스는 시장경제나 공공경제가 제공하는 것보다 사회적 경제가 더 유리할 수 있다. 많은 경우 이런 서비스는 수요자가 돈이 부족하거나 공급자의 수익률을 맞추지 못해서 (수요곡선에서 균형가격 아래 오른쪽 부분) 시장경제에서는 아예 공급이 이뤄지지 않는다. 한편 공공경제는 관료적 속성으로 인해 서비스 전달에서 경직적이므로 지역공동체에 뿌리박은 사회적 경제가 더 유연하고 공정하게 서비스를 공급할 수 있다. 사회적 협동조합이나 사회적 기업에 관한 각종 통계는 신사회경제가 사회적 서비스(교육, 보육, 의료, 노인 요양), 환경 관련 서비스(재생에너지, 쓰레기 처리, 조림 등), 문화 서비스 등에 집중되어 있다는 사실을 보여 준다.

공공 부문 민영화의 일종이었던 PPP(Private Public Partnership)을 다른 의미의 PPP(People Public Partnership), 또는 CPP(Citizen Public Partnership)으로 바꿔 낼 수 있다. 또한 독일의 2차 노동시장의 역할이 그렇듯, "사회적 경제 영역은 잠재적 고용 능력이 남아 있다는 점에서 적극적 노동시장 정책의 주요 주체"(Birkholzer 2005)이다. 사회적 경제는 정의상 일자리의 창출에 적합한 것이다.

즉 사회적 경제는 그 자체로 고용과 복지를 동시에 창출할 수 있으며,

사회적 경제에 고유한 연대의 원리로 인해 노동소득 내의 임금격차를 줄이고, 공동의 자산 소유로 인해 자본과 노동 간의 소득 격차도 줄일 수 있다. 뿐만 아니라 사회적 경제는 '사회적 자본'을 창출함으로써 계약 작성과 이행에 관련된 거래비용을 축소시키고, 사회 안의 다양성을 촉진해서 혁신에도 이바지할 수 있다. 무엇보다도 사회적 경제는 민주주의를 경제 영역에서 실천한다. 민주주의야말로 자본주의가 야기하는 불평등을 해소하는, 가장 확실한 길일 것이다.

결론적으로 "제도 설계를 잘하면 공동체, 시장, 그리고 국가는 서로 대체적인 관계가 아니라 보완적인 관계를 형성할 수 있다"(Bowles & Gintis 2002). 따라서 사회적 경제의 제도화는 두 영역과의 보완성을 중심으로 이뤄져야 한다. 앞에서 보았듯이 사회적 경제는 시장경제의 불평등을 일정하게 가로막는 역할을 하며 공공경제와의 관련 속에서 고용과 복지를 제공함으로써, 임금 불평등뿐만 아니라 노동소득과 자본소득 간의 불평등도 완화할 수 있다.

23

한국 복지국가의 미래

중조세-중복지를 위한 제언

임현진

지금까지 여러 연구들이 복지 제도가 정착되고 발전하는 계기는 직접적으로 사회경제적 상황과 관련된다는 사실에 주목해 왔다. 복지국가가 가장 먼저 발전한 서유럽의 경우, 급속한 산업화가 야기했던 다양한 사회경제적 문제에 대응하기 위해 산업재해보험, 실업보험, 연금보험 등과 같은 사회보험 및 사회부조 제도가 19세기 후반에 도입되었다. 그리고 이렇게 맹아적 형태로 도입된 복지 제도는 경제성장률이 가장 높았던 1950~60년대의 이른바 '자본주의 황금기'를 거치면서 빠르게 개화할 수 있었다. 경제성장은 복지의 조건이 되었고 복지는 경제성장을 위한 사회적 토대를 제공함으로써, 성장과 복지 사이의 선순환 관계가 성립되었다.

아르헨티나, 브라질, 칠레와 같은 라틴아메리카 국가들에서는 비록 서유럽보다는 지체되었지만, 1920~50년대에 복지 제도들이 도입되기 시작했고, 1차 산품의 수출과 수입 대체 산업화 전략으로 급속한 경제성장이 이루어지던 1960년대 복지 제도의 심화 및 발전이 진행되었다. 특히 경제성장과 함께 도시의 공식 부문 노동자 조직들이 형성되고 정치적 세력화에 성공하면서, 정치경제적으로 힘을 가진 집단들부터 차례로 복지 제도의 수혜 대상이 되었다. 반면 도시의 비공식 부문이나 농민과 같이 조직되지 못하고 정치적으로 소외된 집단들은 복지의 수혜에서 제외되었다. 수혜 대상의 집단들도 그 집단의 정치 세력의 정도에 따라 수혜 정도가 매우 불평등한 구조였다(마인섭 2004).

특히 페론주의나 바르가스주의와 같은 포퓰리즘이 강고했던 1940~50년대의 아르헨티나와 브라질에서는 수입 대체 산업화의 성공을 배경으로 복지 제도가 확장되었는데, 이런 제도적 유산은 이후 권위주의 체제로의 전환 이후에도 지속되어 복지 지출은 상대적으로 높은 수준에서 유지되었다. 권위주의 정권은 노동자계급을 배제하고 복지 수혜를 축소하는 개혁을 추진했지만, 정치적 동원에 필요한 군인, 경찰, 관료, 법조 공무원과 언론인, 은행원 등과 같은 집단에게는 복지 수혜를 확장했기 때문이다.

1. 한국에서 복지의 현재

이처럼 서유럽과 남미에서는 공통적으로 경제성장기에 복지 제도가 발전했지만, 동아시아에서는 경제성장과 복지의 발전이 병행되지 않았다. 해거드와 카우프만은 이런 특이성이 동아시아 지역에서의 냉전과 수출 주도형 경제성장 전략에 따른 것이라고 지적한 바 있다(Haggard and

표 1 | 사회보장, 의료, 교육비 지출: 동아시아와 남미(1976~80년)

	사회보장/ GDP	사회보장/ 정부 총지출	의료/ GDP	의료/ 정부 총지출	교육/ GDP	교육/ 정부 총지출	총복지/ GDP	총복지/ 정부 총지출	1인당 GDP
남미 평균	4.9	23.2	1.35	6.2	3.2	15.2	9.45	44.6	6,709
동아시아 평균	0.5	2.7	0.7	4.2	3.2	17.5	4.4	24.4	5,761
한국	0.8	3.2	0.2	1.3	2.5	15.9	3.5	20.4	4,340

자료: Haggard and Kaufman(2008, 29).

Kaufman 1998). 즉 동아시아의 급속한 경제성장기였던 1960~70년대는 또한 냉전이 정점에 다다랐던 시기로서, 미국의 전폭적인 지원 아래 한국, 대만, 일본에서는 반공산주의적인 보수 정부가 집권했다. 그 결과 복지 및 재분배와 같은 사회주의적 사고방식이 과도하게 억압되었고, 복지에 대한 요구도 축소되었다는 것이다. 또한 경제성장을 이끌었던 수출 주도형 경제성장 전략은 노동집약적 산업을 중심으로 진행되었는데, 노동비용의 상승에 따라 수출 경쟁력을 약화시킬 수 있는 사회보험이 최소화되는 경향이 강했다.

〈표 1〉은 고도 성장기였던 1976~80년 남미와 동아시아의 복지 지출을 비교하고 있다. 여기서 확인할 수 있는 특징은 유사한 경제 수준을 보유하고 있음에도 불구하고 동아시아 국가들은 사회보장 지출과 공공 의료 부문에 있어서 남미에 비해 복지 제공 수준이 매우 낮았다는 사실이다. 수입 대체 산업화 전략을 택했던 남미 국가들은 수입 대체와 내수 육성을 위해서 도시 노동자들에게 연금 등의 편의를 제공해 줄 유인이 컸기 때문에 사회보험 중심의 복지 제도가 발전했고, 이런 제도적 유산은 권위주의 체제 아래에서도 비록 축소된 형태지만 여전히 지속되었다. 반면 동아시아 국가들은 수출 주도 경제성장의 결과로 전반적인 복지 지출 규모는 낮은 수준에 머물렀다. 특히 한국의 경우, 남미 국가뿐 아니라 다른 동아시

아 국가들에 비해서도 매우 낮은 수준의 복지 지출을 보였다. 그런데 주목할 만한 사실은 다른 복지 영역에 비해 교육 분야에 있어서만큼은 상대적으로 높은 지출 수준을 보이고 있다는 점이다. 이는 한국에서 1970년대부터 노동집약적 산업에서 중화학공업으로 수출 주도 전략의 이행이 추진되면서 고급 인력의 수요가 증가하게 되었던 것이 공교육 지출의 확대로 반영되었던 사실과 관련된다.

그런데 1980년대를 거치면서 남미에서는 복지 지출의 정체 혹은 축소 현상이 나타났던 반면, 한국을 포함한 동아시아에서는 반대로 복지 지출의 급속한 증가 현상이 나타났다. 이는 1980년대 두 지역에서 공통적으로 진행되었던 '민주화'가 가져다주었던 상이한 영향에서 비롯되었다. 먼저 남미는 민주화 이전 소수에게 혜택이 집중된 복지 구조를 가지고 있었기에 그것이 민주주의 체제로의 전환 이후 유지되기가 쉽지 않았다. 복지는 특권으로 인식되었고 민주화는 이런 특권의 해체에 대한 요구를 강화시켰던 것이다. 그뿐만 아니라 남미의 민주화는 1980년대 초반의 외채 위기 속에서 진행되었기 때문에 민주화 국면에서 대부분의 유권자들은 복지 '특권'의 축소를 통해 재정 압박을 해결하고자 했고, 기득권층은 기존의 복지 체제를 유지하고자 하는 모습을 보였다.

이와 달리 민주화 이전의 동아시아에서는 복지 수준 자체가 워낙에 미미했기 때문에 복지와 관련된 기득권 세력 자체가 거의 부재했고, 민주화 이후 복지 개혁에 반대하는 목소리는 거의 존재하지 않았다. 따라서 민주화 이후 보수정당을 포함한 모든 정당들이 복지 정책을 기반으로 유권자들을 유인하려는 경향이 나타났다. 또한 기존의 복지가 최소한의 수준이었기에 복지의 실질적인 확장 또한 가능했다(Haggard and Kaufman 1998). 이런 경향은 1990년대 후반의 경제 위기 시에도 마찬가지였다. 일반적으로 경제 위기 아래에서 정부는 구조조정과 같은 개혁의 요구에 노

그림 1 | 한국 복지 지출의 연도별 변화

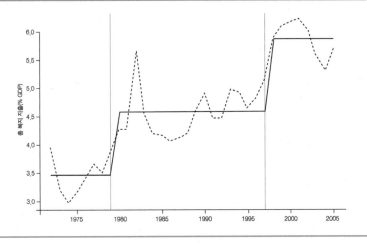

자료: 노정호(2013, 215).

출되고 그 결과 복지 혜택을 축소시키는 선택을 하는 경향이 있다. 그러나 동아시아 국가들의 경우에는 위기에도 불구하고 경제구조가 상대적으로 건전했기 때문에 물가 상승 폭이 적었고, 정부 채무 구조 또한 상대적으로 건전해 복지 지출에 대한 재정적 압박이 심하지 않았다(노정호 2014). 특히 한국의 경우, 위기 직후 보수주의 정부에서 자유주의 정부로의 정권 교체는 구조조정의 효과를 최소화하기 위한 복지 정책의 확대를 가능케 했고, 그에 대한 사회적 합의 또한 이끌어 낼 수 있었다.

〈그림 2〉는 한국의 복지 지출이 두 번에 걸쳐 단절적인 형태로 증가해 왔음을 보여 준다. 두 번의 단절점은 각각 1979년과 1997년인데, 이 시기는 1979~80년의 경제 위기와 1997년의 경제 위기가 발생했던 시점과 일치한다. 이는 동아시아 국가들 중에서도 복지 지출 규모가 가장 낮았던 한국의 경우, 경제 위기가 복지 확장의 결정적 계기였음을 보여 준다. 그

그림 2 | 1인당 GDP 1만5천 달러 도달 시점의 사회보장 지출 비중

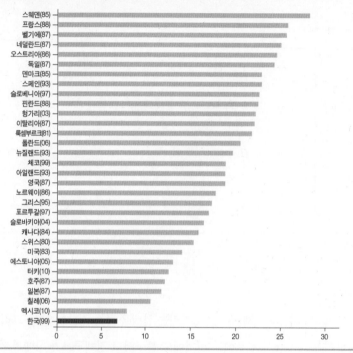

러나 이는 역설적으로 한국에서 복지 제도의 성격과 경향을 반영한다. 즉 한국에서 복지 제도의 발전은 복지에의 보편적 권리에 대한 인식을 바탕으로 한 '아래로부터의' 요구에 따른 것이 아니라, 경제 위기의 파괴적 효과를 최소화하려는 일종의 통치적 의도하에서, '위로부터의' 필요에 따라 이루어졌다는 것이다. 그 결과 복지 제도의 확대는 '최소한의 한도' 내에서 이루어졌고, 상대적으로 급속한 성장 속도에도 불구하고 국제적인 수준에서나 경제 규모에 비해서는 여전히 낮은 수준에 머물러 있게 되었다

(신광영 2012).

한국의 1인당 GDP는 경제협력개발기구OECD 평균의 90%에 육박하지만, 사회복지 지출은 평균의 40%에도 못 미치고 있다. 한국은 경제협력개발기구 가입 이후 지금까지 복지 지출 순위와 소득 대체율에 있어서 줄곧 최하위 그룹에 속해 왔고, 그나마 대부분의 복지 정책 또한 노인을 위한 연금 혜택 중심으로 이루어져 있다(Yang 2013). 하지만 경제협력개발기구 회원국들 가운데 한국의 복지 수준이 낮은 것은 단지 경제력 격차나 성장 수준에 따른 것으로는 볼 수 없는데, 왜냐하면 〈그림 2〉에서 볼 수 있는 것처럼 동일한 경제 수준에 도달했던 시점의 다른 국가들과 비교해서도 한국의 사회보장 지출은 극히 낮은 수준(GDP 대비 6%)에 불과하기 때문이다.

따라서 이런 복지 지체를 해명하기 위해서는, 한국에서는 왜 다른 국가들에 비해 아래로부터의 복지 요구가 미약한 수준에 머물렀는가라는 질문에 답해야 한다(김도균 2013). 이 질문에 대해 양재진(Yang 2013)은 한국 복지의 저발전은 수출 주도형 경제성장 전략에서 비롯된 결과라고 주장한다. 이 전략에 따라 중화학 공업화가 진행되면서 대기업 중심의 경제구조가 고착되었고, 권위주의 정권은 산별노조나 전국 단위의 노조를 억압했기 때문에 한국에서는 노조가 기업체 단위로 발달하게 되었으며 이런 특성이 민주화 이후에도 그대로 유지되고 있다. 기업 단위 노조는 공공복지보다는 임금 인상과 같은 기업 내 정치에 매몰되었고, 기업들의 입장에서도 강제적인 공공복지 비용을 부담하기보다는 자체적인 혜택 제공을 통해 개별적인 방식으로 노조와 협상하는 것이 더 유리했다는 것이다. 또한 김도균(2013)에 따르면 수출 주도형 경제성장 전략이 가장 정점에 올랐던 시기에는 가계 저축의 동원이 정부 정책의 핵심 의제가 되었는데, 이를 위한 하나의 수단으로 국가는 근로소득세에 대한 낮은 세율과 다양한 공제 제도를 활용했다. 그 결과 한국의 중산층은 복지 제도 대신 낮은 소득세 부담과 가계 저축에 의존한 생존 전략을 택하게 되었고, 이것이 세율의 증가를 의미하는 복지에 대한 대중적 요구가 자발적인 방식으로 조직되지 않았던 이유였다.

2. 복지국가를 위한 과제: 임금 주도 발전 패러다임으로의 전환

산업화된 민주국가들에서 근대적인 조세 체제가 형성된 시기는 대체로 20세기 전후의 복지국가가 태동한 시기와 일치한다. 복지의 도입은 그에 필요한 재원 조달 방법으로서 조세 체제의 현대화를 전제했던 것이다. 또한 복지 제도의 발전이 본격화된 1950~60년대에는 대다수 국민이 납세자가 되는 '국민 개세주의'mass tax가 확립되었다. 이처럼 20세기의 역사는 복지와 조세의 동시적 확장의 역사라고 할 수 있다. 물론 1980년대 이후 신자유주의 시기를 거치면서 기존 복지국가들 사이에서도 감세 정책이 추진되기도 했지만, 복지 지출 규모의 뚜렷한 축소는 발견되지 않을뿐더러 1991년 스웨덴의 조세 개혁에서 나타나듯이, 세율의 인하를 세원의 확대로 보완함으로써 국가의 조세 추출 능력은 유지되었다.

그러나 한국은 이런 국제적 추세로부터 매우 동떨어져 있다. 〈그림 3〉은 조세부담에 사실상 직접세와 동일한 성격의 사회보험료(사회보장세)를 합한 국민부담률의 추이와 GDP 대비 사회 지출 비율의 국제 간 비교를 보여 준다. 한국의 경우, 다른 OECD 국가들과 비교할 때 사회 지출 규모는 현저히 낮은 수준이며, 국민부담률도 마찬가지여서 OECD 평균보

그림 3 | 사회복지 지출 및 국민부담률의 국제 비교

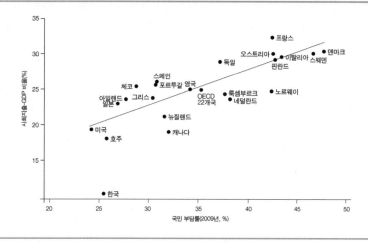

자료: OECD, Social Expenditure Database.

다 약 9% 낮은 수준이다. 요컨대 한국은 '저조세-저복지'의 특성을 나타
내고 있는 것이다.

한국에서 조세 저부담 현상의 원인은 우선 낮은 소득세와 낮은 사회
보험료에서 비롯된다. 소득세를 통해 거두어들이는 재정수입이 2010년
기준 GDP 대비 3.6%에 불과해 OECD 평균치(8.5%)에 비해 5%p 가까이
작다. 또한 사회보험료로 거두어들이는 재정수입 또한 GDP의 5.7%에 불
과해 OECD 평균치에 비해 3.5%p나 작다. 물론 사회보험료의 경우,
1980년대 이후 국민연금이 도입되고 건강보험이 확대되면서 지속적으로
증가해 왔고, 한국의 복지 제도가 독일처럼 사회보험을 중심으로 설계되
었음을 고려하면 앞으로 사회보험료는 전체 수입과 비중 양면에서
OECD의 평균 수준에 근접해 갈 것이라 예상할 수 있다. 이에 반해 유독
낮은 소득세를 통한 재정수입은 크게 변하지 않고 있어서, 2010년 현재,

소득세를 통한 재정수입은 여전히 1990년 수준에 머무르고 있는 것이다. 뿐만 아니라 전체 조세 수입에서 소득세가 차지하는 비중은 1990년 20%를 정점으로 한 후, 오히려 꾸준히 후퇴하여 2010년 14.3%로 OECD 평균인 25.1%와 큰 차이를 보이고 있다(양재진·민효상 2013).

이런 '저조세-저복지' 체제는 저임금에 바탕을 둔 1960~70년대 수출 주도 경제성장 전략에서 기인했다. 하지만 이런 체제를 변화시키려는 시도가 없었던 것은 아니다. 단적인 예로 노무현 정부는 집권 초기부터 국민기초생활보장제도 및 기초노령연금 등 사회보험을 중심으로 복지 제도를 확대시키는 한편, 종합부동산세의 부과를 통해 복지 확대의 비용을 마련하고자 했다. 이에 따라 노무현 정부 시기의 조세부담률은 점진적으로 인상되었다. 물론 OECD 국가들과 비교해서는 여전히 낮은 수준이었지만, 조세부담률의 인상 경향은 뚜렷했다.

그러나 복지 확대와 조세부담률의 인상 경향을 다시 역전시켰던 것은 단지 이명박 정부로의 정권 교체와 같은 정치권 내부에서의 변화 때문만은 아니었다. 오히려 가장 중요한 요인은 경제성장을 위해 복지를 희생시켜 왔던 '저조세-저복지' 체제에 익숙한 중산층 대중 중심의 광범위한 저항이 결정적이었다. 이들에게는 세금 인상이 장기적이고 분산된 이익이 아니라 현재에 집중된 손실이었던 동시에, '저조세-저복지' 체제 시기에 경제성장을 경험했던 이들에게 이 체제로부터의 탈피는 곧 경제성장의 중단을 의미하는 것으로 오인되었기 때문이다(최종호·최영준 2014). 노무현 정부에 뒤이은 이명박 정부는 2008년 취임사에서 "시혜적·사후적 복지가 해결책이 아니라 능동적·예방적 복지로 나가야 한다"고 복지 정책의 기조를 밝혔다. 이런 기조는 다시 성장 중심의 경제정책과 그것에 종속되고 보완적인 기능을 담당하는 복지 정책의 결합을 의미하는 것이었다. 이명박 정부는 과거의 박정희 정부처럼 낙수효과를 통해 성장 정책으로

그림 4 | 노무현 정부 시기 조세부담률

단위: %

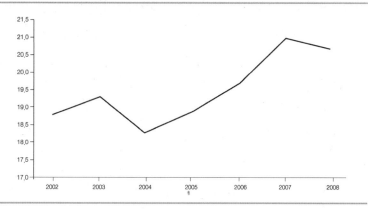

자료: 최종호·최영준(2014, 12).

복지 정책을 대체하고자 했던 것이다. 이에 따라 임기 초에 종합부동산세 철회 및 세금 환급 확대와 같은 대규모 감세 방안을 골자로 하는 세제 개편을 추진함으로써 복지 재원을 침식시켰다.

2000년대 후반부터는 '증세 없이 복지 없다'라는 언명이 정치권과 언론을 통해 광범위하게 회자되었다. 그런데 일견 상식과도 같은 이 명제는 한국 사회에서 강력한 정치적 효과를 발휘했다. 단적인 예로 사실상 복지국가로의 전환을 시기상조라고 간주했던 보수주의자들은, 복지 혜택을 더 받기 위해서는 세금을 더 부담해야 하는데, 과연 그럴 자신이나 마음이 있느냐는 식으로 국민들을 겁박하는 용도로 이 명제를 활용했다. 그리고 저임금 상황하에서 낮은 세금 부담에 익숙해진 국민들은 한편으로는 복지의 필요성을 공감하면서도, 복지 인상이 세금 부담을 가져와 그나마 빠듯한 생활이 더욱 압박받지 않을까 노심초사했다.

지난 2012년 대선 국면에서 박근혜 후보의 '증세 없는 복지'라는 공약이 효력을 발휘했던 것은 바로 이런 맥락이었다. 한편으로는 복지에 대한 대중의 열망을 수용하면서도, 동시에 증세에 대한 대중의 공포를 포착하여 적절히 활용했던 것이다. 그러나 박근혜 정부 출범 이후 2년이 넘은 오늘날, 이 공약은 단순히 선거 국면에서 대중의 열망을 추종하여 자신의 이익을 극대화했다는 의미에서 '포퓰리즘'의 전형이었을 뿐만 아니라, 오히려 반대로 복지의 실질적인 확대 없이 각종 간접세가 인상된, 이른바 '복지 없는 증세'임이 분명해지고 있다. 이는 '증세 없는 복지'가 사실상 불가능한 목표였으며, 과거의 아르헨티나와 마찬가지로 복지 문제를 정략적으로 접근한 사례임을 의미한다. 또한 최근 '공무원연금'과 관련된 논란에서 드러났듯이, 오히려 정부는 세금을 절약한다는 미명 아래 오히려 상대적으로 높은 복지 혜택을 받고 있는 집단을 '특권층'으로 공격하는 방식으로 '대중의 원한怨恨'을 활용하기도 했다. 그 결과 복지는 보편적 권리이자 사회적 연대의 가치이기보다는, 반대로 해체되어야 할 특권이자 집단 간 투쟁과 균열을 발생시키는 사회적 갈등의 축으로 작용하기에 이르렀다. 한국에서는 복지국가로 진입하기도 전에 복지에 대한 환멸과 실망이 먼저 자리를 잡게 된 역설적 형국인 것이다.

최근 정치권 일각에서 제기된 바 있는 '중부담-중복지'는 '증세 없는 복지'에 대한 일종의 반성과 교정의 의미를 지닌다. 복지에 대한 기대 수준을 다소 낮추는 대신, 증세에 대한 과도한 공포로부터 탈피하여 조세부담을 '합리적 수준'에 맞춘다는 것이다. 하지만 이런 주장은 그 기본적 타당성에도 불구하고 아직까지는 기초적인 수준의 방향 설정에 불과할 뿐더러, 심지어 '중부담-중조세'를 주장하는 사람들 사이에도 정치적 입장에 따라 구체적 내용은 크게 다르다. 특히 시민사회와 야당의 일부가 대표하는 진보주의적 입장은 과세 구간의 확대를 통한 부자 증세, 금융 상품에 대한 거래세 부과, 법인세 인상 및 재벌에 대한 비과세와 세금 감면의 축소를 제안한다. 이들의 주장은 분명한 타당성을 갖지만, 이 입장마저도 중산층 이하 계층이 부담해야 할 복지 부담의 문제에 대해서는 역시 침묵한다는 점에서는 한계가 있다. 이른바 '부자 증세'만으로 앞으로 지속적으로 확대될 복지 부담을 과연 온전히 충당할 수 있을 것인가? 만약 이 질문에 제대로 답하지 못한다면, 결국 진보주의적 입장도 '(중산층의) 증세 없는 복지'를 주장한다는 점에서 포퓰리즘에 편향되어 있다는 비판을 면치 못하게 될 것이다.

따라서 현재 상황에서 가장 먼저 취해야 할 입장은 복지 제도의 확대를 위해서는 무엇보다도 중산층을 포함하여 대다수의 국민이 부담해야 할 전반적인 세금 인상이 불가피하다는 점을 분명하게 시인해야 한다는 데 있다. 그리고 이것을 출발점으로 하여 세금 인상 폭을 어떻게 결정할 것이며, 이것을 계층에 따라 어떻게 배분할 것인지, 그리고 이런 부담과 관련하여 복지 수준을 어떻게 조정할 수 있는지의 문제를, 단순히 정략적 관점을 넘어서, 정책적 토론에 붙여야 한다. 그리고 과거 발전 국가 시기의 유산인 극단적 형태의 '저조세-저복지' 체제가 더 이상 유효하지 않다면, 어떤 체제로의 이행을 지향할 것인지를 합의해야 한다. 〈그림 5〉는 앞의 〈그림 4〉의 국가별 사회복지 지출과 국민부담률을 유형화한 것이다. 대부분의 국가들은 지역별로 네 가지 유형으로 나뉘는데, 이런 유형은 다시 '저조세-저복지'(영미형), '저조세-중복지'(남유럽형), '중조세-중복지'(대륙형), '고조세-고복지'(북구형)로 구분될 수 있다. 한국은 영미형의 '저조세-저복지' 형태와 유사하지만 그 수준에 있어서는 이에 미달한다는 의미에서 '극단적인 저조세-저복지' 유형이라고 할 수 있을 것이다. 우리는 한국이 지향해야 할 복지 모델은 독일로 대표되는 '중조세-중복지' 유형이어야 한다고 생각한다.

그런데 중조세-중복지 체제로의 전환을 위해서 반드시 해결해야 할

그림 5 | 복지국가 유형별 사회복지 지출 및 국민부담률

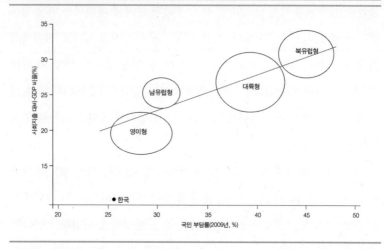

과제가 있다. 그것은 복지 체제와 함께 성장 체제를 전환시키는 데 있다. 이제까지 한국은 이른바 '이윤 주도 성장'의 일환으로 수출 주도형 경제 전략에 의존해 왔고, 이를 위해 다양한 방식의 임금 억제 정책을 취해 왔다. 바로 국가가 저조세-저복지를 기반으로 했던 이유 역시 여기서 비롯되었다. 상술했듯이 저임금을 저조세로 보완하는 방식으로 노동자의 실질소득에 대해 간접적 지원을 제공했고, 이는 다시 복지의 저발전으로 이어지는 악순환을 낳았던 것이다. 물론 1980년대 후반 이후 임금 상승률은 큰 폭으로 성장한 바 있지만, 외환 위기 이후 그 추세는 정체되거나 후퇴했다. 특히 2007년 글로벌 금융 위기 이후부터는 수출의존도와 기업 이윤은 과거보다 더욱 높아졌지만, 노동생산성과 실질임금 상승률 사이의 격차는 더욱 확대되었다. 즉 노동생산성은 꾸준히 상승했지만, 실질임금은 노동생산성의 상승에도 불구하고 정체되었던 것이다. 2007~2012년 사

이 이 격차는 10.3%p로서 경제협력개발기구 국가 중 금융 위기를 겪은 포르투갈(11.2%), 아일랜드(13.8%), 그리스(12.3%), 스페인(11.7%) 다음으로 높았다. 이런 '임금 없는 성장'으로 인해 같은 기간 기업의 가처분소득은 109.5%나 증가했지만, 가계의 가처분소득은 34.1% 증가하는 데 그쳤다. 그 결과 내수는 더욱 위축되었고, 국가와 기업은 경기 침체와 이윤 확대를 위해 수출 주도 전략에 더욱 몰두하게 되었다. 최근의 세금 인상 및 국민연금과 같은 사회보험 납부금 인상 안에 대한 대다수 국민들이 보여 주었던 심리적 저항이 최고조에 올랐던 것 역시 이런 현상과 관련이 깊다고 할 수 있다. 따라서 저조세-저복지에서 중조세-중복지로의 전환은, 중산층을 구성하는 대다수 임금 소득자들이 부담해야 하는 세금 인상의 충격을 흡수할 수 있는 실질임금의 인상 없이는 불가능하다. 실질임금의 인상은 복지 제도의 확충을 가능케 할 뿐만 아니라, 수출의존도를 낮추고 내수를 확대함으로써 좀 더 균형적 성장에 기여할 수 있다. 한국 복지의 문제는 단순히 그 비용(세금)의 배분이라는 문제로 환원되거나 한정되는 것이 아니라, 이윤 주도 성장에서 임금 주도 성장, 혹은 수출 주도 성장에서 내수 주도 성장이라는 발전 패러다임의 전환과 밀접한 관련을 맺고 있는 것이다.

24

사회투자 복지국가로의
새로운 항로

이혜경

1. 들어가는 말

한국은 올해로 광복 70주년을 맞는다. 한국은 식민 지배 경험을 가진 후
발국으로는 유일하게 경제협력개발기구 회원국이 된 국가이고, 세계 최
대의 원조 수혜국에서 적극적인 개발원조 공여국으로 이행하는 데 성공
한 나라이다. 옥스퍼드 대학의 링겐Stein Lingen 교수는 오늘날 한국의 풍요
로운 시장경제와 안정적인 민주주의는 사회과학의 불가사의라고 말한다.
특히 1960년대 이후의 비약적인 경제성장과 1987년 이후 민주주의의 공
고화로 한국은 발전 국가 모델의 대표적인 성공 사례로 손꼽히게 되었다.
　일본의 경제성장을 '발전국가' 개념으로 설명한 찰머스 존슨Chalmers
Johnson은 1962년에서 1987년까지 25년간의 한국을 '권위주의적 발전 국

가'라고 불렀다. 개발독재의 다른 이름이기도 한 '권위주의적 발전 국가'는 한국 경제의 초고속 성장을 가능하게 했고, 그리하여 민주화의 물질적 기반을 마련할 수 있게 했다. 그러나 반공주의 안보 이데올로기와 결합된 한국의 권위주의적 발전 국가 모델의 성공은 스스로 소멸됨으로써 완성되고, 새로운 민주적 시장경제 체제의 탄생으로 확인되는 것이다. 한국의 '권위주의적 발전 국가' 모델은 1987년 민주화 이후 공식적으로 폐기되었다. 그로부터 10년째 되는 1997년, 한국은 IMF 위기를 통하여 신자유주의 세계화의 충격에 극적으로 맞닥뜨리게 되었다. 발전 국가 모형으로부터의 탈출은 곧바로 신자유주의 세계화라는 무한 경쟁의 세계경제질서로 안내되었다. 사상 최대 규모의 구제 금융을 지원받은 국민의정부가 한편으로는 IMF가 요구하는 신자유주의 구조 개혁을 충실히 수행하면서, 다른 한편으로는 새로운 국정 철학의 한 축으로 '생산적 복지'를 추가했다. 뒤이은 참여정부가 사회투자 전략으로 생산적 복지를 확충하고 설득했다. 이로써 한국의 사회투자 복지국가를 향한 새로운 항로를 선택하게 되었다.

서구의 역사를 보면 절대주의적 중상주의 국가로부터 야경국가의 시대로, 야경국가로부터 복지국가의 시대로, 복지국가에서 신자유주의 복지 개혁의 시대를 거쳐 다시 복지국가의 사회투자적 재생과 근로주의적 재편의 시대로 전환해 왔음을 알 수 있다. 그러나 후발 한국의 경우는 중상주의적인 특징이 강한 권위주의적 발전 국가로부터 중간 단계들을 생략하고 마지막 사회투자적 복지국가 재편의 단계로 진입하는 셈이다. 국내외의 많은 연구자들이 한국은 IMF 위기 이후 복지국 단계에 진입했다고 말한다.[1] 한국의 경제성장이 그랬던 것처럼 사회정책도 단계와 과정을 뛰어넘는 압축의 실험이 시작된 것이다. 그러나 '발전국가'로부터 '사회투자 복지국가'로의 전환의 과정이 순탄하기를 기대하기는 어렵다. 진보 진영 내부에서도 사회투자 개념이 지나치게 신자유주의에 경도된 복지 개혁이라는 비판의 목소리가 높고, 보수 진영에서는 복지의 확대 자체를 포퓰리즘으로 경계하는 경향이 여전하다.

그러나 세계화와 탈산업화라는 세계사적 전환이 케인스주의적 복지국가의 현실 정합성을 크게 약화시켰다는 데 이론의 여지가 없고, 새로운 정치경제 사회적 환경에서 발생하는 새로운 사회적 위험에 대응하기 위한 복지국가 재편의 새로운 패러다임으로서 '사회적 투자' 개념이 세계사적으로 재조명되고 있음도 움직일 수 없는 사실이다. 발전국가 한국 모델의 진정한 성공은 '사회투자적 복지국가 체제'로의 압축적 이행의 성공으로 완성된다 해도 틀리지 아니하다.

다음 절에서는 복지국가의 본질을 폴라니의 탈상품화와 이중 운동, 뮈르달의 사회투자, 21세기에 다시 등장한 사회투자론으로 정리해 보고, 제3절에서는 국민의정부와 참여정부가 채택한 생산적 복지와 사회투자 접근의 의미를 한국의 맥락에서 다시 살펴보고, 마지막 절에서 한국의 사회투자 접근이 앞으로 나아가야 할 방향을 짚어 본다.

1_복지국가의 기준은 연구자들에 따라 다르다. 공공 부조와 사회보험, 사회서비스의 제도화 정도와 공공사회지출 규모를 보는 것이 일반적인데, 크리스토퍼 피어슨(Christopher Pierson)은 GDP의 5%, 피터 린더트(Peter H. Lindert)는 20%를 제시하고 있다.

2. 케인스주의적 복지국가의 후퇴와 다시 돌아온 사회적 투자와 생산적 복지

복지국가란 모든 시민에게 인간다운 삶의 수준을 보장하는 국가를 말한다. 칼 폴라니(Polanyi 1957)에 의하면 시장경제 체제는 노동과 토지, 화폐 등 진정한 상품일 수 없는 것의 상품화를 전제하기 때문에 시장경제가 존속하는 한 그 허구가 낳는 왜곡에 시달릴 수밖에 없다. 역사적으로 상품화의 역기능은 '계몽된 반동들'enlightened reactionaries에 의한 사회적 규제와 탈상품화의 노력으로 대처되어 왔다. 시장 관계가 사회관계에서 분리되는 dis-embedding 상품화 과정과 다시 사회관계로 통합되는re-embedding 탈상품화 과정을 그는 '이중 운동'double movement이라 불렀다. 탈상품화는 인간을 상품으로 간주하는 자기 조절적 시장경제 체제의 허구의 위험으로부터 사회 자체를 보호하는 체제 생존의 기제인 것이다.

이런 시각에서 보면, 시장경제의 역사는 상품화와 탈상품화의 역사라 할 수 있고, 탈상품화 기제로서의 사회복지제도는 시장경제 체제의 결과인 동시에 조건이 된다. 전후의 케인스주의적 복지국가는 비교적 자율적인 국민경제를 전제로, 국가의 수요관리를 통해 완전고용을 유지하고, 탈상품화를 통해 사회권을 보장(빈곤 추방)함으로써, 시장경제를 보호하는 놀라운 발명품이자 완벽한 해답이었다. 케인스의 수요의 경제학은 베버리지William H. Beveridge의 현금 급여 중심, 남성 소득자 위주의 소득보장제도와 여타의 공공 지출을 경제적 도구로서 정당화했다. 케인스주의적 복지국가는 전후 국민국가 단위의 완전고용, 제조업 중심의 산업구조, 높은 성장률과 낮은 실업률, 가족 내 성별 분업과 젊은 인구구조를 사회 제도적 기반으로 하여 30년의 황금기를 구가했다.

그러나 1970년대 중반, 실업과 스태그플레이션이 계속되자, 케인스

경제학은 그것을 설명할 수도 해법을 제시할 수도 없게 되었으며, 자신을 맹렬히 공격하던 신자유주의에 자리를 내어 주게 되었다. 신자유주의 패러다임에서 사회 지출은 더 이상 경제성장을 확보하는 데 중요한 역할을 하지 않는다. 사회정책이 사회적 안정을 통해 경제성장을 촉진한다는 개념도 거부되었다. 신자유주의는 긴축예산과 기업 경쟁력, 임금 규제와 통화주의를 강조하고, 저성장과 실업은 불충분한 수요의 거시 경제 문제가 아니라 노동시장의 경직성과 관대한 사회보장, 강한 고용·보호에 의한 시장 왜곡의 미시 경제 문제로 해석된다. 신자유주의에 기초한, 복지국가 해체의 실험은 1980년대 초 영국과 미국에서, 대처와 레이건 정부에 의해 시도되었다. 1990년대에 이르면 신자유주의적 세계화가 본격화되어, 폐쇄적이고 자율적이던 국민경제들이 지구 단일 시장경제 체제로 빠르게 통합되고, 산업구조가 제조업 중심에서 지식 기반 서비스업 중심으로 전환되는 탈산업사회적 분화가 진행되었다. 그것은 케인스주의적 복지국가의 제도적 기반이 상실된다는 것을 의미했다. 저성장과 고실업이 지속되고, 저출산, 고령화, 여성의 경제활동 참여 증가, 근로 빈곤과 사회적 배제, 사회경제적 양극화 심화 등 새로운 사회적 위험의 시대가 도래했다. 1990년대 후반 영국 신노동당 정부의, 정책 플랫폼으로서의 사회적 투자와 제3의 길, 네덜란드의 폴더 모델, 덴마크의 유연 보장, 2000년 유럽연합의 리스본 전략과 생산요소로서의 사회투자, 남미·아시아 지역의 사회투자 전략 등 복지 자본주의 체제 재편의 다양한 실험들에서 사회투자 개념이 핵심 개념으로 가시화되었다. 최근 사회정책 연구자들과 실천가들 사이에서도 지지가 확대되고 있다. 기든스(Giddens 1998)의 제3의 길, 테일러-구비(2004)의 사회투자 국가, 미질리(Midgley 1999)의 사회개발, 에스핑-안데르센(Esping-Andersen 2002)의 아동 중심 사회투자, 제인 젠슨(2010)의 사회투자, EC(2000)의 생산요소로서의 사회정책, 모렐과 펠메

(Morel & Palme 2012)의 사회투자 복지국가 등이 새로운 논리와 방향을 주도했다.

영국의 신노동당이 '사회투자'를 제안했을 때, 에스핑-안데르센은 그 것이 노르딕 사회민주주의를 영국이 뒤늦게 발견한 것에 불과하다고 논 평했다. 사회투자라는 개념은 1930년대 스웨덴에서 대공황과 심각한 출 산율 위기를 배경으로 사민주의 학자 군나르 뮈르달Karl Gunnar Myrdal이 보 수주의자들의 침묵을 염두에 두고 개발한 개념이다. 사회정책을 비용이 아니라 투자라고 보는 새로운 시각이었다. 그는 저출산은 사회경제적 어 려움 때문이고, 가족에게 경제적 지원을 하는 것이 출산율을 높이는 방법 이며, 인구의 양보다 중요한 것은 인구의 질인데, 인구의 질은 생물학적 으로 결정되는 것이 아니라 보육, 교육, 건강 보호, 가족에 대한 경제적 지 원, 여성의 노동력 참여 지원 등 광범위한 인적자본 투자 정책에 달려 있 다고 주장했다.

그의 메시지는 건강하고 교육받은 인구가 스스로 재생산되지 않으면 경제의 생산성을 유지할 수 없다는 것이었다. 그의 사회투자 개념은 인적 자본의 형성뿐 아니라 보존의 중요성도 포괄한다. 특히 소득 보장은 변화 에 대한 근로자의 두려움, 경제적 재구조화에 대한 두려움을 극복하는 데 반드시 필요한 요소로 간주되었다. 뮈르달에게 사회정책은 개인의 생활 보장과 재분배의 수단일 뿐 아니라 국가의 생산성을 높이고 유지하는 수 단이다. 사회정책에 대한 이러한 새로운 이해는 뮈르달의 '생산적 사회정 책'이라는 용어에 포함되어 있다. '사회적 투자'와 '생산적 사회정책'은 평 등과 효율이라는 이중의 목표를 조화시키는 개념이다.

경제정책과 사회정책, 평등과 효율의 상호 강화적인 성격에 대한 신 념을 공유한다는 점에서 뮈르달의 사회투자와 생산적 복지의 개념은 케 인스주의의 사회정책에 대한 이해와 일치한다. 중요한 두 가지 차이는 첫째, 뮈르달의 사회정책은 여성의 노동시장 참여와 젠더 평등을 강조하고 아동의 복리와 사회권 촉진을 강조한 데 반해 케인스주의 사회정책은 전통적인 가족과 남성 부양자 모델을 강조하여, 여성과 아동은 남성 부양자의 피부양자로서 사회적 급여권을 인정했다는 점이다. 둘째는 시간 프레임의 차이이다. 케인스주의적 사회정책은 수요를 강화함으로써 당장 현재에 이익을 산출하려는 것이고, 뮈르달의 생산적 복지는 교육, 건강, 인적자본 투자를 통해 미래에 이익을 창출하려는 것이다. 케인스주의적 복지국가가 현재의 불평등에 도전하며 현금 급여 형태의 수동적인 사회정책을 발전시킨 데 비해, 뮈르달의 사회투자는 인적자본 형성과 보존을 통하여 미래에 생산되는 혜택을 중시했다.

21세기 사회투자 개념은 전통적인 케인스주의적 복지국가나 신자유주의 개혁이 급진적으로 변화하고 있는 경제사회 질서와 인구 구조 변화, 증가하는 빈곤, 양극화, 여성 사회 참여의 증가, 사회적 배제에 대응하는 데 적절치 못하다는 비판을 받아들이고, 직업을 창출하지 못하고 미래 세대의 복지를 담보하지 못한다는 비판을 수용한다. 노동시장의 유연성과 개인의 고용 가능성을 중시하고, 국민으로 하여금 변화하는 고용조건과 가족 구조의 변화에 대비하게 하며 빈곤의 세습을 예방하도록 준비시켜야 한다는 것이다. 그러려면 수동적인 소득 보장으로부터 개인과 가족이 시장 참여를 통해 스스로 복리를 책임질 수 있도록 하는 인적자본 투자와 적극적인 활성화activation 정책이 중요해진다.

사회투자적 접근은 개인과 가족의 책임을 강조한다는 점에서는 신자유주의와 유사하지만, 신자유주의가 사회 지출을 억제하는 것과는 달리 사회투자 접근은 사회투자를 위한 국가의 적극적이고 긍정적인 역할을 강조한다. 사회투자 시각은 효율과 형평, 성장과 복지의 조화가 가능하다고 보고, 사회정책이 경제성장의 전제 조건이라고 본다는 점에서 케인스주의적 복지국가의 재생이라 할 수 있다. 또한 사회적 투자가 '경쟁력과 성장, 고용과 일자리의 질 향상'을 목표로 한다는 점에서 뮈르달의 생산적 복지 개념의 재생이다. 그러나 현재 결과의 평등보다 불평등과 빈곤의 세습 감소로 미래에 혜택을 생산하려 한다는 점은 케인스주의와 다른 점이다. 복지급여를 시민의 권리로 접근하는 복지주의welfare와 달리, 근로를 통한 복지를 강조한다는 점에서 근로주의workfare라 할 수 있으나, 급여 수급의 조건으로 근로를 요구하는 신자유주의적 근로주의와는 구별한다. 사회투자 접근은 세계화와 탈산업화 시대에 케인스주의적 복지국가와 신자유주의의 대안적 사회정책 패러다임으로 광범위하게 공유되고 있고, 새로운 사회정책 패러다임으로서 광범위하게 확산되고 있다. 한국이 이를 전격적으로 도입한 것은 2000년대 초 생산적 복지의 계승 발전을 약속한 참여정부에 의해서였다.

3. 권위주의적 발전 국가에서 사회투자 복지국가로

많은 사람들이 한국은 IMF 위기 이후 복지국가 단계에 진입했다고 말한다. 환란의 과정 속에서 서민과 중산층을 지지 기반으로 집권한 김대중 정부는 IMF가 요구하는 신자유주의적 처방을 충실히 이행하여 IMF 조기 졸업을 선언하는 한편, 집권 1년 만인 1999년 민주주의와 시장경제의 병행 발전이라는 국정 철학의 양대 축에 생산적 복지라는 세 번째 축을 추가했다. T. H. 마셜이 말하는 '민주적-복지-자본주의' 체제로의 진입을 선언한 셈이다. 그리하여 진보 정부 10년의 복지 개혁이 시작되었다.

국민의정부의 생산적 복지라는 용어에 관하여 '생산적'에 방점을 둔 것인지 '복지'에 방점을 둔 것인지를 놓고 사회정책 전문가들 사이에서 논란이 일었다. 국민의정부는 성장과 복지의 병행이 가능하고 필요하다는 신념을 가지고 있었고, 기든스의 제3의 길이 중요한 가이드라인이 되었다. 그러나 국민의정부의 생산적 복지는 ① 기본권 보장, ② 인간 개발, ③ 노동을 통한 복지, ④ 복지 다원주의의 4개 기둥으로 구성되는 개념이었다. 인적자본의 형성(투자)뿐 아니라 기본권 보장, 뮈르달이 말하는 인적 자본의 보존도 포함되어 있었다. 국민의정부가 집권 기간 동안에 실제로 추진한 것은 주로 기본권 보장이었다. 국민의정부는 국민 기초생활보장법 제정으로 전 국민에게 최저 생활을 보장케 하고, 역사상 처음으로 자산 조사에 의한 보충 급여를 실시했다. 국민연금제도의 적용 범위를 전 국민으로 확대하고 전 국민 단일 연금 제도로 통합했으며, 의료보험 제도 역시 1인 이상 사업장으로 적용 범위를 확대하고 단일 국민건강보험 체계로 완전 통합했다. 다시 말해서 국민의정부는 기본권 보장과 사회적 투자, 복지 다원주의를 포괄하는 생산적 복지의 틀을 구상했으나, 실행에 옮긴 것은 주로 사회권 보장의 기반 구축이었다. 기든스의 제3의 길의 사회투자 접근은 다음 정부의 과제로 넘겨졌다.

생산적 복지의 계승 발전을 약속한 참여정부는 생산적 복지 구상의 기본권 보장 외의 나머지 요소들, 인적자본 투자와 근로를 통한 복지를 적극적으로 확충했다. 참여정부의 문제의식은 두 가지였다. 하나는 저출산·고령화 문제이고, 다른 하나는 근로 빈곤과 양극화 문제였다. 참여정부가 출범한 2003년은 한국의 출산율이 1.17로 경제협력개발기구 국가 중 최저를 기록한 이른바 1.17쇼크의 해였다. 그리고 신자유주의적 경제 개혁의 사회적 결과로서, 분배의 악화, 장기 실업, 근로 빈곤, 비정규직, 아동 빈곤, 노숙자, 다문화 가정, 가족해체 등 신빈곤과 사회적 배제의 문제들이 심각하게 노정되고 있었다. 참여정부는 저출산 문제를 본격적으로, 포괄적으로 접근한 대한민국의 첫 정부가 되었고, 사회투자 전략으로 저출산·고령화와 양극화를 해소하고 국가의 성장 동력을 확보하려 했다. 양극화 현상이 세계 최저의 출산율과 세계에서 가장 빠른 고령화와 맞물려 국가의 성장 동력을 위협하는 악순환의 고리를 사회서비스 일자리 전략으로 끊으려 했다.

참여정부는 보육 서비스를 대폭 확대하고, 노인 장기 요양 보험 제도를 도입했으며, 교육 복지 사업의 확대, 근로 연계 복지 서비스의 강화, 사회서비스 일자리 창출, 일·가정 양립 정책 강화, 장애인 복지 서비스의 체계화, 고용 서비스의 체계화, 근로 장려 세제 도입, 바우처 제도의 시행 등이른바 탈산업 사회의 새로운 사회적 위험에 대한 인적자본 및 사회투자 정책을 대폭 확대했다. 참여정부에게 사회서비스 정책은 빈곤 정책이자 일자리 정책이고, 출산 정책, 여성 발전 정책, 성평등 정책이며 사회적 포용 정책이었다. 이같이 획기적인 사회서비스 정책의 확충은 참여정부의 포괄적인 장기 비전을 배경으로 한 것이었다.

2006년 참여정부가 발표한 "비전 2030"을 보면, 참여정부의 국정 운영은 동반성장과 선진 복지국가의 구현을 지향점으로 하고 있고, 이에 도달하기 위해 ① 성장 동력의 확충, ② 인적자본의 고도화, ③ 사회적 자본 확충, ④ 사회복지 선진화, ⑤ 적극적 세계화라는 5대 국가 전략을 씨줄로 하고, 제도 혁신과 선제적 투자라는 수단을 날줄로 하여, 모든 분야의 세부 정책들이 복지국가라는 지향점을 향하여 유기적으로 협력·조정·통합되는 포괄적인 로드맵이 제시되어 있다. 여기서 사회복지 정책은 경제정책을 비롯하여 교육정책, 노동정책, 고용정책, 무역정책 등과 이중 삼중으로 교차하면서 성장과 복지의 조화를 구현하는 핵심적 국가 경영전략으로 구체화되었다.

참여정부의 "비전 2030"은 혁신 주도형 경제정책과 사회투자형 사회

정책을 유기적으로 결합한, 유례없이 포괄적인 국가 전략 로드맵이다. 국민의정부와 참여정부의 생산적 복지와 사회투자 접근은 무엇보다도 성장과 복지국가를 불가분의 보완적 관계에 있음을 의심하지 않고 경제정책과 사회정책을 통합적으로 접근했다는 점에서 발전 국가 한국의 '선성장 후분배'의 정책 유산으로 부터의 단절을 확실히 하고 있다. 발전 국가의 '선성장 후분배'와의 결별은 성장과 분배의 상충을 전제하는 신자유주의와의 결별을 의미하는 것이기도 하다.

참여정부 시기 말에 이르면, 한국의 복지국가 체제는 선성장 후분배의 틀에서 벗어나, ① 경제정책과 통합된 국가 전략으로서의 복지 정책, ② 사회보험 중심주의에서 벗어난 사회적 서비스의 확대, ③ 인적자원개발과 고용 확대 중심의 사회투자적 접근, ④ 사회적 서비스의 분권적 전달체계를 추구하게 되었다. 공공사회지출도 가파르게 증가했다. 1997년 17.9%이던 총재정 대비 사회복지비 지출 비중이 2007년 29%로 증가했고, GDP 대비 공공사회지출 비중도 1995년 3.5%에서 2009년 9.4%로 증가했다. 2009년 현재, GDP 대비 공공사회지출 규모 9.4%는 스칸디나비아형(27.7%)이나 서유럽형(28.2%) 국가 평균의 3분의 1, 앵글로색슨형(20.8%) 국가 평균의 2분의 1에 못 미치는 수준이지만, 과거에 비하면 놀라운 증가였다. 공공사회지출의 구조도 달라졌다. 2009년 현재, 사회투자적 지출로 분류되는 가족과 노동시장 서비스 지출 비중이 총 사회 지출의 12.9%로 스칸디나비아형(16.2%), 앵글로색슨형(14.3%) 국가 평균보다는 낮지만, 남유럽형(8.1%) 국가들보다는 높고 서유럽형(12.7%)과 비슷한 수준이 되었다. 복지국가 발전에 있어서 역사적 타이밍의 중요성을 연구한 보놀리(Bonoli 2005)에 의하면, 남부유럽형 복지국가들처럼, 탈산업화와 저성장기에 수동적 소득보장제도가 이미 성숙해 있으면, 탈산업화에 적응하기 위해 새로운 사회투자 전략을 추가하기가 쉽지 않다는 것이다. 그런 의미에서 한국의 사회투자 접근의 타이밍은 다행스러운 선택이었다.

오늘의 한국 경제는 이미 저성장기에 진입했고, 고용 없는 성장이 현실화되고 있다. 경제사회적 양극화가 구조화되어, 빈곤이 세습되고 문화자본이 대물림되고 있다. 고용률은 낮고, 근로자의 3분의 1이 비정규직이고, 청년 실업률이 학력에 상관없이 높다. 예외적으로 빠른 저출산·고령화가 성장 잠재력을 둔화시키고 있다. 공공 부조와 5대 사회보험제도를 갖추고 있지만 아동 빈곤율이 15%, 노인 빈곤율이 50%에 육박한다. 많은 사람이 우리 사회는 공정하지 않다고 생각하고 있고, 자살률이 10년째 세계 1위를 달리고 있다. 삶에 대한 주관적 만족도가 OECD의 32개국 중 31번째다.

이 같이 다중적·다면적 위기 상황은 한국 사회에 특수한 권위주의적 발전 국가의 유산이라든가, 정치·경제·역사적 조건뿐 아니라, 신주유주의 세계화와 탈산업화라는 세계사적 대전환과 맞물려 빚어지고 있는 현상이다. 한국은 21세기 대부분의 국가들처럼 한편으로는 경쟁과 혁신과 긴축이라는 신자유주의 세계화의 요구에 적응해야 하고, 다른 한편으로는 탈산업화의 새로운 사회적 분화에 대응하기 위해 부심하고 있다. 에스핑-안데르센(2002)의 지적처럼, 오늘의 세계는 제2차 세계대전 후 복지국가가 발명되던 시기에 못지않은, 정치적·경제적·사회적 대전환의 시대다. 케인스주의적 복지국가는 인구구조의 역전과 저성장, 고실업 문제의 해법이 되지 못한다는 데 광범위한 합의가 이루어지고 있다. 근본적으로 새로운 복지국가가 디자인되어야 한다는 것이다.

이미 언급한 바와 같이 세계화와 탈산업화에 대응하여 국민의정부가 시작한 복지 개혁의 밑그림은 기든스의 제3의 길과 사회투자였다. 그러나 사실상 국민의정부는 생산적 복지라는 개념을 내걸고 공공 부조 개혁과 사회보험 확충 등 기본권 보장에 집중했고, 그 기반 위에서 참여정부는 사회투자적 사회서비스를 대폭 확충했다. 참여정부는 사회투자적 사회정책을 혁신 주도형 경제정책과 유기적으로 통합시킨 "비전 2030"이라는 장기적 국가 비전의 포괄적인 로드맵을 구축하고 그것을 전제로, 아동 보육 서비스, 노인 요양 서비스, 장애인 보조 서비스 등 사회서비스를 국가 고용 전략으로서, 인적자본 투자로서, 일가정 양립 정책으로서 확충했다.

그러나 '선성장 후분배'라는 신념으로부터 '성장과 분배의 선순환'이라는 신념으로의 전환이 일반 국민들 사이에서 얼마나 받아들여졌는지, 국민의정부와 참여정부가 생산적 복지, 사회투자 개념으로 복지 개혁을 추진하는 동안 성장과 복지의 선순환에 대한 국민적 지지가 얼마나 확산되었는지, 그것을 가름하기는 쉽지 않다. 오히려 발전 국가 시대의 성장 제일주의의 유산이 1990년대 이후 급속하게 확산된 시장주의, IMF 관리 체제하에서의 신자유주의 경제개혁들과 상호 작용하며 오히려 강화되었을 가능성도 배제하기 어렵다. 한국의 민주주의는 1987년 이후 형식적·절차적 측면에서는 눈에 띄게 발전했지만, 실질적·경제적 민주주의는 이루지 못하고, '신자유주의적 민주주의'로 이행했다는 것이 임혁백 교수의 주장이다. 사회정책의 확충에도 불구하고 빈곤율이 높아지고 양극화는 구조화되는 패러독스를 초래하고 있는 것이다. 게다가 사회투자 시각은 현재보다 미래를 보는 시간 프레임 때문에 현재의 빈곤과 불평등 문제를 소홀히 하게 된다든가, 기본권 보호의 책임을 개인과 가족에게 떠맡긴다든가, 사회정책을 경제정책에 종속시킨다든가 등 좌파 내부의 비판이 끊이지 않았다. 결국 참여정부의 사회투자 시각은 안정적으로 확산되지 못한 채, 친기업과 감세를 약속한 이명박 정부에 정권을 내주게 되었다.

그러나 이명박 정부는 성장과 분배의 상충 관계를 전제하는 반복지 시장주의로 출발했지만, 명시적인 반복지 시장주의는 오히려 '복지화'와

'경제민주화'를 시대의 명령으로 달구는 역사적 반동을 만들어 냈다. 2010년 12월, 묻혀 버린 참여정부의 사회투자 개념이 당시 한나라당 박근혜 의원실에서 준비한 "사회보장기본법 전부 개정안"으로 살아났다. 2011년 12월 개정 법안이 국회를 통과했다. 그리하여 참여정부의 사회투자 담론이 성장 제일주의를 표방한 이명박 정부 시기 말 한국의 '사회보장기본법' 개정으로 제도화되었다.[2] 미국발 금융 위기 이후, 이명박 정부도 동반성장과 균형 발전론으로 선회하게 되고, 실제로는 '복지 효율화를 위한 전달 체계 개혁'에 집중했다. 생애 주기별 맞춤형 복지 공약으로 집권한 박근혜 정부는 사회투자 시각을 적극적으로 사회보장기본법으로 제도화했음에도 불구하고 신자유주의의 처방인 긴축재정의 틀에 갇혀 '방만한 복지의 구조조정'에 집중하고 있을 뿐, 사회적 투자에 진전을 이루지 못하고 있다.

2_법안의 제안 이유를 보면 "저출산·고령화로 인한 인구구조의 변화, 세계 경제 위기로 인한 사회·문화 및 경제적 환경이 변화하면서 …… 전통적인 (소득 보장형) 복지국가 형태는 더 이상 존립하기 어려워졌다. …… 선제적이고 적극적인 복지 정책의 체질 개선이 필요해졌다. …… 현금 급여 위주의 소득 보장형 복지국가에서 개인별 맞춤식 생활 보장형 복지국가로의 전환이 요구된다"라고 쓰고 있다. 여기서 생활 보장은 소득 보장과 돌봄 서비스를 포함하는 확대된 사회서비스 보장을 포괄하는 개념이다. 문제의식이나 전략에 있어서 참여정부의 사회투자 담론과 다르지 않다.

4. 사회투자 복지국가로의 길

케인스주의적 복지국가였던 적이 없는 후발 한국은 권위주의적 발전국가의 제도적 유산을 가지고 사회투자적 사회정책의 시대로 진입했다. 한국의 시장경제가 형성되고 성장한 것도, 주요 사회보험제도가 도입된 것도 발전국가 시대, '선성장 후분배' 원칙하에서였음은 주지의 사실이다. 세계화의 극적인 충격과 탈산업적 사회분화의 위기에서 국민의정부의 생산적 복지와 참여정부의 사회투자 개념은 무엇보다 성장과 분배의 선순환이라는 새로운 신념의 선택이었다. 또한 한국 사회정책의 역사에서 처음 있는, 과거 발전 국가의 '선성장 후분배'의 논리로부터의 확실한 결별이었다. IMF 위기 이후 한국의 복지는 평등과 사회정의의 이름으로라기보다 아직도 '따라잡아야' 할 경제성장과 국가 경쟁력을 위한 사회투자의 이름으로 국정 목표가 된 것이다. 뮈르달이 1930년대 보수의 침묵을 향하여 생산적 복지와 사회투자 개념을 사용했던 것처럼.

모렐 등(Morel & Palme 2012)은 사회투자 시각은 사회정책 패러다임으로서 광범위하게 공유되고 있지만, 아직 새로운 국가정책 패러다임으로서 공유되고 있다고 보기는 어렵다고 주장한다. 사회정책 패러다임으로서의 사회투자 접근이 경제정책 패러다임과 결합하는 논리가 분명하지 않다는 것이다. 자본주의사회에서 국가는 두 가지 중요한 기능을 수행하는데, 하나는 자본의 이윤 창출을 보장하는 자본주의 재생산의 조건을 확보하는 것이고, 다른 하나는 노동의 재생산의 조건을 확보하는 것이다. 각각은 경제정책과 사회정책을 통하여 수행된다. 케인스주의적 복지국가는 총수요 관리와 완전고용을 목표로 하는 경제정책이 사회권 보장을 목표로 하는 사회정책과 편안하게 결합한다. 신자유주의 역시 시장의 자율적인 조절과 최소한의 정부 개입으로 논리적으로 정리된다. 이에 반하여,

사회투자 시각은 사회정책 패러다임으로서는 불가피한 선택으로 지지되지만, 그것과 결합하는 경제정책에 있어서는 신자유주의의 실패에 대한 신념이 확실하지 않다. 어떤 핵심 지점에서는 신자유주의 정치 경제 이론과 결별하지만, 상당 정도의 연속성을 보인다는 것이다.

이런 불안정성은 사회투자 복지국가의 다양한 변이 가능성을 시사한다. 이미 몇몇 연구자들은 선진 복지국가들의 새로운 적응 행태에서 강한 경로 의존적 다양성을 발견하고 있다. 예를 들어 서비스 경제의 3중 딜레마를 분석한 이버슨과 렌(Iversen & Wren, 1998)에 의하면, 저성장 경향의 서비스 경제에서는 긴축재정, 고용(성장), (소득)평등이라는 세 개의 목표를 동시에 달성해야 하는데, 그것이 쉽지 않고, 복지 자본주의 체제 유형별로 해법이 다르다는 것이다. 즉 자유주의 유형의 복지국가들은 세 개의 목표 중에서 평등을, 조합주의 국가들은 고용을, 사민주의 국가들은 긴축 재정을 희생하는 경로 의존성이 발견된다는 것이다. 또한 조절 이론가 밥 제숍은 20세기 말 이래 세계의 거시 경향적 전환을 '케인스주의적 복지국가'로부터 '슘페터주의적 근로 국가'로의 이행이라고 명명하면서,[3] 슘페터주의적 근로 국가로의 전환 역시 신자유주의, 신국가주의, 신조합주의적 경로로 분기하는 경로 의존성을 주장한다(Jessop 1993).

세계화와 탈산업화라고 하는 세기말 이래 세계사적 대전환에 적응하

3_슘페터주의적 근로 국가의 경제정책은 경쟁과 유인의 환경을 만들고 혁신을 공급함으로써 자본주의 재생산의 조건을 확보하는 것이 목표이고, 사회정책은 개방경제에서 보다 생산주의적이고 비용 절감적이고, 사회투자적인 노동력 재생산의 조건을 확보하는 것을 목표로 한다. 수요 측 관심이 없는 것은 아니나 주요 관심은 노동시장의 유연성과 혁신, 훈련, 인적자본의 관리 등 공급 측면에 있다.

는 방식은 각국이 처한 경제사회적 조건과 정치 세력 균형, 제도적 유산에 따라 적응의 속도·양식·조건·타이밍·성과가 달라지게 마련이다. 케인스주의적 복지국가가 답이 될 수 없는 새로운 도전들이 혁신과 경쟁, 인적자본 투자와 고용 가능성을 강조하는 새로운 사회투자적 사회정책 패러다임에 대한 지지를 확산시키고 있다.

'선성장 후분배'라는 신념으로부터 '성장과 분배의 선순환'이라는 신념으로의 전환은 정책 구상의 전제로서는 가능한 일이지만, 사회 구성원이 공유하는 신념으로서의 전환은 시간이 걸리는 일이다. '복지가 투자'라는 신념이 단기간에 충분히 확산되기를 기대하기는 어렵다. 그것은, 진정한 경쟁력의 원천은 기술과 신뢰, 유연성과 생존권처럼 창출되고 재생산되는 데 시간이 걸리는 경제 외적 자원이라는 인식 위에서만 가능한 것이다. 국민의정부와 참여정부의 사회정책이 발전 국가 시대의 선성장 후분배 논리로부터의 결별이었다고는 하나, 경제정책에서는 경쟁과 유인을 중시하고, 형평과 효율의 긴장을 전제했다는 점에서는 발전 국가 시대로부터의 유산이 IMF 위기 이후 신자유주의 경제개혁 및 신자유주의적 민주화와 친화력을 가질 수 있음을 인식해야 한다.

한국의 사회투자 복지국가는 혁신과 경쟁력을 중시하는 경제정책과, 유연성 및 고용 가능성을 중시하는 사회투자적 사회정책을 축으로 하여, 과도한 자유경쟁을 제한하고, 제3섹터를 성장시키고, 사회적 경제를 확장하며, 최저 보장을 강화하는 공동체주의적 전략을 통해 새로운 차원의 이중 운동, 탈상품화 운동으로 안내되어야 할 것이다. 이렇게 될 때, 한국의 사회정책이 역사 압축에 성공하여 세계화와 탈산업화에 적응하는 새로운 항로를 찾을 수 있을 것이다.

25

복지국가,
불평등 해소의 대안인가?

김연명

1. 불평등 체계로서의 복지국가

복지국가에서는 조세제도와 사회보험이나 공공 부조 등 각종 복지 정책을 통해 인구 집단 간에 소득을 재분배함으로써 가처분소득의 크기에 영향을 미친다. 조세와 사회복지 제도의 재분배 효과는 지니계수의 변화율로 흔히 측정된다. 가령 한국의 경우 2013년에 시장소득(세전 소득)의 지니계수가 0.362이었는데 조세와 현금 및 현물 복지 제도의 수급 이후

● 이 글은 필자의 이전 글(2013a; 2015)의 논리를 기본으로 하여 수정·보완한 것임을 밝혀 둔다.

가처분소득(세후 소득)의 지니계수가 0.312로 나타나 지니계수를 13.6%만큼 낮춰 주는 것으로 보고되고 있다(성명재 2014, 20). 물론 조세와 복지 제도의 지니계수 감소 효과가 40~50%에 달하는 유럽의 복지국가와 비교하면 그 효과는 높지 않지만 어느 정도의 재분배는 이루어지고 있다.

이처럼 조세와 사회복지 제도를 통한 소득재분배는 분명히 복지국가의 매우 중요한 측면이며, 이 점 때문에 복지국가의 진전은 소득 불평등을 완화시킬 수 있다는 '믿음'이 만들어진 것이다. 그러나 복지국가의 진전이 이루어져도 복지 제도가 어떻게 구조화되어 있는가에 따라 불평등이 완화되기보다는 오히려 불평등이 더 강화될 수도 있다. 사실 복지국가에서 시행되는 사회정책 자체가 자동적으로 평등을 증진시키지는 않는다. 한국처럼 노동시장 자체가 완전히 양극화되어 있는 상태에서 사회보험 방식의 연금이나 의료보험의 혜택이 보험료를 납부할 수 있는 노동시장 내부자에 집중되고, 보험료 납부가 어려운 비정규직이나 실업자 등의 노동시장 주변자/외부자는 사회보험에서 제외되어 복지 제도가 오히려 불평등을 강화시키는 현상이 충분히 나타날 수 있다(김연명 2013b, 382-383). 1990년대 이후 탈산업화의 진전과 신자유주의 물결이 겹치면서 각국에서는 노동시장의 이중화가 진행되었는데, 이런 상황에서 노동시장에 불리한 위치에 있는 특정 집단이 사회보험에서 배제되고, 이로 인해 복지 제도가 사회통합 기제로 작동하기보다는 사회적 배제의 기제로 작동하는 측면들이 나타나고 있다(Emmenegger et. al. 2012; 오사와 마리 2009).

복지국가에서 나타나는 미시적인 소득재분배 효과를 뛰어넘어 좀 더 넓은 차원에서 복지국가 제도가 만들어 내는 불평등 체계에 주목한 학자가 바로 바로 고스타 에스핑-안데르센이다. 그는 "복지국가는 불평등 구조에 개입하고 이를 교정할 수 있는 메커니즘만은 아니다. 복지국가는 그 자체가 불평등 체계system of stratification이다. 복지국가는 제반 사회적 관계를 조직화하는 하나의 적극적 동력이다"(Esping-Andersen 1990, 23)라고 하면서 복지국가가 불평등을 완화하는 체계만이 아니라 불평등을 더 강화할 수 있다고 주장하며 복지국가와 불평등 체계의 관계를 재조명했다. 그에 따르면 복지 제도가 어떤 방식으로 구조화되는가에 따라 복지국가가 불평등을 완화시킬 수도 있으며 반대로 불평등을 더 고착화시킬 수도 있다는 것이다. 즉 복지국가가 어떤 방식으로 구성되는가에 따라 불평등에 미치는 영향이 다르게 나타나기 때문에 복지국가 자체가 무조건 좋은 체제가 아니라는 것이다. 이 글에서는 에스핑-안데르센의 복지국가 유형론을 중심으로 하여 한국 사회에서 복지국가가 심화될 경우 과연 불평등 해소의 대안이 될 수 있는가의 문제를 짚어 보기로 한다. 다음 절에서는 복지국가 유형과 불평등 구조의 관계를 살펴보고, 3절에서는 한국의 복지 제도와 불평등의 문제를 다루며, 4절에서는 한국에서 불평등을 완화할 수 있는 복지 체제가 나타나기 위해서는 어떤 방식의 복지국가가 필요한 것인가를 논의해 보기로 한다.

2. 복지국가의 유형과 불평등 체계

선진 자본주의의 복지국가를 세 유형으로 구분한 에스핑-안데르센의 복지 체제론은 다양한 반론이 있지만 각각의 복지국가를 지배하는 국가, 시장, 가족의 복지 공급 원리와 비중을 설득력 있게 제시했기 때문에 비교 복지국가 연구의 가장 보편적인 틀로 사용되고 있다(Emmenegger, Kvist et. al. 2015; Arts and Gelissen 2010). 에스핑-안데르센은 공적인 소득보장 제도(연금과 실업보험)가 제공하는 복지급여가 시장소득을 어느 정도 대체

표 1 | 복지국가의 네 가지 유형과 제도적 특징

	사회민주의 복지 체제	보수주의 복지 체제	자유주의 복지 체제	남부유럽 복지 체제
탈상품화 정도	높음	(남성 가장에게) 높음	낮음	(남성 가장에게) 높음
계층화의 유형	없음	'지위 차별화'(status segmentation): 직종별 사회보험	'이중화'(dualism): 공공부조 수혜자와 시장 구매 계층 간의 이원화	'지위 차별화'와 '복지 내부자/외부자'
탈가족주의 정도	높음 (높은 국가 책임)	낮음 (높은 가족 책임)	높음 (높은 시장 구매)	낮음 (높은 가족 책임)
대표적 국가	스웨덴, 노르웨이	독일, 프랑스	미국, 영국	이탈리아, 스페인

자료: Esping-Andersen(1999, 74-85)와 Ferrera(2010)에서 재구성.

할 수 있는지를 보여 주는 '탈상품화decommodification 정도', 그리고 복지 제도가 노동시장의 이전 지위를 약화시키는지 아니면 강화시키는지를 측정하는 '계층화'stratification 유형, 그리고 아동과 노인에 대한 케어 부담이 국가/가족/시장 간에 어떻게 배분되는지를 측정하는 '탈가족화'defamilialization 정도 등 세 기준으로 선진국을 비교해 보았을 때 〈표 1〉에서처럼 세 가지 유형으로 복지국가를 구분할 수 있다고 주장했다(Esping-Andersen 1999). 즉 노령, 실업, 케어 부담이라는 사회적 위험에 대처하는 복지 공급의 세 주체 즉, 국가, 시장, 가족의 역할과 비중이 결합되는 방식과 정도에 따라 세 가지 복지국가 유형이 구분된다는 것이다. 하지만 이탈리아, 스페인 등 남부유럽 4개국은 별도의 복지 체제로 보아야 한다는 것이 많은 학자들의 지지를 받아왔기 때문에(Ferrera 2010), 복지국가 유형을 네 유형으로 구분한 후 각각의 복지 체제에서 불평등이 어떻게 구조화되는지를 살펴보기로 한다.

먼저 탈상품화와 탈가족주의를 간략히 보자. 탈상품화의 정도, 즉 연금이나 실업보험 등 공적 소득보장제도가 제공하는 복지급여의 수준은 사민주의, 보수주의, 남부유럽 복지 체제에서 매우 높게 나타나지만, 자유주의 유형에서는 상당히 낮다. 자유주의 복지 체제에서는 공적연금의 급여 수준이 매우 낮아 부족한 부분을 민간 연금이나 기업 복지, 즉 시장을 통해 보충한다. 가족의 돌봄 기능을 대체하는 탈가족주의 정도에서 사민주의 복지 체제는 공공복지 제도(예, 국공립 보육 시설)가 핵심적 역할을 하는 반면, 자유주의 복지 체제는 시장을 통한 구매가 주로 이루어져 시장이 중심적인 역할을 한다. 그러나 남부유럽 국가들은 공공 부문과 시장의 역할이 매우 낮고 보수주의 국가들처럼 가족, 특히 여성이 케어 제공에서 매우 중요한 역할을 한다.

에스핑-안데르센에게 있어서 '계층화'stratification는 복지국가 내부에서 불평등이 구조화되는 양식을 의미하는데, 역사적으로 크게 두 개의 계층화 유형이 나타난다(Esping-Andersen 1999, 74-85). 첫 번째 유형은 유럽의 구빈법 전통에서 현대의 공공 부조로 진화된 것으로, 자산 조사 방식의 공공 부조 수급자와 일반 시민을 구분하는 것이다. 시장 부적응 빈곤층에게는 자산 조사를 통해 낙인감을 유발하는 공공 부조 방식의 복지를 제공하고, 중산층 등 일반 시민은 최저 수준의 공공복지[1]를 제공하되 그 이상의 것은 시장에서 복지를 구매하는 방식으로 복지 공급 구조가 제도화된다. 이런 방식의 복지 공급 구조는 영국, 미국 등 자유주의 복지국가에서

1_자유주의 복지국가에서 공공복지가 존재하지 않는 것은 아니다. 다만 제공되는 공공복지가 최저 수준으로 제한된다는 것이다. 이는 베버리지보고서가 목표로 했던 '국민복지 최저선'(National Minimum) 개념으로 공공 부문이 최저 수준의 급여를 전 국민에게 제공하고 그 이상의 욕구는 개인과 시장의 책임을 강조하는 자유주의 원리에 기반해 있다. 이런 점에서 자유주의 모형의 보편주의와, 사민주의/보수주의 모형의 보편주의는 서로 상이한 원리를 갖고 있다. 에스핑-안데르센은 사민주의의 특징을 '보편주의가 관대성과 결합된 것'(the fusion of universalism with generosity)으로 표현하여 사민주의는 최저선 이상의 것을 공공 부문이 제공한다는 점을 지적하고 있다(Esping-Andersen 1999, 79).

구조화되었는데, 인구를 두 개의 국민으로 분리한다는 의미에서 에스핑-안데르센은 이를 '사회적 이중화'social dualism로 명명했다. 다시 말하면 자유주의 복지국가에서는 공공 부조를 받는 빈곤층과, 공공 부문에서는 기초적인 것만 제공받고 나머지는 시장에서 구매하는 시민을 구분하는, '이중화'라는 계층화가 발생한다.

두 번째 유형의 계층화는 주로 독일, 프랑스 등의 유럽 대륙 국가에서 역사적으로 구조화된 것으로, 사회보험이 직업집단을 중심으로 설립됨으로써(조합주의 사회보험) 복지급여의 수준이 노동시장의 지위를 그대로 반영되는 구조인데, 에스핑-안데르센은 이를 '지위 차별화'status-segmentation로 명명했다. 가령 노동시장에서 좋은 위치에 있는 공무원, 교원, 은행업 종사자, 그리고 핵심 제조업 근로자들은 그들 직종만 가입하는 사회보험을 만들고, 높은 임금을 기반으로 관대한 복지급여를 제공받는다. 때문에 상대적으로 좋은 노동시장의 위치에서 오는 혜택이 복지급여에도 그대로 반영된다. 우리나라 공무원연금이 그 예다. 노동시장에서 좋은 위치에 있는 공무원들은 상당히 관대한 수준의 연금을 받지만, 노동시장에서 상대적으로 불리한 위치에 있는 국민연금 가입자들은 최저생계비 수준의 연금을 받아 두 집단의 노동시장에서 위치의 차이가 그대로 연금액에 반영된다. 스웨덴 등 사민주의 복지국가는 복지 제도에서 직종별 차이를 없애고 전 국민을 하나의 복지 제도에 포괄해 높은 급여 수준을 보장하는 방식의 복지 제도를 구축했기 때문에 보수주의 복지국가에서 나타나는 '지위 차별화,' 그리고 자유주의 복지국가에서 보이는 '이중화'라는 계층화 구조는 발생하지 않는다.

남부유럽 복지국가는 기본적으로 독일, 프랑스에서 나타나는 '지위 차별화'라는 계층화가 존재한다. 그러나 한국과 비슷한 노동시장 양극화로 인해 노동시장 내부자는 관대한 복지급여가 제공되지만, 노동시장에 진입하지 못하거나 진입해도 노동시장의 주변부에 존재하는 노동시장 외부자에게는 복지가 제공되지 않는 '복지 내부자/외부자' 차별 구조가 존재한다. 흔히 한국에서 비정규직으로 대표되는 광범위한 사회보험 사각지대가 바로 여기에 해당되는데, 이 현상은 복지 제도가 불평등을 강화시킨다는 측면에서 '지위 차별화'와 '이중화'와는 다른 양상의 계층화로 볼 수 있다. 다시 말하면 남부유럽 복지국가에서는 '지위 차별화'라는 계층화 효과에 더하여 광범위한 사회보험 사각지대로 인해 발생하는 '복지 내부자/외부자'라는 또 다른 계층화가 존재하고 있다. 페레라는 노동시장의 양극화에 따른 남부유럽 국가의 사회보험 양극화를 "핵심/정규직 노동자에게는 관대한 복지급여, 주변부/비정규직에게는 최소한modest의 급여, 정규 노동시장에 진입할 수 없는 노동자에게는 (있다면) 빈약한 보조금 meagre subsidies"(Ferrera 2010, 620-621)이라는 구절로 압축하여 표현하고 있다. 실제 남부유럽 국가군의 공적연금 실질 가입률은 58.9%로 사민주의 75.4%, 보수주의 68.5%, 그리고 자유주의 복지국가군의 70.7%와 비교하여 현저히 낮게 나타나며, 실업급여의 가입률도 64.3%로 한국의 66%와 유사하나 다른 유럽의 복지국가 가입률 88~95%와 비교하여 현저하게 낮다(김연명 2013a, 43). 즉 남부유럽 국가에서는 노동시장에 들어가지 못하거나 아니면 불리한 위치에 있어 아예 복지 제도의 적용에서 제외된 계층이 광범위하게 존재한다. 지금까지 논의를 정리하면 다음과 같다. 복지국가 자체는 자동적으로 불평등을 완화하지는 않으며 복지 제도가 어떻게 구조화되는가에 따라 완화될 수도 있고, 반대로 오히려 다양한 형태의 계층화를 만들어 내 불평등 구조가 더 강화될 수도 있다. 따라서 복지국가 자체가 중요한 것이 아니라 "어떤 복지국가인가?"라는 질문이 불평등 문제를 접근하는 데 더 의미 있는 질문이 된다.

3. 한국의 복지 제도와 불평등 구조

우리나라의 복지 제도에는 '이중화', '지위 차별화' 그리고 '복지 내부자/외부자'라는 계층화 유형이 모두 구조화되어 있다. 공공 부조 예산 비중이 다른 나라보다 크다는 점에서 자유주의 복지국가에서 보이는 '이중화' 구조가 존재한다. '지위 차별화'는 공무원연금과 국민연금의 차이라는 점에서 연금제도에서만 부분적으로 나타난다. 하지만 의료보험과 고용보험이 전 국민을 포괄하는 단일 보험이어서 노동시장 지위에 따른 복지 차별은 존재하지는 않는다(김연명 2002). 한국에서 불평등 구조를 만들어 내는 가장 중요한 계층화는 사각지대로 표현되는 '복지 내부자/외부자' 구조다. 그리고 이런 내부자/외부자 계층화는 1차 노동시장과 2차 노동시장으로 양분된 한국 노동시장 구조의 이중구조를 반영하고 있다(장지연 2012). 〈표 2〉는 2013년 통계청에서 전국 약 20만 표본 가구를 대상으로 시행한 '지역별 고용구조' 조사 결과인데 이 표에서는 '복지 내부자/외부자' 구조를 잘 보여 준다. 국민연금, 건강보험, 고용보험 등 3대 사회보험의 평균 가입률은 67.7~71.3%로 나타나 임금근로자의 약 30%가 사회보험에서 제외되어 있음을 알 수 있다. 임시/일용 근로자의 사회보험 가입률은 국민연금 17.1%, 건강보험, 고용보험도 20% 근처에 머물고 있다. 즉 비정규직 10명 중 8명은 아예 사회보험에서 배제되고 있다는 것이다. 사회보험 가입률을 임금수준별로 보면 고소득층은 3대 사회보험에 90% 이상이 가입되어 있으나, 소득수준이 낮을수록 가입률이 떨어져 1백만 원 이하의 월급을 받는 사람들의 가입률은 16.1~21.1%에 불과하다. 사회보험은 기여금을 납부하지 않으면 급여가 제공되지 않기 때문에 사회보험 사각지대에 있는 사람들은 연금, 건강보험, 그리고 실업수당의 혜택에서 당연히 제외된다. 즉 한국에서는 사회보험 가입자 내부에서 발생하는 급여 수

표 2 | 임금근로자의 종사상 지위, 월 평균임금별 사회보험 가입률

단위: 천 명, %

		임금근로자	국민연금[1][2]	건강보험[1]	고용보험
	전체	18,489	68.4	71.3	67.7
지위	상용 근로자	11,875	97.0	99.0	97.1
	임시/일용근로자	6,614	17.1	21.6	20.1
월 평균임금	100만 원 미만	2,386	16.1	21.1	18.3
	100~200만 원 미만	6,985	60.3	64.7	62.1
	200~300만 원 미만	4,493	81.9	83.3	81.6
	300~400만 원 미만	2,374	92.8	93.7	91.6
	400만 원 이상	2,251	96.3	97.9	95.4

주: 1) 직장 가입자만 집계했으며 지역 가입자, 수급권자, 피부양자는 제외.
　　2) 공무원, 사립학교 교직원, 별정우체국 직원 등 특수직역연금 포함.
자료: 통계청, "2013년 10월 사회보험 가입 현황"(보도자료, 2014년 5월 21일).

준의 격차('지위 차별화')로 인한 불평등 못지않게 '사회보험 내부자/외부자' 간의 불평등 구조도 심각한 상태임을 보여 준다.

〈표 2〉는 임금근로자만을 대상으로 조사한 것이기 때문에 한계가 있다. 국민연금과 건강보험에서 자영자를 포함한 지역 가입자까지 범위를 확대하면'내부자/외부자 구조'는 더 심각해진다. 〈표 3〉은 자영자를 포함한 전체 국민연금 가입자 2,113만 명 중 소득이 없어서 보험료 납부 예외를 신청한 사람이 457만 명으로 21.6%를 차지하고, 소득을 신고한 사람 중 보험료를 장기 체납한 사람이 112만 명으로 5.3%를 차지하여, 이 두 집단을 합한 약 570만 명(약 27%)이 국민연금에서 실질적으로 제외되고 있음을 보여 준다. 이 비율은 최근 10여 년간 변하지 않았기 때문에 이들은 국민연금 최저 가입 기간 10년을 못 채워 연금 수급을 못하고 노후 빈곤층으로 전락할 가능성이 매우 높다. 이들은 우리 사회의 취약계층으로 "영세 자영자, 농어민, 비정규직 근로자, 그리고 특수형태근로자(학습지 교사, 보험 판매인, 골프장 캐디 등) 및 5인 미만 사업장 근로자, 다수의 실업자 등으로 구성되어 있다. 납부 예외를 신청하면 그 사유를 적시하도록 되

표 3	국민연금 보험료 납부자와 사각지대 현황(2014년 12월)				
전체	사업장 가입자	지역 가입자		
		소득 신고자		납부 예외자
			장기 체납자	
2,113만 명	1,230만 명	387만 명	112만 명 (5.3%)	457만 명 (21.6%)

자료: 국민연금관리공단 내부 자료.

어 있는데, 그 사유를 보면 80% 이상이 실직, 휴직, 사업 중단" 등으로 보고되고 있다(국민연금연구원 2014, 71).

〈표 3〉은 국민연금 사례이기는 하지만 현재 노동시장에서 좋은 위치에 있는 사람들은 연금에 가입하여 나중에 연금을 받고, 노동시장에 불리한 위치에 있거나 노동시장에 들어가지 못한 주변부는 아예 연금에서 제외되는 '내부자/외부자' 구조의 불평등을 보여준다. 건강보험도 3개월 이상 보험료를 연체한 비율이 지역 가입자 가구의 25%에 이르기 때문에 국민연금과 유사한 불평등 구조를 보이는 것으로 이해해도 큰 무리가 없다. 고용보험의 경우 또한 비정규직과 영세 사업장의 가입률이 현저하게 떨어진다. 고용보험 적용 대상 임금근로자 중 약 25%에 해당되는 360만 명이 미가입 상태로 남아 있기 때문에 고용보험의 혜택은 중하위직 이상의 노동시장 참여자에게로 돌아가는 것으로 이해할 수 있다. 결과적으로 한국의 사회보험제도는 고소득층과 저소득층의 불평등을 완화시키는 것이 아니라 이를 유지, 온존시키는 역설을 만들어 내고 있다.

4. 불평등 해소를 위한 복지국가 전략

한국의 사회복지비는 GDP 대비 10% 수준으로 이미 복지국가 초기 단계에 진입했다고 평가할 수 있다(김연명 2015). 노동시장의 양극화와 저출산·고령화 현상으로 한국의 복지 제도는 더 팽창될 가능성이 높기 때문에 한국이 본격적인 복지국가로 진입할 것이라는 점은 의문의 여지가 없다. 여기서 이 글의 제목으로 돌아가 한국에서 복지국가가 과연 불평등 해소의 대안이 될 수 있는가를 질문해 보자. 기존의 복지국가 연구 성과가 말해 주듯이 복지 제도가 만들어 내는 불평등 구조가 극히 약한 사민주의 복지국가가 한국에서 성립된다면 복지국가는 불평등 해소의 강력한 수단이 될 것이다. 그러나 이런 가능성은 거의 없으므로 의미 있는 대답이 될 수 없다. 필자는 다른 글에서 현재의 양극화된 노동 시장구조와 시장 위주의 복지 공급 구조가 크게 바뀌지 않는다면, 한국의 복지국가는 불량한 소득 분배와 복지의 과도한 시장 의존[2]이 단점인 자유주의형 복지국가의 특징과, 사회복지의 내부자/외부자 구조로 인해 불평등이 강화되는 남부유럽형 복지국가의 단점이 결합된 '최악의' 복지국가가 될 가능성이 있다는 점을 지적한 적이 있다(김연명 2013b; 2015). 따라서 한국에서 성립될 복지국가가 불평등 해소의 실질적인 대안이 되기 위해서는 무엇보다 사회복지의 내부자/외부자 문제(복지 사각지대 문제), 그리고 복지의 과도한 시장 의존을 해소하기 위한 복지국가 전략이 필요한 것이다. 결국 이것은 어떤 유

2_한국 복지 제도의 과도한 시장 의존이라 함은 연금과 건강보험에서 민간 보험의 높은 비중, 그리고 보육, 의료, 노인 요양 서비스의 공급자가 대부분 영리 추구적 행위를 하는 민간 공급자라는 점에서 확연히 드러난다.

형의 보편주의적 복지 제도를 수립할 것인가의 문제로 귀착된다.

'사회복지의 내부자/외부자' 문제와 복지의 과도한 시장 의존이라는 문제를 해소하는 것은 서로 분리된 문제인 것 같지만 사실 보편주의 복지 제도라는 틀 안에 서로 맞물려 있다. 사회복지의 내부자/외부자 문제는 공공복지 제도가 ① 낮은 수준의 복지를 보편주의에 입각해서 제공해도 해결할 수 있고, ② 높은 수준의 복지를 보편주의적으로 제공해도 해결할 수 있다. 그러나 공공 부문이 최저 수준의 보편주의적 복지를 제공하게 되면 복지의 과도한 시장 의존도를 줄이기에는 한계가 있음이 명백하다. 반대로 높은 수준의 보편주의적 복지 제도를 구축한다면, '사회복지의 내부자/외부자' 문제와 복지의 과도한 시장 의존이라는 두 가지 문제를 동시에 공략할 수 있다. 최저 수준의 복지급여를 공공 부분이 보편주의적으로 제공하는 첫 번째 방식은 자유주의적 복지 모형으로 귀착될 가능성이 높은 반면, 높은 수준의 복지급여를 전 국민에게 보편주의적으로 제공하는 두 번째 방식은 사민주의나 보수주의 복지국가가 포함되는 유럽식 복지국가와 가까워지게 된다. 물론 두 가지 방향 모두 한국의 낮은 조세 및 보험료 부담 수준, 그리고 낮은 공공복지 수준에서 보면 쉬운 일이 결코 아니다.

'사회보험의 내부자/외부자' 문제를 해소하는 유력한 방식으로 보험료가 아닌 조세를 재원으로 낮은 수준의 급여를 보편주의적으로 제공하는 방안이 학계나 시민사회, 그리고 노동계를 중심으로 제시되어 왔다. 국민연금의 경우 광범위한 사각지대와 현 세대 노인들의 빈곤 문제를 해결하기 위해 조세 방식의 기초연금을 확대 적용하자는 강력한 목소리가 존재해 왔다. 고용보험도 외부자 문제를 해소하기 위해 보험료 납부 여부와 상관없이 실업급여를 받을 수 있는 실업 부조 제도를 도입하는 방안이 주장되었으며(이병희 2013), 건강보험에서도 저소득층의 본인 부담율 인하와 보험료 지원 확대, 그리고 의료 부조의 내실화 등이 주장되었다(건강보험공단쇄신위원회 2012). 이런 방식들의 특징은 재원을 보험료가 아닌 조세로 조달하거나 기여와 급여의 연관성을 약화시키고 동시에 제공되는 급여도 최저 수준인 '국민복지 최저선'National Minimum의 개념에서 크게 벗어나지 않는 것이다.

최저 수준의 보편적 급여를 확대하는 것이 중요하다는 시각에서는, 사회보험 방식으로 운영되는 국민연금이나 건강보험의 보장성을 올리게 되면 사회보험 내부자만 그 혜택을 독식하고 외부자들은 제외되기 때문에 오히려 불평등 구조가 더 강화될 수 있다는 주장을 제기할 수 있다.[3] 그리고 사회보험의 보장성 강화는 보험료 인상과 연결될 수밖에 없기 때문에 사회보험 외부자들이 사회보험 안으로 들어올 가능성은 더 낮아지게 되고 내부자/외부자 불평등 구조가 온존될 가능성이 있다는 것도 이 시각에서 제기될 수 있다. 이런 지적은 정확하며 필자 역시 누차 이런 점을 지적해 왔다(김연명 2013a). 하지만 이런 주장은 사물의 한 측면만을 본 것이며, 이 시각이 '배타적'으로 강조될 경우 그동안 노동/시민사회가 추구해 온 사회보험 강화 전략(더 나아가 복지국가 전략)과 정면으로 배치될 가능성이 있기 때문에 좀 더 근본적인 질문을 던질 필요가 있다. 가장 먼저 던져야 할 질문은 국민연금, 건강보험, 고용보험의 급여 확대가 '사회보험 내

3_최근 공적연금 개혁 논란에서 진보 진영 내부에서 이런 주장이 제기되었다. 국민연금의 명목소득대체율 인상(40% → 50%)은 국민연금에 가입되어 있는 중산층과 그 이상의 사람들의 연금액은 높아지지만 국민연금에 가입하지 못한 취약계층은 아무런 혜택을 받지 못하므로 국민연금의 명목소득대체율 인상보다는 기초연금을 확대하는 쪽으로 가야 한다는 주장이 이것이다.

부자/외부자' 구조를 강화하는 측면이 있다고 해서 사회보험의 보장성 강화를 포기해야 하는가의 문제다. 그동안 노동계와 시민사회 등 진보 진영에서는 국민연금과 건강보험의 급여 확대를 지속적으로 주장해 왔다. 그 이유는 공적연금과 공적 의료보장의 급여 수준이 너무 낮아, 대부분의 국민들이 위험 대처 기능이 약한 민간 보험을 과도하게 구매하게 되고, 결국 이런 구조가 불평등을 조장하는 측면에 주목했기 때문이다. 즉 '사회보험 내부자/외부자' 구조에 대한 과도한 초점은 공보험의 보장성 강화 필요성과 이것이 가져올 불평등 구조 완화 효과를 무시해 버리는 우를 범할 수 있다. 두 번째 질문은 대략 노동시장에서 유리한 지위에 있는 3분의 2를 사회보험 내부자로 보고 불리한 위치에 있는 3분의 1을 외부자로 볼 경우, 3분의 2의 인구에게 혜택을 줄 보장성 확대 정책이 취약계층 3분의 1을 제외하기 때문에 정당성이 없다는 논리가 성립될 수 있는가의 문제다. 그러나 현행 국민연금에는 3분의 1의 외부자를 국민연금 안으로 끌어들이기 위한 연금 크레디트 제도나 저임금근로자 사회보험료 지원 사업이 시행되고 있고, 이번 공무원연금 개혁을 위한 실무 기구 합의문 중 '공적연금 강화를 위한 합의문'(이른바 '5·2 합의문')에도 명목소득대체율 인상(40% → 50%)과 더불어 3분의 1 외부자를 위한 연금 크레디트와 보험료 지원 사업('두루누리' 사업)의 확대에 대한 내용이 들어가 있기 때문에 국민연금 내부자만 혜택을 본다는 주장은 편향된 시각에 매몰되어 있는 것이다. 더 나아가 복지국가 체제가 한국의 신자유주의적 사회질서에 대한 대안 체제로 유력하게 거론되어 왔던 상황에서, 사회보험의 보장성 확대보다 최저 수준의 보편주의를 실현하는 방식으로 '내부자/외부자' 문제를 해소하는 전략이 과연 한국 사회에서 '좋은' 복지국가를 실현하는 데 바람직한 방향인가라는 질문을 던질 수 있다. 그리고 여기서 좀 더 근본적이며 논쟁적인 질문을 던지면, 복지국가의 본질이 '로빈 후드Robin Hood 기능'(빈곤층으로의 소득재분배)이어야 하는가? 아니면 '돼지 저금통Piggy Bank 기능' (사회적 위험의 분산)이어야 하는가의 논쟁으로까지 이어질 수 있다.

이 질문에 대한 대답을 얻기 위해서는 우리는 시장 의존이 심한 한국의 복지 공급 구조와 유럽식 복지국가의 복지 공급 구조를 비교해 볼 필요가 있다. 사민주의이건 보수주의 복지국가이건 유럽식 복지국가의 핵심은 중산층이 겪는 사회적 위험(노령, 의료, 실업, 혹은 아동이나 노인 케어)을 공공복지 제도가 대부분 해결해 주는 사회시스템이라 할 수 있다. 즉 노후에 공적연금 하나로 생활이 가능하고, 공적 의료보험이 의료 문제의 상당 부분을 해결해 주기 때문에 민간 보험에 대한 의존도가 거의 없는 것이 유럽식 복지국가의 특징이다. 반면 영미형 복지국가는 중산층조차도 공공 부분에서 제공되는 복지급여가 최저 수준으로 한정되기 때문에 최저 수준 이상의 것은 본인이 시장에서 사보험을 구매하거나 기업 복지에 의존해서 해결해야 하는 구조다. 때문에 낮은 급여 수준의 보편주의 달성을 제도 개혁의 목표로 설정하면 사회보험의 내부자/외부자 계층화 문제를 완화시킬 가능성은 높아지나 중산층의 사회적 위험 대처는 공공 부문이 아닌 시장(사보험)에 의존하는 구조를 만들게 된다. 결국 이 전략은 한국의 복지국가의 미래가 영미형 복지국가의 모습으로 고착될 가능성을 높이는 것이다. 한국의 중산층은 이미 연금(개인연금)과 건강보험(암보험, 실손형 의료보험 등)에서 사보험 의존도가 상당한 수준에 와있음을 고려할 때, 낮은 급여 수준으로 사각지대를 해소하는 전략이 성공한다고 가정하면 '사회보험 내부자/외부자 구조'는 약화되지만 영미형에서 나타나는 '이중화' 구조가 등장할 가능성이 높아진다. 그리고 이 전략은 사보험에 의존하는 중산층들이 복지국가 건설에 대한 정치적 이해관계가 사라져 사실상 유럽형 복지국가의 꿈에서 멀어지는 것이기도 하다.

한국의 국민연금, 건강보험, 고용보험은 모두 급여 수준이 너무 낮아

사회적 위험에 노출된 중산층의 삶을 보호하지 못한다는 것은 잘 알려진 사실이다. 최근 국민연금 명목소득대체율을 50%로 인상하는 것과 관련된 논란에서 보듯이 사회보험의 급여 수준을 강화하는 전략, 즉 공공복지에서 제공하는 급여 수준을 '최저 수준'이 아닌 '적정 수준'으로 높여(연금이나 고용보험의 소득대체율을 획기적으로 인상하고 의료보험 보장률도 80% 이상으로 가져갈 경우) 중산층의 사회적 위험을 공공 부문이 해소시켜 주는 복지국가 전략은, 중산층을 공공복지 제도와 정치적으로 연결시켜 유럽형 복지국가로 나아갈 수 있는 최소한의 발판을 마련할 수 있다. 물론 사회보험 급여 확대는 보험료 인상과 연동될 수밖에 없기 때문에 보험료 인상은 양극화된 노동시장에서 저소득(임금)층의 사각지대를 좁히지 못하고 '내부자/외부자' 구조를 고착화시킬 가능성 또한 존재한다. 그러나 사회보험의 급여 확대를 통해 중산층을 복지국가의 틀로 묶어 내는 것과 사회보험 사각지대를 해소하는 것이 논리적으로 상호 배타적인 것은 아니며, 보완적이고 동시에 추구하는 것이 가능하다. 이런 의미에서 한국처럼 노동시장이 양극화되어 있는 상황에서 노동시장 내부자/외부자에게 별도의 다른 전략을 사용할 필요가 있다. 사회보험의 급여 수준 인상은 보험료 인상을 동반하지만 정규직으로 대표되는 노동시장 내부자에게는 보험료 인상 여력이 있기 때문에 보장성 확대 전략이 가능하며, 동시에 시장(사보험)에 대한 과도한 의존을 줄여 주기 때문에 바람직한 전략이기도 하다. 하지만 노동시장 외부자나 주변자에게는 보험료 부담 때문에 이 전략의 전면화가 어려울 수 있다. 따라서 정규직으로 대표되는 노동시장 내부자는 보험료 인상을 통한 급여 수준 확대, 비정규직으로 상징되는 노동시장 외부자와 주변자에게는 낮은 수준의 '최저 보장'을 제도화하는 쪽으로 '이중전략'을 쓸 필요가 있다. 가령 국민연금의 경우 명목소득대체율 50%로의 인상과 이에 따른 보험료율 조정, 사각지대 인구에 대한 보험료 지원 사업과 연금 크레디트 제도 확대, 그리고 기초연금의 내실화가 큰 시차를 두지 않고 동시에 추진될 경우 유럽식 복지국가의 전망을 포기하지 않고서도 복지 내부자/외부자라는 불평등 구조를 해소해 갈 수 있을 것이다. 즉 사회보험 급여 확대와 사회보험 내부자/외부자 문제의 해소가 대립적인 것이 아니기 때문에 양자택일의 문제는 아닌 것이다. 국민연금과 동일한 내부자/외부자 문제를 갖고 있는 건강보험과 고용보험에도 동일한 방식의 이중 전략을 적용할 수 있을 것으로 판단된다.

결론적으로 한국 사회가 어떤 복지 전략을 추진하느냐에 따라 한국의 복지국가는 불평등을 해소하는 기제로 작동할 수도 있고, 반대로 남부유럽처럼 오히려 불평등을 확대하는 기제로도 작동할 수 있다. 노동시장 자체가 이중화되어 있는 상황에서 사회보험의 내부자/외부자 문제가 완벽히 해결될 수는 없으며 1차 노동시장을 정상화시키는 것이 중요하다는 것은 두말할 필요도 없다. 하지만 과거의 완전고용 시대로 돌아갈 수 없다는 것이 냉정한 현실인 이상 완벽하지는 않지만 보편주의와 유럽식 복지국가의 꿈을 하나로 묶을 수 있는 현실적 대안이 필요하다. 한국의 복지국가가 불평등을 유지·강화시키는 쪽으로 구조화된다면 진보 진영 내에서 유력한 대안 체제로 자리 잡은 '유럽식' 복지국가의 정당성도 사라질 것이다.

26

불평등에 대한 도전
참여정부의 복지·국가균형발전 정책

성경륭

1. 한국 현대사의 두 얼굴

한국 현대사는 두 가지의 상충되는 정치·경제·사회적 흐름이 혼재해 있는 모순과 대결의 역사라고 볼 수 있다. 먼저 70년이라는 짧은 기간에 국가 건설, 공업화, 경제성장, 정치 민주화를 성공적으로 이룬 기적의 역사가 있었음은 주지의 사실이다. 그러나 그 이면에서는 반공주의, 남북 대결, 경제사회적 불평등의 확산, 국민 대중의 삶의 위기라는 고통의 역사가 존재해 왔음도 엄연한 사실이다.

이 두 가지 흐름 중 오늘날 어느 것이 더 지배적 흐름인가를 단정적으로 말하기는 어렵다. 보수 세력은 기적의 역사를 강조할 것이고, 진보 세력은 고통의 역사를 강조할 것이기 때문이다. 그럼에도 불구하고, 김대중 정부와 노무현 정부의 진보 정부 10년을 거쳐 보수 정부로 정권이 교체된 지난 8년을 되돌아보면, 반공주의와 대결 노선이 부활해 한반도의 위기가 심화되었고, 또 선성장·후분배론과 낙수효과론이 부활해 불평등이 확산되고 대중의 삶의 위기가 고조되고 있으므로 최근에 이르러서는 후자의 흐름이 더 지배적 흐름으로 부상되고 있다고 볼 수 있다.

그런데 문제는 현 시기에 들어와 고통의 측면이 좀 더 부각되는 데서 끝나지 않는다는 것이다. 이명박 정부와 박근혜 정부는 핵문제를 해결하겠다, 경제를 살리고 복지를 확대해 국민 행복 시대를 열겠다는 화려한 약속을 했지만, 실제로는 한반도 안보 위기 심화, 분배 악화로 인한 저성장 체제의 고착, 증세 없는 복지 노선에 따른 국민 고통의 악화와 불평등 확대라는 여러 문제를 회복 불가능한 수준으로 증폭시켜 왔다.

더욱 심각한 것은 이런 문제들이 머지않아 보수 세력이 그토록 자랑해 왔던 안보와 경제성장의 토대를 붕괴시키고, 궁극적으로는 정치 민주주의의 가치·절차·내용마저도 형해화할 수도 있다는 우려를 키우고 있다는 것이다. 세월호 사건에서 보는 것처럼, 보수 정부의 과도한 규제 완화와 공공성 결여, 그리고 위기 대비 태세의 미흡으로 가장 절박한 순간에 국가의 존재 자체가 무력화되는 위험도 커지고 있다.

이런 여러 가지 문제들 가운데 장기적으로 가장 심각하고 광범위한 영향을 미칠 것으로 예상되는 것은 불평등의 심화이다. 그 이유는 다음의 네 가지다. 첫째, 불평등이 확대되면 일차적으로 대다수 국민의 소득이 정체되거나 감소해 이들이 엄청난 경제사회적 고통을 겪게 된다. 둘째, 불평등의 확대는 저출산·고령화 추세와 함께 국민 대중의 수요 기반을 약화시켜 저성장을 고착시키고 결국 장기간의 경제 침체를 가져온다. 셋째, 빈곤의 확대와 사회계층의 양극화를 수반하는 불평등의 증가는 분배 갈등을 악화시키고 극우적 보수주의와 파시즘적 전체주의를 부추기는 정치적 토양으로 작용한다. 넷째, 불평등이 장기간 지속되거나 확대되면 조세 기반과 사회보장 체계가 흔들리는 것은 물론 국가의 재정적·경제적 토대가 무너지는 파국적 결과가 나타나게 된다.

불평등을 방치할 경우 나타날 이런 상황들은 진보 세력은 물론 보수 세력도 결코 원하지 않을 상황이라고 판단된다. 사회보장제도가 미비했던 20세기 초반의 미국에서 보수 세력의 대규모 감세 정책과 규제 완화 정책이 결국 대공황을 초래해 노동 계층과 저소득층은 물론 중상류층과 대기업의 존립마저 위태롭게 했고, 동시에 전 세계를 경제 공황과 전쟁의 소용돌이로 몰아넣었던 불평등의 무서운 결과를 진보와 보수 모두 잘 지켜보았기 때문이다.

이런 점을 생각할 때, 국가 건설과 공업화에서 시작되었던 한국 현대사는 이제 중대한 전환점을 맞이하고 있다고 판단된다. 성숙기에 접어든 한국 경제는 공업화 초기와 달리 선성장·후분배론, 불균형 성장론, 낙수 효과론이 더 이상 작동하지 않는 단계에 접어들었다. 그럼에도 불구하고, 한국의 보수 세력이 계속 그런 시대착오적 논리에 입각한 부국강병을 추구하면 국민 대중의 소득 감소로 '부국'의 수요 기반이 무너지는 것은 물론 그로 인해 '강병'의 경제적 토대까지 약화될 가능성이 크다.

따라서 역설적으로 보수가 신성시하는 부국강병의 지속을 위해서라도 불평등을 적극적으로 줄여 나가지 않으면 안 된다. 특히 세계에서 유례가 없을 정도의 저출산·고령화 문제를 안고 있는 한국 사회에서는 분배 개선과 불평등 축소가 대대적으로 이루어지지 않으면 부국강병의 활로는 결코 열리지 않게 되어 있다. 세계적 차원에서 진행되고 있는 불평등의 확대도 한국의 수출형 경제에 치명적 타격을 가할 제약 요인이다. 이런 점 외에, 불평등을 축소하는 것은 사회 구성원 간의 연대와 협력을 증진해 공

존과 공생의 경제사회적 토대를 구축하는 중요한 과제이기도 하다. 부국
강병의 수단이건, 공존과 공생의 전략이건 불평등과 맞서 싸우는 것은 이
제 누구도 거부할 수 없는 시대적 과제가 되었다.

이런 문제의식을 가지고 이 글에서는 계층 간 소득 불평등과 지역 간
경제적 불평등 문제를 놓고 참여정부가 어떤 접근을 했는지, 특히 복지
정책과 국가균형발전 정책이 불평등의 개선에 어떤 성과와 한계를 보였
는지, 앞으로 한국 사회에서 불평등 상황이 어떤 방향으로 전개될지를 살
펴보고자 한다.

2. 참여정부의 복지 정책과 국가균형발전 정책: 성과와 한계

동반성장 패러다임

참여정부는 출범 직후부터 소득 불평등과 지역 불평등을 줄이기 위한 복
지 정책과 국가균형발전 정책을 다각도로 추진하기 시작했다. 그런 가운
데 2006년 1월에 동반성장 전략을 마련하여 불평등에 도전하는 다양한
정책들을 종합하는 통합적 정책 패러다임을 제시했다(국민경제자문회의
2006). 이 방안은 성장과 복지가 단절된 한국 경제의 구조적 모순이 고용
없는 성장을 가져오고 불평등을 확대 재생산한다는 인식하에 '사회 안전
망을 갖춘 글로벌 지식·혁신 강국'을 건설하려는 정책 비전을 제시했다.
이런 관점에서 선도 기업(대기업)과 낙후 기업(중소기업)의 상생, 선도 산
업(제조업과 수출산업)과 낙후 산업(서비스산업 내수산업) 상생, 나아가 선도

지역과 낙후 지역의 상생을 동반성장의 정책 방향으로 설정했다. 그리하여 산업 및 지역에서의 동반성장에 기초해 궁극적으로 성장과 복지 전반의 동반성장을 실현하고자 했다.

참여정부의 동반성장 전략 구상에서 특기할 것은 국가정책의 방향을 과거의 물량 위주 생산요소 투입 방식에서 벗어나 인적자본 확충을 통해 노동생산성을 제고하고 국제경쟁력을 확보하는 혁신 주도형 성장으로 전환하기 위한 중장기 계획을 수립했다는 것이다(국민경제자문회의 2007). 이 계획을 실현하기 위해 참여정부는 사회 안전망을 더욱 공고히 구축하고 지식 경제 시대에 대비해 교육정책을 강화하여 국민 전체의 인적자본을 확충하는 정책을 추진했다. 이렇게 해나가면 복지, 교육, 고용, 혁신, 지역 균형, 경쟁력의 선순환을 이루는 것이 가능하며, 결과적으로 소득 불평등과 지역 불평등을 해소하는 것도 가능해진다고 보았다.

복지 정책과 국가균형발전 정책의 기본 구상

참여정부는 성장과 복지의 선순환을 이루기 위해 국가 복지의 확대, 사회 서비스의 확대, 복지 정책 결정 과정에서의 국민 참여 확대 등에 중점을 두었던 집권 초기의 참여 복지 정책을 확충하여 2006년 8월에 '비전2030'이라는 중장기 복지 계획을 수립했다(정부·민간합동작업단 2006). 이 계획은 2005년 현재, GDP 대비 6.5%대에 머물러 있던 공공사회지출 규모를 2020년에 2001년의 미국 수준인 15%까지 늘리고, 2040년에는 2001년의 OECD 평균인 21%까지 확대해 한국을 복지 중진국으로 발전시키는 야심찬 내용을 포함하고 있다.

이런 중장기 복지 비전하에 참여정부가 단기적으로 실현하고자 한 복지국가의 모습은 '소득 보장형 사회투자 복지국가'로 개념화해 볼 수 있다

(성경륭 2014). 참여정부가 실현하고자 한 복지국가를 이렇게 이해하는 근거는 다음의 두 가지다. 첫째, 참여정부는 외환 위기 이후 고용 불안정의 악화와 불평등의 증가에 따라 빈곤과 소득 감소로 고통을 겪는 국민들의 삶을 보호하기 위해 일차적으로 소득 보장을 확대하고자 했다. 이를 위해 국민 기초생활보장 제도를 보완했으며, 긴급 복지 지원 제도, 근로 장려세제EITC, 기초노령연금 등과 같은 새로운 소득보장제도를 도입했다. 또한 사회보험 적용의 대상 범위를 확대하고 급여 수준을 높이며 소득 보장의 확충을 도모했다.

둘째, 참여정부는 소득 보장만으로는 세계화, 양극화, 탈공업화에 능동적으로 대응하기 어렵다는 판단 하에 국민들의 인적자본과 직업 능력을 향상시키는 적극적 노동시장 정책을 통해 사회투자를 확대하는 정책을 추진했다. 좀 더 구체적으로는 보육 및 아동복지, 여성 복지, 노인복지를 강화해 가족의 복지 기능을 사회화·국가화하는 노력을 기울였으며, 청년·실업자·여성·노인들을 위해 직업능력개발과 취업 훈련, 고용 정보 서비스를 제공하는 적극적 노동시장 정책을 추진했다. 참여정부는 이런 노력을 통해 국민들의 인적자본과 직업 능력을 향상시켜 국민 개개인의 고용 가능성과 국민경제의 국제경쟁력을 증진하는 사회투자형 복지국가를 건설하고자 했다.

종합하면, 참여정부는 성장이 복지를 증진하고, 복지가 성장에 기여하도록 하는 동반성장론의 관점에서 소득 보장형 사회투자 복지국가 모델을 추구했다고 볼 수 있는데, 이 시도를 구체화하기 위해 어느 정도의 노력을 기울였는지는 〈표 1〉에 정리되어 있다. 이 표는 참여정부가 직접 예산을 편성한 2004~08년의 5년 동안 소득 보장과 가족 복지, 그리고 적극적 노동시장 정책 분야 모두에서 복지예산을 크게 늘렸음을 보여 준다. 또한 5년 동안 총액면에서 약 30조 원 규모의 복지예산 확대가 있었고, 그

표 1 | 참여정부 시기의 분야별 복지예산 증가 추이

단위: 10억 원

		2004	2005	2006	2007	2008
사회 복지	기초생활보장	3,865	4,662	5,450	6,576	7,264
	공적연금	11,869	14,096	15,590	17,173	19,670
	보육·가족·여성	456	648	846	1,198	1,668
	노인·청소년	601	459	477	727	2,221
	노동	8,764	9,773	11,055	12,233	12,500
보건 의료		4,796	5,287	5,675	5,452	6,040
주택 복지		9,304	11,830	14,882	13,429	13,575
사회복지 총계		46,914	56,666	64,144	68,145	75,560

자료: 김태성·성경륭 (2014, 594).

결과 2002년 정부재정지출 대비 20% 수준이던 복지 지출이 2004년에 경제개발 비중을 넘어서고 2006년에는 28% 수준까지 도달하게 되었다. 이런 복지 확대 과정에서 GDP 대비 공공사회지출의 비율은 2004년의 6.07%에서 2008년 8.37%까지 크게 늘어나게 되었다.

〈표 1〉의 자료를 자세히 보면, 참여정부는 사회투자보다는 소득 보장에 실제로 더 많은 지출을 한 것으로 나타난다. 그 이유는 부족한 재원을 보다 긴급한 소득 보장에 더 많이 배분했고, 또 공적연금과 기초생활보장 예산의 규모 자체가 워낙 컸기 때문으로 이해된다. 그러나 위의 자료는 주로 보건 복지 분야의 예산을 포함하고 있고 고용 관련 예산과 교육예산의 많은 부분이 빠져 있다는 점도 고려해야 한다. 노무현 대통령 자신도 한국경제의 높은 무역의존도, 성장과 복지(분배)의 잠재적 갈등 등을 고려할 때 사회투자의 확대를 통해 복지·고용·성장·경쟁력을 하나로 통합할 수 있는 복지국가 모델을 추구하고 있음을 대중 강연을 통해서도 표명한 바가 있다.[4] 교육과 사회투자를 통한 국민 개개인의 인적자본 확충이 미래를 위한 투자이고 경쟁력의 원천이며, 이를 통해 시장주의와 복지주의를 융합할 수 있다는 것이 그의 생각이다.

한편으로, 참여정부는 출범 직후부터 독재 시기와 공업화 시기 이후 심화되어 온 지역 불평등을 해소하기 위한 노력도 체계적으로 기울였다. 역대 다른 정부에 비해 참여정부가 지역불평등 문제의 해결을 위해 심혈을 기울인 것은 지역 불평등이 영남과 호남, 수도권과 비수도권 사이의 지역 분열과 지역주의적 대결을 가져와 민주주의와 국민 통합을 해친다고 보았기 때문이다. 동시에 극심한 지역격차는 사회정의를 저해하는 것은 물론 인구 밀집 지역의 경제사회적 비용 및 환경 비용의 증가와 함께 낙후 지역의 자원 과소 사용에 따른 비효율 등 국가 전체적으로 국토의 경제적 효율성을 떨어뜨리는 문제도 안고 있다.

이런 제반 문제를 해결하기 위해 참여정부는 〈표 2〉에 정리된 바와 같이 세 분야의 균형발전 정책을 체계적으로 추진했다. 먼저, 가장 중요한 정책은 선도 지역과 낙후 지역 사이에 존재하는 엄청난 경제력 격차를 시정하기 위한 교정적 균형 정책이다. 여기에는 행정수도 이전과 공공기관의 지방 이전과 같은 강력한 공간 재배치 정책과 균형발전특별회계 제도를 도입해 낙후 지역을 재정적으로 지원하기 위한 정책 등이 포함된다. 다음으로는 지역 내의 혁신 역량 강화를 통해 역동적 산업 발전을 촉진하려는 역동적 균형 정책이다. 여기에는 지역혁신체계 구축, 지역 연구개발 투자 확대, 지방대학 혁신 역량 강화, 혁신클러스터 육성 등으로 구성되는 지역 산업 정책이 포함된다. 마지막으로, 지역 및 권역 간의 협력 및 연계 발전을 위한 통합적 균형으로서, 여기에는 수도권의 양적 팽창 억제 및 질적 발전과 초광역 경제권 구축 같은 정책이 포함된다(국가균형발전위원회 2008; 성경륭 2013).

4_노무현 대통령은 2007년 10월 18일 벤처기업협회 초청 포럼에서 사회투자형 복지국가의 중요성을 강조했다.

표 2 | 참여정부의 분야별 국가균형발전 정책

3대 정책 분야		주요 정책 내용
교정적 균형	공간 재배치 정책	• 중앙정부 부처 이전과 세종시 건설 (행정수도) • 공공기관 지방 이전과 혁신도시 건설 • 기업 도시 건설
	지역 균형 정책	• 균형발전특별회계 설치 • 낙후 지역 재정 지원 확대 • 낙후 지역 대상의 신활력 사업
역동적 균형	지역 혁신 정책	• 지역 혁신 체계(regional innovation system) 구축 • 지역 연구개발투자 확대 • 지방대학의 혁신 역량 강화 및 지역 인재 육성
	지역 산업 정책	• 지역 전략 산업 육성 • 혁신클러스터 조성: 대덕 연구개발 특구, 7개 산업단지의 클러스터 전환
통합적 균형	수도권의 질적 발전	• 수도권 규제 체제 유지 및 부분적 조정 • 도시 어메니티 확충 (환경, 생활, 문화) • 지식 산업 클러스터 육성 • 국제 기능 강화 (세계도시)
	초광역 경제권 구축	• 지역 전략 산업의 지역 간 연계 • 5+2 초광역 경제권 육성

　　이상의 정책을 재정적으로 뒷받침하기 위해 참여정부는 2004년에 지역 혁신 계정과 지역 개발 계정으로 구성되는 국가균형발전특별회계를 신설했다. 이 제도의 기본 취지는 다음의 두 가지다. 첫째, 지방정부가 지방자치의 정신에 충실하기 위해서는 자신의 지역 특성에 맞는 독자적 지역 발전 전략을 수립해야 하고, 이것을 실행하기 위한 혁신 역량을 키워야 한다는 것이다. 둘째, 지방정부가 혁신적 지역 발전 전략을 수립하면, 중앙정부는 특별회계를 마련해 지역의 자율적 판단으로 사용할 수 있는 재정 지원을 한다는 것이다. 그리하여 균형발전특별회계는 한편으로는 낙후된 지방의 혁신 역량을 강화하고, 다른 한편으로는 각 지방의 특색 있고 자생력 있는 산업 발전을 지원하기 위해 활용되었다.

　　참여정부가 지방자치의 혁신과 자립적 지역 발전을 목표로 2005년부터 채택한 균형발전특별회계는 〈그림 1〉에 제시된 것처럼 제도 시행 첫 해에 5.3조 원 규모로 시작했는데, 참여정부가 예산을 편성한 마지막 해인 2008년의 예산은 7.8조 원까지 확대되었다. 이명박 정부에 들어와서

그림 1 | 균형발전특별회계 제도의 시행

단위: 조 원

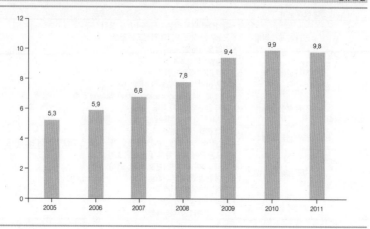

는 지역발전특별회계로 이름이 바뀌어 최대 9.9조 원까지 증가했다.[5]

정책 성과와 한계

그러면 참여정부가 추진한 복지 정책과 국가균형발전 정책이 집권 시기에 진행된 소득 불평등과 지역 불평등을 개선하는 데 어느 정도나 기여했는가? 이 문제를 살펴보기 위해 아래에 〈그림 2〉와 〈그림 3〉을 마련했다.

먼저 〈그림 2〉의 위쪽 그래프를 보면, 외환 위기 직후 급증했다 다시 하강한 지니계수가 2000년 이후부터 참여정부 기간 내내, 그리고 이명박 정부 초기인 2009년까지 증가했으며, 그 이후 소폭 감소하는 추세를 보여

5_이 특별회계에는 연간 3,800억 원 규모의 제주특별자치도 계정도 포함되어 있다.

준다. 이런 추세는 도시 2인 가구를 대상으로 하든, 전체 가구를 대상으로 하든 동일한 패턴을 보인다. 이와 달리, 아래쪽의 그래프는 참여정부 기간 동안 시장소득의 지니계수는 줄곧 증가해 왔으나 복지 정책을 통해 가처분소득의 지니계수가 상당한 정도 줄어든 것을 보여 준다. 도시 근로자 가구에 대한 불평등 개선 효과는 2003년 2.38%에서 2006년 4.20%로 증가했고, 전국 가구에 대한 불평등 개선 효과는 2003년 3.62%에서 2006년 5.50%까지 증가해 상당히 의미 있는 개선 효과를 보이고 있다(정책기획위원회 2008). 이런 수준의 불평등 개선 효과는 OECD 평균인 26.2%와 비교해 상당히 낮은 수준이지만, 김영삼 정부와 김대중 정부 시기의 불평등 개선 효과가 2~3% 수준에 머물렀던 것과 비교하면 그 효과가 크게 증가했다고 볼 수 있다.

〈그림 2〉에 제시된 결과는 참여정부의 복지 정책이 지니고 있는 성과와 한계의 측면을 모두 보여 준다. 먼저 성과의 측면은 동반성장 패러다임을 통해 복지 정책을 강화하고 이를 통해 지속적으로 늘어나는 소득 불평등을 어느 정도 완화시킨 것이다. 그러나 한계의 측면은 매년 증가한 소득 불평등 추세 자체를 반전시키지 못한 것이다. 불평등을 줄이기 위해서는 노동자 집단의 교섭력 증진, 소득 관련 과세(소득세, 양도소득세, 상속세, 증여세, 상장주식 양도차익 과세 등)의 강화, 산업 발전을 통한 고용 증가, 비정규직의 축소, 고용 차별의 해소 등 좀 더 적극적이고 강력한 정책들이 통합적으로 실행되어야 한다. 참여정부는 다른 어떤 정부보다 이런 정책들의 도입과 시행을 위해 많은 노력을 기울였으나, 정부의 정책적 개입을 상회하는 시장 메커니즘의 작동에 따른 불평등의 확대 그 자체를 제어하는 데에는 큰 효과를 거두지 못했음을 지적하지 않을 수 없다.

소득 불평등 완화에서와 마찬가지로 참여정부는 지역 불평등을 해소하는 데에도 부분적 성과를 거둔 것으로 판단된다. 앞서 지적한 것처럼,

그림 2 | 소득 불평등 변화 추세와 참여정부의 정책 효과

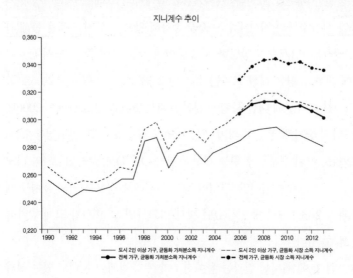

지니계수 추이

범례: 도시 2인 이상 가구, 균등화 가처분소득 지니계수 / 도시 2인 이상 가구, 균등화 시장 소득 지니계수 / 전체 가구, 균등화 가처분소득 지니계수 / 전체 가구, 균등화 시장 소득 지니계수

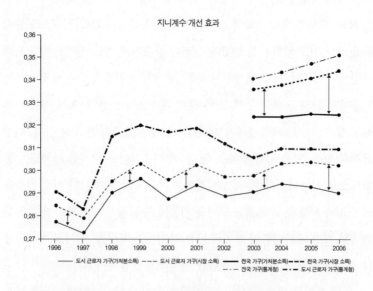

지니계수 개선 효과

범례: 도시 근로자 가구(가처분소득) / 도시 근로자 가구(시장 소득) / 전국 가구(가처분소득) / 전국 가구(시장 소득) / 전국 가구(통계청) / 도시 근로자 가구(통계청)

자료: (위쪽) 김수현(2014에서 재인용); (아래쪽) 정책기획위원회(2008).

그림 3 | 지역 불평등의 변화

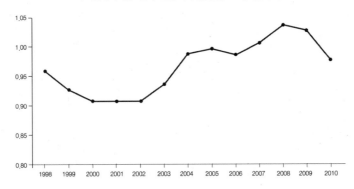

수도권 대비 비수도권의 1인당 지역내총생산(GRDP) 비율 추이

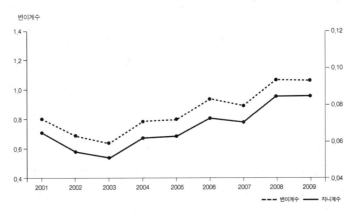

광역 도시 통계권 간 임금격차 추이

자료: (위쪽) 성경륭(2013); (아래쪽) 김동수(2011).

참여정부는 수도권과 비수도권, 영남권과 호남권 등 지역 사이에 구조화
된 인구 및 경제력 격차를 줄이기 위해 16개 중앙 행정 부처와 175개 공공
기관을 지방으로 이전하는 등의 초강력 정책을 실행했다. 동시에 수도권
정비 계획법에 기반을 둔 수도권 입지 규제를 철저히 유지하는 한편 수도

권 소재 기업의 지방 이전을 촉진하고 지역 산업을 진흥하는 정책도 적극적으로 추진했다. 이런 노력의 결과, 〈그림 3〉의 위쪽 그래프가 보여 주는 것처럼 집권 초기 0.91 수준에 머물렀던 수도권 대비 비수도권의 1인당 국내총생산 비율은 2007년에 1.01, 2008년에 1.04까지 증가했다. 매우 큰 성과라고 보지 않을 수 없다.

그러나 전국을 50개 광역 도시 통계권으로 나누어 권역 간 월 평균임금의 지니계수와 변이계수를 살펴보면, 이 두 계수는 모두 2003년부터 2006년까지 계속 증가한 것으로 나타났다.[6] 이것은 각 권역별 주민들의 월 평균임금에 기초한 분석이므로 당연히 위 〈그림 2〉의 위쪽 그래프와 매우 유사한 패턴을 보여 준다. 다만 이 두 계수가 2007년에 접어들어 소폭이나마 감소한 것은 참여정부가 역점을 두고 추진한 균형발전 정책의 효과를 반영하는 것으로 해석될 수 있는 상당히 의미 있는 변화라고 판단된다. 즉 2006년에 0.073과 0.943이던 지니계수와 변이계수가 2007년에 접어들어 각각 0.071과 0.904로 감소함으로써 지역 불평등의 증가 추세를 반전시킨 것이다.

이 변화를 이명박 정부가 등장한 2008년 이후와 비교하면 매우 중요한 차이를 발견할 수 있다. 1982년 전두환 정부 시기에 제정되어 참여정부 임기 말까지 일관되게 유지된 수도권 정비 계획법 체제는 이명박 정부

6_광역 도시 통계권은 234개 시·군을 기초로 하여 인구 5만 명과 100명/㎢ 이상의 인구밀도를 가진 도시를 중심 도시로 하고 이 도시에 인접한 주변 도시 중 중심 도시와의 교차 통근율이 15% 이상인 지역으로 구성되었으며, 50개의 광역 도시 통계권에는 2005년 기준으로 전체 국토 면적의 44%, 총인구의 96%가 포함되었다(김동수 2011, 10). 변이계수는 지역별 평균임금의 표준편차를 평균치로 나눈 값으로 0에 가까울수록 지역 불평등 정도가 낮고, 0에서 멀수록 지역 불평등이 높아지는 것을 의미한다.

출범 직후인 2008년 10월 30일에 대대적인 규제 완화 조치가 이루어짐으로써 사실상 해체되기에 이르렀다. 수도권 성장 관리 권역 내 공업 지역의 경우 규모 제한이 폐지되었고 공업 지역 외의 지역은 모든 첨단 업종을 대상으로 200%까지 증설이 허용되었다. 과밀 억제 권역의 경우 첨단 업종에 한해 증설을 두 배까지 허용했고, 자연 보전 권역의 경우 수질 오염 총량제를 수용하면 관광지 조성 사업의 경우 상한을 폐지하고 폐수 비발생 공장의 증설을 허용하는 등의 대대적 완화 조치가 취해진 것이다.

이로써 이명박 정부에 들어와 수도권으로의 집중을 억제하던 제도적 빗장이 사라지게 되었고, 그로 인해 파멸적 비대화를 향한 집적 과정이 재개되기 시작했다. 〈그림 3〉의 아래쪽 그래프에서 2008년 이후의 추이는 바로 그런 흐름을 반영하고 있는 것으로 보인다. 우려스러운 것은 박근혜 정부도 서비스산업과 노동시장의 규제 완화와 함께 수도권 규제 혁파를 추진하고 있기 때문에 이런 집적 과정이 더욱 심화될 가능성이 높다는 것이다. 동시에 저출산·고령화 과정이 현재 수도권과 대도시 지역에 비해 비수도권의 중소도시와 농촌 지역에서 더욱 가혹하게 진행되고 있어 지역 불평등은 회복하기 힘들 정도로 악화될 것으로 예상된다.

3. 미래 전망

한국 사회의 불평등은 역대 보수 정부들이 주도한 선성장·후분배론, 불균형 성장론, 낙수효과론, 수출 경제론에 따른 특정한 방식의 공업화의 산물이다. 특히 진보 정부의 집권 기간이 10년에 불과한 반면, 반공주의와 성장주의를 강조하며 부국강병을 추구해 온 보수 정부는 해방 이후 60

년 가까이 국정 운영을 담당하여 한국 사회의 기본 구조와 국민 의식까지를 보수적으로 조직해 왔다.

그러나 보수 정부와 보수 세력들이 한국의 미래까지 전유할 수는 없을 것이다. 그 이유는 그들이 선성장·후분배 전략에 따라 지난 시기 동안 총량적으로는 경제성장을 이루었으나, 분배의 지속적 악화와 불평등의 확대를 초래하여 그들 스스로 미래의 성장과 안보 기반 자체를 무너뜨려 왔기 때문이다. 불평등이 확대되면 성장과 분배의 유기적 관계가 단절되어 필연적으로 경제를 위험에 빠뜨리게 될 것이며 그에 따라 사회적 분열도 가속화시키게 될 것이다. 여기에 저출산·고령화의 무서운 추세가 가세하여 한국 사회는 희망을 상실한 사회로 쇠락해 갈 것이다. 이런 점에서 보면, 결국 보수 세력은 지속 불가능한 나라를 만들어 온 것이 분명하다.

이런 흐름 속에서 참여정부는 불평등에 정면으로 도전한 최초의 정부로서 자신에게 주어진 진보적 임무를 수행하기 위해 나름대로 최선을 다했다. 집권 초기에 법인세를 축소하거나 후반기에 한미 FTA를 체결하는 등 일부 신자유주의적 정책을 채택하기도 했고, 또 중반기에는 악화되는 부동산 투기를 제때에 잡지 못해 불평등을 확대시켰다는 비판을 받은 것도 사실이다. 그러나 전체적으로 볼 때, 참여정부는 역대 보수 정부들의 선성장·후분배론을 넘어서기 위해 분배와 복지를 확충하고, 이를 통해 성장과 분배의 선순환을 이루고자 집중적인 노력을 기울였다. 성장 일변도의 정책 노선을 분배와 복지의 강화를 통한 성장과 분배의 통합이라는 새로운 정책 노선으로 전환한 것이다. 이런 관점에서 참여정부는 새롭게 동반성장 패러다임을 설정하고 그것을 구체화하기 위해 소득 보장형 사회투자 복지국가 모델과 다극·분권적 국가 균형 발전 모델을 수립해 과거 어느 정부도 시도하지 않았던 체계적인 정책 혁신을 도모했다.

이처럼 참여정부는 새로운 정책 패러다임과 진보적 정책 설계에 기초해 불평등과 맞서 싸우기 위해 최선의 노력을 기울였다. 그리하여 증가하는 소득 불평등 그 자체를 제어하지는 못했지만 조세와 복지 지출을 통해 상당한 정도의 불평등 개선 효과를 거둘 수 있었다. 지역 불평등의 경우, 행정수도 이전과 공공기관 지방 이전 등의 강력한 공간 재배치 전략과 지역 산업 육성 전략, 여기에 수도권 규제 체제의 유지 등과 같은 복합적 정책을 통해 수도권과 비수도권 사이의 경제력 격차를 줄이는 성과를 거두었고, 광역도시 경제권 사이의 임금격차도 부분적으로 감소시키는 성과를 거두었다.

그러나 그런 성과 못지않게 여러 가지 한계도 드러났다. 먼저 선성장·후분배론을 넘어서기 위한 대안적 정책 패러다임과 정책 설계가 대선 시기와 인수 위원회 시기에 완료되었어야 하나 시기적으로 그것이 상당히 늦어졌다. 국가균형발전 정책의 경우 인수위 시기에 정책의 방향과 핵심 내용이 설정되어 집권 초기부터 정책 추진의 동력을 발휘할 수가 있었으나, 복지 정책의 경우에는 집권 중후반기, 즉 "비전2030"이 작성된 2006년 8월경이 되어서야 정책의 큰 틀과 주요 내용이 확정되었다. 이 문제와 함께 국가균형발전 정책의 경우 신행정수도 건설과 수도권 소재 공공기관의 지방 이전이라는 혁명적 정책 수단을 채택했으나, 복지 정책의 경우 증세와 같은 강력한 정책 수단이 채택되지 못한 상태에서 정부 재정 범위 내의 지출 구조조정 같은 수단에 주로 의존했다는 것도 한계로 작용했다.

그러면 앞으로 한국 사회의 불평등 상황은 어느 방향으로 전개될 것인가? 불행하게도 미래 전망은 매우 어둡다. 이명박·박근혜의 보수 정부가 등장해 강력한 감세 정책과 규제 완화 정책을 채택하고, 또 '증세 없는 복지' 노선을 걸으면서 불평등의 증가를 억제하는 주요한 제도적·정책적 빗장들을 제거했기 때문이다. 이처럼 보수 정부가 벌거벗은 신자유주의 노선으로 정부의 정책 체계를 재편하게 되면, 무역의 확대와 세계화의 확산에서 오는 '바닥으로의 질주' 압력을 제어하지 못하게 된다. 동시에 기술 및 학력 격차와 관련된 고용과 임금 등에서의 차별도 제대로 규율하지 못하게 된다. 그리하여 보수 정부의 집권 기간이 길어지면, 그 결과는 필연적으로 불평등의 끝없는 확산과 그에 따른 사회적·정치적 분열의 심화로 나타나게 된다.

현 시점에서 볼 때, 보수 정부의 정책 내용과 국정 운영 능력에 대해서는 비판적 여론이 넓게 확산되어 있으므로 다음 선거에서 유권자들이 회고적 투표와 응징 투표를 할 경우 진보로의 정권 교체가 일어날 가능성이 상당히 높은 것으로 예상할 수 있다. 그러나 대통령 선거의 결과는 정치 세력 사이의 이념적 차이에 따라 투표하는 이념 투표ideological voting와 함께 대통령 후보 및 정당의 국정 수행 능력에 대한 평가를 중시하는 합의 투표valence voting, 나아가 후보와 정당의 정책 비전에 대한 평가를 중시하는 전망적 투표prospective voting 등 여러 가지 복합적 요소에 의해 결정되는 경향이 있다(성경륭 2015). 이런 점에서 보면, 현재 다수 국민들이 보수적 성향을 보이고 있고, 야당의 정부 견제 능력과 정책 대안 제시 능력에 대해 대체로 낮은 평가를 하고 있기 때문에 지금으로서는 야당이 다음 대선에서 승리해 진보 정부를 출범시킬 수 있는 가능성이 그리 높지 않아 보인다. 따라서 이런 이유로 인해 만약 야당이 다음 대선에서 집권에 실패한다면 미래는 불평등 확대 시나리오로 귀결될 가능성이 크다.

미국의 경우 1930년대의 대공황 이후 민주당 정부가 등장해 높은 수준의 과세와 폭넓은 사회보장제도에 기반을 둔 뉴딜 정책을 강력하게 추진한 결과 '불평등의 대압착'Great Compression이 일어났지만, 한 번도 그런 경험을 갖고 있지 못한 한국은 앞으로 불평등의 누적으로 인해 미국의 대공황과 같은 극단적 어려움에 빠질 가능성도 있다. 다시 말해, 1970년대 중화학공업화에 따른 불평등의 1차 폭발, 1997년 외환 위기 이후 발생한 불평등의 2차 폭발, 그리고 자동화 기술의 발전에 따라 현 시기에 급속히 진행되고 있는 불평등의 3차 폭발 등 일련의 불평등 폭발이 '불평등의 대폭발'Great Explosion을 가져와 한국 사회를 대공황과 같은 벼랑 끝으로 몰아가고 있는 것이다.

이런 점을 고려할 때, 한국 사회는 보수 세력의 공고한 사회 지배와 불평등의 확대라는 매우 위험한 미래에 직면하게 될 개연성이 크다. 따라서 불평등을 축소하여 공생의 경제사회적 조건을 만들어 내야 한다고 믿는 모든 정치·사회 세력들은 바로 이 점에 대해 엄중한 경각심을 가져야 할 것이다. 이런 자각을 바탕으로 보수 지배의 장기화와 불평등의 확산을 막기 위해 머지 않아 새로운 진보 정부가 집권한다면 그 진보 정부는 참여정부의 정책 혁신을 계승하면서 지난날의 한계를 넘어서야 할 것이다. 이런 점에서 불평등 문제에 최초로 본격 도전한 참여정부는 훗날 다음 시대 진보 정부의 나침반이면서 동시에 반면교사로 재평가 받게 될 것이다.

27

사회권과 민주주의

이종오

'사회적 이상주의와 방법적 실용주의의 결합으로 최선의 민주주의를 이룩하자.'

오늘날 사회경제적 '불평등'의 급속한 확산은 한국을 넘어서 전 세계적인 현상이며 이에 대처하는 것이 가장 시급하면서도 어려운 사회 정책적 과제가 되었다. 이 글에서는 사회경제적 불평등의 확산과 심화가 한국 민주주의에 관한 심각한 도전이며, 이를 극복하는 데 실패할 경우 한국 민주주의의 미래가 밝지 않다는 점을 강조하고자 한다. 나아가 사회경제적 불평등을 해소할 수 있는 사회권의 구현과 이에 관한 한국 정치의 개혁 과제를 논하려 한다.

1. 복지국가 논의의 대두

한국 정치에서 경제사회 문제가 중심 정치 의제로 등장한 것은 2012년 대통령 선거라고 볼 수 있으며, 이 시기에 '보편적 복지국가', '경제민주화'에 관한 논의가 본격적으로 등장했다. 그러나 이미 2009년 경기 교육감 선거에서 김상곤 후보가 '무상 급식' 공약을 제기한 바 있고, 다음해 이루어진 서울시 무상 급식 여부 주민 투표는 복지 문제를 정치 논쟁의 중심으로 끌어 들인 바 있다. 이는 한국에서 사회권에 관한 논의가 최초로 적극적으로 제기된 정치적 사건이었다. 당시 한나라당은 사회권에 관한 국민적 호응에 당황하여 복지국가와 경제민주화라는 담론을 시급히 개발했으며, 이는 2012년에 새누리당으로 개명한 한나라당이 재집권에 성공하는 데 결정적 기여를 했다. 비록 보수 진영의 박근혜 후보가 당선했다 하더라도 그를 통하여 한국이 근대적 복지국가로 나아갈 것이라는 기대와 희망이 초기에는 있었다. 그러나 박 정부는 출범 후 대선 때와는 달리 복지국가 건설의 의지나 비전을 제시하는 데 실패했다. 이제 박근혜 정부 3년차에 즈음하여 그런 기대와 희망은 거의 사라졌으며 어떤 복지국가를 누가 어떻게 건설해야 할 것이냐는 문제는 다시 원점으로 돌아갔다.

2. 사회적 의제의 정치화

사회권 혹은 사회권적 기본권은 인간의 존엄과 행복 추구권, 평등권, 자유권, 참정권과 아울러 헌법이 보장하는 기본권에 속한다. 흔히 사회권적 기본권은 배울 권리, 일할 권리, 안전하고 건강하게 살 권리를 지칭한다.

이에 더해 사회권은 좀 더 적극적으로 인간이 자유롭고 평등하게 자아를 실현하고자 하는 포괄적 권리로 해석되어야 한다. 사회권은 협의의 노동3권(단결권, 단체교섭권, 단체행동권)을 넘어 일자리에 관한 알선, 교육, 지원 등의 포괄적 권리, 평등한 삶의 기회를 누리기 위한 능력을 갖출 수 있는 권리 및 인간다운 생활을 갖출 수 있는 최소한의 기본 소득과 주거·의료 혜택에 관한 권리 등으로 확장된다. 최근 보육에 관한 국가의 역할이 확대된 것 역시 사회권의 적극적 해석이 적용된 예라고 할 수 있다. 우리 헌법에서도 사회권적 기본권을 명시하고는 있다. 그러나 이는 산업화 이후 세계화 및 정보화, 가족 구조의 변화 등 변화된 사회적 환경을 담기에는 충분하지 못하다. 이에 좀 더 적극적인 사회권 해석 혹은 이를 넘어서 아예 사회권을 중심으로 한 헌법 개정을 요구하는 움직임이 나오고 있는 것이다.

그러나 사회권이 대폭 강화된 개헌이나 현행 헌법의 사회권 조항의 적극적 해석, 복지 행정의 강화를 위해서는 이를 추진할 수 있는 정치력이 뒷받침되어야 한다. 유럽의 대다수 복지국가에서 시행되고 있는 비례대표제는 이런 사회권의 강화를 위해 유용한 제도로 평가된다. 이는 지역이라는 단위를 넘어서 구체적인 사회 각 계층과 집단을 대의할 수 있는 제도이기 때문이다. 헌법과 아울러 비례대표제가 강화된 선거법의 개정을 강력히 요구하는 세력은 무엇보다 사회권의 신장을 염두에 두고 있는 것이다.

한국의 정치는 선거를 위해서 존재한다. 물론 민주주의 국가에서 정치인과 정당은 선출되지 못할 경우 무력하기 짝이 없는 존재이기에 선거가 지상 과제가 되는 것이 이상한 일은 아니다. 그러나 단순히 선거를 위한 선거가 되어 버린다면 점차 국민과 선거, 국민과 정치의 이반 현상이 심화될 것이다. 한국 정치에서는 이런 현상이 특히 심하며 선거를 이기기 위해서는 수단 방법을 가리지 않고 온갖 가능한, 불가능한 공약이 난무한다. 2012년의 선거에서는 어쨌건 '복지국가'론이 대세였으니 여야는 경쟁적으로 복지 공약을 남발했다. 한국 복지국가는 이미 대세가 된 듯 보였다. 그러나 박근혜 대통령직 인수위는 불과 2, 3개월 전 발표했던, 기초연금에 관한 공약을 실질적으로 무효화했으며, 이후 보편적 복지와 경제민주화는 실종되었다. 대신 그 자리에는 규제 완화와 창조경제라는 "경제 살리기" 담론이 자리 잡았다. 복지와 경제민주화에 대한 공약과 열정의 실종 현상은 야당에서도 유사하게 나타난다.

보수 양대 정당의 극한적 대립에 불구하고 이들 정당의 정책적 내용 사이에는 사실 큰 차이가 없는데, 이는 한국 정당의 사회적 내용이 보수 양당 공히 지극히 빈곤한 데서 비롯된 것이라고 할 수 있다.

이런 비난에 직면하여 정권 교체 이후에 의례 제기되는 정치 개혁과 개헌 논의는, 어느새 차기 총선, 대선 구도가 떠오르면서 항상 그래 왔듯이 또다시 차기 정권의 과제로 굳어지는 듯한 분위기다. 한국 정치는 무상급식론이 제기된 이후, 기대와는 달리, 사회적 의제의 정치화에 실패했다.

3. 한국 민주주의의 위기

사회권의 신장은 민주주의의 기반을 다지는 것이다. 그러나 1987년 민주화 헌법을 기반으로 한 한국 민주주의의 시계는 아직도 1980년대 민주화 운동 당시에 멈춰 있다. 반면, 한국을 둘러싼 대내외의 환경은 매우 빠른 속도로 변화하여 이제 한국 민주주의는 점차 낡고 추레한 모습으로 비춰지고 있다.

우선 1987년 직선제 헌법 이후 지방자치, 헌법재판소, 교육 자치, 선거 공영화, 정당 국고 보조금 등 새로운 기구와 제도의 도입이 광범하게 이루어졌다. 그러나 누가, 어떠한 방식으로 이런 제도를 운영하느냐라는 실질적 민주주의의 문제에 있어 과연 어떤 개혁과 진전이 있었는지 지극히 의심스럽다. 이 문제는 야당이 기구와 제도를 운영하는 위치에 놓인다 해도 달라지지 않는다. 가장 극명한 예로 수천억 원을 들여 낭비 행사로 지탄받는 인천 아시안 게임과, 아마도 수조 원에 달하는 예산 낭비와 환경 파괴의 잔치로 진행될 것이 분명한 평창 동계올림픽 준비 역시 민주당(새정치민주연합) 출신 시장, 도지사가 수수방관하는 가운데 진행되었으며 현재도 진행 중이다. 인천 아시안 게임이나 평창 동계올림픽에 관해 여야 어느 정당도 예산 낭비와 환경 파괴를 방지하기 위해 애쓰는 움직임이 눈에 띄지 않았다. 한국 정당의 성과는 국정의 효율적 운영이 아니라 선거의 승패로 좌우되기 때문에 어떤 낭비 프로젝트라도 선거에 별 지장이 없다면 정당은 무관심하다. 지역 민심을 등에 업고 추진한 이명박 정부의 20조 규모의 '4대강 사업'이나 전라남도가 막대한 예산을 투입하고 파산한 'F1' 사업도 마찬가지라고 할 수 있다. 많은 지방자치단체장과 지역 출신 의원들은 사업의 경제성이나 성공 여부는 뒷전이고 우선 큰 프로젝트를 성사시키는 것을 가장 주요한 임무로 생각하지만 사후 처리는 자신의 일이 아니다. 민간이라면 조직이 파산하고 최고경영자가 감옥에 갈 사안이 행정과 공공 영역에서는 버젓이 자행되는 것이다. 결과는 공공 부채의 계속적인 증대, 공공 기강의 문란, 그리고 정치적 냉소주의의 팽배로 이어진다.

민주화 이후 5년 단임제 정권은 예외 없이 조기 레임덕에 시달리고 있으며, 성공한 정부를 꼽기가 어렵다. 한국 민주주의는 그야말로 형식적 민주주의로 형해화하고 있는 중이다.

이 와중에 부패지수와 사회경제적 불평등 지표는 계속 악화되고 있으며 중장년층은 구조조정과 조기 퇴직의 불안에 시달리고 있고 청년층은 별 따기만큼 어렵다는 공공 분야나 대기업 취업에 생사를 걸고 있는 형편이다. 이런 의미에서 민주화 이후 한국 사회는 "아무것도 바뀌지 않았거나" 심지어 모든 것이 더욱 나빠졌다는 불만이 팽배하다. 세월이 좋아진 것은 민주화 이후 신설된 수많은 선출직 공무원에 진출한 '정치 계급'에 속한 인사들뿐이다.

국가와 국민을 위해 정치와 정치인이 존재하는 것이 아니라, 정치와 정치인을 위해 국민이 존재하는 형국이 되었다. 이런 상황에서 국민의 정치적 무관심이 점차 증대하고 무엇을 해도 보수 세력이 선거에서 연전연승하는 것이 그리 이상한 일이 아니다. 사회권을 적극적으로 주장하고 실천하고자 하는 개혁적 정치 세력이 보이지 않는 가운데 한국 민주주의는 전반적으로 쇠퇴하고 있다. 사회 전반이 보수화하는 가운데 민주 세력에 대한 정치적 지지가 정체하는 것은 전혀 놀라운 일이 아니다.

다른 한편 한국 민주주의가 형식화하고 형해화하는 주요 요인의 하나는 선거제도의 문제점과 아울러 국회와 지방의회 등 민주주의의 기구에 대한 민주적 통제가 취약하다는 사실이다. 생사를 걸고 싸우는 여야 정당도 국회의원의 권리와 혜택 등 자신들의 이익에 관한 사안에서는 놀라울 정도로 합의를 이루어 낸다. 국회의원 연금이라는 희한한 제도에 관해 민주노동당을 비롯한 모든 정당이 합의를 이루었던 것이 좋은 예다.

통제 없는 권력은 부패할 수밖에 없으며 낭비는 증가할 수밖에 없다. 지역구에 예산을 끌어오는 사람이 유능하고 힘 있는 국회의원으로 평가받는 현실은 정치인이 국가 예산을 자신의 당선이라는 사적 이익을 실현하는 수단으로 삼고 있음을 보여 준다. 이런 것이 모두 선거, 정당, 정치인 등 민주주의의 주요 기구와 수단에 관한 불신과 기피증을 증대시키고 있다. '국회의원은 하나하나가 헌법기관'이라는 말이 낭비와 지나친 특권까지 허용되는 근거가 될 수는 없다.

현재 논의되는 선거구 재획정과 비례대표제의 개선 등 전반적 선거제도와 정치 개혁 논의는 정치권에만 맡길 것이 아니라 시민이 한 주체로 적극 참여할 수 있는 방안이 강구되어야 한다. 이제는 시민의 직접 참여를 통해 민주적 기구에 대한 민주적 통제를 구상하고 도입하는 방식으로 한국 민주주의의 재구성을 고민할 때이다.

5. 사회적 대의 기구

민주주의는 정치와 경제·사회 영역에서 일정한 분권과 다원화가 이루어지는 것을 의미한다. 이는 시장경제라는 말로 표현되는 경제적 행위의 자율화와, 시민사회라는 말로 표현되는 국가 권력으로부터 독립적인 공공 영역의 존재를 전제한다. 이런 자율적이고 독립적인 영역이 존재하느냐와 아울러 더욱 중요한 것은 이 영역이 과연 민주적인가의 문제다. 1987년 민주화 이후 기업 사회가 얼마나 민주화되었는가? 학교, 종교 기관 등 주요한 사회적 기관의 상태는 또 어떠한가? 국가와 정치권력으로부터 상대적으로 자유로운 사회적 기관의 대부분은 아직도 권위적인 문화, 내부 권력 구조를 가지고 있다. 정치 영역에서 민주 헌법의 도입 등 일정한 민주화가 이루어졌지만 사회 영역의 비민주성, 권위주의는 의연히 존재하거나 오히려 더욱 강화되는 모습을 보이고 있다. 최근 중앙대나 상지대 사태가 이를 보여 주고 있으며 권력 기관화된 대형 교회의 등장과 이들 내부에서의 권위주의적 폐습은 또 다른 예다.

가장 중요한 문제로서 재벌, 대기업의 이른바 오너, 총수 체제의 절대화는 한국의 민주화와 아무 상관이 없으며 오히려 한국 사회가 전체적으로 신분제 사회로 역행하는 듯한 모습을 보여 주고 있다. 요약하면 문제가 많은 민주적 정치제도와 비민주적 사회가 병행하여 존재하는 것이다. 한국 민주주의의 사회적 토대가 이렇게 취약한 상태에서 양질의 정치를 기대하기 힘들며, 정치의 취약성은 다시 시장경제의 비민주성에 대한 공공권력의 통제 및 시민사회의 발전을 어렵게 하고 있다.

이 문제는 가두의 투쟁을 통한 아래로부터의 민주화를 가져온 세력이 스스로 정치권력의 일부가 되면서 매우 빨리 재래의 권력 문화에 편입, 동화된 측면이 있고, 더욱 중요하게는 이들이 정치적 민주화 이후 실질적·사회경제적 민주화의 과제를 등한시했다는 점으로 설명할 수 있다. 결과적으로 한국의 정치적 대의 기구는 밑으로부터의 시민과 사회를 대변하거나 시민의 생활상의 요구와 권리를 대변하지 않는 그들만의 독자화를 이루었다. 이로부터, 사회의 구체성과 유리된 추상적이고 무책임한 지역 정서라는 말이 탄생했고, 한국의 정당은 가장 주요하게 이들 지역 정서를 대변하는 정당이 되었다. 정당, 의회는 이제라도 구체적인 시민과 사회를 대변하는 사회적 대의 기구로서 다시 태어나야 하며 언론, 시민사회 등 비정치적 대의 기구가 활성화되어 이들 역시 이런 역할을 수행할 수 있어야 하겠다.

6. 사회적 민주주의

모든 사회문제의 핵심에는 소득과 수입의 문제가 놓여 있다. 한 예로 한국의 취업 구조에서 비정상적으로 높은 자영업자의 비중을 살펴보자. 이 문제는 결국 불충분한 노후 보장, 실업 보장 제도의 산물이라고 할 수 있다. 자연적 연령의 한계 혹은 기업 구조조정 과정에서 잉여 노동력화한 중장년층 가운데 노후가 보장된 사람들은 극히 일부에 속한다. 노령연금, 실업보험, 취업 및 재취업의 사회적 장치가 부족한 사회에서 이들은 결국 독자적으로 자구책을 마련할 수밖에 없는데 가장 손쉬운 방안이 특별한 기술과 전문성 없이 영세 서비스업을 창업하는 것이다. 문제는 이런 창업자의 공급이 경제적 수요를 엄청나게 초과하는 현실에서 이들의 상당수는 영세 자본을 잠식하고 빈곤층으로 전락할 수밖에 없다는 것이다.

대학을 나와 양질의 정규직에 종사하는 중산층은 고등교육의 지나친 팽배로 인한 광범한 취업 대기 인원의 존재와, 무한 경쟁의 기업 논리 속에서 구조조정과 조기 퇴진의 상시적 위협하에 놓여 있다. 이런 불안은 대기업 종사자들로 하여금 조직과 상사에 대한 복종과 충성 경쟁을 벌이게 하고 이 와중에 경제민주화, 기업민주화는 어느덧 현실과 유리된 관념적 사안이 되고 만다. 취업 상태에서 고용이 불안정하고, 미취업 상태에서 사회적 보장이 부재할 때, 제반 사회조직은 쉽게 권위적·비민주적인 조직 문화를 가지게 된다. 이는 과거 권위주의 시절 실제의 혹은 상상의 안보 불안이 권위주의적 국가에 대한 자발적 순응을 이끌어 낸 사례와 유사하다고 할 수 있다.

일상적 삶에 대한 사회적 보장의 정도가 강할수록 자유롭고 당당한 시민 정신의 정도가 높아질 수 있으며 민주주의의 토대가 강화된다. 한국 민주주의의 공고화는 국회의원을 위시한 정치인의 도덕성을 폭로, 질타하는 것으로 이루어지지는 않는다.

한국 민주주의의 내용과 목표는 일자리, 소득, 사회보장, 사회문제를 해결함으로써 국민의 일상적 삶의 질을 높이는 것이 되어야 한다. 특히 현재의 사회적 약자, 장애인, 여성, 아동들에 대한 철저한 사회보장이 이루어져야 하며 이들의 사회권을 보장할 특별한 사회적 장치와 책임이 요구된다고 하겠다.

모든 사람에게 최대의 관심사는 개인적·일상적 삶이다. 한국의 정치와 사회운동은 이제까지 이 문제를 소홀히 하고 담론적 차원에서 추상적이고 거대한 논쟁과 토론에 매달리는 경향이 있는데, 이는 시민의 삶에서 정치와 민주주의를 소외시키고 있는 것이다. 지금 단계에서 민주주의의 내용과 목표는 최소한도의 민주적 제도의 도입 단계를 넘어 개인의 일상적 삶의 보장을 시민적 권리로 간주해 국가와 사회가 이를 보장하는 것이 되어야 한다. 따라서 자유권과 아울러 사회권을 민주주의의 두 핵심 기둥으로 삼아야 민주주의의 안정화를 기할 수 있다.

7. 사회적 정책 담론과 실용주의

산업화와 민주화 이후 한국 사회의 과제는 사실 명확하다. 그것은 시장경제와 세계화의 진전 과정에서 발생한 경제사회적 불평등의 심화에 대한 효과적 대응과, 국가와 사회의 탈권위주의화, 문화적 자유화를 더욱 발전시키는 것이다.

혹자는 분단과 통일 문제가 한국 사회의 민주화·자유화·복지화의 결정적 걸림돌이 되고 있으니 분단 체제를 해체하는 일이야말로 모든 문제를 해결하는 전제 조건이 된다는 주장을 전개하고 있다. 이는 상당히 일리가 있는 주장이기는 하나 정책 담론에 있어서 무엇이 모든 것의 전제 혹은 선결 조건이라고 주장하는 논리 전개 방식에 대해서는 심중히 생각할 필요가 있다. 이는 과거에 흔히 성장이 이루어져야 분배도 가능하다거나 경제가 성공해야 민주주의도 가능하다는 이야기와 마찬가지다. 지금은 더 이상 이런 논쟁에 매달리기보다 방법적 실용주의를 좀 더 심각하게 고려할 때라고 여겨진다.

한국 사회는 다차원·다방면의 많은 문제를 지니고 있다. 성장, 분배, 민주주의, 통일, 환경과 같은 문제가 그런 것들이다. 방법적 실용주의란 근본주의적 태도를 지양하고 모든 영역에서 우선순위에 따라 순차적, 혹은 때에 따라서는 동시적으로 문제 해결을 추구하는 것이다. 성장과 분배는 동시적으로 진행되어야 하며, 이는 민주주의와 민족문제에 있어서도 마찬가지 일 것이다. 복지의 확대와 증세의 문제에 있어서도 증세, 감세, 작은 정부, 큰 정부라는 논쟁의 이데올로기화를 피하고 현재의 조건에서 무엇이 얼마가 왜 필요한지가 투명하게 제시되고 이를 조달하는 현실적 방안이 솔직히 제시된다면 이에 관한 사회적 합의를 도출하는 것이 그리 어렵지도 않을 것이다.

최근에 발생한 공무원연금 개혁과 국민연금을 연계하는 문제는 옳고 그름을 떠나 이런 엄청나고 복잡한 사안을 다루는 데 있어 자료, 데이터, 공론화의 과정을 생략하고 신속히 합의, 발표했다는 데 많은 문제가 있다. 이렇게 사회적 검증이나 공론화 과정이 생략된 채 주요 정책이 채택되어, 비록 선거에서는 도움이 될지 모르지만 그 후 실행 과정에서 엄청난 후유증을 낳는 사례는 한국 정치에서 많이 찾아볼 수 있다. 정책 과제의 제기와 실행 과정에서 지나친 이데올로기화나 가치 논쟁보다 현실적 필요와 구체적 실행 방도에 입각한 방법적 실용주의 문화의 발전이 바람직하다고 하겠다.

8. 공공 개혁과 민주주의

새로운 차원의 민주주의 발전으로서 사회권을 실현하는 데 있어 빠트릴 수 없는 것은 국가 운영의 효율성을 높이는 것이다. 유럽 복지국가의 역사에서도 이는 개혁의 핵심 과제 중 하나로 등장한다.

한국의 관료 제도는 여타 국가의 사례에서 보듯이 무한히 팽창하는 경향을 지니고 있다. 중앙, 지방 정부, 국회, 법원 모두가 끊임없이 새로운 사업, 기구, 인원, 이를 위한 예산의 증액을 요구하고 있다. 여기에 선거에 목을 매는 포퓰리즘적 정치권이 가세할 때 무한 낭비와 결과적으로 재정 파탄이 불가피해진다. 이런 관료주의의 폐해 앞에서는 미래를 위해 필요한 사안도 국민적 동의를 얻어내기 힘들다. 4대강, 자원 외교 그리고 현재 진행 중인 동계올림픽 같은 낭비 프로젝트를 수없이 양산하는 정부가 설사 복지를 위한 증세를 주장한다 하더라도 이를 시민이 쉽게 받아들이기는 힘들 것이다. 한국 정부는 그간 고도성장의 과실과 재정 건전성에 힘입어 아직까지는 과소비와 낭비를 감당해 왔으나 이것이 무한이 지속될 수는 없다. 공공 부문의 낭비를 억제하고 효율화를 내용으로 하는 행정개혁은 신자유주의와는 무관하며, 이것은 민주주의나 통일 못지않게 중요한 국가적 핵심 과제다. 민주화 이후 어느 정권이라도 이것을 핵심 과제로 하여 선진적이고 효율적인 행정개혁을 이루었다면 산업화와 민주화와 아울러 역사적 치적으로 남았을 것이다. 차기 정부는 어떤 이념과 가치에 입각하여 정책 과제와 정책 중점을 선택하더라도 행정개혁의 문제를 최우선 순위로 놓기를 간절히 희망한다. 낭비 없는 효율적 정부의 출현이야말로 결과적으로 민주주의와 복지국가 나아가 통일에 기여한 정부가 될 것이다. 특히 국민의 사회권을 확립하는 복지국가 건설을 위해서도 행정개혁은 필수 조건이다.

결론적으로 자유권, 사회권을 핵심으로 하는 민주주의를 이루는 길은 공리공론으로 인한 무한 논쟁을 회피하고, 한국의 국가와 사회의 모든 구체 영역에서 합리적이고 효율적인 문제 해결을 도모하며, 이를 통해 사회적·정치적 합의를 하나씩 도출해 가는 것이다. 작은 문제의 해결이 축적되면 큰 문제의 해결도 가능하다. 사회경제적 불평등의 확산과 심화라는, 민주주의에 대한 위협과 도전에 직면하여 사회권의 확산과 심화라는 사회 정책적 대응은 미룰 수 없는 과제다. 이를 실현하기 위한 실용주의적 지혜가 필요하며, 마지막으로 항상 '작은 사람들'의 삶을 보장하는, 사회권을 존중하는 정치가 이루어진다면 이것이 바로 최선의 민주주의, 진보적인 민주주의라는 점을 강조하고 싶다.

28

한국 사회의 불평등과
정치의 역할

박상훈

1. 결사 없이 민주주의 없다

민주주의에서 정치가 제 역할을 못하면 그 어떤 사회 원리나 경제 체제도 가난한 시민들의 삶을 지켜 주지 못한다는 매우 평범한 주장으로부터 이야기를 시작해 볼까 한다. 능력 본위의 사회를 만든다 치자. 그래도 교육과 직업적 성취에 따른 차등 대우는 불가피할 것이다. 시장경제가 더 공정해졌다고 하자. 그래도 1원 1표의 불평등 원리는 유지될 것이다. 계급 지배의 폐지를 내건 공산주의는 어떤가. 민주정치는 부정되었고 보통 사람들은 평등하게 가난해졌으며 자유는 더 억압받았다.

　　민주주의에 대한 수많은 정의가 다 의미가 있고 가치가 있지만, 그 가운데 2천5백 년 전 아리스토텔레스가 내린 정의는 여전히 흥미롭다. 그는 민주주의를 '빈자貧者의 지배'라고 정의했다. 필자는 그의 정의야말로 문제의 핵심 가운데 하나를 때렸다고 생각한다. 혹자는 그것은 민주주의 내지 민주정을 부정적으로 묘사하기 위한 것이었다며, 만인의 평등과 보편적 복지 같은 가치를 앞세워야지 왜 가난한 보통 사람에 편중된 주장을 하느냐고 반론할지 모르겠다. 하지만 그런 과도한 보편적 접근이 때로 공허할 수가 있다. 불평등 문제가 좀처럼 개선될 기미를 보이지 않는 오늘날과 같은 현실이 만들어진 것은 보편적 가치를 덜 말해서가 아니다. 복지국가, 경제민주화, 비정규직 보호 등등, 아마 그간 나온 구호만 생각하면 우리 사회는 벌써 오래전에, 세계 최고의 복지국가이자 비정규직 없는 평등한 경제 체제를 가진 사회가 되었어야 했다. 그런데 어디 그런가?

들기만 좋은 공허한 구호는 현실을 호도하는 기능을 할 때가 많다. 우리가 지금과 같은 불평등이 심화되고 있는 사회 현실을 만나게 된 것은 복지와 경제민주화, 비정규직 없는 세상을 덜 외쳐서가 아니다. 그보다는 가난한 보통 사람들 스스로 자신의 문제 해결을 위해 '자율적 결사체'를 만들고, 나아가 자신들의 요구를 공공정책으로 전환할 수 있는 '강한 정치 조직'을 만드는 문제에서 한국 사회가 별다른 성과를 보여 주지 못했기 때문이라고 말해야 할 것이다. 필자는 이것이 더 구체적이고 더 정확한 설명이라고 본다.

2. 강한 정당과 민주주의

정치가 결사체적 기반을 상실하고 개인화될수록 사회는 불평등해진다. 민주주의는 시민을 위한 시민의 정치를 하겠다는 사람이 많아져서가 아니고, (20세기 최고의 민주주의 이론가라 할 수 있는 로버트 달Robert A. Dahl이 강조했듯) 갈등하는 이해 당사자들 사이에서 다원적 결사체들이 '사회적 힘의 균형social equilibrium을 형성할 수 있을 때 좋아진다. 비정규직이든 빈곤층이든 그들이 향유해야 하는 결사의 자유와 교섭 능력이 좋아지는 것 없이, 제아무리 개인적 야심이 없는 선량한 정치가를 선출하고 그들이 시민을 위한 행정을 펼친다 한들 사태가 개선되지는 않는다.

우리 사회의 경험을 돌아보더라도, 그간 복지예산은 계속해서 늘었지만 빈곤과 불평등 문제는 악화됐다. 정규직으로의 전환 사례도 많아졌지만 역설적이게도 비정규직 문제는 더 나빠졌다. 사회적 기업과 협동조합 관련 제도도 확장됐지만 한국 경제가 자유롭고 공정해지지는 않았다. 무상 급식도 실시되고 학생 인권 조례도 만들어지고 대안 학교나 혁신 학교와 같은 실험이 있었지만 교육 문제가 좋아진 것도 아니다. 아마 앞으로도 서민을 위하고 비정규직을 보호하고 빈곤층과 약자를 대변하겠다는 정치가들은 많이 나올 것이다. 그러나 정책의 수요자로서 이해 당사자들이 자신들의 '이익과 요구를 조직할 권리'는 강화되지 않은 채 정책의 공급자가 갖는 선의만 앞세워진다면, 그것이 온정주의paternalism일 수는 있어도 민주주의와는 관련이 없다. 온정주의는 오히려 권위주의의 다른 얼굴일 때가 많다.

사실 민주정치가 가난한 보통 사람들에 비해 중산층 시민들의 삶을 보호해야 할 이유는 크지 않다. 그들의 경우는 경제와 교육, 문화 등 거의 모든 영역에서 스스로의 삶을 지킬 자산과 지식을 갖고 있기 때문이다. 그런데 매번 선거를 거듭하면서 발견하게 되는 것은 한국 정치가 점점 더 '중산층 편향적이고 하층 배제적인' 방향으로 나아가고 있다는 점이다. 그어떤 정치 세력도 이른바 '민중적 의제'를 중시하지 않는 시대가 되었다. '민생'이라는 말조차 이제는 집권당이 야당을 공격하기 위해 동원하는 정치 언어가 되었다.

　야당이나 진보 정당들 역시 기껏해야 '의식 있는 중산층 정당'처럼 보일 때도 많다. 그들의 생각이 덜 민중적으로 보수화된 것은 아닐 것이다. 중요한 것은 그들 개개인이 가진 의식의 문제가 아니라, 조직적 능력의 문제다. 즉 가난한 보통 시민들의 세계 속에서 야당이든 진보 정당이든 대중적 조직 기반이 몹시 약화된 것, 문제의 원인과 대안은 알아도 이를 현실화시킬 수 없을 만큼 조직적 능력이 심각하게 약화된 것, 당원이나 지지자의 조직적 참여에 의존하기보다는 무정형적인 '여론 동원 정치'에 더 깊이 빠져들게 된 것, 그러다 보니 '조직으로서 정당'보다 이미지 자산을 크게 가진 엘리트 후보에 의존하는 '명사 정당' 내지 '명망가 정당'으로 퇴락하고 만 것에 있다. 결국 우리의 민주정치는 대중 '속'을 떠나 대중 '앞'으로 자리를 옮겼고, 시민은 주권자도 아니고 대중조직의 일원도 아닌 구경꾼이 됨으로써, '청중 민주주의'audience democracy라는 말이 어느덧 현실을 더 잘 묘사하는 개념이 되고 말았다. 이런 정치에 참여해 의견을 표현할 여가와 능력을 가진 집단은 누구겠는가? 당연히 교육받은 중산층이지 보통 사람들은 아니다.

　현대 민주주의의 운영 원리와 관련해 핵심 테제가 될 만한 것을 하나 꼽으라면, 필자는 정치학 분야에서 상업적으로 큰 성공을 거둔 저서를 연달아 내놓고 있는 로위Theodore J. Lowi와 진스버그Benjamin Ginsberg 교수의 단순하면서도 단호한 주장을 들겠다. 그들에 따르면 현대 민주주의에서 움직일 수 없는 확고한 사실은 이렇다. "강한 정당의 부재는 가난하고 교육받지 못한 시민들의 정치 참여를 위축시키고 선거를 중간계급 위주의 것으로 만든다." 이는 교육 자산이나 직업 및 소득 자산이 약한 가난한 보통 사람들을 위해 참여의 비용을 낮추고 조직화의 비용을 감당해 주는 강한 정당이 없다면 민주정치는 계층 간 불평등을 줄이기보다 증폭시키는 확성기 역할을 하게 된다는 '경고'가 아닐 수 없다. 어떻게 하면 우리의 정당들이 가난한 보통 사람들의 실제 세계 속에서 더 튼튼한 뿌리를 내릴 수 있을까. 야당과 진보 정당들의 조직적 능력은 어떻게 하면 강화될 수 있을까. 한국 정치가 집중해야 할 과제는, 복잡하고 정교한 프로그램도 아니고 뭔가 새롭고 혁신적인 아이디어나 제도 대안도 아닌, 이 단순하고 소박한 '민주정치의 기초 이론'을 충족시키는 데 있다.

3. 노동 있는 민주주의

어떤 민주주의가 좀 더 자유롭고 평등하고 건강하고 평화로운 사회 공동체를 만드는 데 기여할까? 이를 통계적으로 다루기 위해 다음과 같이 질문해 보자. 민주주의 국가들 가운데 빈곤 인구의 비율이 낮고, 계층 간 불평등 정도도 낮으며, 비정규직의 규모도 작은 나라는 어디일까? 투표율은 높고, 인권 및 자유화 지표도 좋으며, 소수자 및 이주민에 대한 권리 부여 정도도 높고, 여성 장관 비율이 높은 나라는 어디일까? 계층 간 기대 수명의 차이가 적고, 불법 약물 복용, 10대 임신, 10대 자살, 저체중아 출산율, 정신 질환 발병률, 영양실조, 비만율이 낮은 나라는 어디일까? 후천적으로 계층 상승이 가능한 사회적 유동성이 높은 나라, 즉 기회의 평등이 높은 나라는 어디일까? 강력 범죄율과 재소자 비율이 낮은 안전한 나라는 어디일까?

　이 밖에도 더 많은 질문을 제기하고 그 결과를 탐색해 볼 수 있을 텐데, 설득력 있는 결론은 두 가지다. 첫째는 진보 정당의 경쟁력(득표율과 집권 기회를 기준으로 볼 때)이 강한 나라일수록, 둘째는 노동조합의 조직률과 교섭 능력이 강한 나라일수록 통계적 가능성이 높다는 것이다. 이를 논리적으로 풀어 말한다면 다음과 같이 될 것이다. 이념적·계층적 대표의 범위가 충분히 넓은 사회가 되어야 그 사회를 구성하는 다양한 집단들의 관심과 이익이 평등하게 고려될 수 있을 것이다. 진보 정당의 경쟁력이 낮아 집권의 가능성이 없는 민주주의를 '보수 독점적 정당 체계'라 할 수 있는데, 이럴 경우 그 사회의 하층이나 약자 집단의 이해는 대표되기 어렵다. 현대 민주주의는 자본주의라는 경제적 조건 위에서 실천되고 있는데, 이때 그 사회의 민주적 성취는 노동이라고 하는 가장 중요한 생산자 집단의 이익과 열정이 기업 운영과 노사관계, 나아가 정당 체계의 차원에서 어느 정도 평등한 권리를 향유하느냐에 달려 있게 된다. 노동의 시민권이 사회적으로 어떻게 받아들여지느냐에 따라 그 나라 민주주의의 내용과 질은 크게 달라진다는 것이다. 이념적으로 표출, 조직화 가능한 정치의 범위가 좁은 사회에서 자유로운 상상력이 가능하다고 말할 수는 없을 것이다. 이런 점을 생각하지 않고 지금과 같은 정당 체계 위에서 친박/비박이니 친노/비노니 하는 식으로 다투고 그런 싸움을 통해 정권이 교체된다한들 그것으로 사회가 좋아진다고 말하는 것은 그야말로 한가한 이야기가 아닐 수 없다.

잘 생각해 보면 우리가 정치를 통해 상상할 수 있는 희망은 다음과 같은 종류의 질문이어야 할 것이다. 어떻게 하면 함께 땀 흘려 일하며 협력하는 것의 가치가 근본이 되는 사회를 만들 수 있을까? 아이들에게도 그런 사회를 상상하게 하면서 각자의 개인 삶도 풍부하게 만들고 하는 열정을 갖게 할 수 있을까? 어떻게 하면 노동 배제적인 권위주의 문화로부터 벗어나, 노동자도 기업도 경제 운영의 공동 협력자가 되는 것이 갖는 유익함을 향유하는 사회가 될 수 있을까? 정치가는 정치가답고 기업가는 기업가답고 공무원은 공무원답고 교수는 교수답게 자신이 소명으로 삼은 일에 대한 헌신과 보람으로 좀 더 행복한 삶을 일궈 갈 수 있을까? 이는 진보, 보수를 떠나 어떤 정당이라도 책임감 있게 해야 할 고민이자 상상일 것이다.

누구나 말하듯, 노동은 인간 공동체의 기초에 해당하는 문제다. 땀 흘려 일하고 협동하는 것의 보람이나 가치가 튼튼하게 자리 잡고 있지 않다면 어느 인간 공동체도 행복할 수 없다. 중학생 나이만 되어도 몸이 훌쩍 자란 아이들 즉, 미래의 시민들에게 땀 흘려 함께 일하며 협동하는 노동의 가치는 가르치지 못하고 누가 더 책상에 오래 앉아 있는가를 경쟁하게 하는 우리의 교육 현실은 그래서 문제라는 것이다. 경제적 어려움 때문에 아르바이트를 하지 않으면 안 되는 청소년들의 노동 환경은 또 어떤가. 이들의 노동은 협력과 공동체성을 배울 기회로 작용할 수 없는 조건, 달리 말하면 '노동 배제적인 사회 문화가 지배하는 환경 속에서 강제된 노동' 이상이 아니다. 알고 지내는 철도 기관사로부터 이런 이야기를 들은 적이 있다. 동료 한 사람이 급하게 기차 정비를 하느라 땀범벅이 되었는데, 때마침 아이 손을 잡고 그 옆을 지나던 젊은 엄마가 아이를 멈춰 세우더니 "너, 공부 안 하면 저 아저씨처럼 된다!"라고 말했다는 것이다. 그 정비사는 어느 정도 고용이 안정되어 있는 공기업 소속에다 결코 소득이 적은 직업이 아님에도 불구하고, 우리 사회에서 노동자로 범주화된다는 것이 어떤 낙인의 대상이 되는지를 잘 보여 주는 사례가 아닌가 한다. 이렇듯 학교 교육의 현실에서건 사회 속의 노동 현실에서건, 시민권의 한 내용이 되어야 할 노동의 가치는 실현되지 못하고 있다.

『미국에서 태어난 게 잘못이야』(부키, 2011)의 저자인 토머스 게이건 Thomas Geoghegan에 따르면, 노동의 가치가 중시되는지 여부는 사랑하는 문제처럼 지극히 사적인 세계에도 영향을 미친다. 대졸자의 90% 이상이 전공과 무관한 분야에서 직업을 찾아야 하고, 실직은 곧 무보험자 및 모기지론 미납자로 전락할 위험이 큰 미국의 젊은이들이 연애 상대가 어떤 조건과 스펙을 갖췄는지에 신경을 더 쓰는 반면, 어려서부터 노동의 존엄성을 배우고 다양한 직업 교육에 익숙할 뿐만 아니라 노동 시장에 진입했건 못했건 사회 안전망의 보호를 받는 유럽의 젊은이들은 사랑하는 사람과 사랑하게 될 가능성이 훨씬 높다는 것이다. 유럽 여성들이 사랑하고픈 남자의 순위에서도 어느 학교를 나왔고 어느 회사에 다니는가보다는 키스 잘하고, 유머 있고, 요리 잘하는 남자가 더 높게 평가된다고도 한다. 개개인이 정말로 사랑하는 사람과 사랑하게 될 것인가 하는 사사로운 문제마저도 '민주주의의 사회적 질' 즉, 노동의 가치 내지 노동의 시민권이 얼마나 잘 실현된 사회인가 아닌가에 따라 매우 큰 영향을 받는다는 것이다.

　　게이건은 유럽에 비해 미국의 노동문제가 얼마나 심각한가를 강조했지만, 그러나 필자가 볼 때 미국보다 한국의 노동문제가 훨씬 더 심각해 보인다. 적어도 미국의 노동자들은 우리보다 결사의 자유를 훨씬 더 충분히 누리고 있다. 유럽의 국가들은 말할 것도 없거니와, 노동 정당이 없는 미국조차 민주당이 집권했을 때와 공화당이 집권했을 때 계층별 소득분배는 뚜렷하게 다르다. 오바마 대통령이 연설에서 인용해 잘 알려진 프린스턴 대학 래리 바텔스Larry Bartels 교수의 책 『불평등 민주주의』(21세기북스, 2012)에 따르면 1947년에서 2005년 사이 미국 인구의 20%를 차지하는 가난한 노동자의 소득 증가율은 공화당 집권기에 비해 민주당 집권기에 6배나 더 높았음을 볼 수 있다. 미국 민주당은 노동조합의 요구를 무시하고는 아예 정치를 할 수가 없다. 선거 시기 민주당 정치 자금의 절반 이상은 노동조합에서 나온다. 미국 민주당 전당대회에서 유력 정치인들이 서로를 '미국 노동자를 위한 투사'champion for working American라고 치켜세우는 사례를 자주 보게 되는데, 그렇기에 2008년 미국 민주당 대통령 후보 오바마는 이렇게 말할 수 있었다. "우리는 미국 경제의 튼튼함을 억만장

자의 숫자나 『포천』*Fortune* 지가 선정하는 5백대 기업의 이윤으로 평가하지 않는다. 그보다는 아이디어를 가진 사람이 도전 정신을 발휘해 새로운 사업을 시작할 수 있는 경제, 손님의 팁에 의존해 살아가는 식당 여종업원이 아픈 아이를 돌보기 위해 하루 휴가를 내면서 실직의 두려움을 갖지 않는 경제를 튼튼하다고 말한다. 우리는 노동의 존엄성이 존중되는 경제를 강하다고 말한다."

우리는 어떤가? 보수적인 집권당은 말할 것도 없고 진보나 개혁을 말하는 야당 또한 노동문제가 민주적 시민권의 기초이자 경제를 튼튼하게 하기 위해서도 꼭 필요한 토대적 요소라는 사실을 이해하고 있는 것 같지가 않다. 한국의 민주당 대통령 후보는 2002년의 한 연설에서 이렇게 말했다. "독재 정권이 노동자의 기본권을 탄압하던 시절에 저는 노동자의 편에서 현장을 뛰었습니다. 그러나 민주화와 더불어 노동자의 권익이 신장된 후에는 노사 화합의 중재자로 현장을 뛰었습니다. 기업이 존망의 기로에 서 있을 때에는 노동자들한테 계란 세례를 받으면서까지 기업을 살리자고 설득했습니다." 그렇게 집권한 뒤에는 어땠을까? 삼성으로 대표되는 재벌에 대해서는 관대한 반면 노동에 대해서는 그렇지 않았다. 안타까운 일이다. 노동 문제는 권위주의 때에나 관심 가질 일로 생각하는 것도 잘못이지만, 기업을 잘되게 하기 위해서도 노동 문제가 좋아져야 한다는 생각이 왜 이렇게 어려운지 모르겠다.

게이건도 강조했듯이, 어느 사회든 삶의 질을 결정하는 가장 중요한 가치는 노동이고 그 핵심은 노동시간에 있다. 노동시간이 짧은 사회일수록 노동의 가치가 더 튼튼해진다. 그런 사회일수록 더 건강하다. 일에 대한 헌신성도 높다. 책이 많이 읽히는 나라도, 종이 신문의 발행 부수가 많은 나라도 이런 사회다. 많은 사람들이 출판계의 오랜 불황을 염려하는데 다른 어떤 정책보다도 장시간 저임금 노동 체제를 개선하는 것이 최고의 출판 진흥책이라는 말을 하고 싶다. 진보든 보수든 누가 더 노동 문제 개선에 유능한지를 두고 경쟁해야 한국 민주주의가 좋아진다고 본다. 그래야 인간다운 교육도 가능하고, 사랑하는 사람을 사랑할 수 있고, 출판업자들도 산다. 노동 문제, 진짜로 중요하고 또 중요하다. 그런 노동시간의 문제를 누가 개선해 갈 수 있을까? 개별 기업 경영자가? 개별 노조가? 불가능하다. 최소한 산별 체계 이상의 집합적 노사관계의 의제가 되어야 할 것이고, 아마 그것으로도 충분치 않을 것이다. 노동 정책, 산업 정책, 경제정책의 변화가 동반되지 않고 가능할까? 누가 이 영역을 이끌고 주도하는가? 당연히 입법과 공공정책의 범위에서 활동하는, 정당이라고 하는 '조직화된 시민 권력의 힘' 없이는 불가능한 일이다. 정당정치를 좋게 하고, 정당 조직을 튼튼히 하고, 정당 체계의 계층적·이념적 기반을 넓히는 과제란 바로 이런 것을 두고 말하는 것이다.

4. 야당은 어디 있는가

그렇다면 지금의 야당은 어떤가? 그간 정치를 바꾸겠다는 야당의 개혁론은 공천권을 행사할 당권과 차기 대선에 나설 대권 후보 선출 문제를 둘러싼 제도 논쟁으로 일관해 왔다. 왜 정당 개혁론을 말하는 누구도, 가난한 사람들을 위한 정치를 하려는 열정적 팀으로서 강한 정당을 만드는 문제, 집권 정부를 효과적으로 견제할 수 있는 실력 있는 야당을 만드는 문제, 유능한 미래 정부가 되기 위해 예비 내각을 갖춘 대안 정당을 만드는 문제, 시민의 일상적인 삶을 보호하는 생활 지킴이 정당이 되는 문제, 함께 교육하고 함께 정책을 만드는 당원과 적극적 지지자들의 자랑스러운 정당을 만드는 문제에 대해서는 무관심할까. 참으로 알 수 없는, 본말이 전도된 개혁'론' 싸움이 아닐 수 없다.

정당을 좋게 개혁하자는 것의 목적은 응당 '조직적으로 더 강하고 정책적으로 더 유능하고 사회적으로 더 대중적인 정당'이 되는 것에 있다고 할 수 있다. 스스로부터 단단해져야 다양한 요구에 반응하는 것은 물론 환경 변화에 유능하게 적응할 수 있기 때문이다. 따라서 내부를 더 잘 조직하고 지지자들에게 더 좋은 호소력을 갖고 더 잘 득표하기 위해서라면, 조직이자 팀으로서의 효과를 잘 발휘해야 한다.

정당의 가장 오래된 정의는 '세계관'Weltanschauung이다. 18세기 독일 낭만주의자들이 만든 이 말은, 그 뒤 철학적이고 미학적인 차원을 넘어 윤리적이고 정치적인 공통의 인식을 가리키는 정당의 이데올로기를 뜻하는 의미로 많이 사용되었다. 비록 지나치게 배타적인 의미로 사용될 때는 부정적 영향이 없었던 것은 아니지만, 여전히 같은 정당을 지지하는 시민 집단 사이에 공유되는 인식은 있어야 한다고 할 수 있다. 그런 의미에서 영국의 보수당을 이끌었던 벤저민 디즈레일리가 정당을 '조직된 의견'organized opinion으로 정의한 것도 의미가 있다. 무정형적이고 때에 따라 유동하는 일시적 의견이 정당을 뒷받침한다면, 민주정치는 안정될 수 없다. 가장 현대적인 '합리적 선택 이론'에서조차 정당을 '하나의 팀team이자 목표를 공유하는 연합coalition'으로 정의하고 있다는 점도 주목해야 한다. 어떤 관점을 따르든, 정당이란 좁게는 당원, 넓게는 지지자들 사이에서 공유된 인식의 기반을 만들려고 노력해야 한다. 외부적으로 지지와 득표만을 과도하게 추구하면서 내부적으로 공허해지는 지금까지의 정당 개혁론과는 달리, 내부적으로 안정된 리더십, 응집적인 의사결정 구조, 책임 있는 당 상근 체계, 그리고 자신의 정당에 당원 내지 적극적 지지자로 활동하는 것에 대한 자부심을 갖게 하는 방향으로 변화해야 한다.

2012년 4월 총선 직후 정당 연구를 전공한 정치학자들과 한담할 기회가 있었다. 자연스럽게 총선에서 패배한 민주당이 화제가 되었는데, 누군가가 갑자기 "그런데 민주당은 대체 어떤 정당이지?" 하는 질문을 던졌다. 생각해 보니 중요한 질문인데도 깊이 따져 본 적이 없었던 것 같았다. 이념적으로는 어떨까. 자유주의 정당이라고 말하는 사람이 있었는데, 뭔가 공허한 생각이 들었다. 어떤 자유주의를 말하는 걸까. 자유주의와 자유주의가 아닌 것으로 민주당과 새누리당을 구분할 수 있을까. 진보, 보수의 기준으로도 애매하긴 마찬가지였다. 새누리당이 보수라는 데 이견은 없었다. 그럼 민주당은 보수정당인가 아닌가. 진보 쪽으로 많이 옮겨 왔지만 그래도 보수정당이라고 봐야 한다는 의견도 있었고, 이념적인 기준은 상대적이므로 이제는 진보로 봐야 한다는 의견도 있었다. 5년 전에는 '중도 실용'을 내세우며 보수 쪽으로 갔다가 이번에는 진보로 왔으므로 실용주의 정당이라고 보는 게 옳다는 사람도 있었다. 그런데 의문이 생겼다. 보수 실용, 중도 실용, 진보 실용 등 모든 게 다 되는 정당은 대체 무슨 정당인가.

이념적인 정체성 말고 다른 기준을 적용해 보기로 했다. 사회적 기반은 어떨까. 민주당은 누구의 이익과 열정을 대표할까. 민주당 스스로는 '중산층과 서민의 정당'을 말하는데, 그 말에 선뜻 동의하는 사람은 없었다. 김대중·노무현 정부 시기 어떤 계층이 가장 이득을 보았나를 준거로 삼는다면 오히려 그 반대라고 말하는 사람도 있었다. 신용 불량자 문제나 비정규직 증가, 불평등 심화, 재벌의 경제력 집중 등이 거론되었는데, 혹자는 아예 삼성이 가장 혜택을 많이 봤으며, 또 삼성의 보고서에 의존한 삼성 정권이라고 규정했다. 아무리 그래도 그건 지나친 해석이라고 보는 사람은 누가 재벌의 이해관계를 당내에서 대표하는지를 물었다. 경제 관료 출신의 국회의원 이름이 거론되기도 했고, 경제민주화를 주장하던 사람이 공천에서 배제된 사례도 이야기되었지만, 대체적인 의견은 특정 계층 대표성도 직능 대표성도 분명하지 않다는 쪽으로 모아졌다. 호남이라는 지역 대표성은 분명하나, 서울과 경기 역시 민주당이 강세를 보이는 지역이기도 하다. 2010년 지방선거와 2012년 총선은 특히 그랬다. 이를 어떻게 봐야 할까. 호남이라는 지역 대표성은 약해진 반면 젊은 세대가 민주당으로 몰리고 있다며 '2030 정당'이라고 보는 사람도 있었는데, 그것 역시 설득력이 약했다. 누구나 알다시피 민주당의 최대 문제는 젊은 사람들이 당에 들어오지 않는 데 있기 때문이다.

리더십은 어떨까. 누가 당을 이끌고 있는가. 대부분 '친노'라고 답했다. 그런데 친노가 뭘까. 친노와 친노가 아닌 것은 어떻게 구분될까. "그건 당내 권력 자원의 특징을 말하는 것일 뿐, 정책이나 이념은 큰 상관이 없지"라고 누군가 말했다. 그런데 당 대표와 대선 후보를 분리해 선출할 건지 말지 등의 제도 문제로 늘 다투는 정당을 본 적이 있는가. 모두가 고개를 흔들었다. 그런데 왜 끝없는 제도 투쟁은 계속되는 걸까. "서로를 믿을 수 없으니까. 신뢰가 아니라 신뢰할 수 없음을 제도화한 거지." 그게 작동이 될까. "안 되니까, 리더십 교체가 계속되는 거지." 이런 식의 이야기를 계속하다 보니, 결국엔 모두가 지루해졌다. 친노와 비노, 왜 이렇게밖에는 설명이 안 되는가. 왜 민주당 이야기만 하면 사회는 보이지 않는 걸까. 민주당은 누구를 위한 누구의 정당인가. 민주주의 정당 이론을 좌절시키는 이 무력한 현실은 뭔가. 더 안타까운 것은 3년 전에 나눈 이 대화가 지금 생각해 봐도 전혀 옛날이야기 같지 않다는 사실이다.

한국 정치에서 야당이라는 말은 참으로 묘하다. 이름이 자주 바뀌다 보니 당명을 특정해 말하기 어려울 때 하나의 통칭으로 사용된다. 한때는 '보수 야당'이나 '제도권 야당'으로 불렸다. 이 두 말 모두 외국어로 옮기기 어렵고 글자 그대로 직역하면 오해를 불러오기 쉬운 매우 한국적인 용어가 아닐 수 없다. 하지만 야당 지지에 대한 주저거림을 표현하는 나름의 의미는 있었다. 진보 정당을 만들려 했던 사람들도 기존 정치를 늘 '보수 양당제'로 비판했고, 자신들은 그들과 '종류가 다른' 정치 세력이 될 거라 했다. 그런데 진보 정당이 원내에 진출한 뒤 내부적으로 분열의 진통을 겪고 외부적으로는 야당의 도움 없이 지역구 당선이 어려운 현실에 직면하면서 '야권'이란 표현이 갑자기 많아졌다. '야권 후보 단일화'나 '야권 단일 후보' 등이 대표적인데, 그러면서 야당은 보수 정당의 이미지를 벗고 진보 세력으로 분류되기 시작했다. 이 야권이라는 말도 외국어로 옮기기 어려운 한국적 표현이 아닐 수 없는데, 흥미로운 것은 이 말이 자주 사용됨에 따라 진보의 의미가 공허해져 버렸다는 사실이다. 아무튼 정당들이 각자의 정체성과 이를 집약하는 자신만의 이름을 갖지 못한 채 야당이니 야권이니 하는 추상명사 속에서 뭉뚱그려지는 현상이 계속되는 것은 결코 바람직하지 않다.

야당 내 계파 정치의 양상에 대해서도 생각해 볼 문제가 적지 않다. 제1야당인 민주당의 경우, 이념적 차원에서 계파를 분류하기는 어려워 보인다. 당내 진보파, 중도파, 보수파로 나누기도 어렵고, 그렇다고 사회적 기능 분화에 따른 이익 정치의 양상을 갖는 것도 아니다. 어느 계파가 자영업의 이익을 대표하고 또 어느 계파가 화이트칼라 계층의 이익을 대변하는지, 농업의 이익과 노동의 요구를 전달하는 계파적 채널은 있는지, 중소기업과 대기업의 이익 갈등과 계파적 차이는 상관성이 있기나 한지 알 수가 없다. 그렇다고 과거 '3김'처럼 재정 및 지지 동원 능력, 나아가 인사권을 배타적으로 행사하는 보스 중심의 계파 정치가 지속된 것도 아니다. 어떻게 보면 의원 개개인의 자율성이 과도하게 향유되는 '파편화된 정당'atomized party 같고, 또 어떻게 보면 잠재적 대선 후보를 중심으로 느슨하게 연결된 몇 개의 무리들 같고, 때로는 친노파와 그 나머지 사이에 화해

할 수 없는 정서의 덩어리로 양극화되어 있는 것 같기도 하다. 어떻게 규정하든 좋은 조직의 특징인 '신뢰의 제도화'와는 거리가 먼, 서로 신뢰하지 않음을 제도화해 놓은 것이 지금의 야당이란 사실은 분명해 보인다.

이런 야당의 현실이 달라지지 않으면 한국 정치에도 변화는 없다. 야당이 중심이 되어 사회의 다양한 요구가 정치 체제에 전달되는 민주적 정치 과정이 작동하지 않으면 가난한 시민들은 더 가난해지고 불평등은 개선될 수가 없다. 누가 그런 야당의 역할을 하게 될까? 민주당(2015년 현재는 새정치민주연합)의 독점적 지위가 더 이상은 당연시될 수 없다고 본다. 제 역할을 하지 못하고 친노니 비노니로 나눠 무익하게 다투는 시대착오적 명사정당을 지속할 바에야, 분명한 가치와 지향을 공유하는 사람들로 분당하는 편이 한국 민주주의의 장기적 발전을 위해서는 낫다. 진보 정당들도 늘 민주당 왼편의 0.5당이 되는 것에 자족할 일이 아니라 과감하게 제1야당의 길을 추구할 수 있어야 하고, 최소한 야당의 변화를 강제할 만큼 강한 조직력을 갖춰야 할 것이다. 그래야 야당도 살고 진보 정당도 살고 한국 민주주의도 산다.

5. 강한 정당 만들기의 민주적 소명

현대 민주주의에서 정치가로서 소명을 가진 사람은 정당 정치인일 수밖에 없다. 따라서 늘 어떤 정당의 어떤 정치인이 될 것인가, 혹은 좋은 정당을 만드는 데 어떻게 기여할 것인가를 생각해야 한다고 본다. 어떤 가치나 이념을 중시하고, 어떤 사회집단의 이익과 열정을 대표하려는지, 그것과 공익을 증진시키는 일이 어떻게 양립될 수 있는지와 같은 가장 기초적인 질문에 대한 답을 갖고 있지 않은 채, 소소한 개인 권력에나 매달리고, 공천 받고 재선되는 일에 몰두하는 것을 비즈니스라고 할 수는 있어도 민주정치라고 할 수는 없다.

정당정치의 원리와 규범에 대한 헌신성이 튼튼해야 그 기초 위에서 제대로 된 민주정치가 가능하다. 그런 토대 위에 서 있는 정당이라야 책임 있는 리더십이 형성되고, 개인의 발전과 전체의 발전이 양립하는 당 조직을 발전시킬 수 있다. 또한 거대한 국가 관료제를 상대할 수 있는 훈련된 당 관료제도 갖출 수 있다. 그래야 향후 정권을 잡았을 때 부처를 관장할 유능한 예비 내각 팀을 준비할 수 있다. 의원 각자가 어떤 정당으로 어떤 정치를 하고 싶은지, 각자가 갖고 있는 그런 정치관이 특정 계파에 속해 있거나 그렇지 않거나 한 사실과 어떤 인과성을 갖는지부터 알 수 있어야, 제대로 된 정당이라고 부를 수 있다.

야당이 없는 정치체제는 민주주의가 아니다. 민주주의에 대한 가장 단순하면서도 확실한 정의는 '오늘의 야당이 내일의 여당이 될 수 있는 정치, 혹은 오늘의 여당이 내일의 야당이 될 수 있는 정치'라고 할 수 있다. 그런 의미에서 야당은 민주정치의 순환과 지속을 가능케 하는 일종의 공공재라고 할 수 있다. 사회 속의 다른 목소리와 다른 요구를 조직해야 할 야당이 좋아지지 않으면 시민 권력이라는 말은 듣기만 좋을 뿐 공허한 내용이 될 수밖에 없다. 지금 한국 사회에서 계층적으로 약한 지위에 있는 시민 집단들의 불평등 문제를 개선하고자 한다면, 다른 무엇보다도 강한 야당을 만드는 문제에서 변화가 있어야 한다. 야당을 위해서만이 아닌 한국 사회를 위해서, 제발 야당은 제대로 된 정당 조직이 되어야 할 것이다. '네트워크 정당'이니 '플랫폼 정당'이니 'SNS 정당'이니 하는 허상에 매달려 정치 에너지를 소모할 일이 아니라, 정당으로서 갖춰야 할 조직과 체계, 규율부터 단단히 세워 나갈 일이다. 그 위에서 정책적으로 유능하고 사회적으로 책임성 있고 대중적으로 활력 있는 야당opposition party이자 대안 정부alternative government가 되고자 해야, 오늘의 한국 사회가 간절하게 요청하는 변화, 즉 좀 더 평등하고 좀 더 자유롭고 좀 더 건강하고 좀 더 평화로운 공동체를 향한 실체적 변화는 시작될 수 있다.

제3부

대담

이정우 교수에게 불평등을 묻다

이정우 경북대학교 교수는 국내 경제학계에서는 좀 특이한 학문적 나이테를 가진 학자다. 대학원 석사과정 때부터 소득분배에 관심을 가졌으며, 미국 하버드 대학의 박사과정을 밟을 때는 거의 독학하다시피 분배론을 공부했다고 한다. 경제적 불평등에 대한 그의 집요한 연구는 2010년 『불평등의 경제학』이라는 저서로 선보인 바 있다.

1977년 이래 줄곧 강단을 지킨 그는 참여정부 시절에는 2년 6개월가량 청와대 정책실장을 역임하는 등 외도(?)를 하기도 했다. 이 때 보수 언론으로부터 '좌파' 또는 '분배주의자'로 공격을 받기도 했는데, 본인은 오히려 이를 영광스런 일로 기억한다. "헌책방 순례, 테니스, 음악 듣기, 바둑이 취미"라는 그는 오는 2015년 8월 말로 정년퇴임한다.

정년을 맞지만 다음 학기에도 어쩔 수 없이 한 과목만 강의를 계속 맡게 됐다는 그는 남는 시간을 잘 활용해 책 집필에 전념할 계획이라고 한다. 평생 경제적 불평등 문제를 천착해 온 그는 어떻게 불평등 문제에 일찍부터 관심을 가졌을까? 그는 또 불평등에 대한 사회적 관심이 부쩍 늘고 있는 최근의 흐름을 어떻게 생각할까? 저서 『불평등의 경제학』에서 불평등을 줄이기 위한 일곱 가지 핵심 과제[1]를 제시한 적이 있는데, 이에 대한 생각은 얼마나 달라졌을까? 때 이른 무더위가 기승을 부린 5월의 끝자락에 이 교수를 만나 직접 얘기를 들어 보았다.

이창곤 | 경제학자들은 흔히 경제성장을 중시하고 분배를 경시하는 경향이 있으며, 또한 분배 문제는 시장에 맡겨야지, 국가가 개입해서는 안 된다고 생각하는 경향이 있는 것 같습니다. 한국에서는 그런 경향이 더욱 강해 보입니다. 저서인 『불평등의 경제학』처럼 소득분배와 불평등 자체의 개념에 주목해서 쓴 책도 찾아보기 힘듭니다. 교수님은 다른 경제학자들과는 달리 일찍부터 소득분배, 불평등 문제에 천착해 분배, 복지 등의 분야를 공부해 오셨는데, 그 이유가 궁금합니다.

이정우 | 토마 피케티의 책 『21세기 자본』에도 나오는데, '자본 논쟁'이라는 것이 있었습니다. 1960~70년대에 영국의 포스트 케인스주의 학자들과 미국 정통파 경제학자들이 '자본'이란 개념을 두고 벌였던 논쟁입니다. 저는 대학원을 다닐 때 그 논쟁을 공부했는데, 평소 학교에서 배우는 정통파 경제학이 맘에 안 들었기 때문에 자연스럽게 영국 케인스주의 학자들의 입장에 기울어 있었습니다. 때문에 영국으로 유학을 가고 싶어서 영국 대사관에 가서 영어 시험도 치고 그랬죠. 그런데 영국 대학은 외국 학생에게 첫 해에는 장학금을 안 준다고 하더군요. 그래서 영국행을 포기하고 장학금을 주는 미국 대학 가운데 '자본 논쟁'과 관련이 있는 학교들을 알아봤습니다. 하버드 대학도 그중 하나였는데, 운 좋게 합격이 됐습니다.

미국에 가자마자 첫 학기에 미시경제학을 배웠는데, 담당 교수가 로

1_ 일곱 가지 과제는 ① 노동조합의 활성화와 경영 참여의 도입, ② 기업공개와 종업원 지주제의 확대, ③ 임금격차의 축소, ④ 부 및 불로소득의 중과세, ⑤ 서민 주택의 개선, ⑥ 교육제도의 개혁, ⑦ 사회보장의 확충이다. 자세한 내용은 『불평등의 경제학』, 488-493쪽을 참조.

버트 도르프만Robert Dorfman, 케네스 애로Kenneth Joseph Arrow, 마이클 스펜스 Michael Spence 3명이었습니다. 애로는 노벨경제학상을 받은 세계적으로 존경받는 경제학자이고, 스펜스도 나중에 노벨경제학상을 받았지요. 도르프만은 젊은 시절 폴 사뮤엘슨Paul A. Samuelson, 로버트 솔로Robert M. Solow와 함께 유명한 책[2]을 공저한 경제학자인데, 두 명이 노벨경제학상을 받은 반면 도르프만 혼자서 쏙 빠졌습니다. 제가 도르프만 교수를 찾아가 '자본 논쟁'으로 박사논문을 쓰고 싶다고 의논을 하니 도르프만 교수가 그 논쟁은 이미 끝났는데 무슨 연구를 더 할 게 있겠느냐고 반대를 해요. 제가 학계 동향을 잘 모르고 뒷북을 쳤던 겁니다. 그래서 포기하고 그 대신 분배론을 전공하게 됐습니다. 사실 '자본 논쟁'은 자본, 성장, 분배 문제가 복합된 종합 논쟁이었거든요.

그런데 보통 경제학의 전공 분야들이 미시경제학, 거시경제학, 재정학, 국제경제학 이런 식으로 갈라지는데, 분배론은 독립된 전공 분야가 아니라 그 어디에도 속하지 않는 거예요. 다행히도 하버드 대학은 영국식 학풍이 많이 남아 있어서 교수와 학생의 1 : 1 수업을 인정하고 있었습니다. 그래서 노동경제학의 석학인 리처드 프리만Richard Freeman을 찾아가 지도를 부탁했고, 그분을 지도 교수로 모시고 분배론을 전공할 수 있었습니다. 분배론 쪽으로는 개설된 강좌도 별로 없는데, 다행히 프리만 교수가 학부에 개설한 "차별과 불평등의 경제학", 그리고 이웃 메사추세츠공과대학교MIT에 레스터 서로Lester Thurow 교수가 개설한 "소득분배론" 등의 강의

2_Robert Dorfman, Paul A Samuelson, Robert M Solow, *Linear Programming and Economic Analysis* (New York, McGraw-Hill, 1958). 현재는 Dover Publications에서 출간.

를 수강하면서 독학하다시피 했습니다. 하버드 대학의 자유로운 학풍과 제도 덕분에 제가 원하는 분야를 전공할 수 있었으니 운이 좋았다고 할 수 있지요. 분배론은 경제학에서는 주요 분야가 아니고, 말하자면 찬바람 부는 변방에 속하는데, 인간 만사는 새옹지마라고 하더니 세상일이라는 게 참 알 수가 없어요. 그때는 분배 문제가 이렇게 중요해질 줄 몰랐는데, 지금은 온통 불평등 문제로 세계가 들썩이고 있지요. 지금 생각해 보면 남들이 가지 않는 길을 간 것이 다행이었습니다. 저는 로버트 프로스트Robert Frost의 "가지 않은 길"이라는 시를 좋아합니다. 1983년 귀국한 뒤 경북대학교에서 "불평등의 경제학" 과목을 개설해 30년간 가르쳐 왔습니다.

이창곤 | 불평등이 세계적으로는 물론 국내에서도 화두인 것 같습니다. 관련 책들이 쏟아지고 있고, 학계의 연구도 다양하게 전개되는 듯합니다. 특히 프랑스 경제학자 피케티가 큰 불씨를 불러일으켰고, 앳킨슨의 『불평등을 넘어』로 이어지고 있습니다. 주로 서구 학자들이 출간한 저서에서 시작되고 있는데요, 일찍부터 성장보다 분배 문제를 파고든 학자로서 이런 일련의 흐름을 어떻게 보고 계시는지요?

이정우 | 최근 세계적으로 불평등이 커지고 있는데요, 피케티에 따르면 이런 추세가 나타난 것이 1980년경이라고 하니 벌써 35년째 불평등이 심해지고 있는 셈이지요. 그러다 보니 최근에는 경제협력개발기구OECD에서도 불평등 심화에 관한 보고서를 연달아 내놓고 있습니다. 이 보고서를 보면 아주 소수의 나라를 제외하고는 세계 주요국이 대부분 불평등 심화에 시달리고 있습니다. 국제통화기금IMF에서도 불평등이 심하면 경제성장을 저해한다는 보고서를 내놓고 있습니다. 원래 경제협력개발기구나 국제통화기금은 분배 문제에 별로 관심이 없던 기구인데요, 이런 보수적인 국제

기구도 불평등에 관심을 갖지 않을 수 없을 만큼 불평등 심화가 세계적으로 심각한 문제로 떠오르고 있다는 증거라고 봐야겠지요.

불평등 심화의 원인을 둘러싸고 경제학자들 사이에 몇 가지 설명이 제시되고 있습니다. 정보 통신 기술 발전으로 인한 이른바 정보 격차digital divide로 설명하는 기술 가설이 있고요, 세계화의 진전으로 인한 불평등 확대 가설도 있습니다. 그런데 세계화로 인해 어떤 나라에서 불평등이 심화된다면 다른 나라에서는 반대로 불평등이 축소되어야 하는데, 지금은 전 세계적으로 불평등이 커지고 있으니 세계화 가설은 좀 안 맞는 것 같고요. 세 번째 가설로 제도, 정치, 정책을 강조하는 학자들도 있습니다. 이 사람들은 양당 정치, 노조의 약화, 최저임금 정책의 후퇴 등을 중시하지요. 미국의 노벨경제학상 수상자 폴 크루그먼Paul Krugman이나 조셉 스티글리츠 Joseph Stiglitz가 이런 부류에 속한다고 하겠습니다. 이 가설은 과거에는 별로 주목을 받지 못했는데, 최근 들어 점차 더 설득력을 갖게 된 것 같습니다. 기술 발전과 더불어 제도, 정치도 불평등 심화에 큰 영향을 끼치고 있는 게 아닌가 이렇게 생각합니다.

이창곤 ⏐ 앤서니 앳킨슨의 『불평등을 넘어』를 보면, "경제학은 왜 불평등을 다루지 않는가?"라는 대목이 나옵니다. 이른바 주류경제학계는 처음부터 분배 문제를 다루지 않았는지요?

이정우 ⏐ 데이비드 리카도David Ricardo만 해도 "경제학은 소득분배를 다루는 학문"이라고 정의할 만큼 분배를 중시했죠. 그런데 이런 경향이 신고전파 경제학의 등장과 함께 슬그머니 사라집니다. 19세기 미국에 존 베이츠 클라크John Bates Clark라는 경제학자가 있었는데, 이 사람은 헨리 조지, 칼 마르크스 등의 사상이 대단히 위험하다고 보고 그 사상을 차단하는 데 일생을 바친 사람이죠. 이데올로기적으로 분배 문제를 아주 왜소화시키고 사람들이 아예 관심을 갖지 않도록 노력을 기울였습니다. 말하자면 분배 문제를 경제학에서 추방하는 데 적극적으로 앞장선 학자죠. 미국 경제학계에서는 젊은 경제학자들에게 주는, 아주 영예로운 '존 베이츠 클라크 메달'이라는 상이 있습니다. 최근에는 불평등 연구로 유명한 이매뉴얼 사에즈Emmanuel Saez가 이 상을 받기도 했습니다. 클라크는 "모든 생산요소는 다 한계생산력만큼 분배받는다"는 '한계생산력'설을 내세웠는데, 그렇게 되면 모든 분배가 다 공평하므로 분배 문제를 더 이상 언급할 이유가 없어져 버리죠.

하나 덧붙이자면, 저는 분배론을 전공했는데 참여정부 때 청와대에 가서 일하니 일부 사람들이 '분배주의자'라는, 있지도 않은 말을 만들어내어 저를 표적으로 삼아 공격을 하더군요. 아마 "분배만 중시하고 성장을 무시한다"는 식으로 공격하고 싶었던 것이겠죠. 그래서 "내 전공이 분배론이지만 분배주의자는 아닙니다." 이렇게 말한 적도 있어요. 지금은 보수도 분배가 중요하다는 것을 깨닫는 단계니까, 그런 경험도 영광으로 생각합니다.

이창곤 | 불평등에 대한 우리 사회의 감수성은 어떻습니까? 높은가요? 낮은가요? 어떤 학자는 예전에 한국인들의 경우 평등 의식이 강하고 지나치기까지 하다는 얘기를 한 바 있는데, 꼭 그렇지는 않다는 생각이 들 때가 있습니다. 이 문제에 대해서는 어떻게 생각하시는지요?

이정우 | 한국은 전통적으로 모두 비슷비슷하게 가난하게 살았고, 그 기간이 아주 길었습니다. 그래서 농촌에 공동체가 유지되고 있었고, 자연히 공동체 의식, 평등 의식이 강했으리라고 봅니다. 조선 시대 후기에 우리

나라를 방문한 여러 외국인들이 남긴 책을 읽어 보면 우리나라 사람에 대해 착하다, 친절하다 이런 표현이 많이 나옵니다. 표류한 외국 선원에게 호의를 베풀고자 애를 쓰는 모습이 역력합니다. 이런 공동체 정신이 지금은 많이 훼손된 것 같고요, 이것이 우리가 얻은 경제개발의 부작용이 아닌가 생각합니다. 경제개발은 플러스 쪽만 볼 게 아니고 그 결과 우리가 잃어버린 중요한 게 참 많다는 걸 깨달아야 하지요.

제가 몇 년 전에 아일랜드를 처음 가 보았는데, 제가 가 본 나라 중에 제일 살기 좋아 보였습니다. 아일랜드 농촌에 끝없이 펼쳐지는 풀밭의 목가적 풍경을 보면서 고층 아파트가 올라가 있는 볼썽사나운 우리 농촌이 저절로 머리에 떠올랐습니다. 우리는 개발이다, 새마을이다 하면서 농촌의 전통적 모습과 공동체를 너무 많이 파괴해 버린 것 같아요. 공동체가 파괴되면서 지금 우리의 모습은 만인이 만인에 대해 늑대가 되는 그런 삭막한 세상을 만든 게 아닌가, 이런 점을 반성하고 지금 많이 늦어 버렸지만 우리가 경제개발 과정에서 잃어버린 소중한 것들을 되찾으려고 노력해야 한다고 생각합니다. 공동체 의식, 평등 의식도 그중의 하나라고 생각합니다.

이창곤 | 불평등 문제를 생각할 때 반드시 짚어야 할 것이, 이를 바라보는 철학적 관점 또는 시각이라고 생각합니다. 혹자는 불평등을 자본주의사회의 필요악이라고 생각하지만, 혹자는 반드시 퇴치해야 할 것으로 봅니다. 기실 자본주의사회의 구조적 산물로서 불평등이 필연적이라면, 불평등은 원천적으로 이 사회 안에서 퇴치 가능한 게 아니다, 이런 입장에서 보면 해법에서도 불평등 퇴치는 실현 불가능한 구호가 되는 것일지도 모르겠습니다. 그래서 어떤 학자는 '불평등을 어떻게 완화할 것인가'라는 식으로 접근합니다. 불평등 문제의 세계적인 석학으로 평가받는 앤서니 앳

킨슨도 어떻게 줄일 것인가라는 표현을 쓰고 있습니다. 불평등 문제를 바라보는 근본 시각이라고 할까요, 이에 대한 교수님의 견해는 어떻습니까? 왜 불평등이 문제인가요?

이정우 | 어휴, 아주 어려운 질문을 하시네요. 이 문제는 너무 어려워 답하기는 어렵지만 저는 이렇게 답하고 싶습니다. 자본주의는 원래 불평등한 성격이 있지요. 그렇다고 사회주의는 평등한가? 이렇게 질문을 하면 사회주의는 자본주의의 속성인 불평등, 착취를 근절한다는 목적을 갖고 새로 출발한 사회였지만 그 속을 들여다보면 자본주의와는 다른 성격의 불평등이 역시 발생했습니다. 소련에서도 '노멘클라투라'라고 지배계급에게 과도한 부와 권력이 집중되었지요. 게다가 정치적으로 심한 독재를 했으니 사회주의는 망할 수밖에 없었다고 봅니다. 이상과 현실이 많이 달랐던 것이지요.

자본주의도 19세기에는 엄청나게 불평등했지요. 칼 마르크스 책이나 찰스 디킨스Charles Dickens의 소설에 나오는 우울한 현실 묘사가 당시 정황을 정확히 반영했다고 봅니다. 그러나 피케티가 최근에 잘 보여 주었듯이, 20세기 중반에 와서는 세계 주요국에서 거의 예외 없이 불평등이 크게 줄었습니다. 이때를 자본주의 황금시대라고 부르는데, 불평등이 최소로 줄었고, 경제성장은 최고로 높았고, 고용도 거의 완전고용에 가까웠지요. 황금시대란 말이 조금도 과장이 아니라고 봅니다. 저는 이 시기에 대학을 다녔기 때문에 취직 걱정 없이 대학 생활을 했는데, 요즘 대학생들을 보면 취직이 너무 어려워 불쌍하지요. 사람은 언제 태어나느냐가 평생을 좌우한다고 하는데, 그 말이 참 맞는 것 같아요.

지금은 성장은 낮고, 고용 안 되고, 불평등은 심해지고, 말하자면 3중고에 시달리는 시대라 할 수 있지요. 저는 자본주의에서 불평등은 낮출 수 있다고 봅니다. 과거 황금시대는 각국이 뉴딜 정책을 통해 불평등을 낮춘 결과이고, 그런 상황을 다시 만들 수 있지 않을까 생각합니다. 불평등을 근본적으로 없앨 수는 없지만 축소시키는 것은 가능하고, 불평등이 축소됐을 때 성장과 고용이 좋았기 때문에 그런 방향으로 가야 한다고 봅니다. 그런 점에서 앳킨슨이나 피케티와 비슷한 생각을 갖고 있습니다. 그러면 불평등을 어느 정도까지 낮출 수 있느냐, 이런 질문이 나올 텐데요, 저는 지금의 북유럽을 우리가 추구해야 할 이상적인 모델로 보고 있습니다.

이창곤 | 우리가 어떤 문제를 해결하고자 할 때 가장 먼저 알아야 할 게 사실facts이지요. 불평등이 문제인지, 아닌지를 알기 위해서는 그 실상을 가능한 한 정확히 파악해야 한다고 생각합니다. 한국 학계는 지금 불평등을 제대로 알고 있는가? 그럴 만한 능력이 되는가? 프롤로그에서도 언급했듯이, 교수님도 저서『불평등의 경제학』에서 불평등 문제와 관련한 소득분배를 다루는 데 있어 가장 큰 어려움으로, 소득 실태를 파악하기 위한 통계자료의 문제를 지적한 바 있습니다. 한마디로 믿을 만한 자료가 별로 없다는 얘기였는데요, 지금도 여전히 그런가요?

이정우 | 그 문제는 지금도 별로 개선되지 않고 있습니다. 우리나라가 통계의 종류나 숫자에서는 외국에 뒤지지 않는데, 통계의 질이 문제라고 봅니다. 우리는 다른 나라에서 좋은 게 있다 하면 수입하는 데 민첩한 특징이 있습니다. 통계도 그렇고 정책이나 제도도 그렇지요. 그런데 문제는 우리가 형식은 도입하지만 내실이 부족해서 결과적으로 부실한 제도, 부실한 정책, 그리고 부실한 통계가 대단히 많다는 겁니다. 소득분배 통계도 그렇습니다. 통계의 종류는 많은데 실제로 불평등의 정도를 정확하게 측정할 만한 통계는 아직 부족하지요.

과거에는 경제학자들이 주로 가계조사를 바탕으로 불평등을 추계했는데, 이건 이것대로 문제가 있고요. 소득세 자료를 갖고 불평등을 추계하는 것도 누락 가구가 많고, 소득의 탈루가 있기 때문에 아직은 정확한 소득 불평등을 추계하기가 어렵다고 봐야 합니다.

이창곤 | 통계자료의 문제는 소득 불평등에 관한 주목할 만한 논문을 발표한 김낙년 교수도 똑같이 지적하고 있습니다. 가계조사는 1인 가구가 빠져 있는 데다가 특히 최상위 소득자가 적지 않게 빠져 있고, 파악된 경우에도 과소 보고가 많다는 게 김 교수의 지적입니다. 통계청의 소득분배 지표도 실태와 상당히 동떨어져 있다고 봅니다. 소득세 자료는 면세점 이하의 소득자가 상당한 상황에서 역시 신뢰성의 한계가 많다고 김 교수는 지적합니다. 그래서 그는 소득세 자료와 가계조사를 보완적으로 활용하는게 필요하다고 말하는데, 김 교수의 견해에 대해서는 어찌 생각하는지요?

이정우 | 그렇지요. 김 교수 지적에 저도 동감입니다. 가계조사는 가계조사대로 표본에 누락 가구가 많고, 고소득층이 소득을 제대로 보고하지 않을 가능성이 높지요. 소득세 자료는 그런 문제는 적은데, 그 대신 우리나라 가구의 절반이 소득세를 내지 않기 때문에 그 사람들의 소득을 추정해서 넣어야 하는 문제가 있습니다. 그리고 최고 소득층에도 여전히 소득의 누락, 과소 보고가 있다고 봐야겠지요. 그렇기 때문에 소득세 자료와 가계조사를 보완해서 하나의 일관성 있는 통계자료를 만들어 내는 것이 필요하다고 봅니다.

그리고 또 하나 통계에 대해 이야기하고 싶은 것은 외국에 비해 한국에서는 통계에 접근하기가 대단히 어렵다는 점입니다. 선진국에서는 센서스나 가계조사 자료를 통계 처리해서 누군지 모르게 익명성을 보장한 뒤 학자들에게 개방하고 있는데, 한국에서는 이런 자료를 얻기가 참 어렵습니다. 통계청에 아는 사람에게 부탁하든지 이런 수고를 해야 하는데, 그렇게 큰 예산을 들여 어렵게 만든 통계를 가두어 둘 게 아니고, 학자들이 연구 목적으로 요구할 때는 언제든지 이용할 수 있도록 개방해야 합니다.

이창곤 | 이제는 구체적으로 우리나라에서 이런 한계 속에서도, 우리나라 불평등의 추이는 어떨까요? 불평등을 나타내는 지니계수 하나를 놓고도 주류경제학계의 일부에선 다른 나라에 비해 그런대로 괜찮은 편이라고 말하며, 웬 호들갑이냐고 비판합니다. 진보 경제학계, 글쎄 얼마나 되는지는 모르겠지만 진보 경제학계에서는 일찍이 양극화와 불평등의 심각성을 경고해 왔습니다. 구체적인 불평등의 실태는 어떻습니까? 지니계수나 노동소득분배율 등 불평등을 나타내는 구체적인 지수로 설명을 해주시기 바랍니다.

이정우 | 한국의 불평등의 크기는, 위에서 언급한 김낙년 교수의 연구 결과가 시사하듯이, 지금까지 생각했던 것보다는 상당히 큰 것이 아닌가 합니다. 가계조사는 표본 추출, 소득의 누락과 과소보고 등 문제가 많으므로 신빙성이 떨어지는데, 과거에는 학계에서 그런 가계조사에 기초해 한국의 소득 불평등이 국제적으로 낮은 편이라고 주장해 왔거든요. 정부도 다분히 그런 입장이었습니다. 그런데 최근 김낙년 교수가 소득세 자료를 갖고 추정한 바에 따르면 한국의 소득 불평등은 미국과 여타 경제협력개발기구 국가의 중간쯤 위치한다는 것인데, 상당한 신빙성이 있는 것으로 봅니다.

　노동과 자본 사이의 상대적 분배율을 보면 한국은 선진국과는 비교가 되지 않을 정도로 낮습니다. 특히 1997년 외환 위기 이후 대량 실업, 정리해고, 구조조정, 민영화의 강풍이 불어닥치면서 자본은 강해지고, 노동은 더욱 약해졌습니다. 원래 불황기에는 자본이 노동에 비해 발언권이 강해지는데, 한국에서도 최근 이런 경향이 나타나고 있는 것이지요. 한국은 역사적 이유로 노동이 약한 나라인데, 경제 위기 이후 노동의 약세는 더욱 두드러지고 있는 것 같습니다. 그 결과 서서히 높아지고 있던 노동소득분배율도 상승이 중단됐고, 노동 내부에서 각종 비정규직의 확대, 양극화 등 현상이 나타나고 있다고 봅니다.

이창곤 | 그렇다면 이런 불평등이 나타는 원인을 얘기하지 않을 수가 없습니다. 성장 우선 정책과 그에 따른 낙수효과가 더 이상 나타나지 않는 경제구조 때문인지? 만약 그렇다면 왜 이런 구조가 고착화됐는지? 이런 불평등 구조가 자본주의 고유의 불평등에 따른 필연적 현상으로, 단지 분배를 소홀히 한 복지의 부재나 부족에 따른 것인가요? 한국의 불평등의 성격을 진단해 주시기 바랍니다.

이정우 | 이 문제는 아가사 크리스티의 『오리엔트 특급 살인』처럼 여러 원인이 복합되어 있다고 봅니다. 먼저 한국 자본주의의 역사가 식민지와 독재를 거치면서 노동이 열세에, 자본이 우위에 놓이게 되었습니다. 한국의 불평등은 그 밖의 문제들이 많습니다. 소득의 불평등 말고도 재벌 대기업과 중소기업 간의 소위 '갑질' 문제, 서울과 지방 사이의 격차, 남녀 간의 차별 등 여러 가지 불평등이 많이 존재하는데요, 그중 하나의 문제가 부동산 문제라고 봅니다. 토지 소유의 불평등이 큰 데다가 세계에서 제일 비싼 땅값이 결합되면서 토지·주택 소유자와 비소유자 사이에 큰 불평등이 존재합니다. 가진 자는 더 벌고, 못 가진 자는 뺏기는 제로섬 게임이 국민적 규모에서 장기간 계속되었습니다. 그래서 가진 자와 못 가진 자 사이의 격

차는 반세기 동안 줄기차게 확대되어 왔는데, 다행히 최근에는 부동산 가격이 주춤하면서 더 이상 확대는 되지 않고 있습니다.

따라서 한국에서는 외국과는 달리 소득이라는 유량flow 이외에 토지·주택이라는 저량stock에서의 불평등이 서민들의 어깨를 짓누르고 있는 사실을 한시도 잊어서는 안 된다고 봅니다. 비싼 땅값은 공장 부지의 가격을 올려 기업하기 어렵게 만들고, 수많은 자영업자들을 비싼 임대료 때문에 살기 어렵게 만들고, 집 없는 서민들을 비싼 집세로 고통을 주고 있으므로 우리가 살아가는 데 이 문제만큼 무거운 압박 요인도 없다고 봐야 하겠지요. 다시 말하면 한국의 일하는 서민, 중산층은 토지 문제의 중압 속에서 그리고 자본의 우위 밑에서 항상 열위에 서 있는데, 그나마 최후의 보루라고 할 수 있는 복지마저도 빈약하니 그야말로 사면초가, 바람 앞의 촛불처럼 힘들게 살아가는 게 아닌가, 그렇게 생각합니다.

이창곤 | 소득에 비해 우리나라 사람들의 행복지수는 의외로 높지 않아요. 아니 아주 낮게 나옵니다. 불평등의 악화라는 현실과 무관하지 않아 보입니다. 한마디로 우리 사회가 살기 어렵고 힘들다는 반응인데요. 왜 그렇고, 어떻게 해야 할까요?

이정우 | 일단 '한국은 왜 살기 어려운 나라인가?'라는 질문을 던져 보겠습니다. 한국에서는 토지와 주택의 불평등, 노동의 약세, 이 두 가지가 불평등의 주된 원인입니다. 최후의 보루는 복지인데, 복지마저도 약하죠. 아무도 도와주지 않습니다. 그래서 한국이 가장 살기 어려운 나라가 아닌가 하는 생각입니다. 이를 해결하려면, 자연스럽게 토지와 주택 문제의 해결이 첫 번째입니다. 그래서 종합부동산세 등의 정책들이 강화되어야 합니다. 두 번째로는 노동을 복권시켜야 합니다. 노동조합이 강화되어야 하고

비정규직 규모가 줄고 비정규직에 대한 차별과 억압이 줄어들어야 합니다. 사법부에서 친자본적이고 반노동적인 판결을 계속 내리고 있는데, 이것은 문제라고 생각합니다. 과거 미국 법원도 반노동적 판결을 많이 내렸지요. 마지막으론 복지의 강화입니다. 증세를 통한 복지의 강화가 필요합니다.

이창곤 | 2010년 『불평등의 경제학』을 출간했을 때와 지금의 현실을 비교해 볼 때 불평등은 더 강화되고 심화됐다고 보십니까? 어떤 변화를 느끼시는지요?

이정우 | 크게 달라지진 않았다고 봅니다. 방금 말한 토지와 주택의 불평등, 노동의 약세, 약한 복지 등 3가지는 당시에 지적했던 7가지 문제에 포함되어 있습니다. 가장 심각하고 중요하기 때문에 따로 언급한 것입니다. 나머지 문제들도 여전하다고 봅니다.

이창곤 | 그런데 한국의 복지국가 현실을 보면, 사회보장제도의 사각지대가 워낙 많다 보니 복지 확대 자체가 불평등을 확대하고 격차를 더 크게 하는 '역진성'이 나타날 가능성이 큽니다. 특히 노년에 연금 수급자냐, 아니냐에 따라 큰 격차가 나타날 것입니다. 이는 복지학자들에게도 큰 고민거리인데요.

이정우 | 우리나라에서 복지를 확대하는 데 '기본 소득' 개념이 유용하다는 생각이 듭니다. 다만 예산이 많이 들기 때문에 특별히 어려운 세 집단에 일차적으로 실시하고, 2단계에서 이를 확대해 나가는 방향이 어떨까 생각합니다. 1단계로 시급한 집단은 영유아 보육, 청년 실업, 노인층으로

꼽을 수 있겠죠. 노년에 대해서는 기초연금이 흐지부지 되면서, 하위 70%에게 국민연금과 연계해서 주는 식의 형편없는 제도가 되어 버렸습니다. 그래선 안 되고, 모든 노인에게 소득을 불문하고 '기본 소득'을 주는 방향으로 가야 합니다. 적어도 매달 20만 원 정도는 감당할 여력이 있다고 봅니다. 청년들은 대학 진학 시점, 곧 보편 교육에서 고등교육으로 갈라지는 시점의 청년들을 대상으로 고려할 수 있습니다. 대학에 가는 청년들에게는 기본 소득으로 학비 걱정 없이 공부하게 해주고, 대학에 가지 않는 청년들에게도 똑같은 액수를 주되, 개인의 지적 발전 등을 위해서 쓰도록 하는 것이죠. 이런 방식으로 4~5년 정도를 국가에서 기본 소득을 주면 좋다고 봅니다.

이창곤 ｜ 연금과 기본 소득 얘기가 나왔으니, 최근 공무원연금 개혁으로 불거진 연금 논쟁을 잠깐 볼까요. 이 논쟁에서 진보 학자들 사이에서 중요한 쟁점이 불거졌습니다. 즉 기초연금을 강화할 것인가, 아니면 중산층을 위한 소득 비례 연금을 강화할 것인가 논쟁입니다. 일부는 소득 비례성을 강화해서 중산층을 키우자는 입장이고, 반대쪽은 기초연금을 먼저 줘 사각지대를 없애야 한다는 입장입니다. 혹자는 이 논쟁을 우리의 복지국가 항로와 연결 지어 해석하기도 합니다.

이정우 ｜ 기초연금 강화 쪽은 북유럽 모델에 가까운 것 같습니다. 소득 비례는 유럽의 대륙형 보수주의 모델에 가까워 보입니다. 일하는 노동자들이 노후를 보장받는 식의 모델이 아닌가 합니다. 한국 현실에서 보면 국민연금 개혁을 할 때 소득 불문으로 기초연금을 강화하는 방향으로 가는 것이 훨씬 더 설득력이 있습니다. 소득 비례 강화는 소득·재산 조사 등 현실적으로 힘든 부분이 있고, 이 과정에서 불필요한 논쟁이 더 늘어날 우려가 있습니다. 기초연금 강화가 훨씬 쉽고, 일탈도 없다고 봅니다.

이창곤 | 불평등 경제학에 대한 관심이 높아졌지만, 어떻게 불평등을 줄일까 하는 방안들을 보면, 누진과세, 사회보장 강화 등 익히 우리가 아는 것들이 많습니다. 자본주의사회에서 불평등을 구조적·근본적으로 해결할 수 있을까요?

이정우 | 근본적으로 없앨 순 없다고 봅니다. 그렇지만 너무 심한 것은 줄여야죠. 피케티나 앳킨슨도 비슷한 입장입니다. 지나친 불평등의 폐해가 너무 크기 때문에 완화하고 줄여야 한다는 것이죠.

이창곤 | 사회학자들은 방안으로 공동체 정신, 대안 사회 등을 많이 강조합니다. 공동체 정신, 대안 사회 등에 대해 강조하는 내용들이 많습니다. 불평등은 자본주의로부터 비롯했고, 정책적인 대안도 있지만 근본적인 해결은 결국 공동체성의 복원이나 인간 존중 등의 가치 등 공동체 속에서 찾아야 한다는 시각이 있습니다. 그러나 진보 진영에서 이에 대한 관심은 상대적으로 부족해 보이는데요.

이정우 | 박정희 체제의 가장 큰 해악이 그것이죠. 공동체 정신을 완전히 파괴해서 이것을 복구하기가 쉽지 않습니다.

이창곤 | 사실 어느 사회든 소득 불평등은 사회에 전방위적으로 영향을 끼쳐 여러 양태의 또 다른 2차, 3차 불평등을 낳습니다. 이 책 제1부에서 우리는 그런 양상을 구체적으로 확인한 바 있지요. 불평등의 양태는 건강이나 지역, 여성, 주거 등 숱한 양태로 우리 사회를 옥죄는 위험 인자로 작용

하고 있거든요. 그런 만큼 그 해법도 전방위적이어야 할지도 모르겠습니다. 그래도 핵심은 역시 소득 불평등으로 보입니다. 현재의 소득 불평등을 축소 또는 완화시키는 건 시급한 과제인데, 이를 위한 대책은 잘 보이지 않습니다. 우리 사회에서 특별히 더 강조하는 정책이 있다면 어떤 것인지요?

이정우 | 세 가지 정책이 필요하다고 봅니다. 첫째, '저량' 방면으로는 토지·주택의 불평등을 축소할 대책이 필요하고요, 새누리당과 헌법재판소가 형해화시킨 종합부동산세를 강화해야 한다고 봅니다. 원래 종합부동산세를 매년 확대해서 지방정부에 복지 재원으로 쓸 계획이었는데, 이것이 제대로 시행되었더라면 경남의 무상 급식 파동 같은 문제가 없었겠지요.

둘째, '유량' 정책으로는 노동소득의 강화가 요구되는데, 이를 위해서는 최저임금의 인상, 비정규직 문제의 해결이 필요하다고 봅니다. 이명박·박근혜 정부에서 이를 외면해 왔는데, 최근 들어 정부·여당이 최저임금 상승에 동의하고 나서니 의아하지만 일단 기대를 걸어 봅니다.

셋째, 이상이 소득 및 부의 분배 문제라고 할 것 같으면 마지막으로 소득의 재분배 기능이 강화될 필요가 있다고 봅니다. 스웨덴은 시장소득의 불평등은 큰 나라지만 정부가 큰 세금, 큰 복지 지출을 하고 나면 가처분소득의 분배는 세계에서 가장 평등한 나라이거든요. 한국은 정부의 재분배 효과가 아주 약해서 이럴 바에야 정부가 뭣 때문에 존재하느냐 하는 의문이 듭니다. 증세를 통한 복지 강화가 중요하다고 봅니다. 특히 저출산·고령화가 무서운 속도로 우리를 압박하고 있으므로 한시도 늦출 수 없는 시급한 과제이지요.

이창곤 | 교수님은 경제사회적 불평등, 양극화의 주범으로 성장만능주의를 특히 지적해 온 것으로 압니다. 여전히 성장만능주의를 가장 큰 주범으로 보는지요? 이런 양상이 발현되고 있는 현상을 구체적으로 짚어 주시고, 왜 이게 문제인지를 쉽게 설명해 주면 좋겠습니다. 성장만능주의가 아니더라도 사실 성장 없이 분배만으로 한 사회가 지속할 수 없지는 않는가요? 이런 면에서 최근 진보 정치권 등에서 말하는 소득 주도 성장론에 대한 견해도 궁금합니다.

이정우 | 성장지상주의는 1960년대 박정희 식 개발주의와 더불어 이 땅에 정착했으니 반세기의 역사를 갖고 있습니다. 성장은 물론 좋은 것이지만 과유불급이란 말도 있듯 지나친 성장지상주의는 문제가 있습니다. 성장에 집착한 나머지 전국을 난개발로 몰고 갔고, 그 결과가 세계에서 제일 비싼 땅값이니 우리는 지금 성장지상주의의 폐해를 겪고 있는 것이지요. 이 문제는 앞으로 수십 년 이상 우리를 괴롭힐 겁니다. 그러니 우리가 눈앞의 성장률만 보고 박정희의 개발주의를 찬양해서는 안 되는 겁니다. 긴 눈으로 보면 성장지상주의의 폐해가 엄청나게 큰 것이거든요.

우리의 복지가 이렇게 빈약한 것도 마찬가지로 성장지상주의와 표리 관계라고 할 수 있겠지요. 과거 독재 시절에는 복지나 분배 이야기만 해도 좌파, 빨갱이로 의심하고 눈을 흘겨보는 세상이었으니 우리가 아직도 복지 후진국을 면치 못하고 있는 거지요. 이제 독재는 끝났고, 민주화가 됐는데도 복지를 경원시하고 성장에 집착하는 관성이 남아서 복지국가로 한 발짝도 나아가기가 어렵습니다. 복지 하면 보수에서는 포퓰리즘이다 이렇게 공격하는 게 습관이 돼있는데, 이건 오랜 성장지상주의의 유산이지요.

게다가 1997년 외환 위기 이후에는 국제통화기금과 미국이 한국에 요구한 것이 시장만능주의였는데요, 그 결과 양극화가 더 심해졌습니다. 불평등과 양극화를 극복하려면 국가의 적극적 역할이 필요한데, 모든 걸 시장에 맡기자고 하니 우리가 복지국가로 가기가 어려운 것이지요. 지금 우리는 반세기나 묵은 성장지상주의와 17년 역사를 가진 시장만능주의라고 하는 두 가지 극단적 사고방식에 사로잡혀 한 발짝도 복지국가로 가기 어려운 상황이라고 생각합니다. 복지국가로 접근하려면 국민의 머리를 지배하고 있는 극단적 사상을 폐기하지 않으면 안 됩니다.

그런 점에서 최근 야당에서 주장하는 소득 주도 성장은 올바른 방향이라고 봅니다. 이것은 원래 세계노동기구에서 제시한 새로운 성장 방식인데, 과거 보수에서 주장하던 낙수효과가 먹히지 않으니 반대로 밑에서부터 소득을 올려서 시장에서 수요를 창출하고, 소득 순환을 개선하자는 아이디어죠. 브라질의 룰라의 성공, 과거 뉴딜의 성공, 북유럽의 성공 등이 이를 뒷받침해 준다고 하겠습니다. 저는 현재 돈이 돌지 않고 양극화와 저성장, 장기 침체의 경향을 보이는 한국에서 이 방식이 꽤 효과가 있을 거라고 기대합니다.

이창곤 ㅣ 근년 들어 복지국가 담론이 지식사회는 물론 정치권까지 큰 화두로 부상했다가 서서히 식어 가는 형국입니다. 그런데 불평등이란 시각에서 보면 서구 선진 복지국가들조차 불평등 문제가 심각하거나 그 해소에 그리 성공했다고 보기는 어려운 측면이 있습니다. 복지국가가 불평등을 완화하지 못한다면 정치적 지지를 얻는 데도 한계를 보일 수밖에 없을 듯한데, 이런 상황은 어떻게 이해해야 하나요?

이정우 ㅣ 한국에서는 열이 후끈 달아올랐다가 얼마 안 가서 식어 버리는 걸 많이 봅니다. 복지국가도 좀 그런 경향이 있는 것 같아요. 몇 년 전만 해도 무상 급식이 전국적으로 확대되고, 복지국가 운동이 활발히 벌어지는 등 상당한 희망을 안겨 주었는데, 지금은 무상 급식조차 경남에서 공격받고 있고, 복지국가 운동도 동력을 좀 잃은 것 같습니다. 아직 갈 길이 먼데, 이것은 참 어려운 상황이지요.

복지국가는 그동안 많은 도전을 받았습니다. 서구의 복지국가 역사를 보면 복지국가가 확립된 나라들은 1980년대 이후 세계화의 물결이나 대처, 레이건의 시장만능주의적 공세에도 불구하고 복지국가가 건재한 반면, 원래 복지국가가 상대적으로 약한 영미형 국가일수록 부자 감세, 작은 정부 지향, 복지국 해체라는 역설적 경향을 보입니다. 그리고 영미형 국가는 대체로 보편적 복지보다 선별적 복지가 강한데, 이런 제도적 특성 때문에 국민들이 복지란 것은 나하고는 상관없는 가난한 사람들을 도와주는 것으로 생각하고, 그래서 세금 내기 싫어하고 복지국가에 대한 애착이 없습니다. 그 결과 복지국가가 강한 나라에서는 복지국가가 유지되는 반면, 원래 복지가 약해서 복지를 후퇴시켜서는 곤란한 나라들이 복지국가에서 멀어지는 역설적인 경향이 나타납니다. 복지국가가 불평등을 없애지는 못하지만, 대폭 축소하는 것은 사실입니다. 더 이상 바라는 것은 힘들 것 같기도 하고, 또 다른 대안이 뭔가 하는 생각도 듭니다. 한국은 대단히 부실한 상태이기 때문에 복지국가라는 이상이 필요하고, 대폭 강화·확대되어야 한다고 생각합니다.

더욱이 한국은 아직 복지국가 초입에 불과한 수준이므로 복지국가를 향해 매진하기 위해서는 증세가 불가피한데, 우리 국민 사이에서는 영미형 국가에서 보이는 세금 기피, 복지국가 기피 현상이 나타나고 있습니다. 새누리당과 보수 언론이 이런 경향을 더욱 부추기고 있는 점은 개탄스럽지요. 세금을 더 내서 복지국가를 강화하는 것이 남을 위해서가 아니라 나 자신에게도 도움이 되고, 우리 모두가 잘사는 공동체 사회를 만드는 것이라는 인식이 대단히 중요합니다. 우리는 반세기 동안 성장지상주의에 세뇌되어 공동체를 파괴하면서 각자 나만 잘살면 된다는 생각에 빠져 있는데, 이것은 참 걱정스런 상황이 아닐 수 없습니다. 저출산·고령화가 이렇게 빠른 속도로 우리를 위협하고 있는 상황에서도 여전히 복지 강화는 뒷전이요, '복지 포퓰리즘'이라는 말도 안 되는 악선전이 판을 치고 있으니 정말 국가가 누란의 위기에 빠져 있다고 하지 않을 수 없습니다. 우리나라 보수는 무능하고 식견이 없어 나라를 운영할 기본 자격이 없는 게 아닌가 하는 의심조차 듭니다. 불통, 오만도 문제지만 무능이 더 문제라고 봅니다.

이창곤 | 마지막으로 오는 8월 말을 기점으로 정년퇴임을 하시는 걸로 압니다. 이 책은 저의 불평등 연구 프로젝트의 일환이지만 교수님의 정년퇴임에 대한 국내 학자들의 헌정의 뜻이 더 크게 담겨 있습니다. 무려 30명 가까운 학자들이 짧은 시간에 적극적으로 동참한 이유죠. 퇴임을 맞는 소감과 퇴임 이후의 특별한 계획이나 구상이 있다면 이 자리에서 밝혀 주십시오.

이정우 | 예. 예전에는 더러 정년 기념 문집, 화갑 기념 문집, 이런 게 보였는데, 최근에는 거의 사라졌습니다. 왜냐하면 대학에서 교수를 평가할 때, 등재 학술지 논문만 점수를 후하게 주는 잘못된 평가 방법 때문이지요. 저는 교수 업적 평가 방법을 확 바꿔야 한다고 봅니다만 이게 워낙 굳어져 쉽지 않은 일입니다. 점수를 별로 받을 수 없는 이런 단행본에 흔쾌히 귀한 글을 써 주신 여러 저자들에게 큰 고마움을 느낍니다. 더구나 우리나라 사회과학을 이끌어 가는 대표적 석학들이 대거 필진에 가담해 주셔서 더할 나위 없는 영광이라고 생각합니다. 장군 중에 용장, 지장, 덕장

위에 복장 있다는 농담이 있지 않습니까. 저는 장군으로 치면 복장에 해당하는 복이 많은 학자라고 생각합니다.

게다가 저는 운 좋게도 젊은 나이에 교수가 되어 무려 38년간 경북대 강단에 설 수 있었고, 그 점에서도 또한 대단히 복 많은 사람이지요. 제가 사회에 갚아야 할 빚이 아주 많은데, 아직 제대로 못 갚았습니다. 이제 정년이 되면 강의 부담은 줄고, 시간 여유가 생길 것이니 천천히 생각하면서 책을 좀 써 보려 합니다. 제가 여러 학자들과 공저한 책은 꽤 많은데, 단독 저서가 두 권밖에 없어서요. 그간 구상했던 책을 몇 권 쓰는 것이 우선 제가 할 일이라고 봅니다.

저는 "바람 쓸쓸히 불고 역수 강물 찬데, 장사 한번 떠나면 돌아오지 못하리"(風蕭蕭兮易水寒 壯士一去兮不復還)라는 자객 형가荊軻의 비장한 시를 좋아하고, 요새 정년이 가까워지니 저절로 흥얼거리는 노래가 "해는 서산에 지고 쌀쌀한 바람 부네"라는 옛날 영화 주제가 〈스잔나〉인데요. 지는 해와 같은 저를 위해 이렇게 빛나는 책을 만들어 주셔서 대단히 고맙습니다.

정리 │ 이창곤, 최원형(한겨레신문 기자)

1968~1972	서울대 경제학 학사
1972~1974	서울대 대학원 경제학 석사
1978~1983	미국 하버드대 대학원 경제학 박사
1977~	경북대 경제통상학부 교수
1997~2002	경북 지방노동위원회 공익위원
2003	대통령비서실 정책실장
2004~2005	대통령자문 정책기획위원회 위원장
2004~2006.11	노무현대통령 정책특별보좌관
2005	한국경제발전학회 회장

● 저서

『불평등의 경제학』, 후마니타스, 2010.

『약자를 위한 경제학』, 개마고원, 2014.

『우리는 무엇을 할 것인가?』(공저), 프레시안북, 2008.

『대한민국 복지: 7가지 거짓과 진실』(공저), 두리미디어, 2011.

『어떤 복지국가인가?』(공저), 한울 아카데미, 2013.

『이따위 불평등』(공저), 북바이북, 2015.

| 참고문헌 |

서문

선우현. 2012. 『평등』. 책세상.

세넷, 리처드. 2004. 『불평등 사회의 인간존중』. 유강은 옮김. 문예출판사.

신광영. 2004. 『한국의 계급과 불평등』. 을유문화사.

_____. 2013. 『한국사회 불평등 연구』. 후마니타스.

앳킨슨, 앤서니 B. 2015. 『불평등을 넘어』. 장경덕 옮김. 글항아리.

이정우. 2010. 『불평등의 경제학』. 후마니타스.

_____. 2014. 『약자를 위한 경제학』. 개마고원.

이창곤. 2014. 『복지국가를 만든 사람들』. 인간과 복지.

이창곤 엮음. 2007. 『추적 한국건강불평등』. 도서출판 밈.

테르보른, 예란. 2014. 『불평등의 킬링필드』. 이경남 옮김. 문예춘추사.

1장

새사연. 2014. 『분노의 숫자: 국가가 숨기는 불평등에 관한 보고서』. 동녘.

Bartels, Larry M. 2008. *Unequal Democracy : The Political Economy of the New Gilded Age*. Princeton University Press[『불평등 민주의』, 위선주 옮김, 21세기북스, 2010].

Massey, Douglas S. 2007. *Categorically Unequal: The American Stratification System*. Russell Sage Foundation.

Piketty, Thomas. 2014. *Capital in the 21st Century*. Harvard University Press[『21세기 자본』, 장경덕 옮김, 글항아리, 2014].

Tawney, Richard H. 1931. *Equality*. Unwin.[『평등』, 김종철 옮김, 한길사, 1982].

2장

박순옥. 2008. "청년층 졸업 후 첫 취업까지 11개월, 고령층 평균 퇴직연령 53세." 『통계청 정책뉴스』(7월 24일).

임성엽. 2015. "10대 그룹 임원, 평균 '5.2년 재직, 54.5세 퇴직' LG 가장 길어……." 『동아일보』(2월 4일).

KLI. 2014. 『2014 KLI 비정규직 노동통계』.

3장

강수돌. 2013. 『팔꿈치 사회: 경쟁은 어떻게 내면화되는가?』. 갈라파고스.

강신욱·노대명·우선희 외. 2012. 『한국의 사회통합의식에 대한 연구』. 사회통합위원회.

김미곤 외. 2014. 『사회통합 실태진단 및 대응방안 연구』. 한국보건사회연구원.

김윤태·서재욱. 2013. 『빈곤: 어떻게 싸울 것인가』. 한울.

오찬호. 2012. 『우리는 차별에 찬성합니다: 괴물이 된 이십대의 자화상』. 개마고원.

여유진·김수정·구인회·김계연. 2008. 『교육 불평등과 빈곤의 대물림』. 한국보건사회연구원.

이양호·지은주·권혁용. 2013. "불평등과 행복: 한국의 사례." 『한국정치학회보』 47-2호.

이정우. 2010. 『불평등의 경제학』. 후마니타스.

이현주 외. 2013. 『2013년 한국복지패널 기초분석 보고서』. 한국보건사회연구원.

최장집. 2012. 『민주화 이후 민주주의』. 후마니타스.

최현수 외. 2012. 『2012년 한국복지패널 기초분석 보고서』. 한국보건사회연구원.

바우만, 지그문트. 2013. 『왜 우리는 불평등을 감수하는가?』. 안규남 옮김. 동녘.

피케티, 토마. 2014. 『21세기 자본』. 장경덕 옮김. 글항아리.

센, 아마르티아. 2008. 『불평등의 재검토』. 이상호 옮김. 한울.

스티글리츠, 조지프. 2013. 『불평등의 대가』. 이순희 옮김. 열린책들.

테르보른, 예란. 2014. 『불평등의 킬링필드』. 이경란 옮김. 문예춘추사.

Giddens, Anthony & Patrick Diamond. 2005. *The New Egalitarianism*. Polity.

4장

강혜규. 2013. "사회서비스부문의 쟁점과 정책과제." 『보건복지포럼』 제195호, 한국보건사회연구원.

고세훈. 2009. 『복지한국 미래는 있는가』. 후마니타스.

김태일·장덕희. 2006. "우리나라 공무원 규모의 국제 비교." 『한국정책학회 학술대회 발표자료집』.

인디고연구소. 2014. 『희망, 살아있는 자의 의무: 지그문트 바우만 인터뷰』. 궁리.

임완섭 외. 2012. 『2012 빈곤통계연보』.

최장집. 2010. 『민주화 이후의 민주주의: 한국민주주의의 보수적 기원과 위기』. 후마니타스.

Atkinson, Anthony B. 2015. *Inequality: What Can Be Done?* London: Harvard University Press.

Bauman, Zygmunt. 2013. *Does the Richness of the Few Benefit Us All?* Cambridge: Polity Press[『왜 우리는 불평등을 감수하는가?』, 안규남 옮김, 동녘, 2013].

Bienefeld, Manfred. 1995. "Capitalism and the Nation State in the Dog Days of the Twentieth Century." Leo Panitch and Ralph Miliband eds. *Between Globalism and Nationalism: Socialist Register 1994*. London: The Merlin Press.

Galbraith, John K. 1952. *American Capitalism: The Concept of Countervailing Power.* Boston: Houghton Mufflin.

_____. 2004. *The Economics of Innocent Fraud: Truth for Our Time.* New York: Houghton Mufflin.

MacIntyre, Alaisdair. 1984. *After Virtue.* Notre Dame, Indiana: University of Notre Dame Press.

OECD. 2014. *Society at a Glance 2014*, OECD Social Indicators. OECD.

Polanyi, Karl. 1957. *The Great Transformation: The Political and Economic Origins of our Time.* Boston, Mass.: Beacon.

Tawney, R. H. 1964. *Equality, with an Introduction.* by Richard M. Titmuss. London: Unwin Books.

Wilkinson, R. & K. Pickett. 2010. *The Spirit Level.* New York: Penguin Books.

5장

경제·인문사회연구회. 2012. 『우리 사회는 공정한가』. 한국경제신문.

김낙년. 2012. "한국의 소득 불평등, 1963-2010: 근로소득을 중심으로." Working paper 2012-07, 낙성대연구소.

김지훈·강욱모·염동문. 2015. "이전소득의 빈곤 및 소득 불평등 감소효과: 독거 및 부부 노인가구 중심으로." 『사회복지정책』 42-1호.

성명재. 2014. "『21세기 자본론』과 한국의 소득분배: 우리나라 분배구조의 변화추이와 생애주기 효과." 피케티의 『21세기 자본론』과 한국 경제 세미나, 한국경제연구원·아시아금융학회 주최.

성명재·박기백. 2009. "인구구조 변화가 소득분배에 미치는 영향." 『경제학연구』 57-4호.

주상영·전수민. 2014. "노동소득분배율의 측정: 한국에 적합한 대안의 모색." 『사회경제평론』 43호.

OECD. 2011. 『한국의 성장과 사회 통합을 위한 틀』.

Atkinson, A. B. & A. Brandolini. 2006. "A Case of the Evolution of Income Inequality Across Time and Across Countries." *Cambridge Journal of Economics*, June, 12.

Bosch, K. V. 2002. "Convergence in Poverty Outcomes and Social Income Distribution in the Postwar United States." *Review of Economics and Statistics*, Vol. 60(4).

Cantillon, B. & I Marx & K. V. Bosch. 2002. "The Puzzle of Egalitarianism: About the Relationships Between Employment, Wage Inequality, Social Expenditure and Poverty." Luxemburg Income Sturdy(LIS), Working Paper, No.337.

Chu, K. Y. & H. Davoodi & S. Gupta. 2000. "Income Distribution and Tax, and Government Social Spending Policies in Developing Countries." IMF Working Paper, No.214.

Kapstein, E. B. 1999. *Sharing the Wealth*, W.W. Northon & Company, Inc[『부의 재분배』, 노혜숙 옮김, 생각하는 나무, 2002].

Le Grand, J. 1982. *The Strategy of Equality, Redistribution and Social Services.* London: George Allen & Unwin Ltd.

Nolan, B. 1990. "Macroeconomic Conditions and the Size Distribution of Income: Evidence from the United Kingdom." *Journal of Post Keynesian Economics*, 2(Win).

7장

위평량. 2015. "재벌총수 일가의 경영권세습과 전문가 인식도 분석." 『경제개혁리포트』 2015-4호. 경제개혁연구소. www.erri.or.kr.

8장

김낙년. 2012. "한국의 소득 불평등, 1963-2010: 근로소득을 중심으로." 『경제발전연구』 18-2호.

_____. 2014. "한국의 개인소득 분포: 소득세 자료에 의한 접근." 낙성대경제연구소 워킹페이퍼(8월).

Moriguchi, C. & E. Saez. 2008. "The Evolution of Income Concentration in Japan, 1886-2005: Evidence from Income Tax Statistics." *The Review of Economics and Statistics* 90(4).

Piketty, T., E. Saez & S. Stantcheva. 2011. "Optimal Taxation of Top Labor Income: A Tale of Three Elasticities." NBER Working Paper 17616.

Kim, Nak Nyeon & Jongil Kim. 2014. "Top Incomes in Korea, 1933-2010: Evidence from Income Tax Statistics." WTID Working Paper 2014-02.

Piketty, T. & E. Saez. 2003. "Income Inequality in the United States, 1913-1998." *Quarterly Journal of Economics* 118(1).

9장

김유선. 2007. 『한국의 노동』. 한국노동사회연구소.

_____. 2014. "비정규직 규모와 실태: 통계청, 경제활동인구조사부가조사(2014.8) 결과." KLSI 이슈페이퍼 2014-22호(『노동사회』 179호 게재).

_____. 2015. "한국의 노동시장 진단과 과제." KLSI 이슈페이퍼 2015-06호. 한국노동사회연구소 창립 20주년 기념 토론회 발표문.

이정우. 2010. 『불평등의 경제학』. 후마니타스.

피케티, 토마. 2014. 『21세기 자본』. 장경덕 옮김. 글항아리.

10장

다운스, 앤서니. 2013. 『경제이론으로본 민주주의』. 박상훈 외 옮김. 후마니타스.

오찬호. 2013. 『 우리는 차별에 찬성합니다: 괴물이 된 이십 대의 자화상』. 개마고원.

후루이치 노리토시. 2015. 『절망의 나라의 행복한 젊은이들: 어려운 시대에 안주하는 사토리 세대의 정체』. 이언숙 옮김. 민음사.

Hall, Peter A. & David Soskice eds. 2001. *Varieties of Capitalism*. Oxford University Press.

Hirschman, Albert O. 2970. *Exit, Voice, and Loyalty: Responses to Decline in Firms, Organizations, and States*. Harvard University Press.

Hirsch, Fred. 1976. *Social Limits to Growth*. Havard University Press.

11장

김상조. 2013. "진보적 경제질서 모색을 위한 시론: 한국 경제의 과거·현재·미래." '정책네트워크 내일' 창립 심포지엄 발제문.

김유선. 2015. "한국의 노동시장 진단과 과제." 한국노동사회연구소 창립20주년 기념토론회발제문.

이병훈. 2007a. "1997년 노동체제의 진단과 개혁과제." 한국사회학회 특별심포지엄 발표문.

_____. 2007b. "산업구조 변동과 고용체제 재편." 윤윤규 외. 『노동시장 양극화의 현황과 대응방안: 산업구조 변화의 효과분석을 중심으로』. 경제·인문사회연구회 협동연구총서 07-17-03.

_____. 2011. "사회통합적 노동개혁, 진보의 좌절과 현실 타협." 강원택·장덕진 엮음, 『노무현정부의 실험: 미완의 개혁』. 한울.

_____. 2015. "노사관계와 노동운동의 평가와 과제." 한국노동사회연구소 창립20주년 기념토론회발제문.

한국노동연구원. 2015. 『KLI 노동통계』.

홍장표·전강수. 2013. "민주당 경제·민생정책의 비전과 의제." 민주당의 정책비전과 의제: 제1편 경제분야. 민주정책연구원 정책토론회 발제문.

Flanders, Allan. 1970. *Management and Unions*. London: Faber.

Polanyi, Karl. 1944. *The Great Transformation: The Political And Economic Origins Of Our Time*, London: Beacon Press.

12장

프레이저, 낸시. 2014. "삼중운동? 폴라니 이후 정치적 위기의 속살을 파헤친다." 『뉴레프트리뷰』 제5권.

에스핑-안데르센, 요스타. 2014. 『끝나지 않은 혁명: 성역할의 혁명, 고령화에 대응하는 복지국가의 도전』. 주은선·김영미 옮김. 나눔의집.

장지연. 2006. "미국의 적극적조치 논쟁과 시사점." 『한국여성학』 22-2.

장지연 외. 2015. 『적극적 복지국가와 여성노동』. 한국노동연구원.

Becker, Gery. 1964. *Human Capital*. Chicago University Press.

Jenson, Jane. 2009. "Lost in Translation: the social investment perspective and gender equality." *Social Politics* 16(4).

O'Connor, Julia. 2013. "Gender, citisenship and welfare state regimes in the early twenty-first century: 'incomplete revolution' and/of gender equality 'lost in transition" in Kennett." Patricia (ed.) *A Handbook of Comparative Social Policy*. Edward Elgar Publishing.

13장

김희삼, 근간. "세대 간 계층 이동성과 교육의 역할." 김용성·이주호 편. 『인적자본정책의 새로운 방향에 대한 종합연구』. 한국개발연구원.

브라운, 필립, 휴 로더, 데이비드 애쉬턴. 2013. 『더 많이 공부하면 더 많이 벌게 될까: 지식경제의 불편한 진실』. 이혜진·정유진 옮김. 개마고원.

Wells, Ryan. 2006. "Education's effect on income inequality: an economic globalisation perspective", *Globalisation, Societies and Education*, Vol. 4, No. 3, pp. 371-391.

15장

김은경. 2012. "지역균형발전을 위한 접경·낙후지역 지원방안." 경기도·인천광역시 주최 '지역균형발전정책의 허와 실' 토론회 발제문(2012.10.4).

문정호. 2011. "공정사회의 공생 국토·지역발전 구현을 위한 정책과제." KRIHS ISSUE PAPER 2011-27.

변창흠. 2012. "수도권 낙후 접경·낙후지역을 위한 지원대책의 한계와 과제." 경기도·인천광역시 주최 '지역균형발전정책의 허와 실' 토론회 발제문(2012.10.4).

전국시도연구원협의회. 2012. "지역 간 격차 해소를 위한 상생 발전 방안."(2012.11.29. 전국시도연구원회협의회 내부 워샵 파워포인트 자료).

조명래. 1994. "영호남 갈등의 사적 유물론적 고찰." 한국공간환경연구회 엮음. 『지역불균형연구』. 한울.

_____. 2013a. "시민주의 자치분권과 자치의 혁신." 『공간과 사회』 통권43호.

_____. 2013b. 『공간으로 사회읽기』. 한울.

_____. 2013c. "격차의 새로운 양상과 통합적 균형발전." 『NGO연구』 가을호.

이덕재. 2009. 『국민 경제와 지역경제 간 선순환구조형성방안 모색』(국회용역과제보고서).

한국사회학회·한국지역학회. 2011. 『지역간 격차와 해소방안연구』(사회통합위원회 연구보고서).

홍 철. 2012. "지역정책: 어떻게 해야 하나?"(2012.9, 국회발표 파워포인트 자료).

Cho, Myung-Rae. 1991. *Political Economy of Regional Differentiation*. Seoul: Hanul

Academy Publishing Co..

OECD. 2009. *Regions at a Glance 2009*.

16장

김낙년. 2013. "한국의 소득분배." Working Paper 2013-06, 낙성대연구소.

피케티, 토마. 2014. 『21세기 자본』. 장경덕 옮김. 글항아리.

Amable, Bruno. 2003. *The Diversity of Modern Capitalism*. Oxford University Press.

Bowles, Samuel & Herbert Gintis. 1998. *Recasting Egalitarianism: New Rules for Communities, States and Markets*. New York: Verso

Gwartney, James & Robert Lawson & Joshua Hall. 2014. "Economic Freedom of the World: 2014 Annual Report." Fraser Institute, OECD database.

Hall, Peter A. & David Soskice eds. 2001. *Variety of Capitalism: The Institutional Foundations of Comparative Advantage*. Oxford University Press.

Kim, Hyungkee. 2011. "A Solidaristic Knowledge Policy for Sustainable Human Development." *International Critical Thought* Vol. 1, Issue 3(September).

Rawls, John. 1985. "Justice as Fairness: Political not Metaphysical." *Philosophy and Public Affairs* 14.

17장

김윤상. 2009. 『지공주의: 새로운 토지 패러다임』. 경북대출판부.

_____. 2013. 『특권 없는 세상: 헨리 조지 사상의 새로운 해석』. 경북대출판부.

이정우. 2010. 『불평등의 경제학』. 후마니타스

전강수. 2012. 『토지의 경제학』. 돌베게.

George, Henry. 1879. Progress and Poverty[『진보와 빈곤』, 김윤상 옮김, 비봉출판사, 1997].

Nozick, Robert. 1974. *Anarchy, State and Utopia*, New York: Basic Books.

Stiglitz, Joseph. 2012. *The Price of Inequality*, New York: W.W. Norton(『불평등의 대가』, 이순희 옮김, 열린책들, 2013].

Tullock, Gordon. 1967. "The Welfare Costs of Tariffs, Monopolies, and Theft." *Western Economic Journal* 5(3).

Vallentyne, Peter. 2000. "Left-Libertarianism: A Primer," *Left Libertarianism and Its Critics: The Contemporary Debate*. Peter Vallentyne and Hillel Steiner eds. Palgrave Publishers Ltd. 2000.

18장

피케티, 토마. 2014. 『21세기 자본』. 장경덕 옮김. 글항아리.

Lane, Charles. 2014. "Thomas Piketty identifies an important ill of capitalism but not its cure." *The Washington Post*(2014/05/14).

Hudson, Michael. 2014. "Piketty vs. the classical economic reformers." *Real-world Economics Review*, 69.

Homburg, Stefan. 2015. "Critical Remarks on Piketty's Capital in the Twenty-first Century." *Applied Economics*, 47-14

19장

국토교통부. 2014. "2014년도 주거실태조사: 통계보고서."

이계수. 2011. "주거권의 재산권적 재구성: 강제퇴거금지법 제정운동에 붙여."『민주법학』46호.

조명래 외. 2011.『저성장시대의 도시정책』. 한울아카데미.

통계청. 2015. "2014가계금융·복지조사."

한국도시연구소. 2014. "서울시 청년가구의 주거실태와 정책 연구." 민주정책연구원.

McMichael, P. 2003. *Development and Social Change: A Global Perspective*. PineForgePress[『거대한 역설: 왜 개발할수록 불평등 해지는가』, 조효제 옮김, 교양인, 2012].

Stiglitz, J. 2013. *The Price of Inequality : how today's divided Society endangers our future*. W. W. Norton & Company[『불평등의 대가: 분열된 사회는 왜 위험한가』, 이순희 옮김, 열린책들, 2013].

20장

김승래·류덕현. 2010.『감세의 경제적 효과와 재정운용』. 한국조세연구원.

김유찬. 2015. "조세정의 실현과 재정개혁." 민주정책연구원, 2015 정책엑스포 발표문.

김은정. 2012. "전환기 사회서비스 정책 동향과 과제." 한국사회복지학회 2012년 추계학술대회 발표논문.

성명재. 2011.『우리나라 소득분배 구조 변천 및 관련 조세·재정정책 효과 분석』. 한국조세연구원.

양재진. 2015. "복지와 증세 방정식 어떻게 풀 것인가?" 민주정책연구원, 2015 정책엑스포 발제문.

윤영진. 2012.『복지국가 재정전략』. 대영문화사.

윤영진·강병구·김은경·윤종훈·최병호. 2006.『한국형 복지모델 구축을 위한 조세·재정정책 방향』. 대통령자문 정책기획위원회 용역보고서.

Hoeller, Peter & Isabelle Joumard & Mauro Pisu & Debbie Bloch. 2012. "Less Income Inequality and More Growth: Are They Compatible? PART 1. Mapping Income Inequality Across the OECD." *OECD ECONOMICS DEPARTMENT WORKING*

PAPER, No. 924.

Joumard, Isabelle & Mauro Pisu & Debbie Bloch. 2012 . "Less Income Inequality and More Growth: Are They Compatible? Part 3. Income Redistribution via Taxes and Transfers across OECD Countries." *OECD Economic Department Working Paper*, No.926.

Korpi, Walter & Joakim Palme. 1998. "The Paradox of Redistribution and Strategies of Equality: Welfare State Institutions, Inequality, and Poverty in the Western Countries." *American Sociological Review* 63(5).

21장

강병구. 2014. "복지국가의 대안적 재정 체계."『민주사회와 정책연구』통권 26호.

김유찬. 2015. "정의로운 조세체계." 국가재정혁신 토론회.

여유진. 2009. "공적 이전 및 조세의 소득 재분배 효과."『사회보장연구』 25-1호.

전순옥 의원실. 2014. "MB 4년 법인세 감세 30조 원, 대기업 75% 독식." 보도자료(9월 22일).

채이배. 2013. "일감 몰아주기에 대한 증여세, 과세실적 분석."『이슈&분석』 2013-16호. 경제개혁연구소.

홍종학 의원실. 2014. "통합소득 100분위 자료." 국세청.

"검, 6200억 비자금 운용 이재현 회장 구속기소 …… 재벌 총수론 첫 역외 탈세."『쿠키뉴스』(2013/7/18).

KPMG. 2012. "KPMG's Individual Income Tax and Social Security Rate Survey."

Schneider, F. & A. Buehn & C. E. Montenegro. 2010. "Shadow Economies All over the World," Policy Research Working Paper 5356, The World Bank and Europe and Central Asia Region Human Development Economics Unit.

22장

김낙년. 2014. "한국의 소득불평등, 1933-2012: 소득세 자료에 의한 접근."『경제사학』.

이정우·장경덕·이강국. 2014. "피케티의 현상, 어떻게 볼 것인가?." 토마 피케티. 『21세기 자본』. 장경덕 옮김. 글항아리.

정태인·이수연. 2013.『협동의 경제학』. 레디앙.

통계청·금융감독원·한국은행. 2015. "가계 금융, 복지 조사 결과."

한국은행·통계청. 2014. "국민대차대조표 공동개발 결과(잠정)."

Bowles, S., Gintis, H. 2002. "Social Capital and Community Governance." *The Economic Journal* 112, Nov.

Birkholzer, K. 2006. "Development and Perspectives of the Social Economy or Third Sector in Germany." Aila-Leena Matthies ed. *Nordic civic society organisations and the future of welfare services: A model for Europe?*. Nordic Council of Ministers.

Nowak, M. 2006. "Five Rules for the Evolution of Cooperation." *Science*, Vol. 314 (December).

Ostrom, E. 2010. "Beyond markets and states: polycentric governance of complex economic systems." *The American Economic Review* Vol. 100, No. 3(June).

Piketty, Thomas. 2014. *Capital in the 21st Century*. Harvard Univ. Press.

Piketty, Thomas & Gabriel Zucman. 2014. "Capital is Back: Wealth-Income Ratios in Rich Countries 1700~2010." *Quarterly Journal of Economics* 129(3).

23장

김도균. 2013. "한국의 자산기반 생활보장체계의 형성과 변형에 관한 연구: 개발국가의 저축동원과 조세정치를 중심으로." 서울대학교 사회학과 박사 학위논문.

노정호. 2014. "동아시아 복지국가의 발전과 저발전: 제도와 행위자, 그리고 사회경제적 변화." 『한국정치학회보』 48-5호.

마인섭. 2004. "후발산업화, 신생민주주의와 복지국가: 남미와 동아시아." 『한국정치외교사논총』 25-2호.

신광영. 2012. "현대 한국의 복지정치와 복지담론." 『경제와사회』 95호.

양재진·민효상. 2013. "한국 복지국가의 저부담 조세체제의 기원과 복지 증세에 관한 연구." 『동향과전망』 88호.

최종호·최영준. 2014. "증세없는 복지확대의 정치." 『비판과 대안을 위한 사회복지학회 학술대회 발표논문집』.

Haggard, Stephan & Robert Kaufman. 2008. *Development, Democracy and Welfare States: Latin America, East Asia, and Eastern Europe*. Princeton University Press.

Yang, Jae-jin. 2013. "Parochial Welfare Politics and the Small Welfare State in South Korea." *Comparative Politics* 45(4).

24장

Bonoli, Giuliano. 2005. "Time Matters: Post-Industrialization, new social risks and welfare state adaptation in advanced industrial democracies." unpublished paper. prepared for presentation a the 'Congress des Quartres Pays' Universite de Pausanne, 17-18 November, 2005.

Esping-Andersen, Gøsta. 2002. *Why We Need a New Welfare State*. London: Oxford University Press.

European Commission. 2000. *Social Policy Agenda*. European Commission: Brussels.

Giddens, Anthony. 1998. *The Third Way: The Renewal of Social Democracy*. Polity.

Iversen, Torben & Anne Wren. 1998. "Equality, Employment, and Budgetary Restraint: The Trilemma of the Service Economy." *World Politics* vol 50, No. 4.

Jenson, Jane. 2010. "Diffusing ideas for after-neoliberalism: The social investment perspective in Europe and Latin America." *Global Social Policy* 10 (1).

Jessop, Bob. 1993. "Towards a Schumpeterian Workfare State? Preliminary Remarks on Post-Fordist Political Economy." *Studies in Political Economy* 40, Spring 1993.

Midgley, James. 1999. "Growth, redistribution and welfare: towards social investment." *Social Service Review* 77(1).

Morel, Nathalie & Bruno Palier & Joakim Palme eds. 2012. *Towards a Social Investment Welfare State?: Ideas, Policies, and Challenges.* Policy Press.

Polanyi, Karl. 1957. *The Great Transformation: The Political and Economic Origins of Our Time.* Boston, Beacon Press.

Taylor-Gooby, Peter. 2004. *Making a European Welfare State?: Convergences and Conflicts in European Social Policy.* Wiley-Blackwell.

25장

국민건강보험공단쇄신위원회. 2012. 『실천적 건강복지플랜』. 국민건강보험공단.

국민연금연구원. 2014. 『국민연금 바로 알기』.

김연명. 2002. "국가복지 강화론' 비판에 대한 재비판과 쟁점." 김연명 편. 『한국 복지국가 성격논쟁(1)』. 인간과복지.

＿＿＿. 2013a. "한국 복지국가의 성격과 전망 : 남부 유럽 복지 체제와의 비교를 중심으로." 『한국사회복지조사연구』 36호.

＿＿＿. 2013b. "국민연금과의 관계에서 본 '인수위원회' 기초연금 도입(안)의 평가." 『사회복지정책』 40-3호.

＿＿＿. 2015. "한국 사회복지의 현 단계와 보편주의 복지국가의 과제." 『우리 복지국가의 역사와 전망』. 서울대학교 출판부.

성명재. 2014. "『21세기 자본론』과 한국의 소득분배 : 우리나라 분배 구조의 변화 추이와 생애 주기 효과." 『피케티의 『21세기 자본론』과 한국 경제』. 한국경제연구원 세미나 자료집.

오사와 마리. 2009. 『현대 일본의 생활보장체계』. 김영 옮김. 후마니타스.

이병희. 2013. "한국형 실업부조 도입의 쟁점과 과제." 『한국사회정책』 20-1호.

장지연. 2012. "사회보험 사각지대와 이중노동시장의 제도화." 이병희 외. 『사회보험 사각지대 해소 방안 : 사회보험료 지원정책을 중심으로』. 한국노동연구원.

Arts, Wil A. & John Gelissen. 2010. "Models of the Welfare State." Francis G. Castles, Stephan Leibfried, Jane Lewis eds. *The Oxford Handbook of the Welfare State.* Oxford University Press.

Emmenegger, Patrick & Silja Häuserman & Bruno Palier et. al. eds. 2012. *The Age of Dualization: The Changing Face of Inequality in Deindustrializing Societies.* Oxford

University Press.

Emmenegger, Patrick & Jon Kvist & Paul Marx & Klaus Petersen. 2015. "Three Worlds of Welfare Capitalism : The making of a classic." *Journal of European Social Policy* Vol. 25-1.

Esping-Andersen, Gøsta. 1990. *The Three Worlds of Welfare Capitalism.* Polity Press.

_____. 1999. *Social Foundations of Postindustrial Economies.* Oxford University Press.

Ferrera, Maurizio. 2010. "The South European Countries." Francis G. Catles et. al. eds, *The Oxford Handbook of the Welfare State.* Oxford University Press.

Häuserman, Silja & Hanna Schwander. 2012. "Varieties of Dualization? Labor Market Segmentation and Insider-Outsider Divides Across Regimes." Patrick Emmenegger, Silja Häuserman, Bruno Palier et. al., eds, *The Age of Dualization*, Oxford University Press.

26장

국가균형발전위원회. 2008. 『21세기 새로운 국가발전전략: 국가균형발전』. 참여정부 정책보고서 2-04.

국민경제자문회의. 2006. 『동반성장을 위한 새로운 비전과 전략』.

_____. 2007. 『동반성장을 위한 새로운 비전과 전략』(증보판).

김수현. 2014. "소득 불평등 지표 개선, 앞으로도 계속 될까?" 새사연 이슈진단.

김태성·성경륭. 2014. 『복지국가론』. 나남.

성경륭. 2013. 『균형사회와 분권국가의 전망』. 한울아카데미.

_____. 2014. "한국 복지국가 발전의 정치적 기제에 관한 연구: 노무현 정부와 이명박 정부의 비교." 『한국사회학』 48-1.

_____. 2015. "이중균열구조의 등장과 투표기제의 변화: 18대 대통령선거를 중심으로." 『한국사회학』 49-2. 한국사회학회.

정부·민간합동작업단. 2006. 『비전2030: 함께 가는 희망한국』.

정책기획위원회. 2008. 『참여정부 국정성과보고서』.

Krugman, P. 2007. *The Conscience of a Liberal.* Norton[『미래를 말하다』, 예상한 외 옮김, 웅진싱크빅, 2008].

OECD, 2011. "Growing Income Inequality in OECD Countries: What Drives It and How Can Policy Tackle it?"

Reich, R. 2010. *After Shock: The Next Economy and America's Future.* Vintage[『위기는 왜 반복되는가』, 안진환·박슬라 옮김, 김영사, 2011].

후마니타스의 책 | 발간순

전노협 청산과 한국노동운동 | 김창우 지음

기로에 선 시민입법 | 홍일표 지음

시민사회의 다원적 적대들과 민주주의 | 정태석 지음

한국 사회민주주의 정당의 역사적 기원 | 정태영 지음

지역, 지방자치, 그리고 민주주의 | 하승수 지음

금융세계화와 한국 경제의 진로 | 조영철 지음

도시의 창, 고급호텔 | 발레리 즐레조 외 지음, 양지은 옮김

정치적인 것의 귀환 | 샹탈 무페 지음, 이보경 옮김

정치와 비전 1 | 셸던 월린 지음, 강정인·공진성·이지윤 옮김

정치와 비전 2 | 셸던 월린 지음, 강정인·이지윤 옮김

정치와 비전 3 | 셸던 월린 지음, 강정인·김용찬·박동천·이지윤·장동진·홍태영 옮김

사회 국가, 한국 사회 재설계도 | 진보정치연구소 지음

법률사무소 김앤장 | 임종인·장화식 지음

여성·노동·가족 | 루이스 틸리·조앤 스콧 지음, 김영·박기남·장경선 옮김

민주노조운동 20년 | 조돈문·이수봉 지음

소수자와 한국 사회 | 박경태 지음

평등해야 건강하다 | 리처드 윌킨슨 지음, 김홍수영 옮김

재벌개혁의 현실과 대안 찾기 | 송원근 지음

민주화 20년, 지식인의 죽음 | 경향신문 특별취재팀 지음

한국의 노동체제와 사회적 합의 | 노중기 지음

한국 사회, 삼성을 묻는다 | 조돈문·이병천·송원근 엮음

국민국가의 정치학 | 홍태영 지음

아시아로 간 삼성 | 장대업 엮음, 강은지·손민정·문연진 옮김

우리의 소박한 꿈을 응원해줘 | 권성현·김순천·진재연 엮음

국제관계학 비판 | 구갑우 지음

부동산 계급사회 | 손낙구 지음

부동산 신화는 없다 | 전강수·남기업·이태경·김수현 지음, 토지+자유연구소 기획

양극화 시대의 한국경제 | 유태환·박종현·김성희·이상호 지음

절반의 인민주권 | E. E. 샤츠슈나이더 지음, 현재호·박수형 옮김

민주주의와 법의 지배 | 아담 쉐보르스키·호세 마리아 마리발 외 지음, 안규남·송호창 외 옮김

박정희 정부의 선택 | 기미야 다다시 지음

의자를 뒤로 빼지마 | 손낙구 지음, 신한카드 노동조합 기획

와이키키 브라더스를 위하여 | 이대근 지음

존메이너드 케인스 | 로버트 스키델스키 지음, 고세훈 옮김

시장체제 | 찰스 린드블롬 지음, 한상석 옮김

권력의 병리학 | 폴 파머 지음, 김주연·리병도 옮김

팔레스타인 현대사 | 일란 파페 지음, 유강은 옮김

자본주의 이해하기 | 새뮤얼 보울스·리처드 에드워즈·프랭크 루스벨트 지음,

최정규·최민식·이강국 옮김

한국정치의 이념과 사상 | 강정인·김수자·문지영·정승현·하상복 지음

위기의 부동산 | 이정전·김윤상·이정우 외 지음

산업과 도시 | 조형제 지음

암흑의 대륙 | 마크 마조워 지음, 김준형 옮김

부러진 화살(개정판) | 서형 지음

냉전의 추억 | 김연철 지음

현대 일본의 생활보장체계 | 오사와 마리 지음, 김영 옮김

복지한국, 미래는 있는가(개정판) | 고세훈 지음

분노한 대중의 사회 | 김헌태 지음

정치 에너지 | 정세균 지음

워킹 푸어, 빈곤의 경계에서 말하다 | 데이비드 K. 쉬플러 지음, 나일등 옮김

거부권 행사자 | 조지 체벨리스트 지음, 문우진 옮김

초국적 기업에 의한 법의 지배 | 수전 K. 셀 지음, 남희섭 옮김

한국 진보정당 운동사 | 조현연 지음

근대성의 역설 | 헨리 임·곽준혁 지음

브라질에서 진보의 길을 묻는다 | 조돈문 지음

동원된 근대화 | 조희연 지음

의료 사유화의 불편한 진실 | 김명희·김철웅·박형근·윤태로·임준·정백근·정혜주 지음

대한민국 정치사회 지도(수도권 편) | 손낙구 지음

대한민국 정치사회 지도(집약본) | 손낙구 지음

인권을 생각하는 개발 지침서 | 보르 안드레아센·스티븐 마크스 지음, 양영미·김신 옮김

불평등의 경제학 | 이정우 지음

왜 그리스인가 | 자클린 드 로미이 지음, 이명훈 옮김

민주주의의 모델들 | 데이비드 헬드 지음, 박찬표 옮김

노동조합 민주주의 | 조효래 지음

유럽 민주화의 이념과 역사 | 강정인·오향미·이화용·홍태영 지음

우리, 유럽의 시민들? | 에티엔 발리바르 지음, 진태원 옮김

지금, 여기의 인문학 | 신승환 지음

비판적 실재론 | 앤드류 콜리어 지음, 이기홍·최대용 옮김

누가 금융 세계화를 만들었나 | 에릭 헬라이너 지음, 정재환 옮김

정치적 평등에 관하여 | 로버트 달 지음, 김순영 옮김

한낮의 어둠 | 아서 쾨슬러 지음, 문광훈 옮김

모두스 비벤디 | 지그문트 바우만 지음, 한상석 옮김

진보와 보수의 12가지 이념 | 폴 슈메이커 지음, 조효제 옮김

한국의 48년 체제 | 박찬표 지음

너는 나다 | 손아람·이창현·유희·조성주·임승수·하종강 지음

          (레디앙, 삶이보이는창, 철수와영희, 후마니타스 공동 출판)

정치가 우선한다 | 셰리 버먼 지음, 김유진 옮김

대출 권하는 사회 | 김순영 지음

인간의 꿈 | 김순천 지음

복지국가 스웨덴 | 신필균 지음

대학 주식회사 | 제니퍼 워시번 지음, 김주연 옮김

국민과 서사 | 호미 바바 편저, 류승구 옮김

통일 독일의 사회정책과 복지국가 | 황규성 지음

아담의 오류 | 던컨 폴리 지음, 김덕민·김민수 옮김

기생충, 우리들의 오래된 동반자 | 정준호 지음

깔깔깔 희망의 버스 | 깔깔깔 기획단 엮음

노동계급 형성과 민주노조운동의 사회학 | 조돈문 지음

시간의 목소리 | 에두아르도 갈레아노 지음, 김현균 옮김

법과 싸우는 사람들 | 서형 지음

작은 것들의 정치 | 제프리 골드파브 지음, 이충훈 옮김

경제 민주주의에 관하여 | 로버트 달 지음, 배관표 옮김

정치체에 대한 권리 | 에티엔 발리바르 지음, 진태원 옮김

작가의 망명 | 안드레 블첵·로시 인디라 지음, 여운경 옮김

지배와 저항 | 문지영 지음

한국인의 투표 행태 | 이갑윤

그들은 어떻게 최고의 정치학자가 되었나 1·2·3 | 헤라르도 뭉크·리처드 스나이더 지음,
정치학 강독 모임 옮김

이주, 그 먼 길 | 이세기 지음

법률가의 탄생 | 이국운 지음

헤게모니와 사회주의 전략 | 에르네스토 라클라우·샹탈 무페 지음, 이승원 옮김

갈등과 제도 | 최태욱 엮음

자연의 인간, 인간의 자연 | 박호성 지음